权威·前沿·原创

皮书系列为
"十二五""十三五"国家重点图书出版规划项目

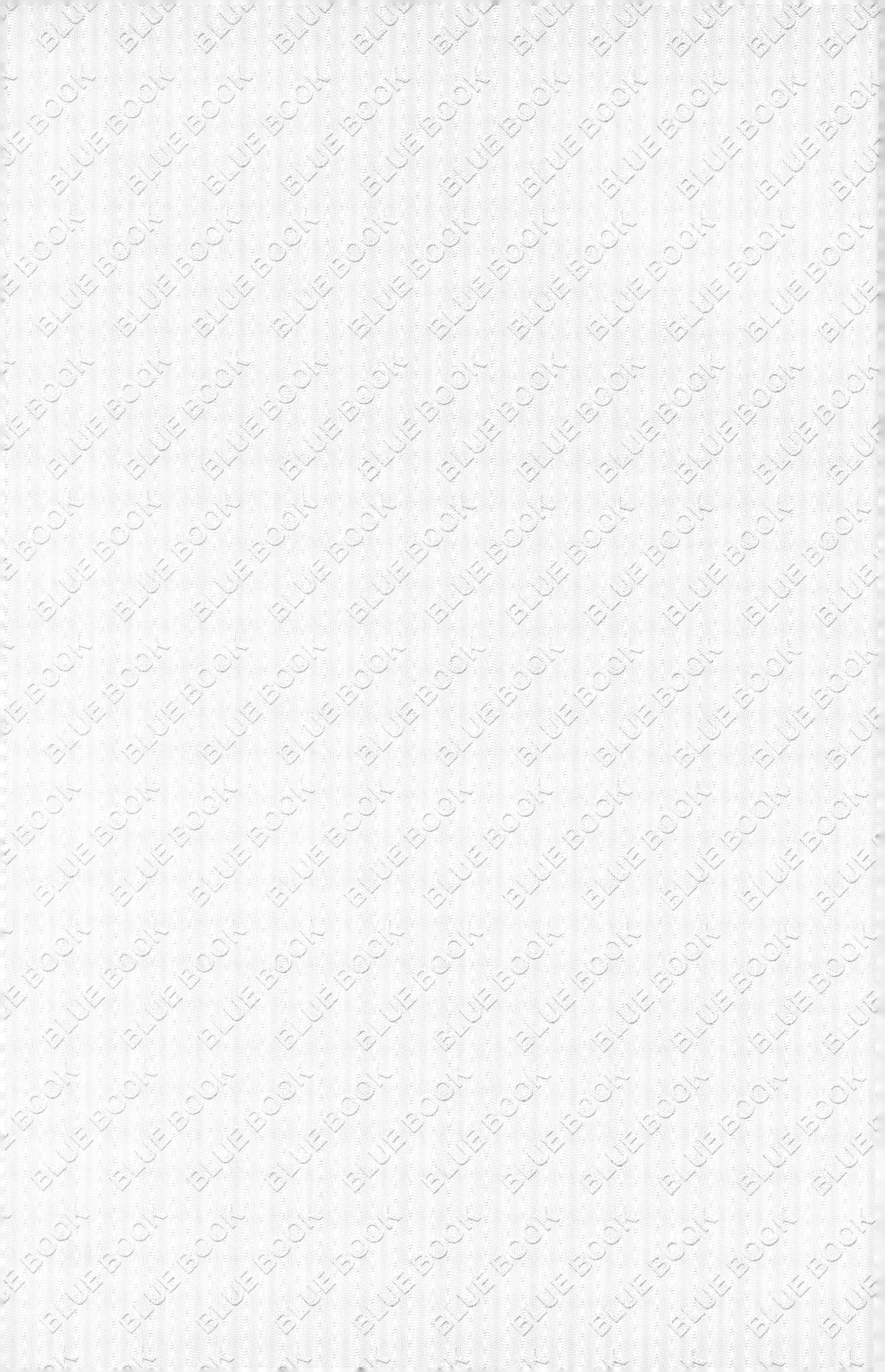

北京人才蓝皮书

BLUE BOOK OF
BEIJING'S TALENT

北京人才发展报告
（2019）

ANNUAL REPORT ON DEVELOPMENT OF BEIJING'S TALENT
(2019)

北京市人力资源研究中心
北京人才发展战略研究院
主　编／张洪温

社会科学文献出版社
SOCIAL SCIENCES ACADEMIC PRESS（CHINA）

图书在版编目（CIP）数据

北京人才发展报告. 2019 / 张洪温主编. -- 北京：
社会科学文献出版社，2019.12
（北京人才蓝皮书）
ISBN 978 - 7 - 5201 - 2751 - 6

Ⅰ.①北… Ⅱ.①张… Ⅲ.①人才 - 发展战略 - 研究
报告 - 北京 - 2019 Ⅳ.①C964.2

中国版本图书馆 CIP 数据核字（2019）第 255926 号

北京人才蓝皮书
北京人才发展报告（2019）

主　　编 / 张洪温

出 版 人 / 谢寿光
责任编辑 / 王小艳　张苏琴

出　　版 / 社会科学文献出版社·当代世界出版分社（010）59367004
　　　　　　地址：北京市北三环中路甲 29 号院华龙大厦　邮编：100029
　　　　　　网址：www.ssap.com.cn
发　　行 / 市场营销中心（010）59367081　59367083
印　　装 / 三河市东方印刷有限公司

规　　格 / 开 本：787mm × 1092mm　1/16
　　　　　　印 张：26　字 数：388 千字
版　　次 / 2019 年 12 月第 1 版　2019 年 12 月第 1 次印刷
书　　号 / ISBN 978 - 7 - 5201 - 2751 - 6
定　　价 / 198.00 元

北京人才蓝皮书编委会

北京市人力资源研究中心简介

北京市人力资源研究中心是中共北京市委组织部直属机构，成立于 2004 年 12 月。

北京市人力资源研究中心承担首都人力资源开发与管理方面研究，围绕组织工作中心任务，开展基础性、前瞻性、应用性调研，为市委、市政府提供决策支撑；开展人才中长期发展规划前期研究，组织实施对规划执行、项目落实的评估工作；组织开展国内外人才工作交流与合作，推介宣传北京，打造北京品牌；组织编印《北京人才参考》《北京人才发展报告》《北京地区人才资源统计报告》等书刊。

十多年来，北京市人力资源研究中心按照"小机构、大平台、宽服务"的要求，充分发挥"智囊、喉舌、触角"的作用，紧紧围绕北京市委、市政府的中心工作，圆满完成了多项重大调研任务，通过出版图书和内刊等多种形式，为全市各级党委、政府、企事业单位提供了强有力的智力支撑和决策服务。

北京人才发展战略研究院简介

北京人才发展战略研究院（以下称"战略研究院"）是北京市成立的新型研发机构，由北京市委组织部主管，实行理事会领导下的院长负责制。战略研究院立足"战略研究智库、国际合作窗口、学术交流阵地、人才培养基地、人才数据中心"职能定位，着力将自身打造成国内顶尖、世界一流的人才领域高端新型智库，为加快推动北京市进入全球人才竞争力先进城市行列、代表国家抢占全球人才竞争制高点提供智力支撑。

○组织架构。战略研究院下设学术委员会、监督委员会、院务会、若干研究部门、项目中心和综合服务部门。

○单位性质。战略研究院属于登记类事业单位（不定机构规格、不定领导职数、不定单位编制）。

○运行方式。战略研究院参照北京市新型研发机构模式建设运营，由市财政给予持续资金支持。

主要编撰者简介

桂　生　中共北京市委组织部副部长（兼），北京市人才工作局局长，北京市人才工作领导小组办公室主任，北京人才发展战略研究院理事会常务副理事长。长期在市委组织部、市人力资源和社会保障局任职，从事组织人事工作。

张洪温　北京市人力资源研究中心主任，北京人才发展战略研究院理事会秘书长，长期从事宏观经济研究和组织人事工作。

摘　要

《北京人才发展报告（2019）》由北京市人力资源研究中心和北京人才发展战略研究院共同组织编写，旨在全面总结展示一个时期北京人才发展的理论成果和实践经验。全书由总报告、行业篇、区域篇、专家篇和附录五部分组成。

总报告概括了首都人才发展的基本情况，研究了北京城市人才竞争力在国内国际的水平，并对下一步提升北京城市人才竞争力提出对策建议。

行业篇、区域篇、专家篇主要收录了北京市重点行业、区域和专家的人才发展研究报告，力求从不同角度展示有关部门、各区、专家学者在推进人才工作及研究中的实践探索、工作成果和思路措施。

附录部分收录了2019年北京市人才发展的重要事件和政策文件，供读者全面了解这一时期北京人才发展的总体脉络。

目 录

Ⅰ 总报告

Ⅴ　附录

皮书数据库阅读**使用指南**

总 报 告

General Report

B.1

着力打造北京人才发展新生态
加快提升城市人才竞争力

——2019 年北京人才发展状况

北京市人力资源研究中心课题组 *

摘　要：　本报告首先分析了北京地区人才发展水平，展示了人才规模、
　　　　　质量、结构、贡献等方面情况。其次，研究了北京人才竞争
　　　　　力水平，分别从全球 119 个城市、国内 31 个城市考察了北京
　　　　　人才竞争力的方位，结果表明，北京人才竞争力在全球排第
　　　　　58 位，处于中等水平，在国内排名第一，处于领先水平。最

*　课题组组长：桂生，北京市委组织部副部长（兼）、北京市人才工作局局长。课题组成员：
张洪温，北京市人力资源研究中心主任；曹德贵，北京市人力资源研究中心副主任、二级调
研员；王选华，北京市人力资源研究中心二级调研员，北京人才发展战略研究院执行院长；
薄洁敏，北京市人力资源研究中心干部；高群，北京市人力资源研究中心干部；李泽华，北
京市人力资源研究中心干部；张帆，北京人才发展战略研究院研究人员。

后，从建立业务联系机制、主动提供客观数据、打造引才品牌、出台人才支持政策、引进国际机构组织、打造人才环境等六个方面，提出了提升北京城市人才竞争力的对策建议。

关键词： 人才发展水平　人才竞争力　人才发展环境

一　北京人才发展新情况

2019 年，市人才工作领导小组坚持以习近平新时代中国特色社会主义思想为指导，深入贯彻党的十九大和十九届二中、三中全会精神，认真学习习近平总书记对北京重要讲话精神，紧紧围绕落实中央和市委各项决策部署，以落实《新时代推动首都高质量发展人才支撑行动计划（2018～2022年）》为主线，以提升北京人才全球竞争力为动力，全面推动各项工作，取得新进展新成效。

（一）人才资源规模持续壮大

1. 人才资源总量情况

到 2018 年底，北京地区从业人员达到 1237.80 万人，同比下降了0.72%，但比 2012 年增长了 11.8%。据测算，北京地区人才资源总量达到735.41 万人，同比增长 3%，比 2012 年增长 30.6%。人才资源高度聚集，2018 年人才密度①达到 59.4%，同比提高 2 个百分点，比 2012 年提高 8.6个百分点。最近 10 年北京地区人才资源变化情况见图 1，人才资源密度变化情况见图 2。

2. 人才队伍情况

2018 年北京地区六支人才队伍增速较快，结构合理。党政人才、企业

---

① 人才密度，是指在一定区域或系统内人才数量在从业人员中所占的比重。

□ 从业人员　■ 人才资源总量

（万人）

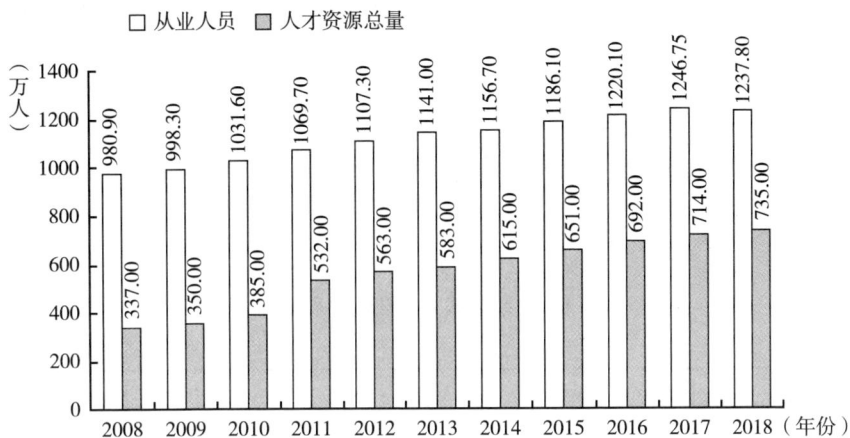

図1　北京地区人才资源变化情况

数据来源：《北京地区人才资源统计报告（2018）》。

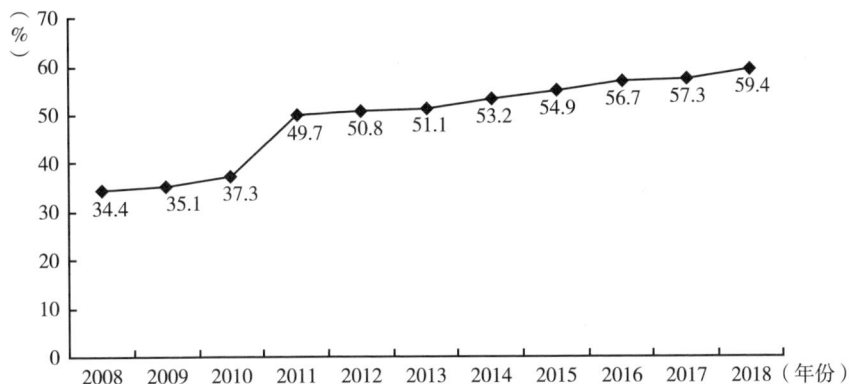

（%）

图2　北京地区人才资源密度变化情况

数据来源：《北京地区人才资源统计报告（2018）》。

经营管理人才、专业技术人才、高技能人才、农村实用人才以及社会工作人才的数量分别为 20.8 万人、288.6 万人、370 万人（其中，管理岗位 56.6 万人）、99.6 万人、6.3 万人、6.8 万人。其中，专业技术人才和企业经营管理人才数量占全市人才总量的比例超过 80%。在 2008 年至 2018 年期间，农村实用人才队伍增长速度最快，年均增长率达到 12.1%；其次是社会工作人才，年均增速为 10.9%；企业经营管理人才、专业技术人才和高技能人才增速相当，年均增速分别为 9.0%、8.7%、8.4%；增速最低的是党政人才队伍，2018 年与十年前基本持平，符合《首都中长期人才发展规划纲要（2010～2020 年）》提出的十年内党政人才总量不变的要求，六支人才队伍变化情况见表 1。

表 1　北京地区人才队伍发展情况

单位：万人、%

年份队伍类型	2008	2012	2013	2014	2015	2016	2017	2018	年均增速
党政人才	20.8	21.3	21.4	21.5	21.4	21.7	21.4	20.8	0.0
企业经营管理人才	122.5	247.0	249.4	257.3	269.4	283.6	279.3	288.6	9.0
专业技术人才	160.5	274.0	283.4	302.8	324.6	354.4	358.0	370.0	8.7
高技能人才	44.5	73.4	80.0	87.7	91.8	95.5	98.4	99.6	8.4
农村实用人才	2.0	4.3	4.6	4.7	4.9	5.1	5.3	6.3	12.1
社会工作人才	2.4	3.4	4.5	5.7	6.0	6.2	6.3	6.8	10.9

数据来源：2008 年数据来自《首都中长期人才发展规划纲要（2010～2020 年）》，2018 年数据来自《北京地区人才资源统计报告（2018）》，其他年份人才数据来自《北京人才发展报告（2018）》（蓝皮书）。

结合《首都中长期人才发展规划纲要（2010～2020 年）》设定的人才指标目标，各支人才队伍发展情况呈现不同特征。

一是党政人才队伍规模保持稳定。2018 年底，党政人才总量与 2008 年相当，规模比较稳定，与首都中长期人才发展规划纲要确立的目标相吻合。党政人才接受过高等教育的比例为 99.71%，同比提高了 0.1 个百分点，说明党政人才素质在不断提升。

二是企业经营管理人才结构趋于优化。2018 年底，企业经营管理人才总量比 2008 年增加了 1.36 倍，达到 288.6 万人，与 2012 年相比较，增加了 41.6 万人，且提前实现 2020 年规划目标。随着非首都功能有序疏解，在加快推进首都高质量发展新形势下，企业经营管理人才的结构将不断优化调整，特别是"高精尖"产业的经营管理人才增速将会相对加快。

三是专业技术人才高端化趋势日渐明显。2018 年底，专业技术人才总量比 2008 年增加了 1.31 倍，达到 370 万人（其中，管理岗位 56.6 万人）。随着北京建设具有全球影响力的科技创新中心加快推进，对专业技术人才的结构优化迫在眉睫，特别是在人工智能、大健康等产业领域专业技术人才需求十分迫切。我们预计，专业技术人才队伍将在保持总量适度增长的同时，加快向高端化方向发展。

四是高技能人才质量不断提升。2018 年底，高技能人才总量比 2008 年增加了 1.24 倍，比 2012 年增加了 35.7%。高技能人才占技能劳动者比例达到 29.5%，与 2017 年基本持平，比 2002 年增加了 1.7 个百分点。随着北京产业机构加速调整，第三产业对高技能人才的需要将不断增加，高技能人才队伍的产业分布结构将进一步提速。

五是农村实用人才总量快速增长。2018 年底，农村实用人才总量比 2008 年增加了 2.15 倍，在各支人才队伍中增速最快。接受过高等教育的农村实用人才比例为 15.8%，同比提高了 0.9 个百分点。在大力实施"乡村振兴"战略过程中，农村实用人才的素质还有待进一步提升。

六是社会工作人才规模与素质不断提高。2018 年底，社会工作人才比 2008 年增加了 1.83 倍，在各支人才队伍中增速仅次于农村实用人才队伍。受过高等教育的社会工作人才比例为 91%，同比提高 5.5 个百分点。考虑到首都人口压力较大，社会管理和服务任务繁重，对社会工作人才需求还将不断增长。预计未来时期，社会工作人才队伍规模还将加快增长，结构将逐步优化，素质将不断提高。

（二）人才质量稳步提升

1. 劳动者的文化素质情况

截至 2018 年底，北京地区接受过高等教育的从业人员比例达到了 49.85%，同比提高 2 个百分点，比 2008 年提高了 16 个百分点。从主要劳动年龄人口（20~59 岁）受过高等教育的情况看，2018 年受过高等教育的比例达到了 49.2%，同比提高 2.2 个百分点，比 2008 年提高了 22.2 个百分点，已经提前实现 2020 年目标（见图 3）。

□ 未受过高等教育　■ 受过高等教育

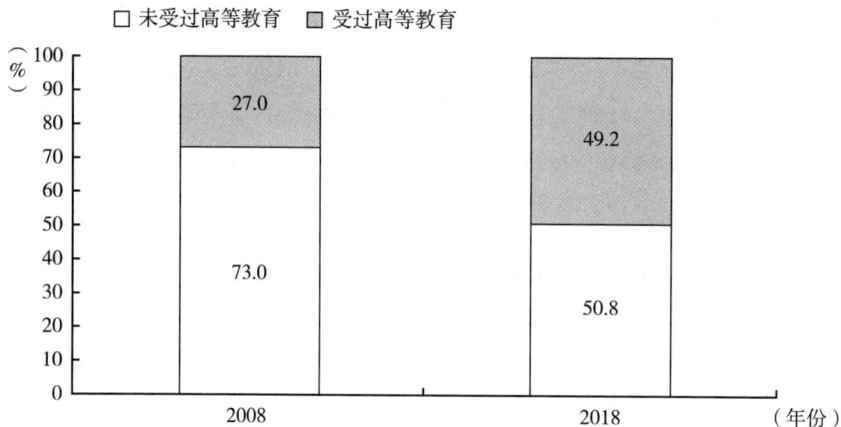

图3　主要劳动年龄人口受过高等教育比例

数据来源:《北京地区人才资源统计报告(2018)》。

2. 高等院校毕业生情况

2018年,全市高等院校的普通本(专)科生、成人本(专)科生、研究生以及留学毕业生人数达到29.3万人,这些毕业生是补充首都人才资源的主要来源。其中,研究生占29.6%,普通高校本专科生占50.1%,成人本专科生占20.3%。与2017年相比较,毕业生总数下降了4.6%。其中,下降幅度最大的是专科毕业生,同比降低了17.6%;其次是本科毕业生,下降了3.1%;而研究生毕业人数增加了2.3%(硕士增加了2.5%,博士增加了1.5%)。另外,在这些毕业生里面,外国留学生人数接近2.7万人,同比增加了3.8%。

3. 高层次人才情况

近年来,依托成体系项目聚才引才是北京人才工作的一大特色。到目前为止,北京市拥有中国科学院、中国工程院院士767名,占全国的47%,接近一半。入选国家"千人计划"专家有2086名,占全国四分之一;入选国家"万人计划"专家有1400名,占全国三分之一。从北京市级人才工程看,入选"海聚工程"的专家有1060名,累计有256名入选中央"千人计划";首批"高校卓越青年科学家"项目资助支持了39名青年科学家,首批"北京市杰出青年科学基金"项目资助支持了30名杰出青年人才,首批"青年北京学者"计划资助支持了17名高端人才,具体情况见图4。

"两院"院士

其他地区
53%

北京
47%

千人计划

北京
25%

其他地区
75%

万人计划

北京
33.30%

其他地区
66.70%

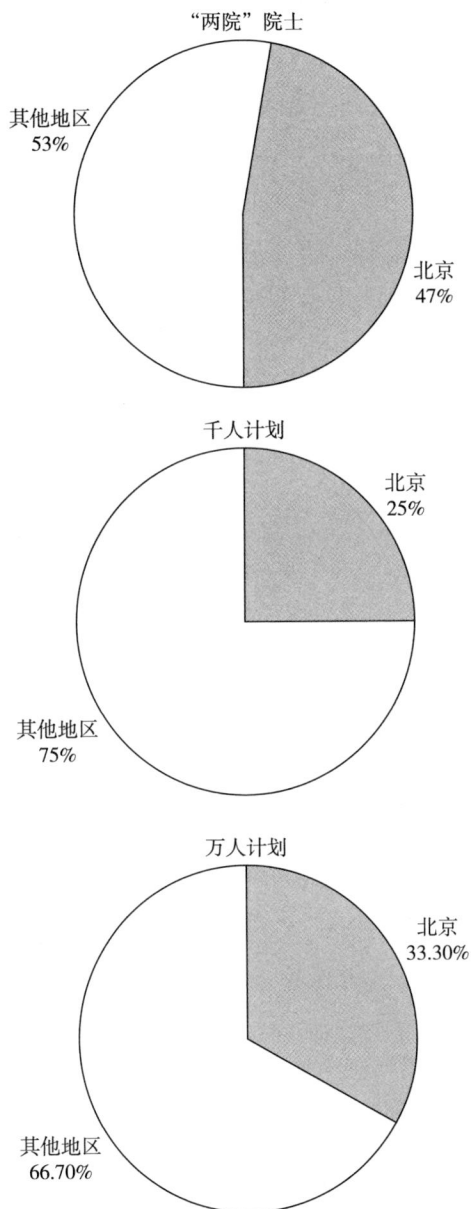

图4 北京地区高层次人才资源分布

数据来源：北京市人才工作领导小组办公室提供。

（三）人才结构不断优化

三次产业的人才结构分布更趋合理。2018 年，北京地区生产总值达到 30320 亿元，同比增长 6.6%；其中，第三产业占比为 81%，与 2012 年相比提高了 3.9 个百分点。从业人员规模为 1010.2 万人，占全部从业人员的比例为 81.6%（详见图 5）。这些数据表明，当前北京市大部分人才资源都聚集在第三产业，人才结构与产业结构匹配度较高，其聚集效应较为明显，特别是第三产业人才集聚能力得到了大幅度提高。

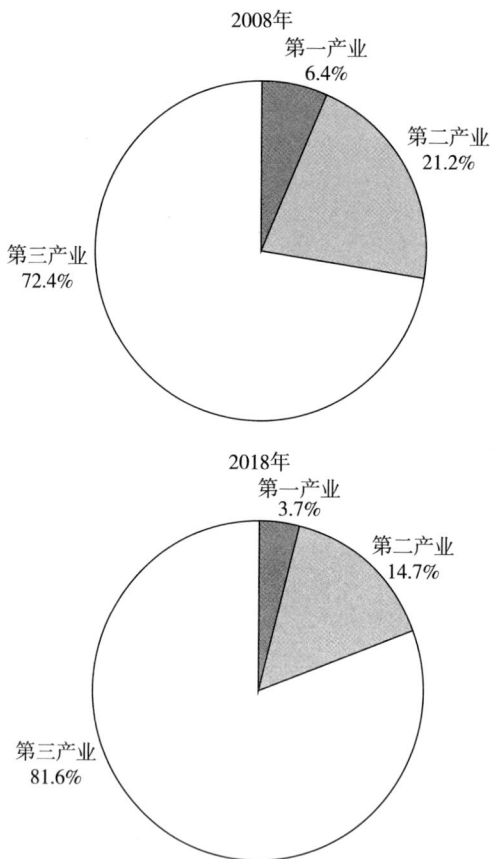

2008年
第一产业
6.4%

第二产业
21.2%

第三产业
72.4%

2018年
第一产业
3.7%

第二产业
14.7%

第三产业
81.6%

图 5 北京地区从业人员产业结构情况

数据来源：《北京统计年鉴（2019）》。

（四）人才贡献十分突出

1. 人才经济贡献能力大幅提升

从人才的经济贡献看，2018 年北京地区人均 GDP、劳动生产率、人才对经济增长贡献率分别为 14.1 万元/人（折合 2.13 万美元/人）、24.5 万元/人（折合 3.7 万美元/人）和 54.19%，分别比 2012 年提高了 51.4%、41% 和 11 个百分点，详见图 6。

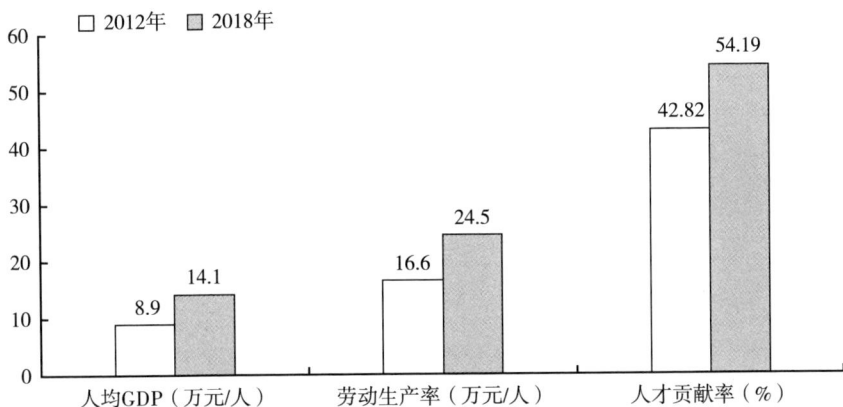

图 6 北京地区人才经济贡献变化情况

数据来源：《北京地区人才资源统计报告（2018）》。

从新兴产业情况来看，以战略性新兴产业、高技术产业、现代制造业、现代服务业和信息产业等为代表的新兴产业持续增长。截至 2018 年底，战略性新兴产业实现增加值 4893.4 亿元，同比增长 9.2%，占 GDP 比重达到 16.1%，与 2017 年度基本持平；高技术产业增加值达到 6976.8 亿元，同比增长 9.4%，占 GDP 比重达到 23%，比 2017 年提高了 0.2 个百分点；现代制造业增加值达到 2149.7 亿元，同比增长 1.1%，占 GDP 比重达到 7.1%，比 2017 年下降了 0.5 个百分点；现代服务业增加值达到 18601.3 亿元，同比增长 9.7%，占 GDP 比重达到 61.4%，比 2017 年提高了 0.8 个百分点；信息产业增加值达到 4940.7 亿元，同比增长 14.3%，占 GDP 比重达到 16.3%，比 2017 年提高了 0.9 个百分点，具体情况详见表 2。

表2 北京市新兴产业变化情况

单位：亿元、%

项目	2017	2018	增长速度	占全市 GDP 比重	
				2017	2018
战略性新兴产业	4482.4	4893.4	9.17	16.00	16.14
高技术产业	6376.6	6976.8	9.41	22.76	23.01
现代制造业	2126.5	2149.7	1.09	7.59	7.09
现代服务业	16963.8	18601.3	9.65	60.55	61.35
信息产业	4323.9	4940.7	14.26	15.43	16.30

数据来源：《北京统计年鉴（2019）》。

2. 人才科技贡献突出

在科技成果产出方面，到2018年底，专利申请与授权量分别为21.1万件、12.3万件，同比增长13.6%、15.5%，分别占全国的4.9%和5%；发明专利申请量和授权量分别为10.9万件、4.8万件，同比增长10%、3.9%，分别占全国的7.1%、11.1%，其中，拥有有效发明专利24.1万件，同比增长17.5%，占全国的10.2%；每万人口发明专利拥有量111.2件，是全国平均水平的10倍；签署各类技术合同8.2万件，同比增长1.5%，占全国的20%；技术合同成交额达到4957.8亿元，同比增长10.5%，占全国的28%。具体情况见表3。

表3 北京地区人才科技成果变化情况

项目名称/年份	2017	2018	增长速度（%）
专利申请量（万件）	18.6	21.1	13.6
专利授权量（万件）	10.7	12.3	15.5
发明专利申请量（万件）	9.9	10.9	10.0
发明专利授权量（万件）	4.6	4.8	3.9
有效发明专利拥有量（万件）	20.5	24.1	17.5
技术合同数量（万件）	8.1	8.2	1.5
技术合同成交额（亿元）	4485.3	4957.8	10.5

数据来源：《北京统计年鉴（2019）》。

（五）人才发展综合指标

在六项人才发展综合指标方面，对照《首都中长期人才发展规划纲要（2010～2020年）》确定的发展目标，总体上2018年各项指标符合预期。其中，人才资源总量和主要劳动年龄人口受过高等教育比例均已超过2020年目标水平；人力资本投资占地区生产总值比例接近目标水平的80%，每万劳动力中研发人员和人才贡献率超过目标水平的80%，高技能人才占技能劳动者比例接近目标水平，人才贡献率达到了目标的90%。预计到2020年，六大人才发展指标均可实现预期目标，详细情况见表4。

表4　北京人才发展主要指标完成情况

指标　　　年份	2008	2017	2018	2020（目标）
人才资源总量（万人）	337	713.8	735.4	650
每万劳动力中研发人员人/（年·万人）	204	216.4	216	260
高技能人才占技能劳动者比例（%）	21.8	29.6	29.5	30
主要劳动年龄人口受过高等教育比例（%）	27	47.0	49.2	42
人力资本投资占地区生产总值比例（%）	19	22.5	22.3	29
人才贡献率（%）	35	53	54.19	60

数据来源：《首都中长期人才发展规划纲要（2010～2010年）》；2017年、2018年《北京地区人才资源统计报告》。

以上数据表明，北京人才发展总体水平在国内位居前列。但是，从全球城市来看，北京人才发展总体水平到底处于什么位置，在各项指标方面有何优势、劣势。此外，即便从国内看，北京也没有在各项指标方面都处于领先位置。因此，很有必要以全球视角来对北京人才竞争力加以分析，也有必要建立一套较为科学的人才竞争力评价体系，系统评估北京人才在国内的竞争力。

二　北京人才竞争力情况

（一）北京在全球人才竞争中的方位

从2013年开始，瑞士德科集团、法国欧洲国际商学院等机构每年初在

"达沃斯"世界经济论坛上联合发布年度《全球人才竞争力指数报告》（以下称《报告》），2019 年 1 月 22 日发布了 2019 年度的《报告》。2017 年全球城市首次参与人才竞争力排名，2019 年参与排名的城市有 114 个，比 2018 年增加了 25 个城市。从北京来看，2019 年全球人才竞争力排在第 58 位，比 2018 年下降 3 位。如不考虑新增城市，比 2018 年上升 10 位。具体情况分析如下。

1. 参与评价城市情况

2019 年《报告》选取的城市分布情况：欧洲 51 个，亚太 29 个，北美 12 个，中东和非洲 12 个，拉丁美洲 10 个。其中，中国大陆 11 个，美国 9 个。新增的 25 个城市为：西雅图（美国）、台北（中国）、日内瓦（瑞士）、慕尼黑（德国）、蒙特利尔（加拿大）、香港（中国）、墨尔本（澳大利亚）、多伦多（加拿大）、达拉斯（美国）、法兰克福（德国）、大阪（日本）、莫斯科（俄罗斯）、休斯敦（美国）、特拉维夫（以色列）、圣彼得堡（俄罗斯）、名古屋（日本）、班加罗尔（印度）、西安（中国）、成都（中国）、马尼拉（菲律宾）、雅加达（印度尼西亚）、郑州（中国）、武汉（中国）、重庆（中国）、开普敦（南非）。

2. 评价指标情况

评价指标包括人才赋能、人才吸引、人才培养、人才留存以及人才全球化五个一级指标，前四个反映城市人才管理能力，后一个指标衡量城市人才国际化程度。二级指标有十六个，比 2018 年少一个。这次将 2018 年每月支出费用、每月房租费用两个指标合并为支付能力指标，该指标为平均月工资租金比，以反映一个城市的人才支付能力。2019 年全球城市人才竞争力评价指标体系见图 7。

3. 评价结果情况

（1）北京在全球城市人才竞争力中的位置。2019 年全球城市人才竞争力排名前三位的分别是美国华盛顿特区、丹麦首都哥本哈根和挪威首都奥斯陆。北京排第五十八位，处于中等水平（详见表 5）。

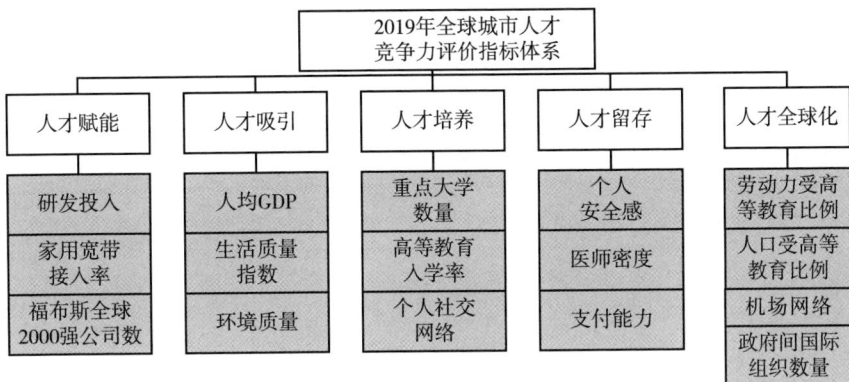

图7 全球城市人才竞争力评价指标体系

资料来源:《全球人才竞争力指数(2019)》。

表5 全球主要城市人才竞争力排名情况

城市	排名
华盛顿(美国)	1
哥本哈根(丹麦)	2
奥斯陆(挪威)	3
维也纳(奥地利)	4
苏黎世(瑞士)	5
纽约(美国)	8
巴黎(法国)	9
伦敦(英国)	14
东京(日本)	19
……	……
北京(中国)	58

(2)北京在亚洲城市人才竞争力中的位置。2019年全球城市人才竞争力排名包括32个亚洲城市,亚洲城市排名前三位的分别是韩国首都首尔、中国台北和新加坡。北京排第十位(详见表6)。

表6　亚洲城市人才竞争力排名情况

城市	亚洲排名	全球排名
首尔(韩国)	1	10
台北(中国)	2	15
新加坡(新加坡)	3	17
东京(日本)	4	19
香港(中国)	5	27
大阪(日本)	6	41
多哈(卡塔尔)	7	51
特拉维夫(以色列)	8	52
阿布扎比(阿拉伯联合酋长国)	9	55
北京(中国)	10	58

4. 北京城市人才竞争力指标分析

（1）北京城市人才竞争力指标排名变化具体情况。2019 年全球城市人才竞争力十六项二级指标中，北京市有八项排名较 2018 年上升、两项持平、五项下降，一项缺失（详见表7）。具体情况如下。

表7　2018～2019 年北京城市人才竞争力指标排名变化

指标＼年份		2019(位)	2018(位)	排名变化
八项指标较去年上升	福布斯全球 2000 强公司数量	4	28	上升 24 位
	个人社交网络	37	46	上升 9 位
	重点大学数量	9	13	上升 4 位
	支付能力	69	72	上升 3 位
	家用宽带接入率	75	76	上升 1 位
	环境质量	78	79	上升 1 位
	高等教育入学率	62	63	上升 1 位
	受过高等教育人口比例	77	78	上升 1 位
两项指标较去年持平	研发投入	1	1	持平
	医师密度	34	34	持平
五项指标较去年下降	人均 GDP	73	71	下降 2 位
	生活质量指数	44	32	下降 12 位
	个人安全感	70	31	下降 39 位
	机场网络	6	4	下降 2 位
	政府间国际组织数量	60	18	下降 42 位

一是人才素质方面。高等教育入学率、受过高等教育人口比例分别上升了 1 位，说明北京人才素质得到一定程度提升。

二是人才事业环境方面。北京研发投入连续两年满分位居第一，福布斯全球 2000 强公司数量排名上升 24 位，重点大学数量排名上升 4 位。这些变化表明，北京在人才培养、人才事业平台建设方面进步较大。

三是人才经济环境方面。虽然人均 GDP 指标下降 2 位，但支付能力上升了 3 位，说明北京人才收入水平得到一定程度提升。

四是人才生活环境方面。个人社交网络指标上升 9 位，家庭宽带接入率上升 1 位，环境质量指标上升 1 位，医师密度指标排名持平，但生活质量指数、个人安全感指标大幅度下降，分别降低了 12 位、39 位，说明北京在改善人才生活环境方面仍须进一步努力。

五是人才国际化环境方面。机场网络下降 2 位，政府间国际组织数量下降 42 位。

（2）北京城市人才竞争力排名位次下降原因分析

北京较 2018 年排名下降 3 位，其主要原因如下。

一是参与排名城市增多。2017 年《报告》包括 46 个城市，2018 年 90 个城市，2019 年 114 个城市，新增城市绝大部分为发达城市，其中有 14 个排在北京前面，分别是：西雅图、台北、日内瓦、慕尼黑、蒙特利尔、香港、墨尔本、多伦多、达拉斯、法兰克福、大阪、莫斯科、休斯敦、特拉维夫。如不考虑新增加城市，在 2018 年 90 个城市中北京排第四十五位，上升 10 位。

二是获取数据渠道有一定局限性和随机性。《报告》指出，评价尽可能使用城市层面数据，如果城市层面数据不可用或无法获取，则使用国家或区域数据。2019 年，北京排名中劳动力受高等教育程度数据缺失，《报告》使用了中国平均数据代替（该指标北京水平是全国的 3 倍）。另外，个别数据随机性较强，比如个人安全感指数 2018 年北京市该指标排第 31 位，2019 年降到第七十位，出现了大幅波动。

三是人才生活环境、国际化环境部分指标出现下降。特别是个人安全感、政府间国际组织数量排名下降幅度较大，生活质量指数、机场网络排名也在降低。由于发布方采用各项指标加总取平均值计算名次，这些指标大幅度下降拉低了北京人才竞争力的排名。

四是大部分城市人才竞争力排名都会出现波动。2018 年榜单 90 个城市，2019 年排名有 70 个出现下降。2018 年排在北京前面的 54 个城市中，2019 年有 11 个城市排在北京后面，有 36 个城市排名下降幅度超过北京。2018 年排在北京后面的城市中，2019 年有 1 个城市多哈（卡塔尔）排在北京前面。从有代表性城市来看，苏黎世 2018 年排第一位，2019 年排第五位，下降了 4 位；东京 2018 年排第十二位，2019 年排第十九位，下降了 7 位。所以，考虑到参与排名城市的增加以及部分数据采集的随机性，只要每年度城市人才竞争力排名在一定范围内波动，均属于正常情况。

（二）北京在国内城市人才竞争中的方位

受到德科集团、欧洲国际商学院的启发，北京人才发展战略研究院组建研究专班，遵循国内对人才的独特理解，在对人才、人才竞争力及城市人才竞争力内涵分析的基础上，借鉴《全球人才竞争力指数》评价方法，构建了一套中国城市人才竞争力评价体系，按照一定标准，选取了 31 个城市作为人才竞争力的评价对象，具体情况如下。

1. 标杆城市选取情况

入选标杆城市，主要考虑三方面因素：一是该城市在其所处区域内的社会经济地位及其代表性，我们将该标准量化为 2018 年城市 GDP 排名前 30 的城市；二是该城市统计数据的可得性和统计口径的统一性，排除了香港、澳门特别行政区及台湾地区范围内的城市；三是样本的代表性，既有沿海城市，也有内陆城市，既涵盖四个直辖市、计划单列市、省会城市，也涵盖长三角城市群、珠三角城市群、京津冀城市群、成渝城市群、长江中游城市群等主要的城市群中具有较强辐射力和影响力的城市。

按照以上标准，入选本次国内城市人才竞争力的标杆城市有 31 个，分别是北京、上海、广州、重庆、天津、成都、武汉、杭州、南京、长沙、郑州、西安、福州、济南、合肥、长春、哈尔滨、沈阳、南昌、厦门、石家庄、太原、乌鲁木齐、呼和浩特、昆明、南宁、贵阳、深圳、青岛、大连、宁波。其中，省会城市有 27 个，副省级地方城市有深圳、青岛、大连、宁波 4 个。

2. 指标构建情况

（1）指标体系逻辑。

一是城市人才竞争力体现的是一个城市的综合竞争优势。城市综合竞争实力的影响因素应作为评价指标的重点选取范围，尤其是城市自身软硬件环境，如生活环境、创新创业环境以及开放性建设水平对人才的集聚具有基础性的作用。

二是人才作为城市生产要素中的第一要素，人才的数量、质量、结构等对城市经济社会的可持续发展具有决定性影响，也就构成了城市人才竞争力中的重要影响因素。

三是城市在发挥人才存量优势上所处的水平，即人才在经济与科技贡献方面的竞争优势，直接体现了城市人才竞争力的现状和潜力。习近平总书记在中央全面深化改革领导小组第四次会议上提出要"加快形成一支规模宏大、富有创新精神、敢于承担风险的创新型人才队伍，要重点在用好、吸引、培养上下功夫"，将"用好"摆在人才队伍建设的首位，给当前城市如何蓄发人才优势指明了方向。

（2）指标维度。

按照以上逻辑，我们提出评价中国城市人才竞争力的六大支柱：人才质量、人才结构、人才效能、城市可持续发展、城市创新环境和城市开放程度，如图 8 所示。

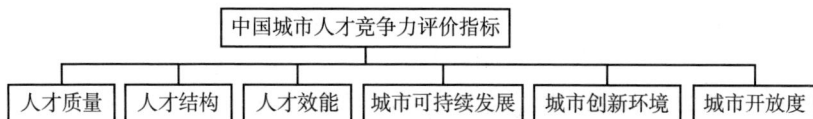

图8　中国城市人才竞争力评价指标维度

（3）细分指标。

①人才质量（见表8）。人才素质越高，产出效益也会相应提高，对城市的产业贡献就越大，城市的发展速度自然也会加快。高等教育在校生质量和大专以上文化程度人口占比是当下知识经济的重要基础，城市在创新人才尤其是 R&D 人员上的占有率能够充分反映城市人才质量。

表8　城市人才竞争力评价指标体系人才质量模块

指标维度	细分指标	数据来源
人才质量	高等教育在校生质量	统计局
	大专以上文化程度的人口占比	各地统计年鉴
	R&D 人员占从业人员比例	统计局

②人才结构（见表9）。人才结构尤其是知识技术的结构，直接制约着城市产业结构和技术结构。某一产业人才集聚越合理，结构越优化，该产业发展不仅越快，而且越健康，故设置产业人才匹配度作为衡量指标。同时，在城市发展动力由过去的投资驱动型向消费和创新驱动型转变的当下，对人才的争夺成为城市竞争的新战场，故设置劳动人口占比表征城市人才队伍的发展潜力。同时将人才流量作为反映城市在人口吸引力和人口结构优化潜力方面的重要表征，具体化为人才流入率排名。

表9　城市人才竞争力评价指标体系结构模块

指标维度	细分指标	数据来源
人才结构	产业人才匹配度	统计局
	劳动人口占比	统计局
	人才流入指数	智联招聘

③人才效能（见表10）。人才效能考察城市在人才投入和产出上的现状，集中反映城市在人才开发上的努力程度和发展潜力，是反映人才竞争力的重要指标。因此在具体指标设置上从投入和产出两方面考虑。

表 10　城市人才竞争力评价指标体系效能模块

指标维度	细分指标	数据来源
人才效能	人才投入指数	统计局
	万人技术市场成交额	统计局
	万人发明专利拥有量	统计局、知识产权局

④城市可持续发展（见表11）。城市的竞争力逐渐从经济指标变成更加注重可持续发展的指标。城市化进程已逐渐从原来工业城市的"人追随产业"的模式，转入创新城市的"产业追随人"的模式，而人才则跟着城市的公共服务和生态环境走。这一点已被众多研究证实。因此，我们选取生活质量指数①、医师密度、房价收入比以及个人安全感作为评价城市可持续发展竞争力的4项指标。

表 11　城市人才竞争力评价指标体系可持续发展模块

指标维度	细分指标	数据来源
城市可持续发展	生活质量指数	中国城市生活质量指数
	个人安全感	《中国城市公共安全感调查报告》
	房价收入比	统计局
	医师密度	统计局

⑤城市创新环境（见表12）。在国家（城市）纷纷力争打造创新高地的当下，城市能否在提供创新必备的物质和智力环境上具备竞争优势成为基础。我们选取人均 GDP 作为物质指标、选取大学指数作为表征智力资源的指标。

---

① 目前国内外发布的较有影响力的城市生活质量指数报告有：美世咨询对城市公共服务和生态环境进行全面评价的"世界城市生活质量排名"（Quality of Living worldwide city rankings），该排名至今已连续发布了 20 年，是全面反映城市生活质量的综合性指标。中科院发布的《中国宜居城市研究报告》以及中国经济实验研究院城市生活质量研究中心发布的《中国城市生活质量指数》。

表 12　城市人才竞争力评价指标体系城市创新环境模块

指标维度	细分指标	数据来源
城市创新环境	人均 GDP	统计局
	大学指数	校友会榜
	R&D 投入占 GDP 比重	统计局
	创业板企业数量	证券交易所

⑥城市开放程度（见表 13）。在全球化和网络社会背景下，对外开放程度将直接影响一个城市的经济发展水平，也直接成为吸引人才聚集的重要因素。但是，国际有关研究表明，选择大城市就业的时代已经结束，特别是对于那些受过高等教育的人才来讲更为明显。其原因是，虽然大城市的规模在就业和连接性方面仍然具有许多优势，但是这些优势对于那些素质较高的劳动者而言并不明显，反而一些规模较小的城市在全球人才竞争力格局中排在前列。当然前提在于这些小城市并不是孤立存在的，交通运输的便利和通信便捷将有助于减轻小城市的传统劣势，而且小城市的生活质量通常被认为高于环境破坏型的大都市。基于以上趋势，我们设置外资占 GDP 比例、外来人口增长率、信息生活作为具体指标。

表 13　城市人才竞争力评价指标体系开放程度模块

指标维度	细分指标	数据来源
城市开放程度	外资占 GDP 比例	统计局
	外来人口增长率	统计局
	信息生活	中国信息社会发展报告

按照以上思路，我们形成了由 6 个指标维度、20 个细分指标构成的中国城市人才竞争力指标评价体系，具体情况见图 9。

3. 指标权重

城市人才竞争力指标评价是一个复杂的多指标评价体系，指标赋权会直接影响评价结果。从已有赋权方法来看，主要有专家赋权法、主成分分

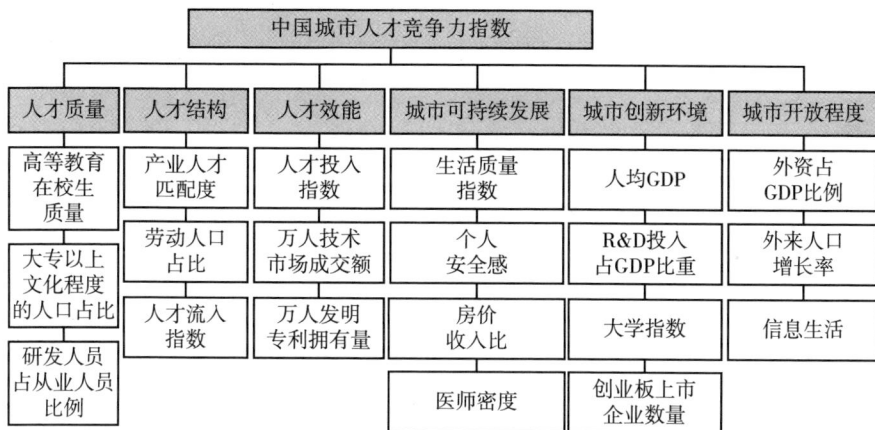

图9 中国城市人才竞争力指标评价体系

析法、因子分析法、层次分析法、模糊数学法等。而《全球人才竞争力指数 2019》采用的是平均权重法，也即所有指标对评价目标都同等重要，权重都一样。我们认为，不同人才指标对竞争力影响程度是不一样的，给予指标不同赋权更为科学。所以，我们在 5 名相关领域专家打分基础上，采用层次分析法来给中国城市人才竞争力各级指标赋权。对总目标来讲，共涉及 6 个指标维度、7 个判断矩阵，所有一致性检验结果通过，最终结果见表 14。

表 14 指标权重排列

具体指标	权重排列	上级指标	重要程度
信息生活	0.132	城市开放程度	
房价收入比	0.107	城市可持续发展	
创业板企业数量	0.097	城市开放程度	极其重要
R&D 投入占 GDP 比重	0.086	城市创新环境	
个人安全感	0.084	城市可持续发展	
万人发明专利拥有量	0.077	人才效能	
大学指数	0.064	城市创新环境	
外来人口增长率	0.056	城市开放程度	比较重要
医师密度	0.056	城市可持续发展	
万人技术市场成交额	0.048	人才效能	

续表

具体指标	权重排列	上级指标	重要程度
外资占 GDP 比例	0.030	城市开放程度	
人才流入指数	0.028	人才结构	重要
研发人员占从业人员比例	0.024	人才质量	
人均 GDP	0.023	城市创新环境	
劳动人口占比 。	0.022	人才结构	
大专以上文化程度的人口占比	0.018	人才质量	
生活质量指数	0.017	城市可持续发展	
人才投入指数	0.017	人才效能	一般
产业人才匹配度	0.009	人才结构	
高等教育在校生质量	0.005	人才质量	

4. 评价结果

根据指标权重对原始数据进行测算，得出中国城市人才竞争力排名，见表15。

表 15　中国城市人才竞争力排名

城市	合计	排名
北京	74.6	1
深圳	58.4	2
上海	49.9	3
杭州	44.4	4
广州	43.1	5
长沙	40.4	6
青岛	40.3	7
南京	38.6	8
武汉	38.1	9
天津	37.5	10
西安	37.0	11
济南	36.6	12
厦门	34.6	13
大连	34.4	14
沈阳	34.3	15
宁波	34.0	16
成都	31.5	17
哈尔滨	29.3	18

城市	合计	排名
太原	29.0	19
乌鲁木齐	27.3	20
长春	26.8	21
呼和浩特	26.1	22
合肥	25.1	23
石家庄	24.7	24
郑州	24.6	25
福州	22.8	26
贵阳	22.1	27
南昌	21.8	28
昆明	20.1	29
重庆	17.9	30
南宁	13.5	31

5. 评价分析

评价结果显示，北京的人才竞争力综合指数为 74.6，位列第一；其次是深圳，综合指数为 58.4；排在第三位的是上海，综合指数为 49.9。北京在人才竞争力比较上优势明显，且得分尤以排名前二、三位差距较大，其后城市分值较为接近。

（1）中国城市人才竞争力总体分析。

根据指标体系 20 个具体指标的权重排列，把影响城市人才竞争力的细分指标权重划分为四个层面：一为极其重要，范围包括权重排名前 5 的指标；二是比较重要，使用权重排名 6 ~ 10 名的指标；三是重要，范围包括权重排名 11 ~ 15 的指标；四是一般性因素，范围包括权重排名 16 ~ 20 的指标。然后集成 20 个指标提炼中国城市人才竞争力综合指数，用于量化样本城市的人才竞争力水平。

①极其重要因素。权重最高的前 5 个因素分别是信息生活、房价收入比、创业板企业数量、R&D 投入占 GDP 比重和个人安全感，这 5 大因素的权重占到 51%，都是人才发展环境相关因素，没有人才本体因素。北京在R&D 投入占 GDP 比重上排名第一，西安排名第二，在投入绝对值上仍然是

北京（1519.7 亿元）、上海（1205.2 亿元）和深圳（976.9 亿元）位居前三[①]。深圳在信息生活、创业板数量上都排名第一，尤其是创业板上市企业数量超过样本城市上市企业数量的 1/5。基于 GDP 排名筛选的 31 个样本城市房价收入比基本都超过 3~6 倍的合理区间，对数据进行逆向处理后，深圳得分最低，紧随其后的是北京、上海、广州。相关研究显示，2017 年深圳市大专及以上学历流动人口租房与自购房比例分别为 78.8% 和 16.1%，同时住房支出占总支出比例和总收入比例分别从 2014 年的 26% 和 15% 上升到 2017 年的 30% 和 21%，[②] 人才购房压力进一步加大。该指标以及从属的城市可持续发展指标权重都较高，导致北京、深圳、上海三城在城市可持续发展上排名靠后。

②比较重要因素。万人发明专利拥有量、大学指数、外来人口增长率、医师密度、万人技术市场成交额总共权重为 30.1%，其中有 2 个指标表征人才效能，其他 3 项也属于环境因素。综合看来，人才发展环境成为专家赋权的重要考量因素。具体来看，北京在万人发明专利拥有量、大学指数、万人技术市场成交额上都位居第一，在外来人口增长率和医师密度上分居第二十一位和第三位。医师密度指标中，执业医师的绝对值居全国第一。

③重要因素。重要因素指标主要反映了外资占 GDP 比例、人才流入指数、研发人员占从业人员比例、人均 GDP、劳动人口占比等，所占权重为 13.7%。从指标数据来看，北京在外资占 GDP 比例、人才流入指数上都排名第一，2017 年实际使用外资 243 亿美元，同比略有降幅；其次是成都和武汉，实际使用外资分别为 100 亿美元和 96.5 亿美元，同比分别增长了 16 个和 13 个百分点。深圳则在研发人员占从业人员比例、人均 GDP 和劳动人口占比上位列第一。研发人员占从业人员方面，虽然北京、上海和深圳在绝对数量上遥遥领先于其他城市，北京的研发人员数量超过长沙的 3 倍，但在相对值上，长沙、济南和天津位列第一。

[①] 数据引用各市 2018 年统计年鉴中的 2017 年数据。

[②] 聂伟：《筑巢引凤如何留住和吸引更多人才——深圳高学历流动人口的长期居留倾向研究》，《深圳特区报》2019 年 8 月 20 日。

④一般性因素。剩余的指标主要为人才本体因素，分别是大专以上文化程度的人口占比、生活质量指数、人才投入指数、产业人才匹配度、高等教育在校生质量，所占权重仅为6.7%。北京在大专以上文化程度人口占比、人才投入指数以及高等教育在校生质量上均排第一。

综合计算，人才发展环境相关因素权重与人才本体因素权重比例为3∶1。

（2）中国城市人才竞争力评价分项排名。

31个样本城市在准则层上得分离散程度最高的是创新环境，最小的是人才质量，说明在创新环境建设上差距更大，人才质量上差距相对较小（见表16）。

表16　准则层得分离散程度

准则层	人才质量	人才结构	人才效能	城市可持续发展	城市创新环境	城市开放程度
分值离散程度	0.8	1.1	2.6	3.1	4.8	3.5

①人才质量竞争力得分及排名情况。样本城市在该项分值标准差为0.8，其中厦门和宁波处于平均水平，北京得分超出平均值2.5个标准差，可以认为其人才质量显著高于其他城市。除北京之外的前五名城市（上海、长沙、天津和深圳），分值较为集中，人才质量竞争力水平较为平均。其中，长沙在高等教育在校生质量、大专文化以上人口占比两项排名中处于中靠后位置，但在研发人员占从业人员比例上以8.1%的水平排名第一（见表17），这显著拉高了该市在人才质量竞争力上的总体排名（见图10）。

表17　5市研发人员与从业人员情况排名

城市	研发人员（人）	从业人员（人）	研发人员占从业人员比例(%)
长沙	100462	1233178	8.1
天津	165638	2694780	6.1
深圳	281369	4637941	6.1
北京	397281	8128589	4.9
上海	262299	6323090	4.1

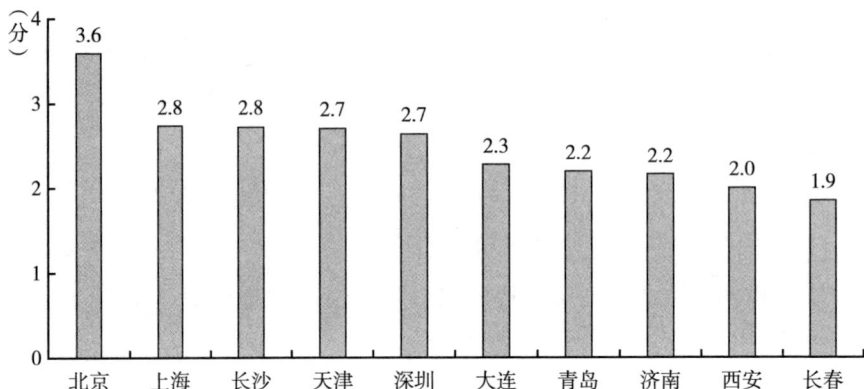

图10　人才质量竞争力得分排名（前十名）

②人才结构竞争力得分及排名情况。北京在人才结构竞争力排名及具体指标产业人才匹配度、人才流入指数上都位列第一。与人才质量相比，各城市得分相对比较集中（见图11）。深圳、上海分别位居第二、三名。劳动人口占比上，深圳排名第一，占比 88.4%，北京排名第二，占比 82.7%。相关数据显示，深圳每年吸引超过 10 万名毕业生前来就业创业，深圳全市常住人口中 14～35 岁青年占比达到 52%①。北京市 2017 年 15～34 岁青年占比为 34.2%，反映出深圳作为年轻的移民城市对于年轻人尤其是青年人才有较强的吸引力。从京津冀城市群发展角度来看，天津该项排名第十一位，石家庄排名第二十一位，排名相差较大，协同发展还须着力。

③人才效能竞争力得分及排名情况。北京在该指标排名中有显著优势，深圳、南京分别位居第二、三名。从第三名后，城市得分比较靠拢，差距缩小（见图12）。人才效能涵盖人才投入指数、万人技术市场成交额以及万人发明专利拥有量 3 项具体指标，3 项具体指标排名方面北京皆是第一，尤其是万人技术市场成交额，成交额是第二名的 4 倍多（见图13）。北京技术市

①　《深圳常住人口中青年占比过半》，《南方都市报》2018 年 7 月 11 日。

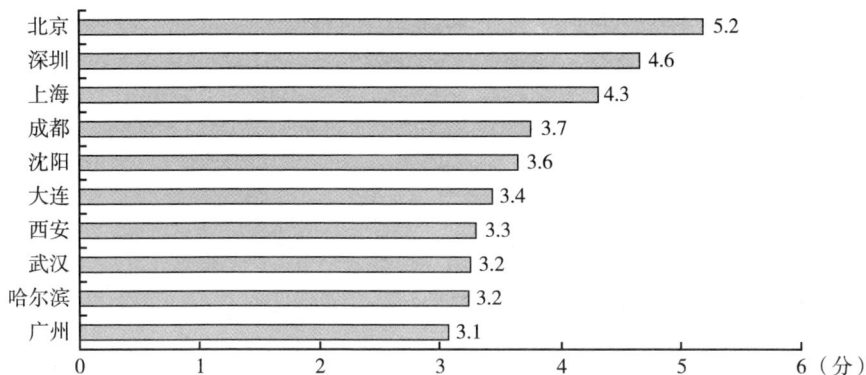

图11 人才结构竞争力得分排行（前十名）

场统计年报显示，北京技术市场成交额领跑全国，占到全国总量的超过30%，为首都构建"高精尖"经济结构，建设具有全球影响力的科技创新中心和服务创新型国家发展战略做出了重要贡献。

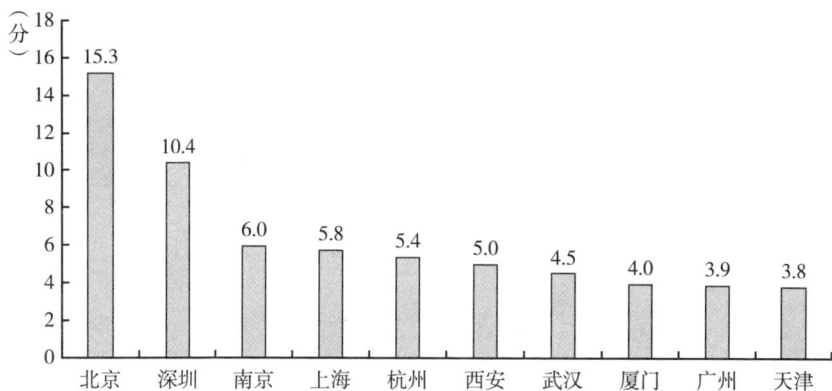

图12 人才效能得分排行（前十名）

④城市可持续发展竞争力得分及排名情况。该项指标涵盖生活质量指数、房价收入比和医师密度。沈阳位列总体第一（见图14）。具体指标上，生活质量指数上，东部城市排名整体优于西部城市。房价收入比上，呼和浩特最优，深圳垫底，上海、北京比深圳略低。对比国家信息中心宏观经济与

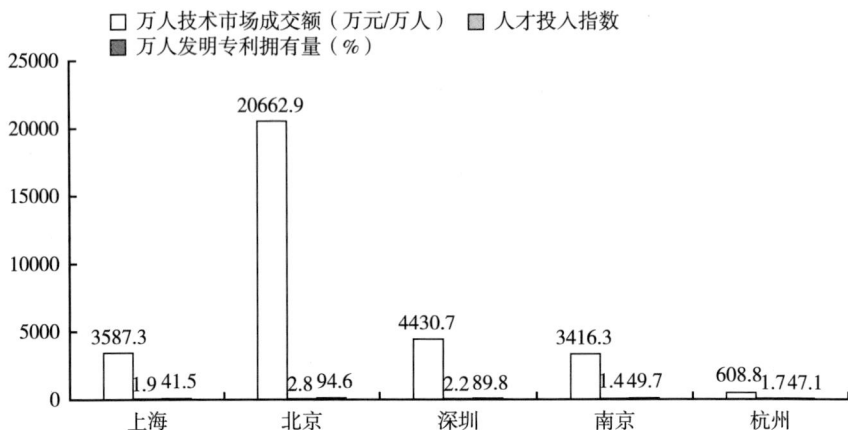

图13　5市3项具体指标对比

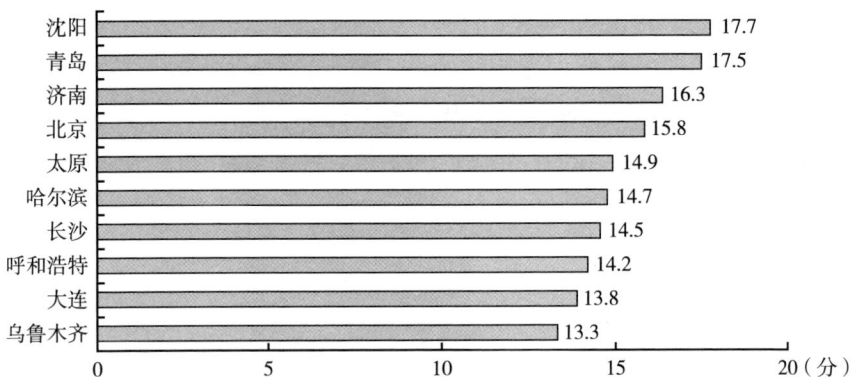

图14　城市可持续发展竞争力得分排行（前十名）

房地产数据库①中关于全国281个地级以上城市的房价收入比数据，房价收入比高的城市，仍集中在经济发达的一线城市、东部城市及周边辐射城市，这些地区产业发展好，收入水平高，人口吸引力强，外来常住人口比重大。因此，本研究所选城市中，有74.2%的城市房价收入比大于10，仅有呼和浩特位于小于6的合理区间（见图15）。从房价收入比对城市可持续发展总排名的影响可以看出，后者排名第一名的沈阳房价收入比为7.5，趋近合理

---

①　《2010～2017年281个地级以上城市房价收入比报告》，http：//www.crei.cn/file/br.aspx？id。

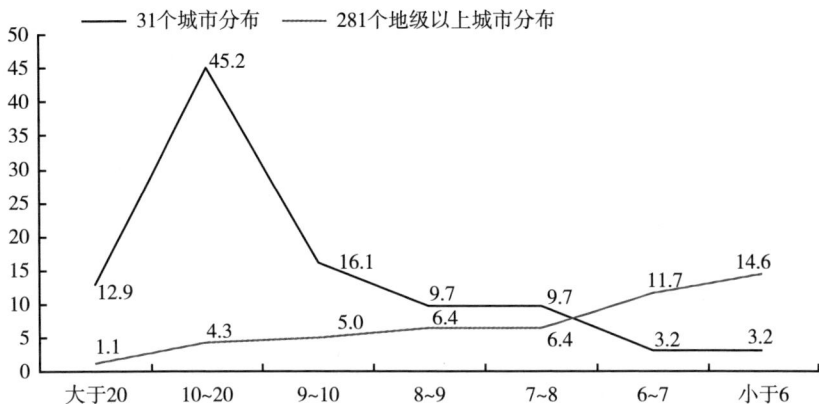

图15 31个样本城市及281个地级以上城市的房价收入比分布

区间。北京位居第四名，上海排到第十四名，深圳由于房价收入比和医师密度得分双低排在了第二十七名。可见社会经济发展水平已和房价高低呈现强正相关态势，房价上涨这把"双刃剑"，从长远看会降低对各种人才的吸引力，对继续保持城市的活力、创新力会产生负面影响。

⑤城市创新环境竞争力得分及排名情况。北京在该项总排名以及大学指数、R&D投入占GDP比重上都位列第一，深圳则在人均GDP指标和创业板企业数量上位居第一（见图16）。从城市群角度看，仍然是京津冀城市群、珠三角及长三角城市群领跑全国，以上三大城市群包揽了前十名的位置。但石家庄在京津冀城市群中则是薄弱环节，排在第二十四名，在大学指数和R&D投入上排名也比较靠后。以东北地区三个省会城市为代表的哈长城市群创新环境暂时处于落后状态。这三个城市工业基础雄厚、高校和科研院所林立，创新基础并不薄弱，但如何转变发展理念、将拥有的优质资源转化为推动城市创新发展的动力是其当前面临的重要问题。

⑥城市开放程度竞争力得分及排名情况。城市开放程度方面，深圳领跑全国，北京、广州分列第二、三名（见图17）。具体指标上，北京在外资占GDP比重上排名第一，深圳在信息生活上排名第一。

在外来人口增长率排名前十的城市中，南昌、石家庄等的人口呈现全面

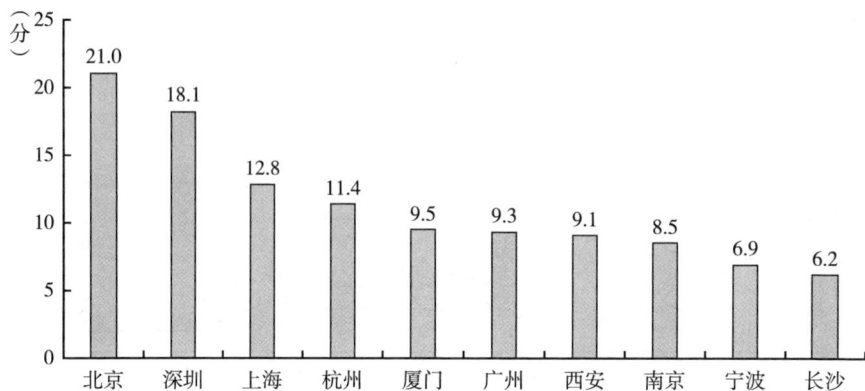

图16 城市创新环境得分排行（前十名）

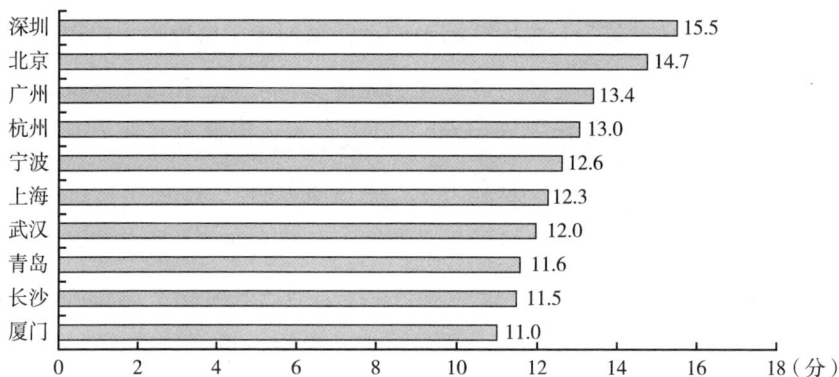

图17 城市开放程度得分排行（前十名）

增长态势，从一定程度上反映了2017年出现"抢人大战"，大量准一线及二线城市出台各类人才新政显现成效。乌鲁木齐虽然位列第一，但其户籍人口负增长率达到16.9%，常住人口也在下降，但降幅不大（见图18）。

与此同时，北京的外来人口、户籍人口以及常住人口都呈现减量发展态势，分别下降1.6个、0.3个和0.1个百分点，成为31个样本城市中，唯一一个呈现人口全面负增长的城市，自北京落实《北京城市总体规划（2016~2035年）》和开启减量高质发展进程以来，人口调控逐步取得成效（见图19~20）。

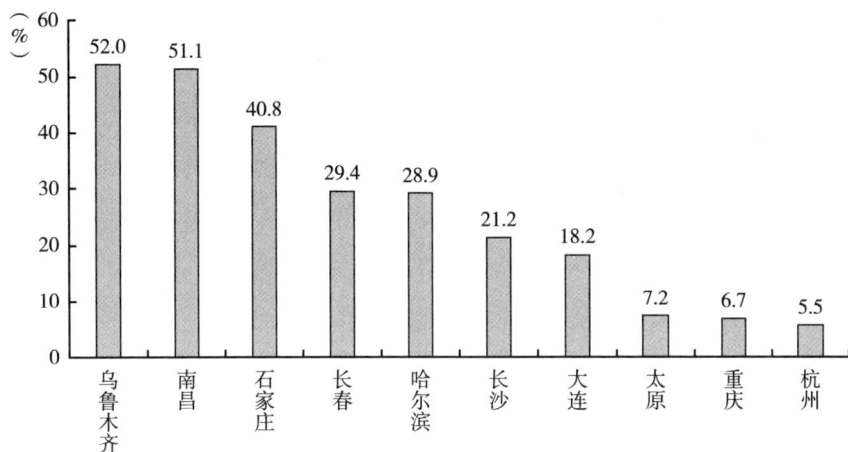

图18 城市外来人口增长率排行（前十名）

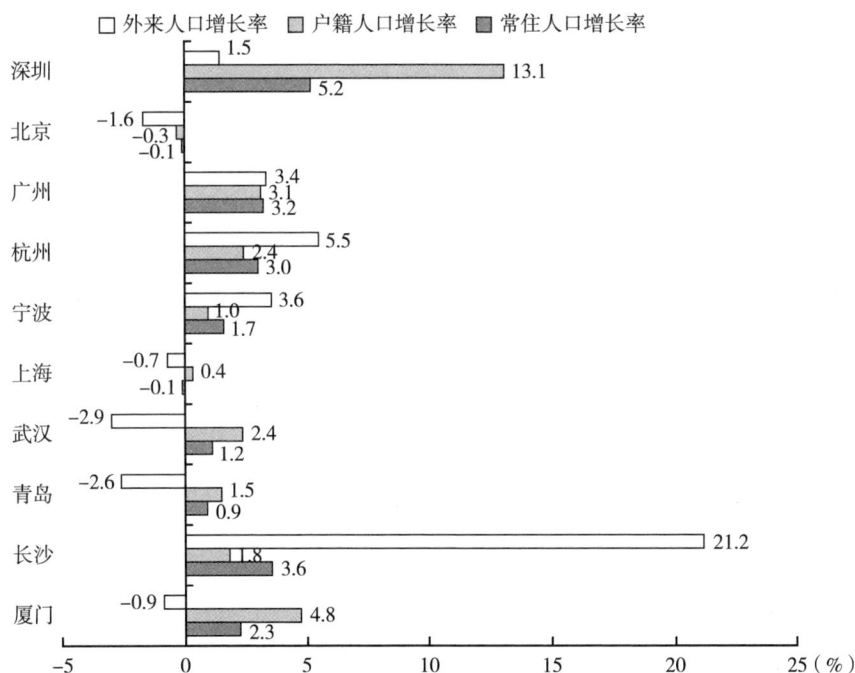

图19 城市开放程度排名前十城市外来人口、户籍人口和常住人口增长率情况

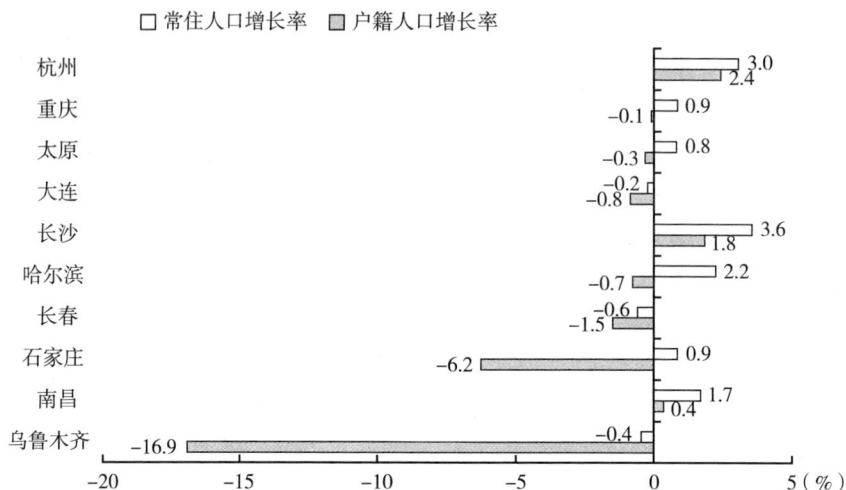

图20　外来人口增长率排名前十城市常住人口及户籍人口增长率情况

三　提升北京人才全球竞争力的政策建议

提升城市人才竞争力是一项复杂的系统工程，需要做好整体规划，由易到难系统推进。从国际看，北京人才竞争力在全球城市中处于中等水平；从国内看，北京在城市人才竞争力六个评价维度方面，人才质量、人才结构、人才效能和城市创新环境建设等四个方面领先，其他两个维度方面，城市开放程度排名第二，城市可持续发展排名第四。总体来讲，北京人才竞争力在全国处于领先水平。因此，在制定人才政策方面，应当以提升北京人才全球竞争力为重点，打出一套政策"组合拳"，切实促进北京进入全球城市人才竞争力先进城市行列。

从促进排名提升的工作层面来讲，通过提高北京数据的可获得性，在短期内即可见到效果。按照循序渐进的原则，近期的工作重点主要应聚焦家庭宽带接入率、高等教育入学率、人口受高等教育比例、劳动力受高等教育比例等指标。从中长期来看，在全球人才竞争和国内人才竞争加剧的背景下，北京应加强人才生态环境建设，增强人才公共服务，营造良好的发展生态，全面提升人才吸引力、留存率、创造力以及贡献力。根据《报告》指标的特点及北京城市人才竞争力发展实际，为尽快在重点指标方面取得突破，特提出如下建议。

第一，推动建立多方沟通协调的工作对接机制（见图21）。《报告》提到，2019年城市增加到114个，主要原因是全球很多城市积极联系，自愿共享可靠的本地数据。比如，2019年选择了欧洲51个城市是因为欧洲统计局提供了大量可用城市数据。再比如，发布方之一法国欧洲国际商学院在新加坡、阿布扎比设有分部，这两个城市的排名均有不错表现。因此，建议与榜单发布方瑞士德科集团建立沟通联系，并在榜单发布上形成业务合作。具体而言，针对城市人才竞争力排名提升专项工作，市委组织部要推动市统计局和本市相关业务部门的数据对接，完善数据供给和共享机制建设。同时，推进新型智库北京人才发展战略研究院进入实质运作，参考英国Z/Yen集团与国家高端智库中国（深圳）综合开发研究院的合作模式，与瑞士德科集团、欧洲工商管理学院建立学术联系，探索共同发布《全球城市人才竞争力指数报告》等专题成果报告。

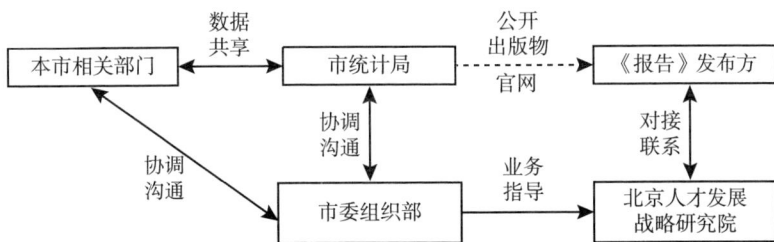

图21 北京人才竞争力排名提升的工作对接机制

第二，推进《报告》所需指标数据及时精准供给。在工作对接机制建立完善之后，及时推动数据的精准供给共用，将北京城市人才竞争力的真实水平反映出来。针对"缺失替代类"指标，推动家庭宽带接入率、劳动力受高等教育程度等指标数据的及时供给，借助已经筹建的工作对接机制，与市统计局沟通在其官方网站和新版《北京统计年鉴》中及时更新数据或增设相关条目，将北京市数据主动公开，减少用国家数据替代北京数据而造成的指标排名下降。针对"未公开类"指标，强化高等教育录取率等数据的有条件公开机制建设。针对"二次获取类"指标，加大社交网络使用（We are social 网站）、生活质量指数（联合国人居署和 Numbeo 网站）、环境质量（世卫组织空气质量数据库）、个人安全感（Numbeo 网站）、支付能力（Numbeo 网站）等指标的原始数据供给力度，加大对 Numbeo 网站、世卫组织等机构的关注度及参与度，推动建立工作层面的合作机制。树立主动提供数据意识，通过北京人才发展战略研究院搭建学术交流平台，将更新后的《北京统计年鉴》提供给《报告》发布方参考。

第三，着力打造具有国际影响力的城市人才引才品牌。《报告》提出，每个城市都有自己的人才品牌，应发挥这个品牌的特定优势来吸引、集聚全球优秀人才。围绕人才品牌建设，可以从两个方面入手：一方面，持续举办"一带一路"全球青年领袖荟萃活动，建设"全球青年领袖中心"交流实体，推动与 2022 北京冬奥会志愿者招募活动相衔接，发布《"一带一路"全球青年领袖发展报告》，打造全球优秀青年人才汇聚北京的国际品牌。另一方面，推出"北京创星"活动。整合各部门资源，采取市场化运作模式，推动举办辐射全球的北京市人才创新创业大赛，建成发现国际优秀创业人才和创新项目的新载体。

第四，加大政府间国际组织吸引和建设力度。《报告》显示，一个城市政府间国际组织的数量，是其吸引国际化高层次人才的重要载体。2019 年北京市在该项指标排名上大幅下滑，主要原因是像瑞士日内瓦这样的国际组织总部聚集的城市加入了排行榜，另外也是因为北京市政府间国际组织数量较少。建议推动协调有关部门，大力吸引各类政府间国际组织落地北京。同时，主动争取中央和国家有关部委支持，在北京市推动成立国际人才合作组织。

第五，建立充分体现人才价值的政策体系。《报告》强调，影响一个城市人才竞争力的因素不是孤立存在的，因素之间具有互补性。比如，较高收入水平可以使人才获得更好的教育，得到更好的医疗保障。建议在高层次人才住房补贴、优秀人才奖励和科研项目绩效激励奖励等方面，制定并出台一批人才政策，增强高层次人才支付能力，提升人才生活质量，增强人才获得感和幸福感，最终提升城市人才竞争力。

第六，大力营造开放包容的国际化人才发展环境。《报告》指出，如果一个城市能结合自身优势，通过加强领导和制定富有特色的地方政策，充分发挥社区的作用，大力吸引国际化人才，可以提高所有指标的绩效，最终提高城市人才竞争力。综合分析北京城市人才竞争力的发展现状以及提升空间，在现有研究城市范围内，排名仍有提升空间。但近三年来，列入《报告》的城市范围在逐步扩大，未来体现在城市总体排名上，仅从数字来看，北京在全球城市中的排名有下降风险，对此要有客观认识，树立理性排名观。与此同时，应认识到《报告》所聚焦的核心是人才生态环境，这是人才竞争力关键的决定性因素。在北京人才工作中，应注重人才生态环境的系统性优化，在城市自身的经济、社会和生态环境方面进行着力，最终促进城市人才竞争力的提升。建议加快推进国际人才社区建设步伐，进一步出台支持国际人才社区建设政策，吸引各方面的资金和力量参与社区建设，为优秀人才提供良好的创新创业、宜居宜业环境。加大对新型研发机构或实体机构支持力度，面向全球引进战略科技人才及其团队，并向他们下放经费使用、职称评定、科研成果收益等系列权力，让人才引得进、用得好、留得住，着力创造优于发达国家的人才发展体制机制。

参考文献

［1］北京市统计局：《北京统计年鉴（2019）》，中国统计出版社，2019。

［2］美世咨询：《世界城市生活质量排名》，2017。

［3］欧洲工商管理学院、德科集团、印度塔塔集团：《全球人才竞争力指数 2019》。

［4］中国科学院：《中国宜居城市研究报告》，社会科学文献出版社，2018。

［5］聂伟：《筑巢引凤如何留住和吸引更多人才——深圳高学历流动人口的长期居留倾向研究》，《深圳特区报》2019 年 8 月 20 日。

［6］《深圳常住人口中青年占比过半》，《南方都市报》2018 年 7 月 11 日。

行业篇

Report on Industry

B.2
北京市社会工作专业人才供求问题研究

北京市委社会工作委员会和中国青年政治学院课题组*

摘　要： 社会工作专业人才是我国人才队伍的重要组成部分。北京作为首
都，在我国社会工作专业化、职业化和本土化发展方面一直处于
领先地位，包括社会工作专业人才发展环境不断优化，人才工作
平台及载体不断拓宽，人才队伍不断壮大，人才素质不断提升
等。本报告紧密结合北京社会工作事业发展实际，通过实地座谈

* 课题组组长：赵济贵，北京市委社会工作委员会委员、北京市民政局副局长。课题组成员：
邢桂丽，北京市委社会工作委员会市民政局社会工作队伍建设处（志愿者和社会动员工作
处）处长；孙莹，中国青年政治学院社会工作系教授；杨峥威，北京青年政治学院社会工作
教研室主任，社会工作师；吴骏，广西科技大学职业技术教育学院讲师，社会工作师；刘玉，
北京市委社会工作委员会市民政局社会工作队伍建设处（志愿者和社会动员工作处）主任科
员，社会工作师；吴昊，北京市远望社会工作服务中心总干事，社会工作师；徐红艳，北京
市海淀区扬帆社会工作服务中心总干事，社会工作师；高瑞，北京市远望社会工作服务中心
副总干事，社会工作师；黄安兴，北京市远望社会工作服务中心社工，助理社会工作师。执
笔人：孙莹、吴骏。

和走访，深入探究北京社会工作专业人才队伍的发展现状和其供给与需求情况。并从所收集的一手资料出发，分析北京社工专业人才供需矛盾及其成因，探索破解北京社工专业人才供需矛盾的方法，从而提出加强北京社工专业人才队伍建设的对策建议。

关键词： 北京社会工作专业人才 供求问题

一 北京社会工作专业人才供求问题研究概述

（一）社会工作专业人才概念界定

社会工作专业人才定义为：第一，接受过专科、本科、研究生等层次的社会工作专业教育，或学科背景为社会学、社会政策、民政管理、社区管理等专业并具备相关社会工作专业知识与技能；第二，通过社会工作者职业水平考试，取得全国社会工作者职业水平证书；第三，在社会福利、社会救助、扶贫济困、慈善事业、社区建设、婚姻家庭、精神卫生、残障康复、教育辅导、就业援助、职工帮扶、犯罪预防、禁毒戒毒、矫治帮扶、人口计生、应急处置、群众文化等领域直接提供社会服务的专门人员，且2011年以来接受过累计不少于120小时的社会工作专业教育或培训。[①]

（二）研究问题

本研究围绕"北京市社会工作专业人才供求问题"展开，研究问题聚焦于北京社会工作专业人才发展现状、人才需求的重点领域、人才供给的状况、产生人才供需矛盾的原因以及人才供需对接的对策建议等方面。

---

① 中央组织部办公厅、民政部办公厅：《关于开展全国社会工作专业人才资源统计的通知》（民办函〔2016〕151号）。

（三）研究方法与调研资料整理

本研究采用质性研究方法，通过深度访谈和座谈会的方式收集一手资料。课题组对东城区、西城区、朝阳区、海淀区、丰台区、石景山区、昌平区和通州区等八个区进行调研。一方面是走访座谈八个区的社会工作委员会；另一方面在八个区选取街道与乡镇、村居委会和专业社会工作机构，对街镇负责社会建设的领导、村居委会主任和专业社会工作机构代表进行深度访谈。在调研资料的整理过程中，课题组对受访者基本信息进行匿名的保密性处理和重新编码。研究中出现的人名、地名以首字母的大写来表示，例如东城区用 DC 来表示；不同层次的访谈对象或座谈对象，例如区社会工委相关负责人用 QS 表示；在同一层次的不同访谈对象，例如访谈对象 1 用编号01 表示，具体编码情况如"表 1"所示。以此类推，如果访谈对象是一位来自丰台区社会工作服务机构的负责人，则编号为 FTJG01。

表 1　访谈对象编码情况

各区名称	各区编号	不同层次访谈对象	访谈编号	不同访谈对象	访谈编号
东城区	DC	区社会工委相关负责人	QS	访谈对象 1	01
西城区	XC			访谈对象 2	02
朝阳区	CY	街镇相关负责人	JZ	访谈对象 3	03
海淀区	HD			访谈对象 4	04
丰台区	FT	社区相关负责人	SQ	访谈对象 5	05
石景山区	SJ			访谈对象 6	06
昌平区	CP	社会工作服务机构负责人	JG	访谈对象 7	07
通州区	TZ			访谈对象 8	08

二　北京市社会工作专业人才供给及需求情况

（一）北京市社会工作专业人才的供给状况

1. 社会工作专业人才发展政策的目标实现情况

北京社会工作发展一直得到北京市委和市政府的高度重视。2012 年中共北京市委组织部印发《首都中长期社会工作专业人才发展规划纲要（2011～2020年）》提出：在社会工作人才队伍的建设上，"到2015年，社会工作专业人才总量达到5万人，其中获得社会工作者职业水平证书的专业人才不少于2万人；到2020年，社会工作专业人才总量达到8万人，其中获得社会工作者职业水平证书的专业人才不少于4万人。"在社会工作服务机构的建设上，"到2015年，社会工作服务机构达到500家，到2020年超过1000家，培育20个以上具有世界影响力的社会工作服务机构"。截至2018年，北京持有助理社会工作师和社会工作师职业水平证书的人员3.2万余名，社会工作服务机构为597家，基本达到了政策规划的目标。

2. 社会工作专业人才从业平台的岗位建设情况

北京市社会工作人才从业平台的岗位建设涉及多个领域。一是社区社会工作者从业平台建设情况，如果按照到2020年每个城乡社区至少配备1名社区社会工作者的要求①，北京市2017年有社区居委会3140个，村民委员会3920个②，全北京市至少要设置7000个左右社区社会工作岗位。二是老年社会工作者从业平台建设情况，2015年北京养老机构数量已达到410家，床位8万多张，养老床位缺口接近5万张③。按照每100张床位至少配备1名社会工作者的标准计算，全市仅养老机构就需配置社工岗位1300个。而在社区及社区养老服务机构中，至少还要开发和设置2倍于养老院的社会工作岗位，这样全北京市老年社工岗位至少要设置5000个左右。三是司法矫正社会工作者从业平台建设情况，北京到2020年，每个司法所配备2名司法社会工作者，按照全北京315个乡镇和街道计算，主管社区矫正工作的司法所至少要设置600个社会工作岗位。四是医务社会工作者从业平台建设情

---

① 民政部等16部门：《城乡社区服务体系建设规划（2016～2020年）》（民发〔2016〕191号）。

② 《北京统计年鉴2018：1-1行政区划（2017年）》，http://tjj.beijing.gov.cn/nj/main/2018-tjnj/zk/indexch.htm。

③ 李泽伟：《北京发布2015养老产业发展报告：养老床位缺口近5万》，人民网，http://gongyi.people.com.cn/n/2015/0527/c151132-27062590.html。

况，2017 年北京市市属医院 29 家，区属医院 95 家，共计 124 家①，如每家医院平均设置 3 个医务社工岗位，则北京全市共需开发设置 372 个。2017 年北京市社区卫生服务中心（站）共计 2066 个，② 如果社区级医疗机构也要配备一定比例的社会工作岗位的话，需求量将更大。五是学校社会工作者从业平台建设情况，2017 年北京市中等教育学校（包含高中阶段教育学校和初中阶段教育学校）766 所，小学教育学校 984 所，学前教育学校 1604 所，③ 按照每校 2 名社工的配置，全市需要开发设置 6708 个学校社会工作岗位。除此之外，还有残疾人服务、企业社会工作服务、家庭妇女儿童服务、流动人口服务等诸多服务领域。总之，这些可以吸纳社会工作专业人才的平台，现在还缺乏具体的岗位设置规划。

3. 社会工作专业人才新生力量的补充吸纳情况

首先，从高校社会工作专业毕业生的角度看，北京已有 22 所高等院校开设了社会工作专业，有 18 所高校招收社会工作专业硕士（其中"985""211"院校 7 所），④ 每年培养社会工作专业毕业生千余名，但仍有大部分的社工专业毕业生并没有选择从事一线社会工作服务。一些已进入社区或社会福利机构工作的毕业生，也因待遇偏低、职业前景渺茫、社会认同低等而选择离开。作为社会工作专业发展本身的中坚力量和新鲜血液，北京社工专业毕业生大多数离开社会工作行业的趋势值得深刻反思。其次，从持证社会工作者的角度看，根据 2015 年北京市民政局在《北京市社会工作人才队伍激励机制研究》一文的持证社工调查样本，有近一半人选择离开本行业。而在选择留下的理由中，"就业所迫"排在第二位；在选择离开的理由中，

---

① 《北京统计年鉴 2018：21 - 4 全市医院基本情况（2017 年）》，http：//tjj. beijing. gov. cn/nj/main/2018 - tjnj/zk/indexch. htm。

② 《北京统计年鉴 2018：21 - 1 卫生事业基本情况（1978 ~ 2017 年）》，http：//tjj. beijing. gov. cn/nj/main/2018 - tjnj/zk/indexch. htm。

③ 《北京统计年鉴 2018：20 - 3 各类学校基本情况》，http：//tjj. beijing. gov. cn/nj/main/2018 - tjnj/zk/indexch. htm。

④ 《开设社会工作专业硕士 MSW148 所院校最新排行榜》，http：//theory. swchina. org/many/2018/0913/32177. shtml。

"发展空间有限""社会认可、支持不够"占了大部分。① 这表明，社会工作专业人才队伍的可持续状况令人担忧。

4. 社会人才转型和志愿者投身社会工作行业情况

近年来，北京志愿者队伍建设不断发展壮大，特别在"三社联动"机制建设过程中，有力推动了专业社工、社区工作者和志愿者的合作，形成社区行政力量、社会力量和专业力量有机联动。但是，社会人才投身社会工作行业还有待进一步动员、挖掘和利用。虽然北京已有597家专业社会工作服务机构，实现了在16个区的全覆盖，吸纳专业社会工作者3000多人，带动志愿者2万余人。而由热心公益的企业家、社会公益贤达或志愿者转行从事专业社会工作的仍是少数。且在很多时候由于社会工作在我国尚属于快速发展的新生事物，社会上对社会工作的基本理念、主要方法还不熟悉，导致很多人对社会工作认识不到位、重视程度不够，社会人才及志愿者投身专业社会工作事业的潜力还有待进一步发掘。

（二）北京市社会工作专业人才需求的重点领域

1. 从贯彻落实政策的角度看：参与社会治理创新

（1）参与北京社区治理创新政策的施行。

北京高度重视社会治理创新。2018年，市委、市政府出台《北京市基层社会治理规范化建设三年行动计划》，明确提出推进社会工作人才队伍建设规范化、全覆盖。《首都民政事业改革发展纲要（2013～2015)》《关于加快"三社联动"推动基层社会治理创新的意见》相继出台，推动形成社区建设、社会组织和社会工作专业人才互联、互动、互补的新格局。北京积极开展社会工作事务所规范化建设试点工作，大力培育扶持专业社工服务机构，立足社区居民需求，按照"一街一社工"标准在全市街道购买专业社工岗位。北京社区治理创新进一步推进与深化，这将成为北京专业社工人才开展工作的重点领域。

---

① 北京市民政局课题组：《北京市社会工作人才队伍激励机制研究》，社会科学文献出版社，2016，第100页。

> 我们海淀区重点培育领导型社工专业人才，参与社区治理和服务创新，为社区管理岗位建立人才的培养和后备库。（HDQS01）

（2）参与北京精准救助和扶贫政策落实。

基于社会工作的社会使命与社会责任，北京专业社工人才的重点工作主要应聚焦现有北京精准救助政策制度的落实。北京多家社工机构 2016 年和 2017 年在市区两级社会福利彩票公益金的支持下，参与了"精准救助"工作，通过入户走访，完成"一户一档一策"需求摸底工作，并帮助低保低收入家庭开展心理支持、能力建设等服务。市政府 2018 年颁布的《北京市社会救助实施办法》明确规定："北京市民政部门应当会同市财政部门制定、公布政府购买社会救助服务指导目录，将社会工作服务机构和社会工作者提供的专业服务纳入目录管理，完善评估、监管措施。"在这一政策引领下，北京社工专业人才未来将在低保低收入家庭社会救助、流浪乞讨人员社会救助、临时救助、受灾人员救助和脱贫攻坚等方面发挥重要作用。

> 朝阳区酒仙桥街道社区居民当中低保低收入和老年人较多，两劳帮教多，残疾人多。街道的各项工作在区里排名比较靠后，希望通过专业社会组织来帮忙补短板，开展弱势群体、特殊群体的服务等实际民生工作。（CYJZ01）

（3）参与北京社区居家养老政策的实施。

北京社会工作专业人才参与社区居家养老政策的落实，主要是回应 2015 年出台的《北京市居家养老服务条例》中"引导、支持、鼓励社会组织参与居家养老服务"的要求。社工专业人才的介入能够为居家养老服务注入社工的理念和价值、方法和技巧，丰富老年服务内容，满足老年人的多样化需求，提高社区居家养老服务的专业化水平和服务质量。因而，随着北京城乡老龄化日趋加重，养老服务产业的发展日益凸显其重要性和紧迫性，在老年社工服务领域对于专业社工人才的需求更加旺盛。

昌平区对于老人服务机构与社区养老机构需求量大，对于社会工作专业人才尤其是老年社会工作方向专业人才需求量更大。（CPQS01）

（4）参与北京特殊群体照顾政策的执行。

社会工作人才的专业能力，体现在运用专业技术和方法帮扶特殊人群和解决疑难杂症，形成对村、社区居委会常态性照顾的补充。这些群体包括精神健康障碍群体、各类残障群体和特扶家庭等，其在身心健康和社会功能发展等方面的诉求需要社会工作给予回应。社会工作专业人才介入特殊群体服务旨在协助政府落实关怀政策，从个人、家庭、社区和社会等系统恢复和发展服务对象的社会功能。同时，北京对心理服务的社会工作人才需求较大，非常需要一批热心特殊群体照顾事业、关爱残疾人工作、有一定心理咨询背景、有社会工作助残相关业务知识的社会工作专业人才。

根据市卫健委的要求，今后两年东城区将会大力推进心理和精残领域的专业社会工作服务，如在各街道、社区建立心理服务站等，因此需要更多的社会工作者，尤其是专业社工人才。（DCQS01）

（5）参与北京青少年发展政策的实践。

北京贯彻落实国家《中长期青年发展规划（2016～2025年)》和《关于加强青少年事务社会工作专业人才队伍建设的意见》等文件精神，积极引入专业社会工作参与青少年事务，以社区青年汇为平台，建设和培养青少年事务社会工作专业人才队伍，以青年发展和成长需求为导向开展社会服务，推动青少年社会工作发展。[①] 2018年北京统计年鉴人口数据显示，到2017年底，北京5～34岁常住人口为932.7万，其中有大量城乡贫困家庭青少年、残疾青少年、在城市和乡间流动的农村青年等，其在成长与发展过

---

① 共青团北京市委员会：《北京青少年事务社会工作以专业促发展》，《中国社会工作》2017年第1期（下）。

程中面对着很多难题且迫切需要帮助。因而，北京需要加强青少年事务社会工作专业人才队伍建设，建立健全青少年事务社会工作服务体系和网络，在青少年工作中引入专业社会工作，有效满足青少年的个性化社会服务需求。

> 全区高校较多，青少年居多，对于服务青少年和助力青少年自我成长方面的专业社工机构需求较大。（CPJZ01）

2. 从满足服务对象需求的角度看：开展多元领域服务

（1）司法社会工作服务领域。

北京是全国最早推进开展社区矫正社会工作实务探索的城市之一。近年来，青少年司法社会工作和矫正社会工作在北京得到快速发展。有资料显示，截至 2016 年，北京市 16 区的公检法司都有社会工作机构配合其开展服务，服务的社会工作者达到 1100 多人，服务的内容包括涉罪未成年人社会调查、帮教等 6 项服务，每年青少年司法社会工作者的服务对象有 2000～3000 人。[①] 但现在的发展还远不能满足北京司法社工在服务广度和服务深度上的需求，还需要更多社工专业人才在弱势人群维权领域、纠纷调解领域、犯罪预防领域、司法实践环节和罪犯矫正领域的全面深度介入。

> 海淀区青少年司法社会工作已经成为北京的一个品牌了，2009 年首都师范大学社会工作系师生与海淀区检察院开始合作，探索青少年司法社会工作服务模式，经过多年的探索，他们在少年司法领域慢慢实现了理念的介入，服务的介入和政策倡导，这块领域将来还需要更多专业社会工作者的介入，确实挺有意义的。（HDQS02）

（2）医务社会工作服务领域。

北京地区医务社会工作的发展逐渐形成了政府行政力量、专业力量和社

---

① 席小华：《司法社会工作在北京的发展》，《中国社会工作》2017 年第 2 期（上）。

会力量有机结合，医院社会工作者、机构社会工作者和志愿者等协作联动的服务模式。然而，由于缺少明确的医务社会工作岗位设置规定以及清晰的医务社会工作者职业定位，大多数拥有社会工作师、助理社会工作师职业水平证书的人员并未在医疗领域从事医务社会工作服务。[①] 2018 年 10 月，国家卫健委公开《进一步改善医疗服务行动计划（2018～2020 年）考核指标》，医务社工制度首次被单独列为一级指标，其分值占总分的 6%。在这一政策的推动下，医务社会工作专业人才队伍的发展壮大将指日可待。

> 虽然西城区大一点的医院里设置有社会工作岗位，但医疗社会工作的发展远远不够，人才方面就比较紧张，很难满足得了那么多来北京看病的人。能引入医务社会工作当然很好，能够提高医疗效果和患者生活质量，但目前做得不够，没有形成较为成熟的并全面铺开推广的模式。（XCQS01）

（3）工会社会工作服务领域。

北京近年来越来越重视工会社会工作的发展，每年全市都有招聘专职工会社会工作者，以负责工会组织建设、民主管理、集体合同、困难职工帮扶等工会业务工作，一定程度上有效联系服务了北京职工，维护其合法权益。但从实际来看，北京工会社工专业人才队伍仍存在数量短缺、专业性不足、服务能力不强和流动性较大等问题，难以适应北京新形势新任务的要求。因而，建设一支高素质的工会社会工作专业人才队伍，对于推动本市工会工作改革创新、提高服务职工群众的能力水平、构建和谐劳动关系具有重要作用。

> 北京的企事业单位那么多，肯定需要一大批具有工会知识和经验的社会工作服务人才，而这些人才的介入会给传统的工会工作带来新的活力，社会工作在其中还是能够发挥自己的专业作用和专业优势。（HDQS01）

---

① 马凤芝：《北京市医务社会工作人才队伍研究——历史、现状与发展》，《南京医科大学学报》（社会科学报）2015 年第 69 期。

3. 从发挥社会工作能力的角度看：提供专业精准服务

（1）基层党组织服务群众领域

北京积极用党建工作创新引领社会服务管理创新，鼓励专业社会工作人才积极参与基层社区党建工作，通过社区党建经费的支持，策划和开展丰富多彩的党员服务项目活动，创新党组织工作内容和活动方式，提高社会组织党建工作整体水平。同时，通过在"两新"组织建立党组织以及在商务楼宇设立社会工作服务站、建立党组织等形式，不断扩大党建工作覆盖面。因而，北京同样在党建服务领域需要党建方向的专业社会工作人才，在党建社会工作中做到专精服务，能够真正熟悉党建实务及党建社会工作的相关内容，并运用社工专业方法技巧开展多样的党建项目活动。

在党建统领方面，石景山区把党的组织、党建工作全部覆盖在社会组织中，实现了两个100%，有党员的能够建立党组织的应建尽建，覆盖100%，如果没有党员我们把工作覆盖到组织，也实现党建工作100%。在开展社区党建活动中，经常将社会工作融入党员服务活动中。（SJQS02）

（2）农民工群体社会工作服务领域

农民工问题已成为北京城市发展与变迁过程中最突出的社会问题之一，加上疏解北京非首都功能会造成许多人口，尤其是已经在城市有了稳定工作的农民工面临重新择业的困境，而随单位外迁的农民工群体，其家人可能会选择留京成为城市中"新留守人员"而产生新的问题。所以北京仍然需要在农民工群体社会工作服务领域给予其社会救助与贫困帮扶、劳动就业与社会保障、健康教育与心理疏导、法律普及与权益维护、人际交往与关系调适、子女照顾与亲子互动、社区参与和城市适应等方面的专业服务。这将意味着社会工作专业人才要不断适应社会环境和服务需求的变化发展，为农民工群体提供更为精细化与个性化的专业服务。

现在很多农民工群体中出现了新的问题，在社会转型期应该引起重

视，很好回应他们的需求，这对于专业社会工作者提出了更多新的要求。（CPQS02）

（3）社区协商和公益微组织培育领域

习近平总书记强调"社区工作要为居民提供精准化、精细化服务"，这也对社区社会工作服务提出了更高的要求。北京社区社会工作在为居民提供精细化、精准化服务上已经走出了一大步，主要体现在促进居民参与、开展社区协商、整合社区资源、优化社区项目运作、提升居民素质等方面。但在培育社区社会组织、带领志愿者队伍、介入老旧小区改造和营造社区文化等专精化服务方面做得仍然不够。只有社工专业人才在社区实践服务过程中，不断提升社区服务能力与水平，积累社区问题解决的新经验，才能形成具有专业化、规范化、模式化、常态化的社区发展新路径和新思路，真正实现社区治理的精细化。

比如说酒仙桥的危改，街道购买中心服务，以引入社工专业机构和专业平台来帮助社区推行危改，包括拆迁的启动、拆迁过程中的群众工作，以及拆迁完成后新社区的组建、增强居民的归属感等一系列的工作，作为一个五年或者是十年规划，并长期合作下去。（CYJZ01）

三　北京市社会工作专业人才的供需矛盾及其原因分析

（一）北京市社会工作专业人才供需矛盾的实际表现

1. 人才供不应求：需求强但供给弱

通过实地调查，发现北京八个区和其所辖各类社会工作服务机构对社工专业人才的需求急剧上升，社会对社会工作的需求很迫切，但存在专业人才缺乏且社会工作专业服务供给不足的情况。人才数量的短缺对政府社会管理职能的让渡、社会组织发展及传统社会福利单位服务专业化发展等方面造成不利影响。人才供求失衡问题主要体现在数量上，人才供给与需求之间存在差距，特别是在重点需求领域方面还远不能满足北京城市发展与社会建设的需要。

> 很明显，现在专业社工机构在社会工作人才的招聘使用，包括在专业服务方面都有比较大的缺口，尤其是对相关专业毕业生的需求是非常大的，但是目前本市加上外地高校对这种人才的供给是跟不上的。（FTQS01）

2. 队伍稳定性差：高频流动与流失

北京社工专业人才发展面临的一个瓶颈就是人才队伍的不稳定性。就调查而言，八个调查地域都反映无论是在社工岗位还是在社工服务机构内部，专业社工人才流失问题比较普遍且严重，社工人才队伍的梯队建设与培养跟不上。加之面临高校社会工作专业毕业生不愿选择从事社会工作行业发展的窘境，况且很多社工专业毕业生就算选择社会工作行业就业也只是暂缓之计。因而，社工人才的高流动性和高流失率已然成为制约北京专业社工人才队伍建设与发展的重要问题。人才流失直接导致机构或相关社工岗位中其他社工的工作负荷加重，影响机构的稳定发展和专业服务的可持续进行，更加剧了人才供求失衡的情况。

> 海淀区紫竹院街道专业人才缺乏，且人才流失严重。目前街道的社工相对文化水平较低，能力不足，同时社区领导人才储备严重不足。（HDJZ01）

3. 重点工作参与度弱：缺乏敏感和缺乏应对措施

北京专业社工人才广泛分布于社会管理和服务的各个领域，但在许多所提到的重点领域应对方面做得还远远不够，这表明北京社会工作的发展存在着一个需求释放的问题，许多重点领域呼唤专业社工人才的全面介入。但更重要的是，社会服务领域也需要供给侧改革，作为提供社工专业服务的供给方更应该审时度势，跟上社会与时代发展的潮流。如果服务供给方因循守旧，缺乏专业敏感性、社会敏感性和行动敏感性，将无形中增大社工人才供求之间的矛盾。例如，同样是北京冬奥会或者京津冀协同发展，普通的社工仅把它们当成一个新闻事件，而善于思考与观察的社会工作专业人才会分析其事件的实质，思考其事件会带来的各方面影响，进而寻找新的服务增长点并结合自身专业积极介入，做到因事而化、因时而进和因势而新。

希望引进体育型社会组织或社区社会组织尤其是冰雪类。2020 年将举办冬奥会，奥组委在首钢厂区，所以也提出"助力冬奥、全民冰雪"的计划，在尝试引进、培育体育类的社会组织，从全区来看体育类社会组织比较紧缺，体育型社会组织跟冰雪有关的这一块更为缺失，有条件的话，希望社工可以介入帮忙培育。（SJQS01）

4. 服务需求多且高：供给单一且一般化

随着北京经济社会的快速发展，北京群众对社工服务需求和质量不断提升。服务需求的细化对于服务供给方的专业社工来说既是机遇也是挑战，在社区社会工作的服务平台需要配备专职专业社工，为居民开展社区照顾、社会融入、纠纷调解、关系调适、社会救助等"全科"服务；而在专业社工机构的服务平台则需要其在精神卫生、婚姻疏导、社区矫正、禁毒戒毒、青少年发展等工作领域提供更为精细化的"专科"服务。[①] 但就现在情况来看，北京精细化和专精化的社工服务做得不够，社工的供给体系和工作模式单一，服务质量与服务水平不高，使得社工服务的供应和服务对象的需求之间出现"断层"，这无疑加大了人才供求之间的矛盾，导致专业社工服务僵化。

希望专业社工们可以严格纪律要求，强化服务意识、责任意识，提高工作效率和质量，完善退出机制，建立能进能退、进退有序的人员机

---

① 崔佳、李坚、龚鸣：《社区干部有了社工思维》，《人民日报》2015 年 11 月 16 日。

制，着力打造一支适应新形势要求的精干、高效、务实、稳定的社工队伍。（DCQS01）

5. 协同关系是关键：合作弱且持续难

北京社工专业人才在提升社会工作参与社区治理的深度和有效性方面取得了一定的成绩。北京的居民对专业社工有一定的认识与了解，社工服务机构与社区之间逐渐形成信任关系。但在某些地方，一方面专业社工与社区之间沟通融合不畅，导致合作难以推进；另一方面社工的流动性及项目期限短等现实问题又导致社工服务不连贯，致使社区或居民对刚建立起的信任关系产生怀疑，出现合作效果不理想、合作项目无法持续等问题。进而导致专业社工所提供的服务并不是街道社区所真正需求的，街道社区与专业社工协同联动治理的作用得不到有效发挥，一定程度上加剧了北京社工专业人才供求之间的矛盾。

> 社工机构的服务项目可能来自政采项目，从而出现机构为了服务而服务的情况。在对接上，服务和项目不符合居民需要，缺乏吸引力，居民缺乏参加热情，参与度低，使社区无法与机构有机结合起来，社区与社会工作机构或者社区工作者合作不够紧密。（CYSQ01）

（二）北京市社会工作专业人才供需矛盾的原因分析

北京专业社会工作人才数量的短缺以及人才流失都是北京社工人才供求失衡的重要体现，数量上的缺失是一个客观问题，但是精心培养的社会工作专业人才不能很好地使用，反而使其流失，说明产生供需矛盾的原因是综合的。加上北京市各区社会工作发展起步不同，发展现状不同，其社会工作人才分布存在不平衡等问题，整体上反映出在某些重点服务领域供求不均，更加剧了北京社会工作人才的供需矛盾（见图1）。

由于经济社会发展与城市变迁，北京对社会工作人才的实际需求量是非

主观原因

从业意愿不强烈
专业服务水平低

| 社会工作 专业人才 | 需求强劲 | 供需矛盾 | 供给不足 | 社会工作 工作平台 |

制度平台不完善
人才认知程度低

客观原因

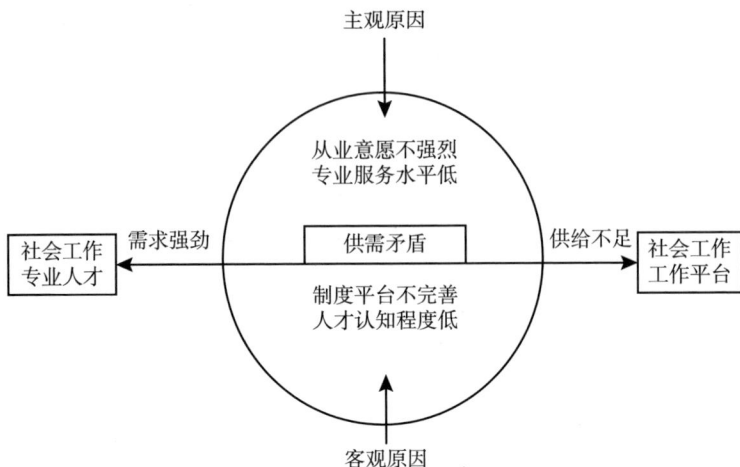

图1　北京社会工作人才供需矛盾的成因分析

常大的，但现实中社会工作人才供给跟不上，导致了社会工作专业人才供需失衡。总的来看，是社会工作的发展滞后于社会需求，社会工作的职业化滞后于专业化发展。具体来看，客观原因是社会工作人才发展体制机制有待健全，社会工作专业服务平台建设有待完善，社会工作专业人才认知度有待提升；主观原因是社会工作专业人才从业意愿有待加强，社会工作者专业化水平及服务质量有待提高。

1. 北京社工人才发展制度与平台建设有待完善

当前，虽然北京在促进社会工作人才发展方面做了积极尝试，如对专业机构培育、专业岗位设置、薪资水平、专业人才队伍建设和政府购买社会工作服务等方面做出规定。一方面，社工人才发展制度不完善。北京还没有完全把专业社会工作人才真正纳入社会福利保障与社会公共服务传递机制中，有规划与岗位设置但缺乏一系列可操作性的配套文件，各区政府对社工人才激励保障的政策措施仍有落实不到位的情况。另一方面，社工人才平台建设不完善。专业社会工作人才在参与公益福利类事业单位、街道社区和社工机构进行服务时常常面临角色困境，受到多方的限制和要求，常导致专业社工处境艰难、社工职业化与专业化推进缓慢、人才流失较为严重等问题。

2. 北京社会工作专业人才认知认可度有待提升

近年来，北京积极宣传社会工作并获得良好的社会反响。但在参与专业服务过程中，由于社会工作机构起步较晚，工作人员经验不足，公众对其信任程度不高；社工从业人员的社会身份不明确，职业声望也尚未形成，导致公众对社工行业的职业地位评价较低；加上社工服务专业化不强，专业性优势得不到充分发挥，导致社会对专业社工缺乏应有的认同。同时，各区政府、企业及其他社会福利性组织对社会工作专业人才了解也不够，社工机构有时难以承接到其转移的职能或委托的社会服务，即便是争取到项目也常面临各种压力，出现难以维持自主、专业和规范运作的局面。社工专业人才认知和认可度较低直接打击了在岗专业社工的工作积极性，导致了专业人才供应上的不足，进而导致北京社工专业人才供求失衡的状况发生。

3. 北京社会工作专业人才从业意愿有待激发

在实地调查中发现，一方面，北京社会工作发展过程中存在着社会认知度低、薪酬待遇低、晋升渠道不通畅、岗位和发展方向不明确等问题，这在很大程度上影响了人们对社会工作者这一职业的选择，并导致某些社工服务机构在招聘从业人员时，不得不降低准入门槛，专业性得不到保障和认可，无法满足服务对象的真正需求，致使供需矛盾紧张，形成了一个行业发展的恶性循环，社工行业能够吸纳和培养的社工专业人才将会越来越少，而真正能够以社工作为职业和事业的人也将会越来越少。另一方面，尽管北京开设社会工作专业的高校数量和培养社会工作专业毕业生的人数位居全国前列，但是实地调查中发现，真正选择从事社会工作这一职业的学生并不多，这和北京这一特殊地域下人才发展和使用政策不无关系。社会工作专业出身的人员选择不从事社工这一职业，更加减少了社工人才的供给，无疑更加剧了供需矛盾。

4. 北京社会工作者专业化及服务质量有待提高

就实地调查情况而言，北京社会工作服务机构的工作人员中拥有社会工作专业学历的比例偏低，实务经验不足。从学历上看，各区现有的实际社会工作者多数以大专学历为主，但真正具有社会工作、社会学、心理学相关专业背景的从业人员占比不高。从服务能力上看，大多数从事一线社会工作的人员没有接受过系统化、专门化的教育，即便是拥有社会工作专业学历的工作人员，其实务工作经验、实务技能和服务能力也有待提升，尚不能有效应对复杂的社会问题和社区需求，承担技术难度较高的服务。从专业服务品质上看，由于专业社工机构发展的成熟度不够，社工职业队伍不稳定，导致参与社会服务的能力参差不齐且创新性不够。因此，专业化水平较低和服务能力欠缺使得社工专业人才难以有效回应政府的公共服务需求，难以满足公众多样化的服务需要。

四 北京市社会工作专业人才供需对接的对策建议

（一）加大党委、政府的支持力度，推动政府持续性购买服务

社会工作专业人才的发展离不开政府支持与政策扶持。一是完善社会工作人才服务管理体制机制，进一步发挥社会工作专业人才工作联席会议制度的议事协调作用，研究社会工作发展政策等大事要事，形成部门协作和联动。强化社会工作行业"枢纽型"社会组织功能，充分发挥市、区两级社会工作行业组织在社会工作者自我管理、自我服务、自我监督等方面的作用，提升社会工作行业管理水平。二是加大党委政府支持力度，进一步降低社会工作服务机构登记门槛，通过多种方式加快支持建设一批社会重点领域急需的社会工作服务机构。加大公共财政投入力度，将与社会工作专业人才相关的服务机构建设、购买服务项目等纳入政府购买服务的重点支持范围，取消地税部分收缴专业社工机构的税负，帮助社会工作服务机构将事业做大做强。三是完善政府购买专业社工服务的相关政策和工作机制，进一步明确项目购买方式，并对社会工作服务的购买流程、专业服务标准、社会工作者的薪酬待遇做出明确规范。各级财政部门要将政府购买社会工作服务经费列入财政预算，实现项目库管理与预算编制的有效衔接，带动建立多元化社会工作服务投入机制。

（二）丰富宣传社会工作手段，提升社工行业的社会认可度

社会工作行业要健康可持续发展必须将社会工作专业人才宣传放在重要位置。充分利用报纸、电视、广播、杂志、网络等新闻媒体，打造"北京社工"品牌和"国际社工日"品牌活动，大力推广宣传社会工作专业人才及其优秀典型事迹。一是继续组织开展"首都十大最美社工"等评选表彰活动。将社工专业人才纳入各级劳动模范、先进工作者等评选范围，对于业绩突出的社会工作者及机构，可采取多种形式予以表彰奖励，树立社工人才队伍中的先进典型。二是继续选拔培养"北京市专业社会工作领军人才"。大力引进海外高层次社会工作专业人才和优秀社会工作专业人才，积极宣传其先进事迹并给予其创办社会工作服务机构的优惠政策，增强其工作热情和职业归属感，不断提高社会工作的专业影响力。三是继续举办社工节、社会工作论坛等活动。总结交流各领域社会工作的经验，展示社会工作丰富的职业内涵、社会价值及广大社会工作的职业风采，提升社会工作专业人才的职业声望和社会地位，为积极参与社会工作、社会治理营造良好社会氛围。

（三）配置社会工作人力资源，搭建需求供应的信息平台

合理统筹配置社会工作人才资源有利于社会工作专业人才队伍的稳定。搭建社会工作信息平台，在重点领域合理配置社工专业人才，积极引导社会服务资源向基层倾斜，促进社工专业人才合理流动。一是搭建社会工作人才需求供应信息平台。通过建立统一的社工专业人才供需数据库和信息网络、定期组织举办社工人才专场招聘会、社工人才洽谈会，及时发布社工人才供求信息、人才推荐等形式，搭建社会工作人才和聘（雇）任（用）组织双向选择的平台，及时向社会发布社工专业人才信息，真正实现全市社工人才与工作平台"一键式"供需有效对接，促进其有序流动与晋升发展。二是健全社会工作人才劳动争议调处机制。充分发挥好北京社会工作者协会作为社会工作行业组织的作用，切实依法维护好社会工作用人单位、社工专业人

才的合法权益、开展社会工作继续教育、培养专业督导人才，最终真正形成规范有序的社会工作人才资源开发和配置格局。

（四）加强社会工作人才培育，建立储备流转提升的机制

社会工作专业人才培养与储备流转事关北京社工专业人才队伍建设与可持续发展，为北京社会工作事业的和谐、稳定和发展提供专业人才支撑。

第一，改革社会工作专业学历教育，提高专业人才的实务能力。一是加大社会工作专业教师的培养；二是加快研究制定北京社会工作人才教育培养政策，明确不同领域、不同层次社会工作人才专业教育的重点任务和保障措施；三是加强应用型社会工作专业人才的培养力度，促进中等、高等职业院校和普通高等院校合作，构建分层、分类的专业教育体系；四是实施社会工作从业人员的优化和提升，加快社工从业人员向专业社会工作者转化。

第二，加强在岗人员专业培养，提升专业培训的精准程度。一是完善北京社会工作专业培训顶层设计，加快建立涵盖社会建设各相关部门、不同层次教育协调配套、专业培训和知识普及有机结合的社会工作专业人才培养体系；二是加强社会工作专业培训载体建设，加快构建市、区两级人才培训网络；三是创新社会工作专业人才培育方式，开发"社区工作者在线学习平台"，建设全市社会工作远程教育培训网络，实现"线上学习"与"线下学习"相结合，提高社会工作者继续教育的信息化水平。

第三，鼓励吸引社会各界人士转型，推动社工行业的快速发展。一是大力推动社工从业人员向社工专业人员转型升级，积极吸纳社会人士及其他专业人士进入社会工作行业，激励热心社会工作服务的志愿者、实际从事社会工作相关人员通过自学、考取职业资格证书等方式转化提升为社工专业人才；二是积极设置社会工作训练课程，加强对社会工作者的专业培训和实践锻炼；三是积极维护社会工作行业的可持续性，鼓励非专业背景但经过自身努力学习和实践，能够将社会服务做得有理念、有创新、有专业性的人进入社工领域从事专业服务，弥补社工人才流动的缺失，形成更多元的专业力量。

（五）健全事业单位岗位设置，保育城乡社区和机构人才

实施事业单位、村居委会和社会工作机构的人才保育规划是北京社会工作专业人才可持续发展的重要保证。坚持"成熟一批、设置一批"的原则，建立健全社工专业岗位开发、设置政策及配套措施，在各个社会生活重点领域积极开发和分类合理设置社会工作岗位。一是加强事业单位社会工作专业技术的岗位设置。根据北京各级、各部门和各机构的职能范围和具体需要设置社会工作专业岗位，重点在社会管理和公共服务部门、群团组织、公益服务类事业单位、城乡社区、公益慈善类社会组织领域分期分批分类增设和转化社会工作专业岗位。二是提升城乡社区持证社会工作者的专业能力。完善"三社联动"机制，以街道乡镇和村居委会为平台，社会组织为载体，社会工作专业人才为支撑，明确村居委会、社会组织和社会工作专业人才的各自定位，社会工作专业人才加强与街道社区的合作，利用街道社区的服务平台，建立有效的合作机制，联合开展有效的社会工作专业服务。三是扶持社会工作服务机构吸纳专业人才。加大培育扶持力度，鼓励支持符合条件的组织、企业和个人兴办公益慈善类社会组织和社工服务机构，引导社工服务机构根据经济社会发展和群众需求，结合自身发展优势，选择各自的服务领域，有意识地培育服务品牌，为群众提供自己的特色服务，提高社会工作专业服务的有效性，并加强社会工作服务机构的管理监督，促进健康发展，保证有效参与社会治理。

（六）建立社工薪酬保障体系，完善职业生涯发展的规划

薪酬保障是社会工作行业维持自身发展和吸引社工人才的基本条件。薪酬福利制度和绩效考核制度对激励社工专业人才更好地投入专业服务具有举足轻重的作用。一是规范社会工作专业人才的薪酬体系。要参照国家有关社工职业薪酬的指导文件，明确助理社会工作师、社会工作师和高级社会工作师对应的职级待遇，薪酬制度的设计应以工作为导向，以工作任务和责任、所需技能、努力程度、对实现组织目标的贡献程度等为参考，兼顾结果公平。并根据学历、工龄、职称、岗位等不同设置工资等级，以此激励社会工作者的专业成长和职

业发展。二是落实社会工作专业人才的社会保障。根据全市经济和财政发展情况，适当提升社会工作专业人员的补贴标准，提高社会工作者的职业待遇水平。如对持证并在城乡社区、社工服务机构、公益服务类社会组织等从事社会工作的专业人才，给予"五险一金"补贴、发放一定的岗位补贴、租房补贴等。三是帮助社会工作专业人才畅通晋升渠道。探索建立符合北京发展实际并集从业人员资历、学历、业绩、岗位等多指标于一体的晋升渠道，使社工人才拥有的专业化技能、付出的职业化劳动得到合理回报。四是引导社会工作专业人才规划职业生涯。健全社会工作职业培训系统，拓展职业发展的空间，明确专业发展的方向，提高人才与岗位的匹配度，吸引更多的专业社会工作专业人才能够从事本行业，真正为社工这份有价值感的工作贡献力量。

参考文献

［1］陈劲松、陈洪江、南燕：《北京市社会工作专业人才现状调查及其对策研究》，《社会建设》2017 年第 2 期。

［2］卢磊：《民办社工机构专业社工岗位的设置管理与激励保障研究——以北京市为例》，社会科学文献出版社，2017。

［3］赵一红、庞志：《社会工作专业人才队伍激励机制建设研究——基于北京市持证社工抽样调查的数据分析》，《社会建设》2017 年第 3 期。

［4］北京市委社会工委课题组：《北京市社会工作人才队伍建设发展研究》，社会科学文献出版社，2016。

［5］王娜：《上海市社会工作服务机构发展的人才需求研究——基于上海市三类机构的调查分析》，硕士学位论文，复旦大学，2013。

［6］孙莹、吴骏：《民办社会工作服务机构参与社会治理的研究——基于北京地区的经验》，社会科学文献出版社，2017。

［7］市委社会工委、市社会办和中国青年政治学院课题组：《京津冀社会工作专业人才队伍建设协同发展研究报告》，2018。

［8］北京市民政局：《北京市社会工作十年发展报告》，2016 年 11 月。

B.3
中关村示范区构建具有国际竞争力的
人才体制机制改革创新及实践研究

中关村管委会课题组*

摘　要：　中关村是我国第一个国家级人才管理改革试验区。习近平总书记指出，人才是创新的根基，创新驱动实质上是人才驱动，谁拥有一流的创新人才，谁就拥有了科技创新的优势和主导权。目前中关村有80余万名在校大学生，近30万名硕士及以上科技企业从业人员，5万余名留学归国人员、外籍及港澳台人才，1万多名天使投资人，集聚了一批高水平的创新创业人才。本报告主要分为五个部分：一是中关村人才工作现状；二是中关村人才特区政策实施成效；三是中关村多层次人才支持体系建设情况；四是中关村人才服务平台建设情况；五是当前面临的形势、挑战及有关建议。

关键词：　中关村　高层次人才　科技创新　国际化

2018年，中关村高度聚集的优质人才产生了巨大的创新绩效，现在的中关村已经成为首都高质量发展的创新引擎。2018年，中关村企业总收入达到5.9万亿元，实现增加值8330亿元，对全市经济增长贡献率达到39%；高新企业数1.4万余家，约占全国高新企业数的10%；全年天

* 课题组组长：赵清，中关村管委会副巡视员。课题组成员：李志磊，中关村管委会人才资源处处长；孙继伟，中关村管委会人才资源处副处长；李晓磊，中关村管委会人才资源处干部。

使和创投金额 2400 多亿元，投资金额和投资案例数约占全国三分之一，成为全球风险投资最活跃的区域之一；截至 2018 年底，示范区企业拥有有效发明专利 9.8 万件，占北京市企业同期有效发明专利量的 60% 以上，中关村企业和产业联盟累计主导创制发布标准 9500 余项，其中国际标准 380 项；2018 年新设立科技型企业 3.2 万户，平均每天新设立科技型企业约 89 户。2018 年，中关村国际化工作促进全球协同创新网络体系不断完善。一方面，中关村管委会持续加强海外联络工作战略布局和海外协同创新资源生态体系建设。截至目前，中关村管委会已先后在美国硅谷、加拿大多伦多、英国伦敦等地建立了海外联络处，为示范区企业在海外开展技术合作打造广阔平台。另一方面，企业加快全球创新布局，通过离岸创新、跨境孵化、研发合作等方式，构建全球创新网络体系，打造全球创新关键枢纽。

一　中关村人才资源现状

（一）中关村人才总量持续增长，年龄结构更具优势

中关村科技人才总量、高层次科技人才数量都保持稳定增长态势，且年富力强、具有一定科研经历、工作经验的科技人才数量占有最大比例（见图 1）。这充分显示了中关村示范区人才资源在总数、层次、发展潜力方面都具有巨大优势，能够为中关村示范区企业发展提供强有力的智力支持。

1. 科技人才总量稳定增长

2011～2018 年，中关村科技人才总量保持稳定增长态势。截至 2018 年底，中关村科技人才总量 272.1 万人，相比 2017 年增加了 10 万人，2018 年增长率为 3.84%。

2. 高层次科技人才数量保持增长

中关村高层次科技人才数量一直处于增长态势，是全国高层次科技人才

图1 2011～2018年中关村科技人才总量和增长率

最集中的地区。截至2018年，中关村拥有国家级人才计划人数约占全国人才计划总人数的20%，约占北京市国家级人才计划总人数的65%；2018年中关村新有97人入选"高聚"人才计划；截至2018年，中关村共有433人（团队）入选"高聚"人才计划。

（二）中关村人才队伍学历层次不断提高

中关村示范区人才队伍中各层次学历人数分布较为合理，其中拥有大学及以上学历的人才占了绝大多数，显示出中关村拥有一支高学历的人才队伍；大专及以上学历的人才数量、理工类本科以上学历的人才数量、博士及以上学历的人才数量呈现不断增长态势，尤其是归国博士人数不仅总量持续增长，且增长率总体呈持续增长趋势，表明了中关村示范区对海外归国博士具有巨大的吸引力。中关村示范区人才资源具有的高层次学历优势，将更加有利于企业的创新发展。

1. 人才队伍各层次学历人数分布合理

中关村人才队伍各层次学历人数分布日趋合理，截至2018年底，中关村科技企业里中专、大专、大学、研究生等各层次学历人数稳步增长，其中拥有大学及以上学历的人才占了绝大多数，显示出中关村拥有一支高学历的人才队伍（见图2）。2011～2018年，留学回国人员中获博士学位的人数稳

步上升。截至 2018 年底，中关村具有博士学位的留学回国人员数量为 3620
人，比 2017 年增加了 563 人，2018 年增长率为 18.4%。

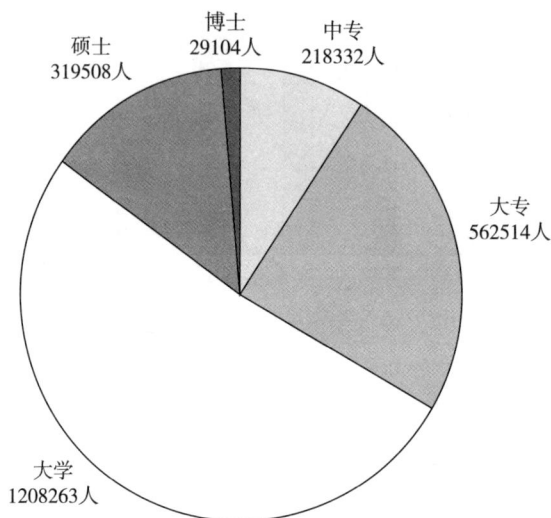

图 2　中关村人才队伍各层次学历人数

2. 大专及以上学历的人才数量不断增长

中关村科技企业里大专及以上学历的人才数量不断增长，截至 2018 年
底，中关村科技企业里大专及以上学历的人才数量有 211.9 万人，比 2017
年增加了 10.3 万人，2018 年增长率为 5.1%，大专及以上学历的人才数量
增长率高于科技人才总量增长率（见图 3）。

3. 理工类本科以上学历的人才数量不断增长

理工类本科以上学历的人才数量不断增长，截至 2018 年底，中关村科
技企业理工类本科学历以上人员 109.7 万人，比 2017 增加了 4.8 万人，
2018 年增长率为 4.54%（见图 4）。

4. 中关村人才队伍产业领域分布特色鲜明

从中关村科技人才在各个技术领域分布来看，中关村人才队伍中涉及
电子信息领域人才数量最大，所占比例超过一半，可见科技队伍产业领域
分布情况非常符合中关村产业发展的特色。特色产业人才分布更加密集，

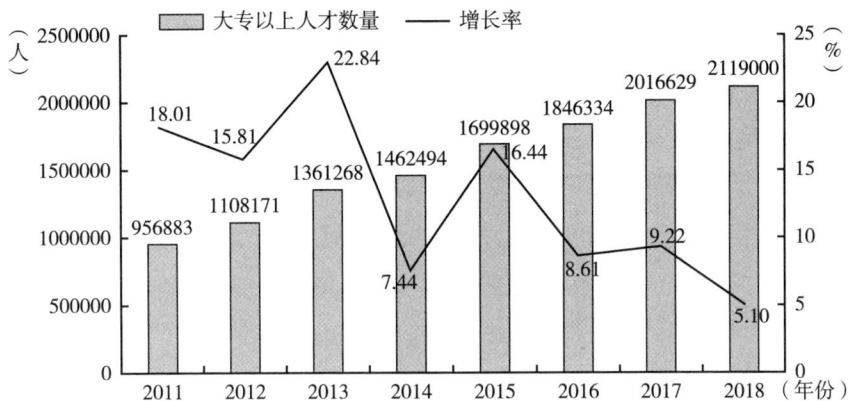

图3 2011～2018年中关村科技企业大专以上学历人数及增长率

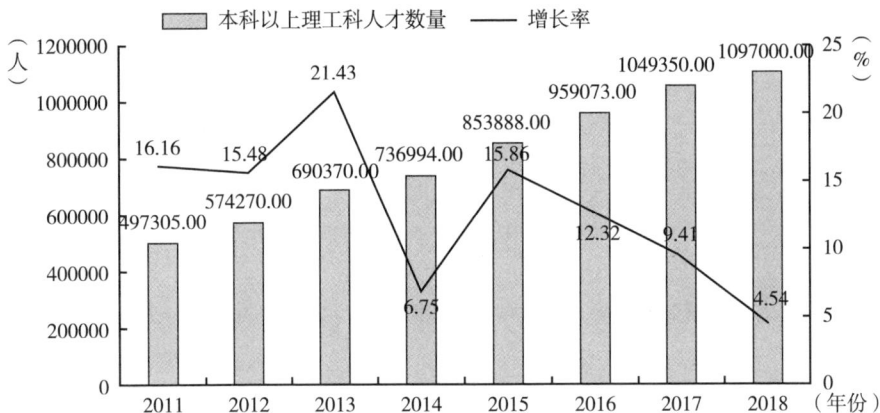

图4 2011～2018年中关村科技企业中本科以上学历理工科人才数量和增长率

将会对中关村的支柱产业——电子科技与信息技术领域的企业提供巨大的智力支持。

5. 中关村人才队伍专业技能水平提高

截至2018年底，中关村科技企业里拥有高级技师（国家职业资格一级）、技师（国家职业资格二级）、高级技能人员、中级技能人员、初级技能人员的人才数量结构更加合理，其中拥有高级技师（国家职业资格一级）、技师（国家职业资格二级）、高级技能人员的人才数量接近一

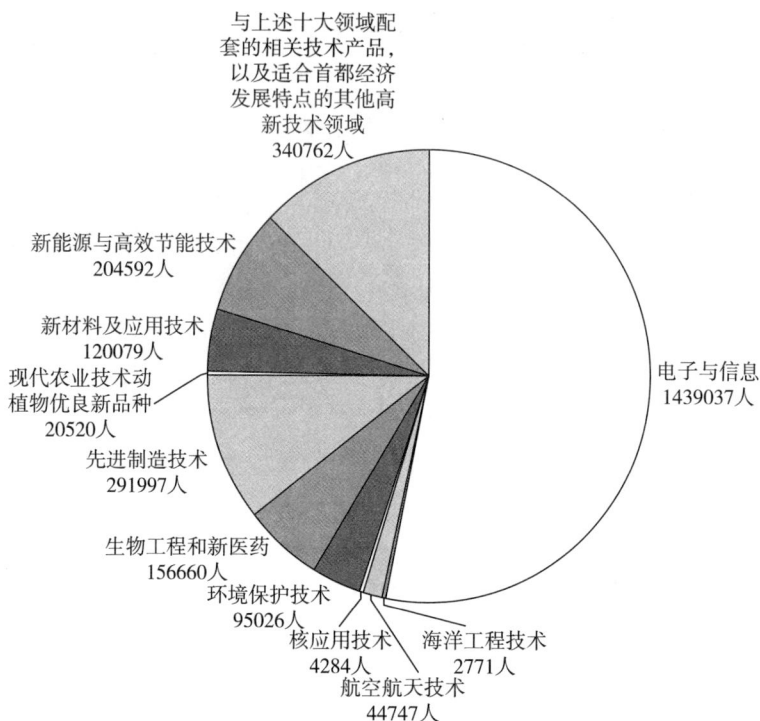

图5　2018年中关村人才队伍产业领域分布

半，显示出中关村人才队伍的专业技能水平较高，各专业领域人才分配见图5。

（三）中关村人才创新成果数量持续增长

中关村示范区科技活动人员数量、企业专利申请量和专利授权量持续增长，同时中关村企业获得了较多的国家奖励及主导制定了更多的产业标准，相应的企业数量也随之不断增长，显示出中关村人才创新成果显著，为企业提高科技含金量做出了巨大贡献，促使企业蓬勃发展。

1. 科技活动人员数量持续增长

2011～2018年，中关村科技活动人员数量持续增长。2018年，中关村科技活动人员共计78.5万人，增长率为6.6%，科技企业中约有30%的从业人员参与了科研创新活动，体现了中关村的创新活力（见图6）。

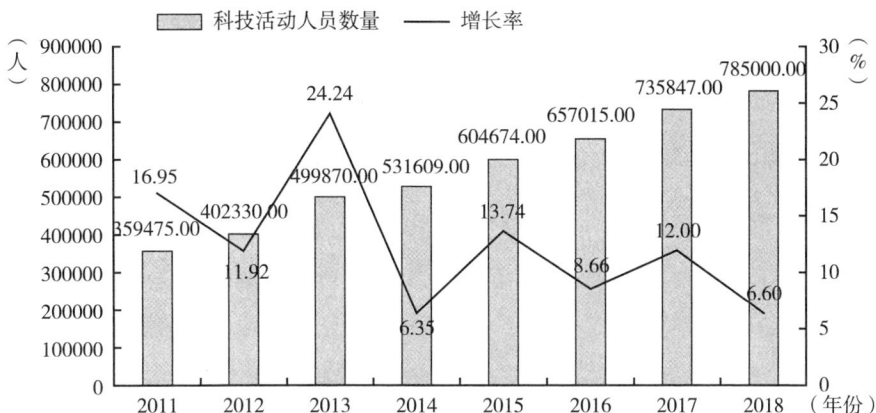

图6 2011～2018 年中关村科技企业科技人员活动数及增长率

2.企业专利申请量和专利授权量持续增长

2011～2018 年，中关村专利授权量持续增长。截至 2018 年底，中关村企业累计专利申请量和专利授权量分别为 102717 件和 56374 件，增长率分别为 18.9% 和 22.4%，比 2017 年分别增加了 16298 件和 10328 件。

3.企业获得国家奖励数量及主导制定标准数量较大

中关村企业获得了较多的国家奖励及主导制定了更多的产业标准，2018 年中关村共有 41 家企业获得 2018 年度国家科学技术奖励 56 个。截至 2018 年底，中关村主导创制的标准数达 9527 项，其中，国际标准 380 项，国家标准 5415 项，行业标准 2957 项，团体标准 486 项，地方标准 289 项。

（四）留学归国与港澳台及外籍人员出现集聚化新格局

中关村留学归国人员、港澳台和外籍人员数量持续增长，其中留学回国人员数量增长率与 2017 年基本持平，而港澳台和外籍人员数量增长率相较 2017 年具有较大涨幅。这部分留学归国人员、港澳台和外籍人员主要分布在以海淀园为首的各大创新园区的重点企业，为电子信息领域等中关村重点发展领域提供技术支持，显示了中关村示范区良好的就业环境对留学归国人员、港澳台和外籍人员的巨大吸引力。

1. 留学回国人员加速集聚

（1）留学归国人员数量持续增长

2011～2018 年，中关村留学归国人员数量持续增长。截至 2018 年底，中关村留学归国人员数为 39752 人，比 2017 年增加了 5023 人，增长率为 14.5%。2018 年中关村留学归国人员数量增长率与 2017 年基本持平（见图 7）。

图 7 2011～2018 年中关村科技企业留学归国人员数量和增长率

（2）留学归国人员学历层次不断提高

2018 年留学归国人员中，具有硕士学位人数为 28815 人，同比增长 14.5%，硕士学历占留学归国人员的比例进一步增加到 72.5%；具有博士学位人数为 3620 人，占留学归国人员的比例进一步增加到 9.1%。

（3）留学回国人员区域分布较为集中

从 2018 年留学归国人员在园区分布情况来看，区域分布较为集中。海淀园一个园区的人员数量占整个示范区数量的 51.9%；人数占比排名第二的是朝阳园，其留学归国人员数量占到示范区总数量的 11.5%。从数量的分布来看，留学归国人员主要集中在海淀园、朝阳园、东城园、西城园、昌平园、亦庄园、石景山园。

（4）留学回国人员企业分布呈现稳定趋势

2018 年，示范区吸引留学归国人员前十名的企业共集中了 4345 人，占留学归国人员总数的比例为10.9%，结合历年数据，留学人员在大公司集中度一直呈现稳定趋势。2018年，从十大技术领域分布看，电子与信息领域的留学归国人员数量最大，为23589人，占示范区留学归国人员的比例达到59.3%。

2. 港澳台和外籍人员集聚速度回升明显

（1）人员数量持续增长

2018年中关村港澳台和外籍人才数量为8036人，同比增长12.8%。2018年中关村港澳台和外籍人才数量相比较2017年有较大涨幅（2017年相比较2016年出现了27.1%的降幅）（见图8）。

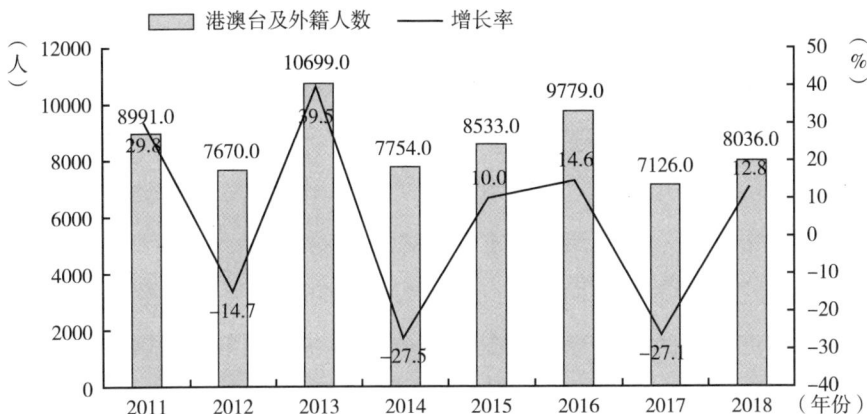

图8　2011～2018年中关村科技企业港澳台和外籍人才数量和增长率

（2）港澳台和外籍人员区域分布较为集中

从2018年港澳台和外籍人员在园区分布情况来看，海淀园一个园区的人员数量占整个示范区数量的53.5%，比2017年44.0%的比例有了明显提升。人数占比排名第二的是朝阳园，港澳台和外籍人员数量占到示范区总量的13.5%。

（3）港澳台和外籍人员企业注册类型较为集中

再从企业注册类型来看，内资企业共吸引了52.1%的港澳台和外籍人员，外资企业、港澳台企业分别吸引了35.1%和12.8%的港澳台和外籍人员。内资吸引港澳台和外籍人员的比例较2017年的40.0%提升了12.1个百分点。在内资企业中，其他有限责任公司吸引的港澳台和外籍人员最多。2018年从十大技术领域分布看，电子与信息领域中港澳台和外籍人员数量为4026人，占示范区比重达到50.1%。

二 中关村人才特区政策实施成效

（一）"中关村国际人才新政20条"对推动国际人才聚集起到了重要推动作用

2018年2月10日，中组部等5个中央部委会同北京市委市政府，出台了《关于深化中关村人才管理改革构建具有国际竞争力的引才用才机制的若干措施》（简称"中关村国际人才新政20条"），共提出了20条政策。此次新政是继续发挥中关村"试验田""排头兵"作用的一次重要举措，从便利国际人才出入境、开放国际人才引进使用、支持国际人才兴业发展、加强国际人才服务保障等四方面，重点解决人才"进得来""留得下""干得好""融得进"的问题，进一步健全了海外人才供需精准对接机制，推动了"国际人才社区"和集聚海外人才"类海外"环境的建设，为人才国际化发展营造良好环境。

"中关村国际人才新政20条"出台一年来，《北京市外籍人才担任新型研发机构法定代表人登记办法（试行）》《关于进一步发挥猎头机构引才融智作用建设专业化和国际化人力资源市场的若干措施（试行）》等多项配套实施细则相继推出，解决了政策落地"最后一公里"的问题，各项政策顺利实施，取得了突出成效。

1. 外籍人才出入境更加便捷

中关村示范区已经有2900多名外籍人才根据出入境新政，办理了来京探望亲属、洽谈商务、开展科教文卫交流活动及处理私人事务的居留许可，5年以内可以多次出入境，出入境改革试点的接续实施和持续发力，有效改善了中关村的创新创业生态和北京市的全球引才环境。

2. 外籍人才干事创业的平台更加广阔

一是允许外籍人才担任法定代表人。2019 年,《北京市外籍人才担任新型研发机构法定代表人登记办法(试行)》印发实施,取得永久居留资格的外籍人才,将可在中关村示范区内担任新型科研机构法定代表人。2018 年北京市科学技术奖获奖完成人中,共有 16 位外籍科学家。

3. 国际猎头机构等兴业发展的积极性更高

外商投资设立人才中介服务机构的准入门槛进一步降低了。2018 年 4 月,中关村示范区在已经允许外资直接入股既有内资人才中介服务机构的基础上,取消了原来"中外投资者应当是成立三年以上的人才中介服务机构"的要求。万仕道(北京)管理咨询有限公司(猎聘网)成为按照新政办理由内资机构变为中外合资机构手续的第一家中关村人力资源服务机构。猎聘网面向全球不断引入符合首都发展需求的高精尖人才,已经有新能源汽车等很多新兴产业的中高端人才,从美国、德国等回流北京。在新政推动下,2019 年初,北京市相关单位印发了《关于进一步发挥猎头机构引才融智作用建设专业化和国际化人力资源市场的若干措施(试行)》,从资金奖励、人才培养、金融支持、扩大开放等方面鼓励支持猎头机构在京发展,更好发挥引才融智作用。

4. 对外籍人才的服务保障力度更大

简化外籍人才登记手续。针对在京有稳定住所或固定工作单位的外籍人才,北京市出入境管理局已经开通了邮箱登记服务方式,外籍人才只需要将相关信息发送到邮箱即可完成登记工作,简化了外籍人才到属地派出所办理住宿登记的手续,为人才提供了极大的便利。

设立外籍人才服务窗口。中关村创业大街开设的中关村外籍人才服务窗口,为外籍人才提供多项政策咨询、代办等服务。同时,中关村管委会通过实施代办员代办制度,为各类人才计划入选者提供精准服务,已设立人才代办工作站 15 个,共配备代办专员 30 名。入驻海淀海创园金种子创业谷的加纳籍创业人穆萨表示,园区不但提供免费办公工位,还免费代办工商注册服务，为企业落地提供了极大便利。

完善外籍人员体检业务。根据新政，北京海关增设了外籍人员体检业务，方便各区域人员就近办理，为外籍人员办理健康体检证明提供了极大的便利。新开体检点共为 9000 余名外籍人员办理了体检业务。

解决外籍人才子女就学问题。北京市教委在 2018 年扩展了招收外国学生资质学校范围和规模，完成了北京科技大学附属小学、中关村中学、中国社会科学院大学等 14 所学校接受外国学生资质备案工作，为国际人才子女营造良好的教育环境。

（二）深化完善外籍人才管理先行先试政策

公安部于 2016 年 3 月出台《实施支持北京创新发展 20 项出入境政策措施》，其中 10 项在中关村国家自主创新示范区试点实施，均属全国首创。政策惠及了在中关村创新创业的外籍高层次人才，外籍华人，创业团队外籍人才和外国青年学生四类群体。三年来，中关村积极协调有关单位，制定出台了具体的实施细则，创建了多项工作机制，不断拓展外籍人才管理政策的惠及面和纵深度。

1. 全面深化外籍人才出入境管理改革

中关村不断深化外籍人才出入境管理政策改革，在 2016 年 3 月公安部支持北京创新发展在中关村先行先试的 10 项出入境政策基础上，新出台的"中关村国际人才新政 20 条"中的 5 项出入境政策，已落地实施。目前，中关村示范区累计办理外籍人才出入境推荐函 670 余份，443 名外籍高层次人才及其配偶获得中国绿卡。中关村出入境政策实施成效显著，留住了国际高端人才参与中关村全球影响力科创中心建设，极大便利了其在华工作生活。吸引了更多海外高层次人才到中关村创新创业，如欧洲科学院院士汉斯·乌思克尔特受中关村政策影响申请中国绿卡，成立北京深知无限人工智能研究院进行科技成果转化。有利于在全球范围内吸引优秀青年人才，目前百度、联想等企业通过新政招募了 54 名来自美国加州大学等世界知名高校的在校学生实习。

2. 探索开展与国际人才评价接轨的绿卡积分评估制度

中关村持续探索绿卡评估制度，面向全球遴选并引进中关村发展建设紧缺的创新创业国际人才。2016 年至今，积分评估累计为 94 名申报者出具推荐函，41 人已通过公安部审批获得在华永久居留证。

经过三年的探索，积分评估实施成效显著。一是非华裔外籍人才数量增加。引起非华裔外籍人才持续关注，吸引了来自新西兰、丹麦、葡萄牙等 27 个国家的 53 名非华裔外籍人才积极申报。二是外籍人才专业技术水平突出。如北京中科富海低温科技有限公司美籍华人高金林，拥有的低温技术填补了我国空白。三是得到企业高度认可。如百度公司负责人表示，中关村永久居留积分评估为急需紧缺特别是年轻有为的外籍人才开辟了申请中国"绿卡"的通道，有利于企业留住外籍技术核心人才。

（三）推动加强国际人才引进与服务政策保障

一是针对企业引才需求不明确的问题，在创新国际人才引进方式、引导成立中关村国际人力资源服务联盟、支持猎头机构发展等方面提出具体举措，包括建立驻海外联络机构联系国际人才机制，引导鼓励人力资源行业相关上下游服务机构成立联盟，编制人才需求目录，给予企业海外引才服务费用补贴等。

二是针对国际人才事业平台创新链不完备的问题，在建设创新创业平台、加快建设一批新型研发机构、建设国家级人力资源服务产业园等方面提出具体举措，包括试点设立中关村示范区外籍优秀毕业生创新创业平台，加大硬科技孵化平台和中试基地等配套建设，发挥好新型研发机构的引才聚才作用，挂牌成立国家级人力资源服务产业园等。

三是针对国际人才工作生活配套政策不完善的问题，在推动优化人才服务的新政落地实施、加快推进国际人才社区建设、加强国际人才服务保障等方面提出具体举措，包括给予优秀国际人才较大比例工资薪金资助，试点支持相关保险机构开发设立针对在京国际人才的保险产品，试点建立国际人才社会保险和养老金等互认机制，开展国际医院试点，适度扩大招收外国学生资质学校规模等。

四是针对现有国际人才来华证件办理烦琐的问题，提出加快推动"中关村国际人才新政 20 条"落地实施、推动人才签证及工作许可办理便利化、扩大中关村外籍高层次人才"绿卡"直通车范围，加快建设一站式服务机构等方面提出具体举措，包括落实 5～10 年多次往返的外国人才签证制度和缩短办理时间，示范区科技服务机构等各类用人主体纳入人才"绿卡"直通车范围，建立一站式服务机构，设立国际人才服务窗口等。

五是针对现有国际人才政策信息不对称的问题，在多渠道加大政策宣传、探索实行代办机制等方面提出具体举措，包括通过多种载体宣传介绍相关政策、充分利用中关村产业联盟等科技中介组织、国际人力资源服务机构和外国商会等渠道开展政策宣传，建立市区企三级联动机制，与出入境管理部门联动实施专办员代办机制。

三　中关村多层次人才支持体系建设情况

中关村构建了多层次广覆盖的人才支撑体系，包括国家级高层次人才计划、北京市"海聚工程"、中关村"高聚工程"和支持青年人才的"雏鹰计划"等，已形成从高层次人才到青年人才全链条支持体系，围绕人工智能、新材料等战略性新兴产业领域引进国内外领军人才和创新创业团队，集聚一批具有重要发展前景的高素质创业人才。

（一）中关村"高聚工程"体现高层次人才引领作用

中关村"高聚工程"自 2009 年开始实施，截至 2018 年底，"高聚工程"已完成了 11 批次高端人才遴选工作，共认定中关村高端领军人才 433人（团队），覆盖新一代信息技术、生物产业、节能环保等战略性新兴产业领域，初步形成了示范区"高端引领、带动全局"的人才发展格局。"高聚工程"的评选对持续优化示范区创新创业生态系统，加快高层次人才聚集起到了积极的推动作用。

一是"高聚工程"人才领军带动作用明显。经中关村企业家顾问委员会推荐，爱奇艺 CEO 龚宇、北新建材董事长王兵、软通动力董事长刘天文 3 位企业家荣获 2018 中关村领军企业家称号，其所在企业作为行业的龙头企业，在中关村发挥着引领带动作用。爱奇艺构建了包含电商、游戏、电影票等综合业务，引领视频网站商业模式的多元化发展；北新建材为集建材产业投资、新型房屋、木业业务、全球贸易服务为一体的综合性企业；软通动力是中国领先的软件与信息技术服务商，在全球 36 个城市设有 90 多个分支机构、25 个全球交付中心，员工总数 50000 余人。

二是中关村"高聚工程"人才创业市场认可度高。评选出的 24 名创业领军人才企业获得红杉、北极光、经纬等知名投资公司的青睐，获得社会投资总额近 98.34 亿元，企业总估值超过 461 亿元。例如，罗振宇创办的思维造物（罗辑思维）先后获得腾讯、红杉资本、英雄互娱等融资 5.2 亿元，是行业领先的知识服务商；李涛创办的麒麟合盛先后获得北极光创投、红点投资、启明创投等融资 6.21 亿元，其研发的 APUS 系统为用户提供免费安卓手机系统优化服务，目前拥有 12 亿全球用户；张国强创办的亿华通科技先后获得国泰君安、水木创投、中海投资等融资 4.8 亿元，其已成为氢燃料电池发动机的领导者。

三是中关村"高聚工程"人才创新成果突出。例如，陈天石领导的中科寒武纪团队研发出国内首个 AI 芯片，已成为 AI 处理器领域独角兽企业。鲁薪安带领艺妙神州团队研发的 CAR-T 技术是最新一代免疫治疗技术，对多种癌症具有革命性的治疗效果。陈良怡带领超维景团队研发的 920nm 的特种超快光纤激光器，已成为三维细胞生物学、发育生物学以及神经科学领域新一代高分辨率可视化工具。

四是中关村"高聚工程"人才投资助推企业发展。评选出的 19 位投资家持有基金规模超过 780 亿元，近三年累计投资总额超过 180 亿元。例如，洪泰同创合伙人盛希泰，已先后投资泽成生物、声智科技、三角兽等近百家中关村企业；联想之星总经理王明耀，已先后投资诺惠医疗、墨云科技、保险极客等近百家中关村科技企业；国泰创业董事长何泽平，已先后投资懒猫联银、吆喝科技、优才网等 30 余家中关村科技企业。

五是中关村"高聚工程"人才市场服务模式领先。2018 年新入选的 37 名创新创业服务机构领军人才主要聚焦新一代信息技术、智能硬件等领域的企业孵化，整合资源服务初创企业能力显著。戴科彬创办的万仕道（猎聘网）是专门从事高端人才寻访的人力资源咨询机构，服务近万家知名企业，为企业提供增值的人力资源管理咨询服务；袁慧锦任职的锋创科技园拥有建筑面积 16.7 万平方米，含总部办公、小企业办公、众创空间、商务配套共计 31 栋楼，聚集服务了近 300 家中关村中小科技企业；叶雷所任职的普天电子城科技孵化器总面积 10 万平方米，孵化器联合多种社会专业资源，逐步建立了以 506 商学院、506 云孵化服务平台等为核心的专业服务平台，已集聚百余家包括电子信息，新能源、环境保护等高新技术企业入驻。

（二）中关村"雏鹰计划"持续聚集优秀青年人才

2018 年共 845 家企业申报雏鹰人才企业支持，其中 U30 类 558 家，投资类 287 家。经过材料初筛、专家现场复核、尽职调查、查重情况等程序，最终遴选出 612 家企业符合雏鹰人才企业条件，其中 U30 类 418 家，投资类 194 家。

本次"雏鹰计划"通过开通线上申报系统便利企业申报、加大政策宣讲力度扩大影响范围、调整细则并适当放宽申报条件等举措，申报企业数量实现倍增，申报企业数量达到了上一批 2016 年度（157 家）的 5 倍多。通过管委会官方网站、各分园公众号、微信群等平台发布计划通知，各分园密集召开多场政策宣讲会，现场向企业讲解了本次申报条件、网上填报内容及相关注意事项等。中关村 16 个分园积极参与计划申报，大兴、房山、怀柔、平谷、顺义、延庆、亦庄等 7 家分园均实现申报零突破。

雏鹰人才工程带动海内外青年人才创业成效显著。

一是创业者进一步呈现年轻化、高学历特点。90 后创业者近 500 人，占比近 60%，其中北京以乐其志科技有限公司的法人李家孝在创办企业时年仅 19 岁；约 95% 的创业者拥有本科以上学历，其中研究生以上学历占比超过 45%。

二是高水准创新创业奖项丰硕。近 150 家企业获得省部级以上创新创业大赛奖项，约占总比 20%。如北京大艾机器人科技有限公司王战斌曾获"龙门创将"全球创新创业大赛中国赛区第一名、全球第二名；北京众绘虚拟现实技术研究院有限公司赵永涛曾获首届中国虚拟现实创新创业大赛全国总决赛一等奖。

三是企业成长性好。申报企业累计融资超过 90 亿元，平均每家企业融资超过千万元。如北京忆芯科技有限公司凭借开发超大规模企业级 SSD 主控芯片，推进大数据与新兴企业融合，目前已获得 1.15 亿元人民币 A 轮融资；北京推想科技有限公司凭借医疗影像辅助筛查技术优势，目前已获得融资 2.81 亿元。

（三）支持引进顶尖人才成效更加突出

中关村根据出台的《关于精准支持中关村国家自主创新示范区重大前沿项目与创新平台建设的若干措施》，明确提出支持世界级顶尖人才及团队创新发展。面向前沿技术领域，每年给予世界级顶尖人才及团队最高不超过 3000 万元的资金支持，连续支持不超过 5 年。主要用于世界级顶尖创新人才及团队引进、国际交流与合作、项目研究和管理、与科研项目相关的仪器设备购置与维护、产业化及中试、办公场地运营维护等方面。

2018 年持续支持顶尖科学家领衔新型研发机构建设，不断完善以科学家为本的科研管理体制，释放人才创新创业活力。继续大力支持王中林院士成立的北京纳米能源研究所，为促进海外顶尖人才团队引进和原创成果快速涌现提供平台支撑。目前，纳米能源所入选千人计划 8 人，入选中科院人才项目 8 人，入选北京市人才项目 19 人，入选其他国家人才项目 4 人。在产业化方面，纳米能源所已投资 1.47 亿元建成以 6 个技术平台为基础的公共服务中心，完成了首批产业化推进专项立项，已经成立了 2 家产业化公司，相关产品已经面市，后续产品已完成或正在研发。2018 年 7 月，王中林院士获得堪称能源与环境研究领域诺贝尔奖的权威奖项——埃尼奖，成为目前获此殊荣的唯一一位华人科学家。

四 中关村人才服务平台及载体建设情况

中关村加强人才服务保障工作，建立人才联络服务制度，形成领导班子成员、各处室联系服务人才的常态化工作机制，服务于各类人才需求不断创新服务模式。近年来，中关村面向海内外高层次人才，特别是优秀青年人才搭建创业服务平台，提供专业高效服务；不断对接国际水平，深化外籍人才管理服务，打造国际人才社区；通过以才引才、校企对接等活动促进人才交流合作，为中关村人才创新创业营造良好外部生态环境。

（一）加强各类人才创业平台建设

中关村持续加强建设各类人才创业平台和基地，提供专业化、特色化、全方位的创业孵化服务，打造良好的服务保障环境，不断激发人才创新创业积极性。

1. 持续加强中关村海创园建设

注重发挥好中关村海外人才创业园（简称中关村海创园）吸引与支撑海外人才回国创新创业的主战场作用。截至 2017 年底，共建设中关村海外人才创业园 42 家，海外人才创新创业资源聚集效应明显，累计孵化海外人才企业 6400 余家，培育上市企业 48 家，在园企业获得股权融资达 63.88 亿元，累计创造知识产权 11.34 万项。

2018 年，中关村海创园建设在专业化、高端化、国际化方面取得重要进展。一是对引进海外人才创办企业和开展海外人才创业服务给予资金补贴，支持 21 家中关村海创园吸引注册 141 家海外人才创业企业和 93 个专项服务活动。二是引导创业孵化服务向专业化和特色化发展，如中财海创园建设财税事务服务平台，提供财税政策解读、会计实务操作等方面的专业培训。三是鼓励聚焦高精尖产业发掘优质项目，如生命园海创园引进的北京唯公医疗技术有限公司，其负责人李为公带领团队完成了我国第一代荧光法"新一代高性能五分类细胞分析系统"产品，并成功上市。四是推动建设国际创新合作平台，如航星海创园成立斯德哥尔摩代表处，协助企业对接北欧创新资源，并吸引瑞典创新项目落地中国。

2. 建设国际青年人才创业服务平台

2019年4月2日，中关村国际青年创业平台在中关村创业大街正式启动运营，重点支持一批具有一定技术储备和较好市场潜力的国际优秀青年人才来中关村创新创业。

平台成立以来，相继举办外籍企业知识产权讲座、国际创新加速营、中关村高新技术企业政策讲解及申报辅导讲座、国际人才创新思维培训会等活动，持续为入驻团队提供创业空间、项目加速、资源对接、政策扶持等全方位服务，同时在创业大街周边提供设施完备、交通便利的青年公寓，开办了具有中国特色、国际风格的"创业食堂"和"创业咖啡馆"，不断增加外籍青年的融入感和归属感。

截至目前，已有14家非华裔外籍创业团队入驻，分别来自瑞典、美国、俄罗斯、韩国、英国、西班牙、丹麦等国，创业方向主要集中在工业4.0、人工智能、区块链应用及智能电动车等领域。

3. 探索发现跟踪培养有创新潜力高中生的平台机制

中关村将人才引进向人才链条前端延伸，前移高中生阶段培育具有潜力的创新人才。2019年3月22～24日，中关村积极支持商汤科技举办首届国际中学生人工智能交流展示会，发现跟踪培养在人工智能领域有创新潜力的高中生。

此次交流会吸引了来自境内外43所学校、118个项目、近500名高中生报名，经初步审核，最终有42个项目参加在京现场展示和评审，其中美国、日本、印度、新加坡、中国香港等地共有8个项目入选，北京市清华附中和人大附中有5个项目入选。项目作品覆盖人脸识别、智能汽车、智慧校园、环境监测等多个方向。广东顺德德胜学校和新加坡Hwa Chong Institution的项目最终获得了珠峰奖。

对于参加展示会的优秀项目，商汤科技积极通过高水平赛事跟踪辅导、企业实习及夏令营报名、开通香港部分院校录取通道和开放泰坦计划公开课资源等活动开展后续跟踪服务，做好有关国际中学生的联系联络工作。

4. 推动中关村高层次人才创业基地建设

中关村加快高层次人才创业基地建设有关工作，引导创新资源集聚发展。按照多点布局、持续发展的建设原则，加强与相关区政府沟通协调，新增共建高层次人才基地，并协调解决高层次人才基地运营和发展过程中遇到的问题。

继续支持房山区开展 2018 年度高端人才创业基地建设，引导高端人才向郊区分园辐射。目前，房山园的中关村高端人才创业基地初步形成多类创新元素汇集、高端人才项目加速集聚的局面。推进门头沟等园区新增共建高层次人才创业基地。开展各分园共建高层次人才创业基地需求摸底工作，已与昌平、亦庄、石景山、丰台、海淀、朝阳园等分园进行对接。

（二）深化外籍人才服务平台和环境建设

中关村不断深化外籍人才服务模式，探索一站式服务平台和国际社区建设，为外籍人才更快实现社会融入、安心发展提供服务保障，营造引才用才的良好氛围。

1. 加强外籍人才服务平台建设

中关村将一站式服务平台的建设作为落实人才国际化政策的重要抓手之一，加强服务大厅、服务窗口等平台建设，提供"一站式""一条龙"优质服务，为外籍人才工作生活提供便利化保障。

一是继续发挥好"一站式"外籍人才服务平台作用。中关村加强"公安部中关村外国人永久居留服务大厅"、在朝阳和顺义增设的外国人出入境服务大厅以及"中关村外籍人才服务窗口"等外籍人才服务平台建设，提供政策培训、相关业务前置受理等多项服务措施，为各类外籍人才提供更为快捷便利的出入境及创新创业服务。目前相关服务窗口可为各类人才提供政策咨询、企业注册等"一站式"服务。

二是在中关村创业大街开设中关村外籍人才服务窗口,为各类人才提供中关村示范区创新创业"一条龙"优质服务。2018年9月,为更好服务来中关村创新创业的外籍人才,中关村与海淀区政府共同在中关村创业大街挂牌设立"中关村外籍人才服务窗口",作为中关村示范区政策咨询服务平台,为外籍人才提供中关村示范区创新创业"一站式"服务,包括出入境、中关村"高聚工程"、"雏鹰人才计划"等政策咨询服务以及企业注册、财务、税务、人力资源、知识产权、法律、投融资、孵化等保障创新创业的专业服务。

2. 积极推进国际人才社区建设

为进一步吸引国际人才来中关村创新创业,加强国际人才聚集发展,在朝阳望京、中关村大街,还有昌平的未来科学城,还有新首钢地区四个地方建立国际化人才社区,包括在医疗、住房、子女教育方面提供全方位保障,提供类海外的生活环境,让外籍人才在北京真正感觉到安居乐业,能深度参与北京全国科创中心的建设。

中关村按照《加快推进首都国际人才社区建设2019年工作方案》要求,制定了推进首都国际人才社区建设工作方案。到国际人才社区相关企业调研并了解国际人才需求,组织到新首钢高端产业综合服务区等国际人才社区开展"中关村国际人才新政20条"的政策宣讲活动。

(三)搭建人才沟通交流平台

中关村通过组织对接活动、开展校园招聘、加强政策宣讲、建设微信平台等形式丰富人才沟通交流平台,促进京津冀之间、校企之间、企业之间、不同领域行业之间的人才交流。

1. 加强京津冀人才交流平台建设

继续落实《京津冀人才一体化发展规划(2017~2030)》,积极推进京津冀人才一体化等高层次人才吸引交流相关工作。

支持实施京津冀高端人才合作交流平台项目,推动京津冀人才一体化发展。组织京津冀科技研发、高端制造、能源环保等领域专家人才在北京海淀区、天津滨海中关村科技园等重点园区开展产业项目对接活动 4 次，搭建三地人才与津冀地区政府、企业对接交流平台。

2. 推动校企人才对接

一是服务海外人才企业。组织开展中关村示范区海外人才企业校园招聘会，为示范区科技企业招揽优秀人才，赴北京邮电大学、北京理工大学等高校组织开展校园招聘活动 7 场，实现服务大学生上万人次，惠及企业约1000 家。

二是服务初创企业。组织中关村初创企业校招活动。形成中关村示范区初创企业校园招聘会工作实施方案，通过公开招标确定项目委托方，将根据相关实施方案，走进清华北大等 985、211 高校以及其他中关村企业有需求的高校，为示范区科技企业招揽优秀人才，搭建好服务平台。

3. 加强人才政策宣讲

以首届北京人才宣传周为契机，不断加强人才政策宣讲力度。2019 年 5月，首届北京人才宣传周期间，在中关村科技园石景山分园组织召开中关村新版"1＋4"政策及中关村出入境和"中关村国际人才新政 20 条"宣讲会，来自中关村 16 个分园的 100 余名企业和人才代表参会，其中包括来自中关村海外人才创业园的 10 余名外籍人才代表。根据企业需求，先后到海淀、亦庄、西城等地开展了人才政策宣讲。

（四）注重发挥海外联络处的作用

中关村发挥了人才改革试验田和先行区的作用，为了吸引优秀人才，在海外建立了 10 个联络处，包括在美国硅谷、德国慕尼黑、加拿大多伦多、澳大利亚悉尼等。海外联络处一方面将国内创新创业相关的政策，包括人才政策向海外进行广泛宣传，同时积极跟海外相关的人才建立联系，掌握更多的信息，对接国内需求，把国外人才跟国内需求紧密联系起来，促进国内外创新创业人才的交流和合作。另一方面是推动国内企业和人才走出去，特别是国家"一带一路"倡议和北京科技创新"一带一路"行动，与海外国家开展园区合作和人员交流、相关技术的转移孵化，更多地利用全球的创新资源，同时将中关村地区优质企业、优质产品和技术推向海外，拓展市场。不断提高中关村国际影响力和竞争力，助力北京建设有全球影响力的科技创新中心。

2018年，中关村按照专业化、多元化、市场化方向推进海外联络处发展，不断完善海外联络处运行模式和管理方式。一是优化多元化布局。进一步优化海外联络处布局，在全球创业高地以色列以及"一带一路"沿线重要国家及南非新设海外联络处，加强中关村与全球创新网络的连接。二是规范制度化管理，进一步规范海外联络处运行模式和管理方式，通过开展绩效考核，调动了各海外联络处的工作积极性。三是加强交流培训。组织开展中关村海外联络处年中培训，系统学习了中关村各项政策、考察中关村创新创业环境、开展座谈交流，进一步强化了海外联络处工作人员的履职能力。建立了海外联络处动态信息月度报送机制，进一步加强了全球创新创业有关科技信息的报送。

五 当前面临的形势、挑战及有关建议

当前复杂多变的新形势给中关村发展带来了机遇，也面临着挑战。面向未来，中关村将围绕北京建设全国科技创新中心、打造世界高端人才聚集之都的战略部署，实行更加积极、更加开放、更加有效的人才政策，加大海外高层次人才引进力度，重点支持海内外优秀青年发展，完善海外人才服务保障机制，在国际人才引进、服务管理、培养开发、兴业发展等方面实行更大力度的政策突破。

（一）人才工作面临着新形势

新一轮科技革命和产业变革方兴未艾，以人才为中心的创新要素在全球加速流动。为把握新一轮科技革命和产业变革的机遇，世界各国，特别是发达国家无一不把争夺人才作为保持领先优势的重要手段，人才日益成为核心战略资源。

1. 新一轮科技革命和产业变革急需高层次人才

新一轮科技革命和产业变革带来了科学和技术的极大变化。重要科学领域从微观、宏观到宇观各尺度加速纵深演进，前沿技术呈现多点突破态势；"第四次工业革命"正在爆发，移动互联、智能制造、物联网、云计算、机器人、自动汽车、下一代基因组、储能、3D 打印等都已陆续进入产业化阶段，颠覆性技术不断涌现，正在重塑全球经济和产业格局。与传统的技术经济不同，知识经济时代的核心是知识的创造和知识的管理，关键在于高层次人才。

2. 全球竞争格局演化使得人才成为焦点

当前，国际政治、经济格局发生了重大变化，全球竞争格局加速重构。经过几十年的努力，我国在全球科技竞争格局中的影响力不断提升，已经成为有影响力的科技大国，经济实力不断增强，已经跃居为世界第二大经济体。2018 年中国在 129 个经济体中的创新指数排名第 14 位。研发人员总量自 2013 年以来一直居世界第一位，研发经费投入规模居世界第二位。近一段时期随着中美贸易争端和科技竞争日趋激烈，美国不断出台针对中国高科技企业、高技术产业的科技遏制手段，限制我国科技人员的正常学术交流活动，实施更加严苛的对华留学生政策，意图以人才为源头阻碍中国前进发展的步伐。

3. 主要国家人才战略调整加剧了全球人才竞争

发达国家在制定国家科技战略、规划与政策中，都将人才培养与开发作为重点。美国政府明确把科技人才战略作为国家战略，先后颁布相关文件和法案，强调人才培养的重要性。日本在《创新 25》中提出，"人才创新"是"创新立国"战略的重要支柱。加拿大出台了《抓住契机：向科学技术和创新迈进》的战略文件，将人才作为战略支柱之一。并且各国通过提供优惠移民条件、提供高额经费、开放重要岗位、搭建科研平台、加强国际合作，从全球吸引高层次人才。美国特朗普政府 2019 年宣布对 H－1B 签证进行改革，让高技能人才更容易来到美国，成为美国公民。以上使得各国间的人才竞争愈演愈烈，人才成为重要的战略资源。

（二）中关村发展面临的挑战

面对新形势、新任务、新要求，中关村对标全球创新中心，在加快融入全球创新网络、推动人才国际化、建立持续创新的后备力量、更好地发挥创新引领的标杆作用等方面还面临着一定的挑战。

1. 构筑更加开放的全球创新高地，还须进一步集聚、使用、激励更多国际化人才

中关村站在创新前沿，要打造开放创新引领区、高端要素聚合区，更加需要以全球视野、开放理念面向全球引进世界级顶尖人才和团队。目前中关村同纽约、伦敦等世界发达城市相比，与硅谷等全球公认的科技创新中心相比还存在一定差距。一是国际化程度不够，国际人才的聚集度依然很低。硅谷等科创中心外籍人才比例将近40%，而中关村外籍人才加上海归人才仅占1.5%。二是国际化人才的数量和结构仍不合理，高端人才与原创型人才与发达国家和地区相比仍有较大差距。三是引才力度还不够，目前引进的人才仍以华人为主，尚未实现真正的国际化引才用才。

2. 实现中关村的长远可持续竞争性发展，还须储备一批青年后备力量

青年人才是竞争发展中的生力军，是实现科教兴国、人才强国战略和创新驱动发展战略的重要后备力量。北京、上海要建全球领先的科创中心必须要有年轻后备队伍的强力支持，必须培养未来的大师。中关村在吸引年轻人方面存在短板，包括严格的户籍制度，少量的户籍指标，无法获得与户籍相关的生活配套设施，不断攀升的房价和生活成本，导致很多青年人不得不逃离北上广。在全国激烈的人才抢夺战中，北京虽有首都优势却无法弥补生活上的短板，中关村要想留住更多青年人才参与未来全球领先的科创中心建设，必须加紧出台相关扶持政策，让青年人留得下、沉得住、干得长，没有生活的后顾之忧。

3. 实现具有全球影响力科技创新中心目标，还需要中关村发挥战略产业策源地的辐射带动作用

面对全球开放创新大背景下日趋激烈的国际人才竞争，中关村在未来的

几年、几十年仍要继续发挥"排头兵"作用，不仅要辐射带动京津冀地区，更要积极参与和服务"一带一路"、长江经济带等建设和发展，对东、中、西、东北部地区进行经验、模式和制度等尤其是人才方面的全辐射，有力支撑国家创新驱动发展战略。一是高精尖端人才储备不够，需要形成全球高端人才的重要聚集地辐射带动全国发展。二是区域创新资源整合力度不够，协同创新体制有待加强，需要加快建设协同创新平台载体。三是北京全国科技创新中心的辐射引领作用有待充分发挥，需要搭建跨区域创新合作网络，加强与上海、江苏、广东、福建等地区的科技创新合作与协同，将辐射带动作用进一步发挥。

（三）有关工作建议

面对新形势，中关村需要实行更加积极、更加开放、更加有效的人才政策，聚天下英才而用之，集聚一批全球一流顶尖人才，引导人才迸发创新创业活力，营造与国际接轨人才发展环境，推动中关村成为全球科技创新创业引领者和策源地。

1. 创新引才方式、拓宽引才视野

海外高层次人才是人才争夺战的焦点，在海外高层次引智工程引起美国等国家高度警惕和防备的背景下，人才引进工作需要发生相应转变。一是建立紧缺人才清单制度，定期在全球发布紧缺人才需求，拓宽国际人才招揽渠道，将引才视野放宽至美国以外其他国家的海外高层次人才。二是注重发挥海外民间团体和人才在引才工作中的重要作用。三是推动科研层面上的"请进来"交流。

2. 从单纯引进高端人才转变为引进部分有潜力的青年人才

引进有发展潜力的青年人才来华学习交流，通过给予良好的培养教育使其成长为高层次人才，并将视角拓展至周边国家、"一带一路"国家优秀青年人才。通过积极培育和政策优待，吸引和留住青年人才，引导其为我国做贡献。一是加强外籍优秀毕业生创业服务平台建设，吸引国外毕业生和国内留学生在中关村创新创业。二是加大支持中关村企业吸引优秀留学生进行实习。三是制定灵活的留学生优惠政策，放宽外国留学生在华的工作限制，建立学生签证转换工作签证制度，允许优秀的留学生毕业后直接在华工作，并提供奖励制度，为在华永久居留的留学生提供健全的社会保障，给予同等公民待遇，吸引和留住国外优秀留学生。

3. 持续抓好国际人才社区建设

借鉴深圳、上海吸引国际高端人才的经验和做法，创造更具吸引力的引进人才环境，加快建设国际人才社区。一是争取政策在技术移民等方面先行先试，开展外籍创新人才创办科技型企业享受国民待遇试点。二是完善外籍高层次人才认定标准，畅通人才申请永久居留的市场化渠道，为外籍高层次人才在华工作、生活提供更多便利。三是完善国际化人才培养模式，加强人才国际交流合作，推进职业资格国际互认。四是加大创新型人才和专业服务人才引进力度，进一步优化提升人才结构。

B.4
北京科技工作者表彰奖励机制创新研究

北京市科学技术协会课题组[*]

摘　要：　对科技工作者进行表彰奖励，是激发科技人员创新积极性的
重要举措，也是引导全社会形成尊重创新、崇尚创新良好氛
围的重要手段。近年来，伴随着国家对科技创新的日益重视，
从中央到地方都建立了相对完善的科技人员举荐表彰和奖励
体系，各方面对科技工作者的奖励举措越来越多，各层次奖
励设置越来越丰富。国家层面基本形成了"国家科技奖少而
精，省部级奖和社会力量设奖健康有序发展"的局面。从北
京市来看，截至2018年底，市级层面政府各类表彰奖励项目
共147项，以市委市政府名义表彰的38项，以市级机关单位
名义表彰的109项。其中，以市委市政府名义表彰的科技奖
励项目有11项。此外，各类学会、社团、基金会等社会主体
也设立了一些科技表彰奖励项目。这些表彰奖励项目对于激
励在京科研人员的创造积极性起到了很大作用。但与此同时，
奖项设置重复、评奖机制不健全、奖项影响力不足等问题也
日益暴露出来，相当程度上限制了表彰奖励作用的充分发挥。
准确客观认识当前北京市科技表彰奖励工作的现状及问题，
有效提升该项工作的公正性、针对性、统筹性，对于进一步
发挥科技表彰奖励的引导性、激励性，进而助力建设全国科

---
* 课题组组长：孙晓峰，北京市科学技术协会党组成员、副主席。课题组成员：张宏，北京市
科学技术协会人事部部长；乔林碧，北京市科学技术协会调研宣传部副部长；郭东艳，北京
市科学技术协会人事部干部；许新，北京市科学技术协会调研宣传部干部。

技创新中心，具有重要意义。

关键词： 北京科技工作者 表彰奖励 机制创新

一 研究对象与研究框架

（一）研究对象界定

首都的定位决定了北京的科技工作者表彰奖励工作具有许多不同于其他地方的独特之处，比如办奖主体多，既包括北京市级机关和在市民政局登记在册的社会团体，也包括在京国家机关和具有全国性质的社会团体；奖励涉及面广，面向的授奖对象既可能是在京科技工作者，也可能面向全国范围；等等。为使本研究更具针对性，我们首先对课题的研究对象做如下界定。

1. 科技工作者

本课题所述之科技工作者，是指以科技工作为职业，实际从事系统性科学和技术知识的产生、发展、传播和应用活动的人员。他们既可能在政府或事业单位工作，也可能在企业或非营利组织中供职。从工作内容上看，可分为研究探索、开发创新、传播普及、应用维护、管理决策等。一是从事研究探索的科技工作者，这类科技工作者往往被称为科学家或科研人员，其主要任务是从事基础科学、应用科学等方面的研究。二是从事开发创新的科技工作者，这类科技工作者经常被称为研究开发人员或发明家、工程师等，其主要任务是从事研究开发或发明新产品、新工艺、新创意等，其工作成果具有很高的经济价值和社会价值。三是从事应用维护的科技工作者，这类科技工作者主要承担模仿创新工作，主要体现在将已有科学技术成果转移和扩散到其工作领域，并保持科学技术在经济、社会活动中发挥正常作用。四是从事传播普及的科技工作者，这类科技工作者主要是从事科学技术类教育的教师及专职科普工作者。五是从事科技管理决策的科技工作者，其中既有高层的影响国家科技方针和政策的科技领导干部，也有普通的基层科技管理干部，在我国当前的体制下，大多数科技资源集中在政府或有关部门，因此这类科技工作者的作用和影响较为显著。

2. 科技工作者表彰奖励

本课题所述之科技工作者表彰奖励，是指为了奖励在科学技术进步活动中做出突出贡献的公民、组织，调动科学技术工作者的积极性和创造性，加速科学技术事业的发展，促进加快建设创新型国家和科技强国而设立的一系列奖项。

地域范围上，主要研究以北京地区科技工作者为主要表彰对象的奖项；在京国家机关和全国性社会组织面向全国范围内创办的各类奖项，暂不列在本研究之内。

激励形式上，聚焦于对科技工作者已完成工作和取得成就进行的肯定、鼓励、奖励等；与人才体系建设相关的选拔和推选工作不作为本课题的研究对象。（比如，中国工程院院士推选、北京学者评选等人才体系建设和人才培养计划，对科技工作者同样具有激励作用，且有很强的荣誉性，但其选拔不只是为了表彰优秀，更重要的是对纳入人才计划的科技人员做进一步培养，故不在本研究之列。）

奖励对象上，既包括对科技工作者个人或集体的奖励（如首都杰出人才奖、北京市有突出贡献的高技能人才奖等），也包括对科技项目的奖励（如北京市科学技术奖、北京市发明专利奖等）。

办奖主体上，既包括北京市委市政府和市级各机关等政府设立的奖项，也包括使用非财政经费办奖的社会组织或个人设立的奖项。政府办奖中，又包括以市委市政府名义举办的市级表彰奖励项目和由各委办局主办的系统表彰项目。社会力量办奖的主体可以是各专业领域的学术团体和行业协会，也可以是企业、基金会或个人，如北京公路学会、北京光华设计发展基金会、大北农集团等。

办奖名称上，有以"××奖（章）"命名的，如北京市农业技术推广奖、北京市先进科技工作者奖、詹天佑土木工程科学技术奖；也有以"××

先进集体和先进个人（工作者）"或"××优秀工程师"（具体职业）命名的；或者以"××优秀人才"或"有突出贡献的××人才"命名，如北京市优秀青年人才、北京市优秀青年工程师、北京市有突出贡献的科学技术管理人才等。

3. 表彰奖励机制

本课题所述之表彰奖励机制，是指协调表彰奖励举办机构、协办机构、评选专家、参选人员及获奖者之间相互关系，以使表彰奖励有效发挥效果的具体运行方式。具体内容包括：一是设立举办机制，主要解决设立哪些奖项、谁来办奖以及形成什么样的办奖格局等问题；二是评审选拔机制，主要解决奖项评选标准、谁来评奖以及如何保证评奖的客观性、公正性等问题；三是结果应用机制，主要解决奖项应用、奖后派生待遇以及社会力量办奖如何与政府办奖进行衔接等问题；四是管理服务机制，主要解决开展表彰奖励时所涉及的服务管理方式、投入保障、资源共享等问题。

（二）研究思路及框架

从分析北京市科技工作者表彰奖励的现状入手，对该项工作开展中存在的主要问题进行诊断分析，并重点从制度机制层面探讨导致这些问题难以解决的障碍所在；在此基础上，合理借鉴国外有影响力的科技奖励的评选经验，提出推进表彰奖励机制创新的着力点及具体操作建议。同时，将上述机制创新的建议加以应用，提出市科协推动科技工作者表彰奖励工作改革创新的重点任务。研究框架见图1。

二 北京科技工作者表彰奖励工作的主要特点

（一）表彰奖励体系日益完善，多主体办奖格局初步形成

截至2018年底，北京市保留的市级各类政府表彰奖励项目共147项，以市委市政府名义表彰的38项，以市级机关单位名义表彰的109项。其中，市

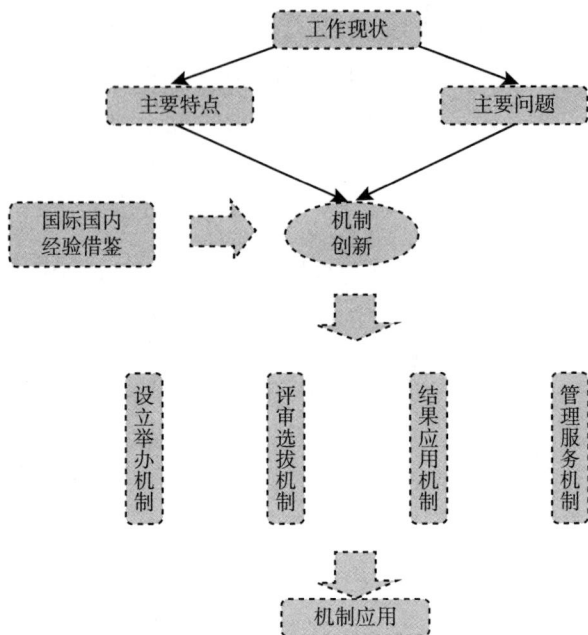

图 1　北京市科技工作者表彰奖励机制研究框架

委市政府名义表彰的涉及科技人员或科技工作者的奖项有 11 项（详见表 1），主办单位包括市级多个部门，比如市委组织部组织举办的首都杰出人才奖、北京市优秀青年人才奖、北京市有突出贡献的科学技术管理人才奖；北京市科委组织举办的北京市科学技术奖；市科协组织举办的北京优秀青年工程师奖等。此外，市科协下属的专业学会、社团等社会组织也有一些面向科技工作的奖项，如茅以升北京青年科技奖、光华龙腾奖等。总的来看，已经初步形成了以政府办奖为主、社会办奖为辅的面向科技人员或科技工作者的表彰奖励体系。

表 1　北京市级科学技术表彰奖励项目（共 11 项）

序号	项目名称	主办(承办)单位	周期	个人	成果
1	首都杰出人才奖	市委、市政府 （市委组织部）	3 年	不超过 5 人	
2	北京市有突出贡献的科学、技术、管理人才	市委、市政府 （市委组织部）	3 年	不超过 50 人	

序号	项目名称	主办(承办)单位	周期	个人	成果
3	北京市优秀青年人才	市委、市政府 (市委组织部)	3 年	不超过 60 人	
4	北京市有突出贡献的高技能人才	市委、市政府 (市人力社保局)	3 年	30 人	
5	北京市有突出贡献的农村实用人才	市委、市政府 (市农委)	3 年	10 人	
6	北京市农业技术推广奖	市政府 (市农委)	3 年		一等奖 15 项 二等奖 25 项 三等奖 40 项
7	北京市人民教师奖	市政府 (市教委)	4 年	10 人	
8	北京市教育教学成果奖	市政府 (市教委)	4 年		高等教育 650 项 基础教育 160 项 职业教育 100 项
9	北京市科学技术奖	市政府 (市科委)	3 年		一等奖 30 项 二等奖 60 项
10	北京市先进科技工作者奖	市政府 (市科协)	3 年	30 人	
11	北京市发明专利奖	市政府 (市知识产权局)	2 年		特别奖 1 项 一等奖 5 项 二等奖 15 项

资料来源：北京市人力社保局。

(二)表彰奖励项目类型丰富，覆盖面比较广泛

从表彰作用上看，可以分为成就认可类和鼓励激励类。其中，成就认可类表彰是对候选人科研成就进行认可，一般要求表彰对象年龄不超过 65 岁，有突出贡献和巨大社会影响；鼓励激励类主要是针对青年科技人才进行鼓励，要求候选人年龄一般不超过 45 岁，相较而言，对于候选人的各项要求没有成就认可类奖项高，目的在于挖掘和鼓励科技新星，激励其为我国科技事业发展做出新贡献。

从表彰对象上看，可以分为人才奖项和成果奖项。人才奖项是为了表彰

在重大科技创新成果中起到核心领导作用或做出突出贡献的科技人才，是针对人的奖项，综合考量科技人才在承担重大科研项目、工程以及前沿、重点学科领域取得的原创性标志性成果，是个人综合因素的考量，比如北京优秀工程师奖，北京市有突出贡献的科学、技术、管理人才奖等。成果奖项是奖励科技发展重点领域中取得的技术成果、拥有自主知识产权或者形成国家、国际标准的技术成果等，是针对技术成果也就是科技项目的奖项，如北京市科学技术奖。

（三）举荐推荐途径更加多元，专家作用日益凸显

过去奖项设置的推荐渠道多为归口单位推荐，由报送单位内部进行第一轮评选，进而经过层层申报最终由主办单位确定获奖名单。近年来举荐推荐途径逐渐增多，存在的推选途径已经包括归口单位推荐、专家推荐、获奖者推荐、个人推荐四种，其中专家和学术组织推荐的渠道作用逐渐增强，已成为重要推荐渠道，而且推荐项目质量显著提升。

（四）奖项影响力逐渐提升，激励导向作用不断增强

从北京市层面看，近年来伴随着北京科技创新中心建设和创新驱动发展战略的深入实施，市级科学技术奖的影响力也在稳步上升。比如，北京市科协举办的北京优秀青年工程师奖自1989年以来已评选22届，评选出了3588名"北京优秀青年工程师"和117名"北京优秀青年工程师标兵"，造就了一大批进入科技前沿的青年领军人物和技术带头人。茅以升北京青年科技奖也已经连续举办了20届，在青年科技工作者中的影响力十分明显。

（五）精神奖励为主，物质奖励力度有所加大

长期以来，我国科技奖励都是以精神奖励为主、物质奖励为辅，奖金额度普遍不高。比如，北京市优秀青年人才奖每三年评选一次，每次评选50名，每名获奖者的奖金仅为1万元。近年来，一些奖项的物质奖励力度有所加大。以北京市科学技术奖为例，2017年之前该奖项一、二、三等奖的奖

金分别为 20 万元、10 万元和 5 万元；2017 年对奖金额度调整后，提高为一等奖 50 万元/项、二等奖 20 万元/项、三等奖 10 万元/项。但总的来看，多数奖项物质奖励力度都不高，仍是以精神奖励为主。从科技工作者本身来讲，一般也更看重科技奖励的精神奖励作用和奖后派生待遇。比如，获得科技奖励的科技工作者在评职称、职务晋升以及出国学习等方面都可能有优先权和获得一定程度的照顾。另外，获奖本身也是科技工作者科研和学术水平得到认可的外在形式，科技工作者所在单位和社会同行会将其所获奖项作为该科技工作者科研水平的重要衡量标准。

三 北京科技工作者表彰奖励工作中存在的主要问题

（一）奖项设置存在交叉重叠，基层筛选推荐任务较重

虽已进行过多轮清理，国家层面涉及科技人员和科技工作者的奖项仍有 30 多项，市级层面涉及科技人员和科技工作者的奖项也有 11 项。在这些奖项中，不同程度存在着面向人群、奖励范围和奖励对象交叉重复的情况。比如，北京市优秀青年人才与北京优秀青年工程师奖，都是面向全市优秀青年人才的奖项；北京市有突出贡献的科学技术管理人才、北京市有突出贡献的高技能人才、农村实用人才虽为三个不同的奖项，但奖项名称类同、面向的群体互有交叉（北京市有突出贡献的科学、技术、管理人才，从评选范围上来讲是可以包含高技能人才和农村实用人才的）。预计 2018 年开始实施的北京市先进科技工作者评选，实施对象是科技创新领域的领军人才，与北京市科学技术奖的范围和改革方向也有重复。

无论是国家级奖项还是市级奖项，每一个奖项都有严格的组织评选程序，每一个推荐单位都要严格按照既定程序进行逐级推荐评选上报，使得具体承担推荐任务的部门任务繁重。以市科协为例，据不完全统计，市科协需要参与推荐的国家和市级奖项有 15 项，其中每 3 年评选一次的有 7 项，每 2 年评选一次的有 5 项，每年都要评选的有 3 项；加上科协自己举办的 2 个奖

项，平均每年需要举办或参与推荐的奖项有 9.3 个。对每个奖项，市科协都需要转发通知并按程序进行初筛、材料核实、初步评选、推荐上报等一系列工作；市科协联系的学会、各区、高校院所、企业科协等，也都需要按要求进行推荐评选工作。重复性、程序性工作太多，使得评奖这个"好事"反而成了负担。同时对于候选人来讲，一年要准备好几个奖项的参评材料，每一次评奖都要重复申报，好事也变成了压力和负担。

（二）个别奖项的影响力有限，激励效果不够明显

奖项多、设置分散，必然导致奖项的影响力不强。从本市科技工作者能够接触到的科技奖项上看，很多奖项设立的时间都不长，有些奖项刚刚开始举办，影响力很难与国外知名科技奖项相提并论。近 6 年来，北京地区获国家自然科学奖 91 项，其中 23 项曾获北京市科学技术奖，91 项项目中经北京市推荐的仅有 6 项，占比 6.59%，有 14.3% 和 41.8% 的获奖项目分别由教育部和中国科学院推荐。

同时，精神奖励作用的发挥也有不足。科学家普遍更看重科学共同体的承认和荣誉，只要方式得当，精神奖励也能获得理想效果。客观看，科技奖励对于如何发挥精神奖励对科研工作者的激励作用考虑并不充分。科技奖励的宣传力度小，奖励的荣誉值不足，公众关注度不够，一定程度上削弱了科技奖励的激励和导向作用，使得科技奖励的影响力往往不如体育比赛或文艺表演。

（三）行政力量办奖仍占主导，社会参与仍显不足

虽然近年来社会力量办奖有了一定发展，但绝大多数表彰奖励仍是由政府部门来举办的。政府办奖的影响力往往与主导单位的层级挂钩，国家级奖项天然比地方奖项影响力大，地方党委政府名义的奖项天然比部门或系统办的奖规格要高。这反映出我们的科技奖励制度仍然具有很强的行政色彩，必然导致在科技奖励方面缺乏对科学共同体参与的制度性、程序性保障，导致行政评价凌驾于学术评价之上，从而严重影响了科技奖励的公正性和权威

性，也在很大程度上弱化了科学共同体对于科技奖励机制的合理期待。政府主导甚至也会体现在推荐环节，比如北京市优秀青年人才奖，推荐方式仅有两种，一是单位提名，二是系统推荐，这里面的单位和系统都是具有干部管理权限的单位和系统，实际上都是政府主导的。

在政府的强势主导下，社会办奖必然处于弱势。从北京市来看，社会办奖的数量虽多，但影响力很难与政府办奖相比，仅有的几个有一定影响力的奖项，如茅以升青年科技奖、詹天佑土木工程奖、光华龙腾奖等，也都有政府部门的参与或支持。同时也应看到，社会办奖在规范化方面确实也存在不足。比如，个别民间奖不严格按照所登记的奖励范围开展活动，超越权限，虚假宣传，违规运作；个别民间奖奖励力度不大、信誉度不高、影响力较弱，却存在违规收费、商业炒作等现象。这些现象一方面导致社会办奖的影响力和声誉下降，另一方面也让相关部门很难下决心给社会办奖、民间办奖以更大支持。

（四）评选环节透明度不够，奖项公正性有待提升

从科技奖励评奖机制来看，评审专家组或者评审委员发挥着非常重要的作用，无论是政府奖项还是社会办奖，都必须经过专家评审的环节。但客观看，专家的作用发挥得还不够好，尤其是同行专家评议相对缺乏，是科技奖励评价机制中非常严重的缺项。无论是国家层面的奖项还是市级层面的奖项，学科分类都比较粗糙，精细化分类不够。而科技奖励评审往往是对多个项目进行评比、择优，即使是某一行业的专家，往往也仅是在行业内一个具体领域有所专长，不可能面面兼顾。如此，要保证每一个项目、每一个候选人的评价都由其细分领域专家来进行，难度很大。另外，现行的评审专家遴选制度也不够合理。有些科技奖励评审专家库长时间不更新，专家构成与学科发展相脱节；有些专家库重复建设，相互之间缺乏共享通道，使得专家本身来源受限，同行专家的找寻成本上升；有些奖项评审在专家遴选上缺乏标准、随意性大，管理部门各行其是、任意"组阁"。此外，评审指标的选择也不够科学严谨。不少奖项评审时定性指标多、定量指标少，很难把具体科技成果与这些指标对应起来，直接影响了奖励的科学性。

四 推进北京科技工作者表彰奖励机制创新的建议

如前所述，经过多年实践和多次改革，北京科技工作者表彰奖励工作取得了很大成绩，但也面临一些问题。特别是与国外科技奖励相比，与我们希望通过表彰奖励来充分调动激发科技工作者的创新热情、更好助力创新强国和全国科技创新中心建设的办奖初衷相比，还有不少让人不满意的地方。这些问题，表面看来可能是奖项结构问题、工作方式问题或投入力度问题，但实际上更多还在于相关的制度机制没有与战略目标相契合、与现实需要相适应。因此，改进科技工作者表彰奖励工作，着力点应放在机制的优化创新上；而机制创新的重点，则在于各主体之间的相互关系和运行方式的优化。

这里，按照表彰奖励工作的开展流程和重点环节，从四个方面对机制创新加以讨论。

（一）设立举办机制方面

这是表彰奖励工作的首要环节。只有明确了办奖主体、办奖方向、奖项结构，并有合理的机制保证其能够随着实践发展而进行调整，才能确保表彰奖励工作始终沿着正确的方向前进。在设立举办机制方面，至少存在以下问题。

一是"谁来办奖"缺乏规范，办奖主体多、奖项分散。由于缺乏统筹，办奖成为各部门抓系统内人才工作的一个重要抓手，各部门分开办奖导致的结果就是奖项功能相近、范围交叉，大家谁都能办，谁都不愿被撤并。比如，北京市有突出贡献的科学、技术、管理人才奖和北京优秀青年工程师奖、北京市优秀科技工作者这几个奖项，虽然评选的对象和奖励人数范围不一样，但都是为了奖励在科技领域较为杰出的优秀人才，都是科技人物奖。但办奖的承办单位就包括了市委组织部、市人力社保局、市农委、市科协等多个部门，各部门各自办奖，形成了奖项的功能交叉。

二是"奖励方向"不够清晰，科技奖励"对物不对人"。在世界科技奖项中，以人物奖为主的办奖趋向十分明显，而项目奖多、人物奖少一直是我国科技奖励中争议较多的问题，从趋势上看，国家层面的科技奖项正在转变思路，逐渐增多对人物的奖励。相比来看，北京市的这种转变还不明显。比如，北京市最大的科技类奖项——北京市科学技术奖，就属于项目奖，没有对人物的奖励。而现有的几个人物类奖项，其影响力与项目奖相比，差距十分明显。

三是"办奖格局"不够合理，社会办奖明显不足。虽然经历了数次清理，但科技奖励"政府办奖强、社会办奖弱"的格局并没有改变，社会办奖仍处于"多、乱、杂"的初级阶段，社会组织不敢办、不会办、不能办的情况突出。事实上，一项科技成果所创造的成就、为社会所带来的福祉等情况，最权威的评判者是社会或者企业。我国《科技进步法》和科技部"国科发奖96号文"都明确了对社会科技奖励的支持，但这方面的工作推进一直比较滞后。

机制创新思路：优化整合政府办奖，着力打造精品；鼓励支持社会力量办奖，注重规范提升；推动形成政府与社会相互补充、相互支持的办奖格局。具体措施如下。

第一，明确办奖主体，整合市级层面的奖项设置。严格限定办奖部门，仅对科技主管部门及人才主管部门开放办奖权限。对政府设立的功能相似的奖项进行整合，由专门的科技主管部门牵头举办。建议北京市重点办好两个奖项：市科委集中力量办好北京市科学技术奖，市科协集中力量办好北京市先进科技工作者奖。

第二，规划办奖方向，更加重视对科技人物的奖励。高度重视科学家和杰出人才的个人贡献，逐步加大对个体的奖励力度，弘扬和褒奖个人在科技创新工作中的贡献和作用。可考虑将市级涉及科研人员、科技创新的人物类奖励统合起来，统一设置北京市先进科技工作者奖，下面分设不同板块来解决不同领域和系统人才奖的问题。将北京市先进科技工作者奖与北京市科学技术奖并列，先进科技工作者奖主要奖励科研人员或科技工作者，科学技术奖主要奖励科技创新成果，共同构成政府科技奖励体系的主要骨架。

第三，优化办奖格局，加大对社会力量办奖的支持力度。鼓励支持各类基金会等公益组织办奖，通过市场资源的灵活配置支持本领域学科发展；鼓励各社团学会建立特色奖项，鼓励专业领域设立行业认可度高的学会类奖励；推动科技奖励由主要依靠政府主办的模式，逐步向政府主管、社会力量主办的模式转变，将社会力量办奖变为科技奖励的重要组成部分。

（二）评审选拔机制方面

这是保证表彰奖励公正性和权威性的重要环节。相较于奖项主办方，无论是参评人还是其他公众，都不能直接接触评选环节，使得评选阶段容易存在盲区。现实中，非主办方对评奖公正性的质疑大多来源于此。一般来看，评审的公正性受制于两个关键因素。

一是评审专家的选择。这里又包含两个问题：一个是专家的权威性问题。随着科技行业的领域越来越细分，一个领域的顶尖专家数量非常有限，这就使得一些奖项在评审时难以请到最权威的专家，从而出现"外行评内行"的情况。另一个是专家的选择范围。从国外经验来看，一个奖项要想长期办下去且办出影响力，必须建立足够容量、不断更新的专家库，这样既能避免偏好固化，也能在一定程度上防止寻租行为发生。北京市各办奖机构虽然都有自己的专家库，但其中真正活跃的专家数量十分有限。

二是评审规则的制定。成熟的奖项在发布评奖通知时，一般会跟随发布评奖规则。比如，在国家优秀工程师奖的评选规则中，对下辖分会推荐评选规则如专家人数、评审规则、评审次数等都会有比较详细的规定。而北京市的部分奖项，特别是社会力量筹办的奖项，在评审规则发布上不太成熟，有的根本没有评审规则，有的则规定得比较笼统。

机制创新思路：优化评选规范，提高评审的公正性；加强专家库建设，提高评审的科学性；强化精准匹配，提高评审的权威性。具体做法如下。

第一，建立以"简便、公开、认同"为原则的评选规范。所谓"简便"，就是尽可能地简化评选推荐流程和环节，摒弃层层筛选、层层评审的做法，推行扁平化的申报和推荐。尤其是市级奖项的评审，建议将基层单位推荐、专家推荐作为基本推荐渠道，简化推荐前的流程要求。所谓"公开"，就是尽可能地将评选和推荐工作的每一步都向社会或者向参与者公开，使其能够及时了解评审进展信息。所谓"认同"，就是尽可能地做到让评选结果得到多数认可。

第二，依托网络平台建设双向互动的评审专家库。专家库一端由专家登录，实时更新个人信息，包括专家个人基本情况、专业研究领域、科研成果、所获奖项、职称职级等；另一端由专家库设立单位掌握，对专家信息进行审核。鉴于建设该网络化专家库需要较大的财力和人力，为避免重复建设，可由市级特定部门牵头，整合市域内专家信息，建设各部门共享的专家库。

第三，建立精准化的专家匹配和遴选机制。对专家库中的专家以较细的学科领域进行划分，并与评选项目、候选人进行较精准的匹配，确保同行评议得到有效落实，使专家评审结果尽可能被认同和认可。

（三）结果应用机制方面

这是决定奖项影响力和含金量的重要因素。科技工作者（团队）在获得一项表彰或奖励后，通常会带来两个结果：一个是直接结果，即表彰奖励本身所包含的物质奖励和精神激励；另一个是间接结果，即由于获得该表彰奖励而对声望地位提升、职称职位晋级等产生的促进作用，也称奖后派生待遇。这两个结果的强度和结构，对于表彰奖励的影响力十分关键。这方面至少存在两个问题。

一是政府办奖的直接奖励力度不足。激励效果的形成必须以一定奖励强度为基础，包括物质奖励强度与精神奖励强度。与国外科技奖相比，我国科技奖的物质奖励强度长期偏低，但这并不是制约奖项影响力的关键。科技工作者普遍更注重政府、学界、公众等对自身成就的认可，更看重科技奖励所带来的荣誉感。荣誉感的大小取决于很多方面，包括但不限于授奖主体、授奖场所、对奖项的宣传力度等。然而，除国家最高科技奖等少数奖项外，从政府到媒体、公众等，对科技奖励的重视和关注程度均存在不同程度的不足，使得很多奖项的精神激励效果相对有限。

二是社会办奖的奖后派生待遇较弱。科技工作者获得政府设立的科技奖励，通常会对其薪资提升、职称晋级、享受津贴等有较为明显而直接的促进。比如，北京市级政府奖励是各高校教师和工程师职称评定的重要参考指标；《北京市积分落户操作管理细则》规定，在科技领域获得国家级或本市市级奖项的，可依据统一确定的项目和标准积分。相比来看，绝大多数社会力量设立的科技奖项，由于没有足够的权威和信誉背书，很难产生效果明显的奖后派生待遇，这在相当程度上限制了社会办奖含金量的提升。

机制创新思路：以提升政府科技奖项的激励度为目标，优化物质精神奖励的结构及力度；以规范和优化表彰奖励结果应用为导向，提升社会办奖对科研人员的激励作用。具体措施如下。

第一，合理确定政府奖项的物质奖励强度。发挥市评比达标表彰领导小组的组织协调作用，根据奖项功能、对象层次以及预期达到的激励效果等，对现有政府科技奖励进行梳理，通过对标国际类似奖项，充分征求各方意见，重新确定各个奖项的物质奖励强度，形成重点突出、梯次合理、与首都经济社会发展水平相适应的物质奖励结构。

第二，多措并举提升科技奖项的荣誉度。通过提升授奖场所档次、提高授奖嘉宾层级、优化授奖仪式的程序形象等措施，增强主要科技奖项给获奖者带来的神圣感、荣誉感；加大对主要奖项的宣传力度，从奖项评选开始到评奖过程、评奖结果等全面向社会公开，提升公众知晓度、关注度；建立社会办奖规范化、常态化的宣传报道机制，对运行规范、社会影响力大、业内认可度高的奖项进行重点宣传或专题报道，营造良好氛围。

第三，构建政府与社会办奖的结果衔接机制。可由科技主管部门出面，协调市教委、人社局等部门，将部分优秀的社会奖项的评奖成果衔接到政府办奖的奖后派生待遇机制中来，使社会奖项成为科研人员的重要业绩，记入个人档案，并作为考核、晋升和评定职称的依据之一。

（四）管理服务机制方面

这是保证表彰奖励工作能够持续健康开展的重要条件。从狭义上讲，管理服务机制是指政府对科技表彰奖励工作进行管理服务的渠道、手段、方式等；广义地看，则还包括政府对各类办奖主体开展表彰奖励时所需的投入保障、资源共享等问题的介入程度、渠道和方式。我国科技奖励管理工作正从政府管控向管服结合转变，政府办奖的数量不断压缩，社会办奖由原先的审批制变为备案制，且社会办奖在科技奖励中的作用日益重要。对应来看，北京市的科技表彰奖励管理服务机制还不能很好地适应这种转变。

一是多头管理制约了社会力量办奖积极性。社会办奖的主体一般是学会、社团、基金会等社会组织。从北京的管理规定上看，市民政局（社团办）负责履行对社会组织的设立备案、合规性监管等职能，但对社团办奖事宜，既不批也不管；按照科技部发布《关于进一步鼓励和规范社会力量设立科学技术奖的指导意见》，科技部门对社会组织设立科技类表彰奖励项目要实行备案管理，北京市科委奖励办正在积极推进此项工作，但也只是备案，在管理上既没有手段也没有精力；市科协作为学会类社团业务指导部门，虽负有联系指导学会发展的职责，但在社团办奖方面并没有实际管理抓手。这就造成一种局面，即服务管理社团的部门与管理社团办奖工作的部门不统一，以致社会组织有时"想要办奖不知谁管，有了问题不知问谁"。

二是缺少对社会力量办奖的必要支持。虽然从保持社会办奖独立性的角度考虑，政府应尽可能减少对社会办奖的干预，但这并不意味着政府不应对社会办奖提供必要支持。社会办奖的主体多是非营利性机构，有时在办奖上会面临资金不足的困境。这主要是因为各类学会与主管部门脱钩后，自身运行资金来自会员单位十分有限的会费，保障日常活动已是捉襟见肘，开展奖励活动更是力有不足；而学术型基金会的发展相对滞后，资金运作等"自我造血"能力十分有限。虽然多数社团并没有反映办奖资金短缺的问题，但从其奖金标准设置上可以看出问题。特别是在"国家鼓励社会力量设立的科技奖项向国际化发展、逐步培育若干在国际上具有较大影响力的知名奖项"的背景下，这个问题更显突出。

三是办奖主体缺乏资源共享的渠道和机制。对单独一项表彰奖励而言，并不存在资源共享的问题；但对表彰奖励体系来说，办奖资源则有整合互通的必要。这不仅是出于资源效益最大化的考虑，而且也有利于提高办奖工作的整体效率。市级层面的评比达标表彰工作领导小组（其办公室设在人力社保局考奖处）的职能主要是对政府设立的评比、表彰、奖励项目进行审核确认，缺少资源统筹方面的作用。而学会、基金会等社会办奖主体虽然有资源共享、联合颁奖的需求，但普遍缺乏合作的有效模式或渠道。

机制创新思路：打破多头管理，降低政府管理因素对社会办奖积极性的限制；提升服务水平，形成支持社会办奖的合理化投入保障机制；推动共建共享，鼓励各类办奖主体探索合作路径。具体措施如下。

第一，理顺管理机制，授权市科协对下属学会社团办奖方面的监督指导和管理职能。科协是党和国家联系科学技术工作者的桥梁和纽带，在表彰奖励优秀工作者、举荐人才方面有着不可替代的作用。建议市政府授权市科协对辖属学会社团办奖履行监管职责。市民政部门和科技管理部门按照法定职责，分别负责社团的登记管理以及科技奖励备案管理，不承担具体学会社团办奖的管理服务工作。市科协应充分发挥对各学会业务指导的优势，加强政策咨询服务，在制定奖励章程、优化评审程序、专家库建设等方面提供必要的业务帮扶，推动社会科技奖励规范发展。一方面，要对社会办奖进行适度监管，建立严格的设奖备案程序，明确设奖目的、奖励范围、设奖条件、评审方式等，避免奖项多、乱、杂；另一方面，应本着大力支持、积极引导、规范管理、有序运作的原则，把管理与服务结合起来，健全相关管理制度，确保学会社团科技奖励的科学性和严肃性，促进社会办奖健康发展。

第二，建立扶持机制，合力解决社会办奖的难题。对北京市现有社会力量举办的科技奖励项目进行细致梳理，从奖项重要性、影响力以及举办前景等多个维度进行评估，筛选出一定数量基础较好、符合科技创新方向、未来可能有较大影响力的奖项，在资金、场地、宣传等方面予以支持。资金支持可采用梯次性事后补助的方式，即在奖项举办后，用特定的指标体系对其效果进行评价，设立不同的分值区域，达到一定标准后给予该标准所对应的补助金额或补助比例。同时，动态更新社会办奖的政府扶持目录。对于企业设立的科技奖项，可鼓励其与企业脱钩运营，企业保留奖项冠名权，奖项运营保持独立，增强奖项开放性。独立运作的企业奖项，符合标准的可纳入政府扶持目录。

第三，推动资源共享，降低社会办奖成本。落实《科技部关于进一步鼓励和规范社会力量设立科学技术奖的指导意见》中"加强对社会科技奖励业务指导"的要求，在制定奖励章程、优化评审程序、专家库建设等方面为社会组织办奖提供必要的业务帮扶。特别是在专家库建设上，应制定市级专家库向社会团体开放共享的机制，对于符合条件、有志于设立民间科技奖的团队开放一定的权限，允许其查询和调用市级专家库的专家资源。同时，鼓励科技学会、基金会和科技企业等各社会主体发挥各自优势，提供资源、强强联合、共同办奖。

B.5
首都科技服务业人才队伍建设研究

北京市人力资源研究中心课题组*

摘　要： 本课题聚焦首都科技服务业人才队伍现状，结合首都"四个中心"战略定位对首都科技服务业人才发展的要求，围绕科技服务业人才队伍和重点领域人才队伍规模、结构及发展现状，在深入分析统计数据和调查数据的基础上，总结首都科技服务业人才队伍的特征，剖析首都科技服务业人才队伍发展存在的问题，形成首都科技服务业人才队伍建设的"3－5－3－6"模式，并提出给政策、搭网络、建机制、重培养、强激励、定标准等有针对性的对策建议，为首都科技创新提供有力支撑。

关键词： 科技服务业　成果转移转化　人才队伍

一　科技服务业人才理论基础

（一）科技服务业内涵与分类

科技服务业是指运用现代科学知识、现代技术手段和分析方法及信息向

---

* 课题组组长：王建中，市委组织部分管日常工作的副部长（正局级）。课题组成员：刘敏华，市人才工作局副局长；张洪温，市委组织部人力资源研究中心主任；曹德贵，市委组织部人力资源研究中心副主任；彭浩，市委组织部人力资源研究中心副主任（挂职）；王选华，市委组织部人力资源研究中心副调研员。

社会提供服务的新兴产业，在一定区域内为科技的产生、传播和应用提供专业化、社会化和智力服务的所有组织或机构的总和。

科技服务业类型可以从学术、政策、统计的角度进行分类。从学术角度来看，国内科技服务业大致分为研发服务业、信息服务业、金融服务业、技术性服务业、管理咨询业、市场服务业等不同类型。从政策角度来看，国家及地方政府针对科技服务业分类存在明显差异，没有统一规定。国家发改委将科技服务业界定为研发服务、创业孵化服务、软件和信息技术服务、数字内容服务等 11 类[①]；国务院将科技服务业界定为研究开发、技术转移、检验检测认证、创业孵化、专业科技服务等 9 类[②]；北京市政府将科技服务业界定为科技金融服务、工程技术服务、研发服务、设计服务、科技推广与技术转移服务等 9 类[③]。从统计角度来看，国家统计局将科技服务业界定为科学研究与试验发展服务、专业化技术服务、科技推广及相关服务、科技信息服务、科技金融服务、科技普及和宣传教育服务、综合科技服务 7 类[④]。

首都科技服务业是从服务流程角度提出狭义的科技服务业分类，相比国家制定的更侧重首都发展实际与产业特色。结合首都城市战略定位以及科技服务业"专业化、网络化、规模化、国际化"发展定位，首都科技服务业是为首都科技创新全链条提供市场化服务的新兴产业，具体包括科学研究与试验发展服务、科技成果转移转化服务、检验检测认证服务、创业孵化服务、知识产权服务、科技咨询服务、工程技术服务、科技金融服务和专业设计服务 9 类。

（二）首都科技服务业人才定义与分类

分析国家科技部、国务院、北京市政府出台的科技服务业人才培养方向和人才定位的相关政策，科技服务业人才需要具备以下要素：学历学位教育

---

① 中华人民共和国国家发展和改革委员会：《产业结构调整指导目录（2011 年本）》，2011 年 3 月。
② 中华人民共和国国务院：《关于加快科技服务业发展的若干意见》，2014 年 10 月。
③ 北京市科学技术委员会：《北京市加快科技创新发展科技服务业的指导意见》，2017 年 12 月。
④ 国家统计局：《国家科技服务业统计分类（2015）》，2015 年 4 月。

经历，专业素养，职业培训经历，国际化水准，懂技术、懂市场、懂管理的复合型高层次人才。

综合国家和首都对科技服务业人才队伍建设的要求与方向，本课题从科技服务机构的角度，将首都科技服务业人才界定为：在9类科技服务业的在京机构中，直接从事科技服务领域业务的职业化、复合型、高素质的专业人员，具备一定的学历学位教育及职业培训经历，并具备一定的国际化视野与水准的人员。

依据能力要求，首都科技服务业人才可以分为专业型与复合型人才2类。专业型科技服务业人才包括科学研究与试验发展服务、检验检测认证服务、知识产权服务、工程技术服务、科技金融服务及专业设计服务6类；复合型科技服务业人才包括科技成果转移转化服务、创业孵化服务、科技咨询服务3类。依据服务内容，首都科技服务业人才可以分为科技信息与设施、科技交易、科技金融、企业孵化和专门领域5类。科技信息与设施类服务人才面向知识产权服务、科学研究与试验发展服务和检验检测认证服务；科技交易类和企业孵化类服务人才面向科技成果转移转化服务和创业孵化服务；专门领域类服务人才面向工程技术服务、专业设计服务和科技咨询服务。

（三）首都科技服务业人才标准界定

通过文献研究、调研座谈、要素重要性分析，结合首都科技服务业发展现状与实践，首都科技服务业人才需要具备四个标准。一是专业化，指首都科技服务业人才应当在专业教育的基础上，执业时符合专业标准，具有较高的专业技能与素养。二是职业化，指首都科技服务业人才所从事的行业是社会承认且范围明确的专门职业，并获得相应社会声望与专业地位。三是国际化，指首都科技服务业人才应当熟悉并适应服务不同国家（地区）的科学技术研究、科技成果转移转化模式，设计和制造适应不同国家（地区）实际情况的科技服务产品，能够适应并沟通不同国家（地区）的科技文化元素。四是复合型，指首都科技服务业人才在各自专业领域内是多功能的，在知识、思维、能力等多方面或某些组合方面是复合型的。

二 首都科技服务业人才队伍总体情况

（一）首都科技服务业人才队伍规模分布

首都科技服务业人才队伍①规模呈现三个特点：一是科技服务业从业人员总量呈现增长态势，由 2015 年的 93.7 万人增至 2017 年的 102.0 万人。二是科技金融与工程技术领域集中了 50% 以上的首都科技服务业从业人员，其次依次为科学研究与试验发展服务、科技咨询服务、科技成果转移转化服务、检验检测认证服务、知识产权服务、专业设计服务和创业孵化服务（见图 1）。三是

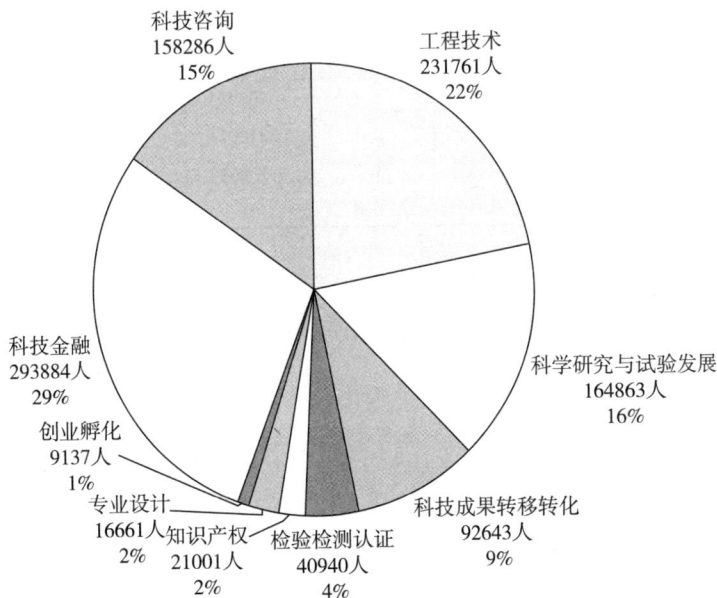

图 1 首都科技服务业从业人员队伍结构（2017 年）

---

① 科技服务业人才存在数据指标难获取的问题，但科技服务业从业人员有助于对科技服务业人才进行衡量与测算，因此通过首都科技服务业从业人员指标来描述科技服务业人才队伍的现状与特征。本节基于《北京市加快科技创新发展科技服务业的指导意见》和《国家科技服务业统计分类》，将北京市统计局提供的国民经济行业分类数据按照首都 9 大科技服务业领域进行分类与整理。

科技服务业从业人员发展呈现"三高四低两持平"态势。2015～2017年，科技咨询、工程技术和创业孵化服务从业人员所占比重分别提高1.9个、0.5个和0.1个百分点，科学研究与试验发展、科技金融、检验检测认证和专业设计服务所占比重分别降低了1.6个、0.6个、0.2个和0.1个百分点，科技成果转移转化和知识产权服务从业人员占比则没有变化（见表1）。

表1　首都科技服务业从业人员队伍结构变化情况（2015年、2017年）

领域	2015年		2017年		占比变化
	总数(人)	占比(%)	总数(人)	占比(%)	（个百分点）
科技金融	275211	29.4	293884	28.8	0.6↓
工程技术	207945	22.2	231761	22.7	0.5↑
科学研究与试验发展	166394	17.8	164863	16.2	1.6↓
科技咨询	127581	13.6	158286	15.5	1.9↑
科技成果转移转化	85030	9.1	92643	9.1	0
检验检测认证	39576	4.2	40940	4.0	0.2↓
知识产权	19282	2.1	21001	2.1	0
专业设计	16135	1.7	16661	1.6	0.1↓
创业孵化	7181	0.8	9137	0.9	0.1↑

（二）首都科技服务业人才队伍结构特征

为厘清首都科技服务业人才队伍现状，在全市开展了科技服务业人才队伍现状调查，选取全市12个区以及市科委、市知识产权局等相关单位下属多家科技服务业企事业单位，共计发放1500份问卷，回收有效问卷1092份。

问卷调查显示，首都科技服务业人才队伍结构呈现四个特点：一是科技服务业从业人员主要为青年群体，20～40岁的从业人员占比接近90%；二是科技服务业从业人员总体呈现"学历水平以学士为主"的特征，本科、硕士、博士学历人数分别占55.2%、32.3%和2.3%；三是海外人才占比不足一成，近一半从业人员毕业于国内一般本科院校；四是近三成人才具有跨学科背景，其中仅4%为文理兼修，其他均为相近专业。

（三）首都科技服务业人才队伍工作状况分析

问卷调查显示，首都科技服务业人才队伍工作状况呈现四个特点。一是科技服务业从业队伍不稳定，在从业5~10年会出现较为大幅的人才流失，从业人员仅为从业1~5年的1/3。其中，国企和民企人才队伍稳定性较差，均在从业3年左右出现大幅下跌。用人成本高，社保、公积金等问题给企业运营带来较大负担，企业发展缺乏活力。二是科技服务业不同领域人均创收差距明显，金融、设计及孵化领域人均创收较高，研发、知识产权、检验检测认证等科技信息与设施类服务领域人均创收偏低（见图2）。三是从工作环境看，薪酬待遇等物质因素是科技服务业人才急需解决的首要问题，其次需要提供业内交流平台和明朗的职业晋升通道。四是科技服务业人才发展存在很多制约因素，需要建立全面有效的人才激励机制、分类分层的绩效评价体系和职称评定体系（见图3）。

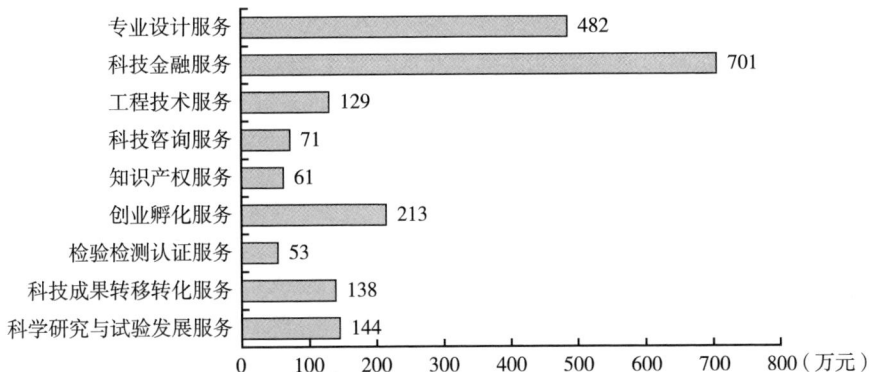

图2　首都科技服务业各领域人均创收情况比较

（四）首都科技服务业人才队伍需求状况分析

问卷调查显示，首都科技服务业人才队伍需求状况呈现三个特点。一是人才需要良好的职业发展通道，四成以上的从业人员认为需要丰富科技服务

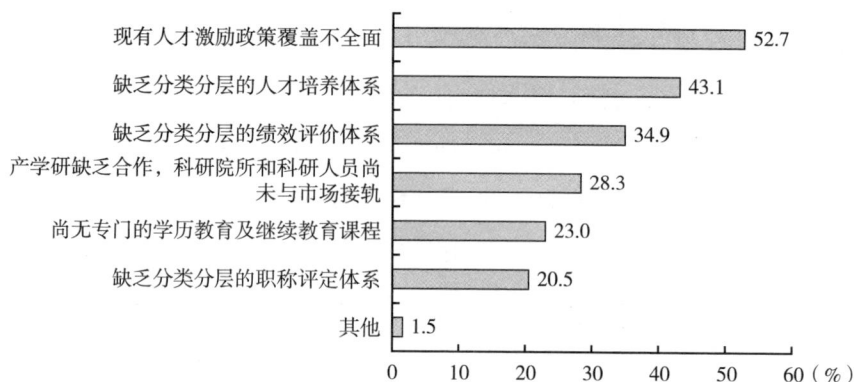

图3 首都科技服务业从业人员发展的制约因素

业人才的培养方式，尤其是中小企业，由于自身规模较小、用人成本较高，从业人员难以得到系统持续的学习提升。二是科技服务业发展的制约因素中，专业化复合型人才最为缺乏，尤其是既懂科技又精市场的科技服务业高端人才与领军人才极度缺乏（见图4）。三是当前政府出台的人才政策不能有效辐射北京范围内所有的科技服务业人才，五成以上的科技服务业从业人员认为目前人才政策急需完善基本社会保障，尤其是人才及配偶子女落户，年薪制、协议工资以及一次性安置费和奖励（见图5）。

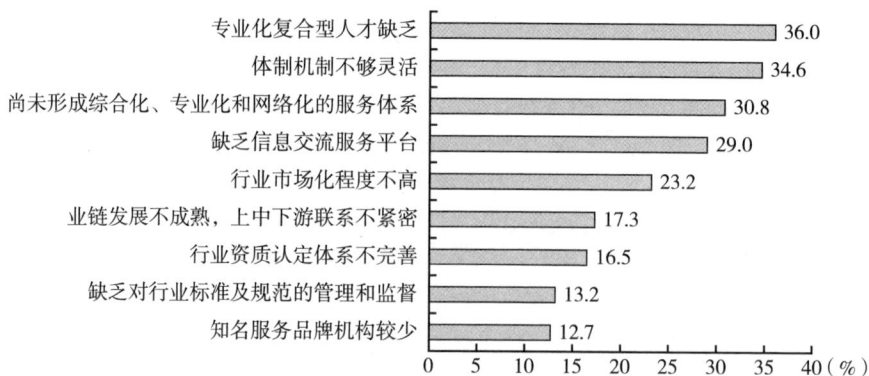

图4 首都科技服务业发展的制约因素

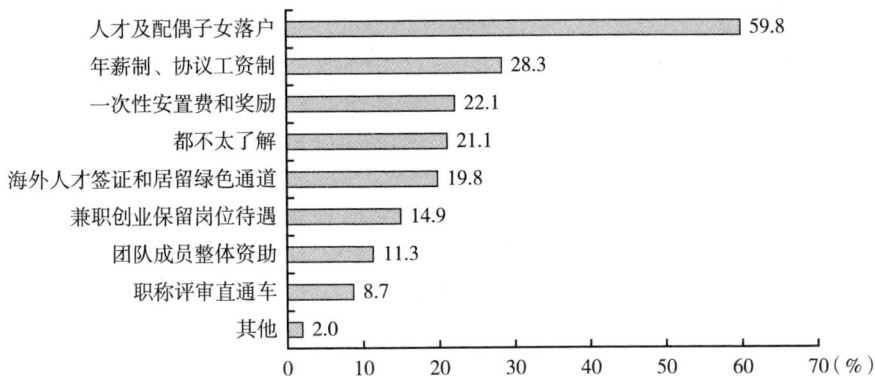

图5 首都科技服务业从业人员对北京市引才政策的评价

三 首都科技服务业重点领域人才队伍建设情况

（一）首都研究与开发服务人才队伍现状与特征

首都研究与开发服务人才队伍①发展呈现六大特征。一是研发服务人员呈现稳步增长的态势，由2013年的12.7万人增至2017年的16.1万人，占全市研发人员的比重从38.0%增至40.6%。二是研发服务人员按活动类型分布趋于均衡状态，2017年基础研究、应用研究和试验发展研发服务人员占比分别为25%、36%和39%。三是高学历青年人才是主力。问卷调查显示②，40岁及以下的青年人才是研发服务人员的主体，占总量的83.7%。研发服务人员以本科和硕士研究生学历为主，占七成以上。四是从创新环境看，薪酬水平偏低和激励机制不健全是制约首都研发服务人员创新的关键因素。五是研发服务人才队伍梯次结构进一步优化，形成了以青年优秀人才为

---

① 通过首都研发服务人员指标，来描述首都地区研发服务人才队伍的现状与特征。研发服务人员是研究与试验发展（R&D）人员中的科学研究和技术服务业 R&D 人员，与科学研究与试验发展服务从业人员不是同一概念。

② 选取北京市研发服务领域的779名从业人员为调查对象。从性别比例来看，被调查对象中男性比女性略多，分别占比55.0%和45.0%。调查样本男女比例均衡。

基础、以领军人才为中坚、以两院院士和战略科学家等杰出人才为引领的
"金字塔"人才梯队。以市科委为例，人才计划形成了"顶尖—领军—青年杰
出"研发服务人才梯队体系（见图6）；受资助人才形成了1∶7的"领军—青
年杰出"的金字塔两层梯次结构。六是依靠联盟集聚人才服务社会。以中国
生物技术创新服务联盟（ABO）为例，通过打造高端服务和关键技术平台，
吸引大量海内外研发服务人才集聚。截至2015年底，共吸引140多名海外高
端人才回国创业，其中14人入选中央"千人计划"、30人入选北京市"海聚
工程"、3人入选市科委"科技北京百名领军人才"。以博士、硕士领衔的技
术人员达3000多人，形成支撑中国医药产业发展的专业服务队伍。ABO联盟
服务首都社会发展也取得了不俗战绩，比如研制出甲型H1N1流感病毒核酸检
测试剂盒，有效支撑国家对甲型H1N1流感疫情的防控；完成抗埃博拉病毒单
克隆抗体联合注射液，成功治愈英国埃博拉出血热患者。

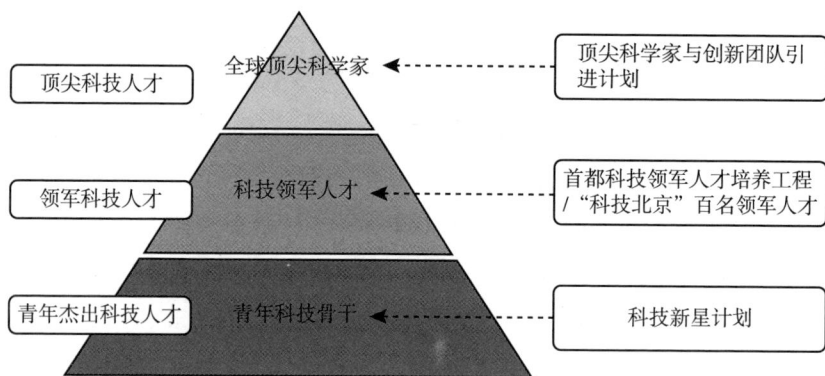

图6 市科委的研发服务人才队伍梯队结构

（二）首都科技成果转移转化服务人才队伍现状与特征

首都科技成果转移转化服务人才队伍①发展呈现六大特征。一是科技成

---

① 通过首都科技成果转移转化从业人员指标，来描述首都地区科技成果转移转化人才队伍的
现状与特征。

果转移转化从业人员数量呈先升后降的趋势，由 2015 年的 8.5 万人增至 2016 年的 9.7 万人，又降至 2017 年的 9.3 万人。二是科技成果转移转化从业人员分为技术推广服务和科技中介服务两类，分别为 8.4 万人和 0.9 万人，首都九成的科技成果转移转化从业人员集中在技术推广服务领域。三是高学历年轻化特征明显。问卷调查显示[①]，科技成果转移转化从业人员一半年龄在 30~39 岁；整体学历水平较高，本科及以上学历占八成以上。四是科技成果转移转化从业人员在从业 10~20 年后出现较为大幅的人才流失，人员占比仅为从业 1~5 年的 1/4。究其原因，发展空间不足是人才流失的首要原因，职称序列受限、社会地位不高极大地影响了人才职业发展，很多人才在从业一段时间后选择到其他领域发展。五是科技成果转移转化人才培养模式日趋完善，通过开展分类分层次培养、学历教育培育、职称制度建设等手段，目前已培养了技术经纪人近 1000 名、国际注册技术转移经理人（RTTP）近百名、技术转移与信息服务方向工程硕士 200 余名。六是高校科技成果转移转化成效显著。以清华大学为例，形成了一套分工明确、功能完善、运行顺畅的科技成果转移转化体系（见图 7）。科技开发部负责清华大学科技成果推广和与国内各级地方政府开展产学研合作；清华大学与企业合作委员会面向国内外知名、龙头和骨干企业，提供产学研合作和成果转化方面的相关服务；国际技术转移中心帮助国内企业消化吸收国外技术，为企业的创新和发展服务。2015~2017 年，通过技术许可、技术转让和技术入股等形式共完成了 157 项科技成果的处置工作，涉及知识产权 1070 项，总处置金额达 88680 万元，创办衍生企业 61 家，对 433 名师生员工给予了科技成果转化奖励。

（三）首都知识产权服务人才队伍现状与特征

首都知识产权服务人才队伍[②]发展呈现五大特征。一是人才规模全国领

---

① 选取北京市科技成果转移转化服务领域的 1900 名从业人员为调查对象。从性别比例来看，被调查对象中男性比女性略多，占比分别为 58.2% 和 42.8%。

② 本节通过首都执业专利代理人和知识产权服务从业人员指标，来描述首都地区知识产权服务人才队伍的现状与特征。

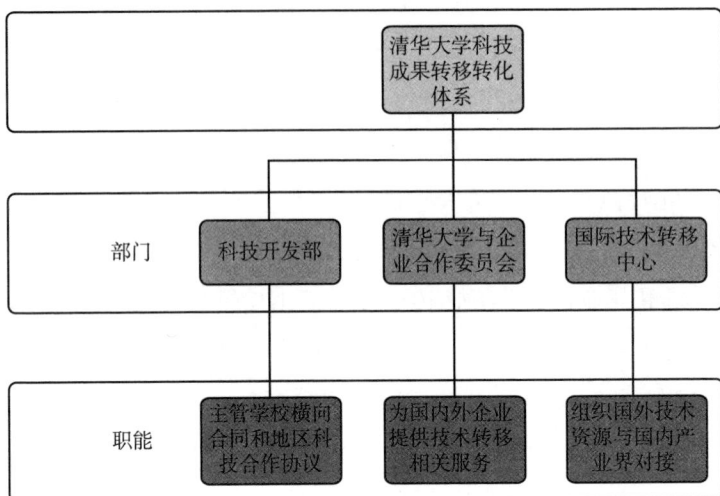

图7 清华大学科技成果转移转化体系的机构组成

先。首都执业专利代理人数量由 2008 年的 1862 名稳步增至 2017 年的 6912
名，占全国总数的 42.0%，在全国独占鳌头（见图 8）。二是高学历青年人
才成主力。问卷调查显示，首都知识产权服务从业人员硕士以上学位占比达
70%，受教育程度高于研发服务和科技成果转移转化服务人才；从业人员平
均年龄为 33.7 岁，30~40 岁且具有一定工作经验的青年人才占大多数。三
是人才对自身从事职业认可度高。问卷调查显示，认为行业整体人员素质
高、氛围好而进入行业的人才占比最高，达 40%；认为符合自身兴趣，能
体现自身价值而选择进入行业的人才比例达 31%。四是人才主要以行业内
流动为主。首都知识产权服务机构流出的人才大多流入其他知识产权服务机
构，比例高达 80%；流入企业的为 16%；转行到其他行业的人才较少。五
是人才数量难以满足蓬勃的创新需求。2017 年北京市专利代理人人均专利
代理量为 128 件，而美国、欧洲、日本等的人均代理量均在 20 件左右。虽
然首都知识产权服务人才数量在全国处于领先地位，但和国际主要国家和地
区相比，知识产权服务人才工作量大，人才绝对数量仍偏低，难以满足首都
蓬勃的创新需求。

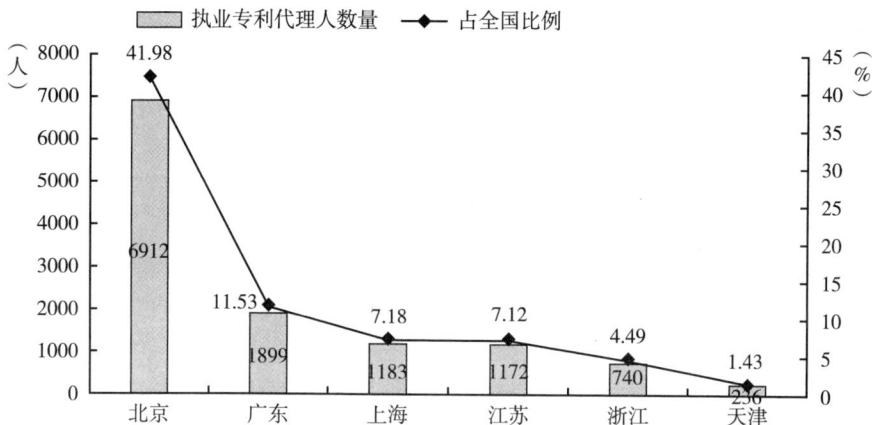

图8 北京与重点省市执业专利代理人分布对比

四 首都科技服务业人才队伍发展问题分析

（一）首都科技服务业人才政策有待完善

一是针对科技服务业人才支持政策不足且宣传力度不够。目前首都人才政策以领军人才政策为主，如市"海聚工程"、"高创计划"和北京学者等，欠缺针对科技成果转移转化、知识产权、研发服务等领域的专项政策。科技服务业人才不了解、不熟悉相关人才计划与政策，调查显示未享受到人才政策的占九成以上。

二是科技服务业人才保障政策亟待强化。海外高层次人才和大学毕业生可以解决落户等问题，但具有工作经验的科技服务业人才缺少落户、居留、社会保险、就医、住房、子女教育等政策支持，科技服务业人才发展缺少有力的制度保障。调查显示近六成非京科技服务业人才无法落户北京。

（二）科技服务业人才认定评价机制和监管机制尚不健全

一是科技成果转移转化服务人才资质认定和评价体系仍未建立健全。缺少权威的资质认证，尚未形成具有权威性和系统化的分类、分级资质认定标准和体系。缺少统一的职业规范，对科技成果转移转化服务人才的服务内容和范围界定不清晰。缺少能力评价标准，尚未建立科技成果转移转化服务人才的专业水平、服务能力和效果评价体系。

二是科技金融服务人才准入和监管不够。对科技金融服务人才并没有设置具体的或科学的准入标准，金融服务管理部门也缺乏对一些新兴科技金融服务机构的有效监管，致使科技金融服务人才队伍的水平参差不齐。

（三）专业化、复合型科技服务业人才培养体系仍未搭建

一是高校对科技成果转移转化、知识产权、研发服务人才培养的作用没有充分发挥。目前针对科技成果转移转化、知识产权和研发服务人才的培养尚未从源头抓起，科技成果转移转化服务人才，课程设置中没有技术转移服务相关内容，也没有实务型师资；知识产权服务人才，欠缺产权、法律等复合型知识，难以达到使用要求；研发服务人才，知识体系相对滞后且缺乏实践经验，与用人单位的实际需求不能充分对接。

二是科技成果转移转化、知识产权服务人才专业化系统化培养机制有待建立。目前科技成果转移转化服务人才、知识产权服务人才的培育主要还是依靠用人单位内部培养和人才自主学习，缺少对培训教育的专业化、层次化、国际化的系统设计，成熟的人才培养机构建立和课程设置还不完善。

三是国际化复合型科技成果转移转化服务骨干人才培养有待加强。目前国际注册技术转移经理人培训模式单一，缺乏协同和应用实践训练，且学员受训后水平参差不齐。技术经理人更多是关注国内高校与企业间的技术转移、产学研合作，在对全球创新资源的把握、技术先进性的判断、定向技术集成的目标区域选定上存在盲区。

（四）激励科技服务业人才服务成果转化的机制有待完善

一是科技成果转移转化服务人才激励措施落地难。北京市部分高校、研发机构制定了科技成果转移转化制度，但存在人才收益制度不明确、收益分

配落实难的问题，包括兼职人才不能合理合法地提取报酬、专职人才收益分成比例较低和个人所得税优惠问题、对外部中介机构的专业服务人才支付报酬问题、对管理人才缺乏有效的激励措施等。

二是对青年研发服务人才支持与激励力度不足。对研发服务人才而言，青年人才支持与高端人才支持相比，项目支持力度和后续支持明显不足，不能做到研发过程中的"雪中送炭"。此外，研发服务人才的成果绩效也未得到充分重视，如在获得公租房、积分落户等方面，研发服务人才的成果转化等指标并没有加分项。

（五）首都科技服务业人才统计分类尚不明确

一是无法根据国家科技服务业统计分类明确首都科技服务业人才统计分类。《国家科技服务业统计分类（2015）》与北京市出台的《北京市加快科技创新发展科技服务业的指导意见》中对科技服务业类型分类不完全一致，首都研发服务业、科技金融服务业可以依据国家统计分类明确业务细分，但科技成果转移转化服务业、创业孵化服务业无法与国家统计分类中的科技推广与创业孵化服务完全对应。

二是首都科技金融服务业与科技咨询服务业的人才统计口径不明确。国家科技服务业统计分类中没有明确金融业中哪些是为科技活动提供金融服务的，咨询与调查业中哪些是为科技活动提供调查和专业技术咨询等服务的，这两类科技服务业边界难以明确，从业人员数量无法统计。

五　首都科技服务业人才队伍建设路径研究

首都科技服务业人才队伍建设应为"3－5－3－6"模式。"3"是首都科技服务业人才队伍的发展理念，即社会需要、产业优化、个人发展三位一体；"5"是首都科技服务业人才内涵，即实基础、强能力、高素质、重服务、国际化；"3"是首都科技服务业人才队伍发展重点方向，即全面发展、重点突破，培养为本、引进为辅，集聚高端、青年为基；"6"是首都科技服务业人才队伍建设路径，即给政策、搭网络、建机制、重培养、强激励、定标准。

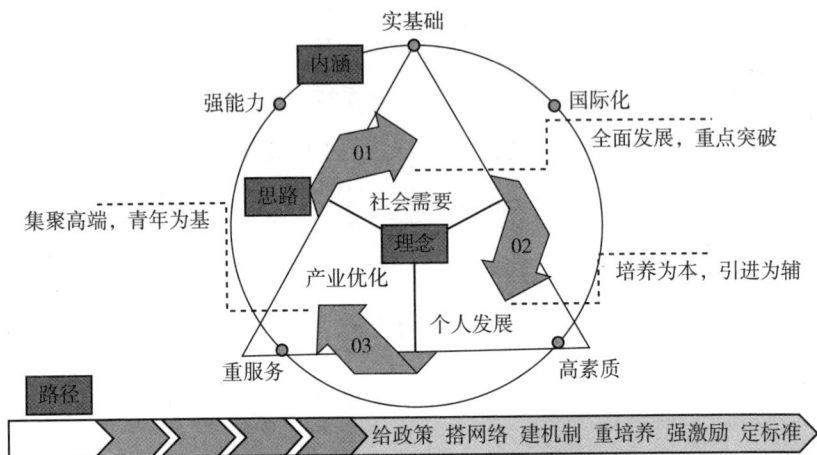

图9　首都科技服务业人才队伍建设模式

（一）给政策，形成完备的科技服务业人才政策支持体系

1. 制定科技服务业重点领域人才专项政策

一是在已有的人才计划、工程与政策中加强对科技服务业重点领域人才的支持力度。比如在市委组织部"海聚工程"、市科委"首都科技领军人才培养工程"、中关村"高聚工程"中增设科技成果转移转化、知识产权等科技服务业重点领域人才的支持专项。二是出台首都科技服务业人才培养计划及专项支持政策。比如制定向基础研发人才适度倾斜的引进人才政策；对研发服务和科技成果转移转化机构引进的紧缺人才和关键人才，在职称评定、购房、子女入学等方面给予适当倾斜的政策；制定《北京市促进科技成果转化条例》，重点解决科技成果转移转化岗位编制、职称评定、薪酬等问题。三是科技服务业重点领域专项人才政策，均应下沉到企业等体制外人才，提高现有人才计划、工程与政策对体制外优秀人才的支持比例。

2. 针对梯次人才制定差异化人才政策

针对不同梯次人才特点，制定差异化人才政策，积极培养一批"用得上、留得住"的科技服务业领军人才和青年杰出人才。比如在市委组织部"市优秀人才培养资助计划"、市科委"科技新星计划"中增加科技成果转移转化、知识产权等科技服务业重点领域的青年拔尖与骨干个人项目；重点关注优秀青年人才晋升、发展空间、激励等问题，评价晋升制度给予优待，增强人才机制的灵活性。

3. 加强政策和行业人才宣传力度

一是联合政策制定颁布部门，建立人才政策宣讲团，面向科技服务业人才开展人才计划、工程与政策宣讲活动，引导体制内外各类科技服务业人才了解并熟悉相关政策。二是由组织部门围绕市级重大人才工程取得的新成效，大力表彰优秀的科技服务业人才。三是设立人才宣传周，联合媒体机构宣传首都开展科技服务业人才工作的创新举措和实际成效，广泛宣传做出突出贡献的科技服务业优秀人才，报道人才促进科技服务业发展的典型案例。

（二）搭网络，打造具有影响力的科技服务业引才平台

1. 建立海外高层次科技服务业人才信息库

广泛收集全球科技服务业高端人才信息，建立人才信息库。比如借鉴国外政府设立人才库的做法，由市人才工作局牵头搭建海外高层次科技服务业人才信息库，遴选具有国际视野、掌握先进技术和管理经验的科技服务业人才。在信息库建设方面，可以分为美加、欧洲等板块，聚焦于科技成果转移转化、知识产权、研发服务等重点科技服务业领域，收集和整合海外人才基本信息，具体包括学习经历、学术能力、科研过程、职业背景、学术交往、研究成果、团队建设、服务贡献等方面的数据。在数据收集方面，一方面可以通过市人才工作领导小组海外联络处、中关村海外联络处等驻外机构及市欧美同学会、科技侨团，与海外人才机构、专业技术社团和组织、海内外校友会等专业组织合作开展调查，整合国外项目库、机构库、专利库、论文库等已有信息，并跟踪及自动采集来自有关网站和互联网的海内外公开信息

等。另一方面可以借助中国驻美、加、德等大使馆的实地调查和数据统计，对以科技服务为主的中国海外移民进行全盘摸底，梳理科技服务业人才的区域分布、社会贡献等信息，不断充实和更新海外科技服务业人才数据。

2. 利用跨国猎头公司择取科技服务业人才

充分发挥跨国猎头、国际知名人才中介服务机构，天使投资和风险投资等投资管理机构的作用，在全球范围内择取科技服务业高端人才。比如，一方面由市人才工作局与国际猎头公司签订"高端人才资源战略合作协议"，在全球范围内招聘科技服务业重点领域的顶尖人才与急需人才；另一方面可以制定人才中介机构引进科技服务业人才奖励办法，根据科技服务业人才引进情况，给予税收优惠或经济奖励，促进猎头公司等人才中介在科技服务业人才引进工作中发挥重要作用。

（三）建机制，塑造完善的科技服务业人才评价和监管机制

1. 扩大科技成果转移转化服务人才资质认定和职称系列范围

一是建立科技成果转移转化服务能力评价标准。制定人才技术转移服务能力评价指标体系，支持行业协会开展技术经纪人能力评价，对服务能力和效果开展定期考核评估，对不符合要求的人才取消相关资质。二是建立首都地区科技成果转移转化服务人才资质认证体系。比如严格技术经纪人的选拔，经行业协会或权威机构组织行业专家评审，获取职业资格和认证考核资质；开展技术经理人与国际注册技术转移经理人认证的衔接工作；加强证书的强制性认可，如必须具备技术经纪人证书才可从事科技成果转移转化相关工作等。

2. 建立科技金融服务人才准入和信用监管机制

针对证券投资、风险、理财、保险等不同类型的科技金融服务人才，一是要设置与科技金融从业细分领域相关的从业资历和经验要求；二是科技金融业管理部门和监管部门，要建立科技金融从业人才信用监管机制和追踪机制，保障科技服务业人才队伍的素质和质量。

（四）重培养，构建实用型复合型科技服务业人才培养体系

1. 建设技术转移学院多渠道培养科技成果转移转化服务人才

借鉴上海技术转移学院做法，政府部门与在京一流高校共建技术转移学院，专业化培养 300 名左右有学历学位的转移转化人才。一是单独建立技术转移专业学科，鼓励在研究生阶段开展技术转移学科教育，学校自主招生，并授予技术转移学历学位。学生既要修满技术转移、技术经纪、技术评估与咨询、情报挖掘与分析、创新与法制等专业课程，还要求在校或实习期间参与完成一个技术转移实践项目。二是结合高校原有的理工科优势专业，增设与之衔接的技术管理、技术评估、市场运营等专业，学生可选修技术转移专业，取得双学历学位。三是联合国际技术转移协会及组织，对在职从业人才进行继续教育。比如与国际技术转移协作网络（ITTN）、美国加拿大国际许可高级管理人协会合作，聘请实操专家授课，通过理论学习、国际案例分析、项目实践等方式授予结业证书，通过考试授予国际认证技术许可专家（CLP）等国际认证证书。

2. 联合国际组织开展知识产权服务人才学历学位教育

借鉴上海国际知识产权学院做法，在京一流高校加强知识产权学历学位教育和通识教育。一是单独建立知识产权专业学科，在充分了解人才需求的基础上开展系统化、专业化的课程设置，加强知识产权服务所需的技术、法律等方面的复合型知识的教育力度与深度，从只关注法律知识教育向知识产权的运用、交易转变。二是联合知识产权国际组织开展学历学位联合培养。比如与世界知识产权组织（WIPO）联合培养知识产权专业硕士，通过国内外专家授课、国际案例研讨、项目实操、论文答辩等方式，授予课程修读证书（通过全部课程）及学历学位证书（通过毕业论文答辩）。三是参照日本加强知识产权通识教育的做法，在高等院校进行知识产权相关知识的宣传，开办知识产权相关的公共选修课程。

3. 开展社会化培训培育适应成果转化需求的复合型科技成果转移转化服务人才

强化树立科技服务于民的理念，培养 700 名左右适应成果转化需求的、

有丰富实践经验的复合型转移转化人才。一是深化技术经纪人培训。比如支持行业协会完善技术经纪人培训课程体系和教材，开发具有高水平和系统性的技术经纪人专业培训课程，技术经纪人必须通过培训与考核才能获取职业资格和认证考核资质。二是形成高校、科研院所、企业与中介机构协同培养模式。比如效仿英国制订技术转移伙伴计划，一方面让高校院所科研人员与企业/中介机构科技服务人才进行互换教学或项目合作；另一方面让学生参与企业技术转移项目，提升学生专业实践能力，并从中选拔优秀人才。三是建立职业化人才培养基地。依托本市已建立的 8 个技术转移人才培训基地挂市级牌子，或在中关村国家技术转移集聚区遴选 3 ~ 5 家市场化、社会化转移转化机构，以培训 + 实习的方式开展市场化职业教育、业务实训试点。四是建立国际化复合型骨干人才培养机制。比如完善国际注册技术转移经理人培训（RTTP），将课程内容和培训模式结合本地实际进行二次开发，加强协同和应用实践训练；实行全球技术转移项目经理制度，面向全球遴选国际一流领军人才担任项目经理，负责挖掘各类资源和开展国际化谈判业务。

4. 搭建职业化培养体系培育实用型研发服务人才

加强对研发服务人才的职业培训，注重培养实用型研发服务人才。一是职业学校和培训机构应将实践教学放在优先发展的位置，通过理论学习 + 项目实操的方式使人才在做中学，培养人才的实际动手能力和操作技能。二是根据研发服务人才的实际需求制定培养目标和方案，有针对性地向企业输送可以快速上岗操作的实用型人才，重点突破基础研发人才缺乏的瓶颈，使基础研发人才与高层次人才互补形成合力。

（五）强激励，建立健全促进科技服务业人才服务成果转化的体制机制

1. 加大对科技成果转移转化服务人才的系统化激励

增设省部级政府成果转化奖，并通过立法在法律层面予以确立，表彰在成果转化领域中做出重要贡献的人员；采用技术转移与教学和科研岗同等待

遇，提升社会认可度；完善收益分配机制，探索对从事技术转移、成果转化的科研人员股权激励和绩效评价及奖励机制，对促成科技成果转移转化的高端人才（团队）给予最高500万元资金奖励和最高10%股权投资资金；获得初级、中级和高级职称的人才，可分别享受技术交易或者专利实施许可合同金额的1%、2%、3%的奖励；健全科技成果转移转化市场化定价机制，加大对科技成果转移转化人才的分成比例；落实尽职免责制度，通过建立容错机制和完善诚信体系建设，鼓励人才在科技成果转移转化服务过程中开展创新性探索；通过指导行业组织设立人才激励的相关奖项或提供人才培训补助专项资金等多种措施，促进科技成果转移转化人才队伍建设。

2. 加强对青年研发服务人才的支持和激励力度

一是科学设置青年研发服务人才支持计划及保障政策，建立促进青年研发服务人才脱颖而出的长效机制。二是加大对青年研发服务人才的资助力度，对优秀青年研发服务人才分阶段给予不同资助。三是加强青年研发服务人才团队培育，采取竞争和持续稳定支持相结合的方式对团队提供3~5年的必要条件支持，期满委托第三方专业机构进行评估后，对发挥作用突出、成绩优秀的团队给予后续支持和推荐。

（六）定标准，探索制定与政策相协调的科技服务业人才统计分类

一是制定首都科技服务业统计分类。比如由市统计局或市科委制定能与政策互为匹配、与国家科技服务业统计分类互为协调的首都科技服务业统计标准，报市统计局或国家统计局审批通过后，按年度开展统计调查。二是开展首都科技服务业人才测算方法研究，在统计调查科技服务业从业人员数据的基础上，准确把握首都科技服务业各行业人才发展状况。

B.6
北京市区域经济与人才协同发展研究

北京外企人力资源服务有限公司课题组*

摘　要： 京津冀协同发展战略是目前我国区域发展的重大战略，北京作为京津冀地区核心城市，与其他两省（市）互相促进、优势互补，在区域共同发展的过程中自身也取得了长足发展。对于地区而言，区域经济的发展必然会带来人才的集聚，而区域内人才与人才配套体系又是支持区域经济持续发展的重要因素之一，明确区域经济和区域人才的协同机制对于区域发展具有十分重要的意义。因此，本文聚焦这一关键问题，对北京地区区域经济与人才协同发展的内在机制进行分析，同时对未来北京市区域经济与人才协同发展的实施路径提出对策性建议，旨在为首都发展提供智力支持。

关键词： 区域经济　人才发展　人才战略　协同发展

一　京津冀区域经济发展概况

（一）京津冀区域经济发展背景与历程

党的十九大报告明确指出要"实施区域协调发展战略"，将区域协调发

---

* 课题组组长：郝杰，北京外企人力资源服务有限公司党委副书记、董事、总经理；课题组副组长：程金刚，北京外企人力资源服务有限公司副总经理。课题组成员：曹志远，北京外企人力资源服务有限公司战略咨询部总经理；曲鸣，北京外企人力资源服务有限公司办公室主任；张雨奇，北京外企人力资源服务有限公司高级咨询顾问；刘椰辰，北京外企人力资源服务有限公司高级咨询顾问；任霄，北京外企人力资源服务有限公司咨询顾问；张晓阳，北京外企人力资源服务有限公司咨询顾问。

展提到了前所未有的国家战略高度。近年来，我国的区域经济发展速度十分快，截至目前已建立起包括京津冀、长三角、珠三角在内的近 20 个城市群和五大经济带，形成了点、带、群的区域经济发展格局。

2015 年，中共中央政治局审议通过《京津冀协同发展规划纲要》，确立了京津冀协同发展的顶层设计。2018 年，中共中央、国务院发布的《中共中央国务院关于建立更加有效的区域协调发展新机制的意见》中，将京津冀协同发展战略作为我国区域协调发展的引领，促进全国各区域间相互通融补充。同时也明确指出，要以北京、天津作为中心，引领京津冀城市群发展，进而带动渤海地区协同发展。

京津冀城市群，是以首都为核心的世界级城市群、区域整体协同发展改革引领区、全国创新驱动经济增长新引擎、生态修复环境改善示范区。京津冀协同发展的过程中，以疏解北京非首都功能为"牛鼻子"，调整区域经济结构和空间结构，推动河北雄安新区和北京城市副中心建设，探索人口经济密集地区有序疏解功能、有效治理"大城市病"的优化开发模式。

（二）京津冀区域经济发展现状及特点

京津冀地区是以首都作为核心城市，拥有特殊政治、信息、科技、人才的发展性地区，对比经济发展快速的长三角和珠三角地区，具备独特的综合优势，如资源要素集中、产业基础雄厚、市场腹地广阔等，发展潜力巨大。京津冀作为中国沿海经济区域发展的第三极，三地的协调发展有助于打造我国经济增长和转型升级的新引擎。

近几年，在《京津冀协同发展规划纲要》的指导下，京津冀三地进行了充分实践和不断探索，协同发展取得积极成效。2018 年，京津冀三地生产总值合计 8.5 万亿元[①]，其中北京地区生产总值为 30320 亿元，按可比价格计算，比上年增长 6.6%，全市人均地区生产总值由 2017 年的 12.9 万元

---

① 数据根据北京市统计局官方网站整理所得。

提高到 14 万元[①]；天津地区生产总值为 18809.6 亿元，增长 3.6%[②]；河北地区生产总值为 36010.3 亿元，增长 6.6%[③]。

京津冀地区未来发展具备"一核"和"两翼"的特点，"一核"是指首都功能核心区，"两翼"是北京城市副中心和雄安新区，推进"一核"发展并带动"两翼"联动。京津冀三地的产业结构和发展也在进行不断的调整，目前北京市以服务业为主，天津充分发挥制造业和港口优势，大力发展外向型经济，北京和天津的产业向河北进行转移，河北为北京和天津的发展提供空间和劳动力。总结京津冀未来发展趋势，北京和天津拥有技术和人才优势，但面临环境压力和资源短缺，河北人力密集且资源丰富，但缺乏技术支持。在协同发展的过程中，三个地区充分发挥特点，优势互补。

二 京津冀区域经济及人才协同发展

（一）区域经济发展及人才合作

在区域经济协调发展的过程中，区域人才合作重要性逐渐凸显，同时人才合作与发展也是经济合作的重要基础和支撑。京津冀地区产业集群聚集的过程中，对人才的需求越发迫切，对人才队伍的建设提出了更高的要求。

2019 年在北京召开了针对京津冀地区的区域经济发展及人才一体化建设专题会议，确定了《2019 年京津冀人才一体化发展工作要点》。会议着重强调了配合经济发展的四大人才聚集工程，四项人才聚集工程分别根据各地区域经济发展需求，明确了雄安新区，延庆、张家口地区，天津港、秦皇岛港、唐山港等港口和临港区域的人才配置，深化人才交流合作，促进人才积极正向流动。

---

① 数据由《北京市 2018 年国民经济和社会发展统计公报》整理所得。
② 数据由《2018 年天津市国民经济和社会发展统计公报》整理所得。
③ 数据由河北省统计局整理所得。

（二）区域人才发展差异

在一体化发展的过程中，京津冀三地目前高端人才的现状也存在差异性。北京市高层次人才聚集，但主要集中在高校科研院所，市属单位缺口大；天津市出台了一系列保留人才政策，但吸引力仍相对不足；河北在京津冀区域中发展程度最弱，对于人才的吸引力也最小，需要吸纳大量的人才来促进发展。

京津冀三地区域人才差异化的发展还体现在协同发展过程中三地角色与定位不同。北京要"去功能、再高端化"，非核心的第一、第二产业会逐步退出北京，人才的配置和引进主要满足北京"四个中心"的建设，保证高端服务业、高新技术产业和文化创意产业的需求。天津要"去加工、再服务化"，发展重点制造业和壮大服务业并举。河北省要"去重型、再加工化"，重点发挥地域与资源优势。京津冀三地互补型的定位和经济发展需求也就形成了对于人才需求的结构性不同，以实现差异化发展。

（三）北京市产业流动及人才辐射

北京市作为首都，具备一定的优势，在京津冀区域人才发展中有着特殊的地位，也发挥着重要的作用。在《首都中长期人才发展规划纲要（2010~2020年）》中明确指出，要发挥首都人才资源对其他地区的辐射和带动作用。北京是全国人才的摇篮，有众多的高等学院，对于教育的投资力度很大，拥有一大批技术人才和高精尖科技人才，北京市的科技水平和科研成果一直保持全国领先行列，在产业流动的过程中会通过各类合作带动天津和河北的科技和教育水平提高，输送人才和教育资源。

三　北京市区域经济与人才协同发展的内在机制分析

（一）北京市区域经济发展引导人才汇聚

1. 创新的人才吸引政策

2018年城市间人才"争夺战"日趋激烈，各地优惠政策层出不穷。目前，全国推出各种人才引进和落户政策的城市已超过 20 个，2019 年，上海、西安、杭州、南京、海口等多地为了吸引优质人才，颁布了积分降标准、落户降学历、买房降首付等一系列优惠政策，包括广州在内的粤港澳大湾区多个城市也放开了对人才落户的限制。

北京作为世界城市人力资本的汇聚地，一直以来都在尝试通过人才政策的出台引进紧缺急需人才。同时，为改革优化北京地区营商环境，北京市政府提出要营造服务更加精细的人才发展环境。其中，对于国内人才的引进，北京主要聚焦高精尖产业和急需紧缺人才的业绩、能力和贡献。为"千人计划"等国家和北京市重大人才工程入选专家、重要科技奖项获奖人开通"绿色通道"，最快 5 个工作日办理完成引进手续。同时推出"以才荐才"政策，在京承担国家和北京市重要科研和项目工程的科技创新优秀杰出人才和发展潜力大的创新创业团队领衔人或核心合伙人，都可以为团队成员推荐办理人才引进，不受学历、学位和职称以及从事岗位等条件限制。

在国际人才引进政策方面，首先，北京在引智政策顶层设计工作中，先后发布了《首都中长期人才发展规划纲要（2010～2020 年）》和《关于深化首都人才发展体制机制改革的实施意见》。2018 年，北京市出台《关于深化中关村人才管理改革构建具有国际竞争力的引才用才机制的若干措施》，公布 20 条服务国际人才新举措，旨在让国际人才进得来、留得下、干得好、融得进，进一步为北京地区人才的国际化发展营造良好环境。其次，北京高度重视高层次人才的引进，从不同层面出台了一系列人才引进计划，如"海外人才聚集工程""中关村高端人才聚集工程""海淀区海英计划""朝阳区凤凰计划"等。

2. 良好的产业经济基础

人才作为提升区域核心竞争力和引领产业转型升级的关键，必须与产业发展互融、互联、互促，实现优势产业带动人才集聚。产业集群一直是地方经济发展的源泉和发动机，人才随产业发展而发展。以 AI 领域为例，中国新一代人工智能发展战略研究院 2019 年 5 月发布的《中国新一代人工智能科技产业发展报告（2019）》显示，截至2019年2月，全国共有745家人工智能企业。从地域分布看，京津冀、长三角和珠三角三大都市圈人工智能企业占比分别为44.8%、28.7%、16.9%；从全国省市分布来看，我国43.2%的人工智能企业分布在北京市。聚焦产业人才，正是由于AI领域的良好发展，使得北京对于国内和海外AI人才的吸引力不断增强。目前，中国34.1%的AI人才都聚集于北京，AI产业的发展带来了良好的人才"虹吸效应"。

现阶段，我国国家层面大力调整产业结构，着力抓好化解产能过剩和实施创新驱动发展，加快发展各类服务业，推进传统产业优化升级。就北京地区而言，北京市政府目前已印发加快科技创新构建高精尖经济结构的系列文件，抢先布局新一轮科技革命的关键领域，共涉及10个高新技术产业，并分别编制了指导意见。目前，一大批高精尖产业正领跑北京发展，为地区产业人才的引入、用好和留下提供了良好的产业支持。

3. 丰富的人才发展机会

《人民日报》曾指出，北京已经是"全国创新创业资源最为富集、创新创业气氛最为浓厚、创新创业成效最为显著的地区"。目前，北京不仅出台了一系列大力推进国内人才"大众创业、万众创新"的措施，还积极建设国际人才创新创业生态系统，为人才发展打造良好生态环境。

就地区内人才工作而言，对于创新创业的大力支持与推进，无疑为地区内的人才发展提供了良好的创业环境和丰富的发展机会。以中关村为例，其作为国家自主创新示范区，与相关政府部门合作，开展了一系列项目。目前，中关村与北京市科委合作，在京津冀重点区域建设科技成果转化平台和开放实验室。作为先行先试试验田的中关村，其创新创业政策、激励政策与良好环境，对创新人才具有极大的吸引力。截至2018年7月，中关村地区中央"千人计划"入选人数为1343人，占全国总数的19%①。中关村海归创业人才超过3万人，累计创办企业超过8000家，成为国内海归人才创办

———————

① 数据由中国税网整理所得。

企业数量最多的地区之一。人才的快速流入和高速成长，与中关村不断优化创新创业环境和构建创业生态息息相关。

4. 优质的教育研发资源

在教育方面，北京市高校林立，拥有丰富的基础教育资源、高等院校资源、科研院所资源和高端国际教育资源。在高等院校和科研院所方面，截至2019年统计，北京本科高校多达57所，其中985类院校8所，211类院校26所，在全国居第一位，除了985、211院校之外，它还有中国科学院大学、中国社会科学院大学、外交学院、北京电影学院等国家知名大学。此外，北京地区还有34所高校、164个学科进入了国家"双一流"建设名单，雄厚的高等教育资源和高等院校工作机会加速了对各层次青年英才的引进工作。

5. 宜居宜业的生活环境

"环境好，则人才聚、事业兴；环境不好、则人才散、事业衰"，习近平总书记的话为中国城市吸引人才点明了方向，也充分说明了发展环境对于人才竞争的重要性。

北京作为我国的首都，在城市建设、社会发展、基础服务等方面一直走在前端。在居住环境方面，虽然北京常住人口及外来人口数量较为庞大，但人均公园绿地面积、每万人公共交通车辆、铁路网建设等方面在国内都排在前列。在医疗保障方面，北京是我国三级医院、三级甲等医院等优质医疗资源的聚集地。根据《2018中国医院竞争力排行榜》数据，从我国百强医院地区分布来看，榜单前十强中，北京有3家医院上榜；榜单百强中，北京地区以16家的数量排在榜首。同时，北京还拥有较为先进的社保福利体系，为人才在京的生活保障提供了方便。

（二）人才汇聚促进北京市经济社会发展

1. 人才集聚助力产业发展

引进人才、用好人才、留住人才对于地区发展会产生决定性和根本性的作用。产业发展方向需要人才的远见与学识来确定，产业发展过程需要人才的技能与经验来夯实，产业创新发展需要人才的知识与担当来开拓。在区域发展带来人才大量涌入的同时，人才的集聚也为北京市带来了更多的资源，持续促进北京地区的产业发展。以国际人才的引入为例，自 2010 年起，北京已成为海外留学生归国工作和创业的主要目的地，留学生团队带来的专有技术和国际化视野为北京各类产业的跨越发展和创新能力提升起到重要支撑作用。国际人才绝大多数在海外具有丰富的学习和工作经历，从事的专业领域以高精尖领域为主，这类海外人才所拥有的技术和国际化视野正是目前北京地区产业发展所必需的。

总体来看，区域人才的聚集为北京市资源的丰富和资源质量的提高做出了贡献。在一定程度上，人才的汇聚弥补了北京市不同产业发展能力和资源的空缺，为给相关产业带来新的机遇提供了基础，为北京市带来人才聚集的经济性效应。

2. 人才激发创新创业

人才是创新的根基，北京地区聚集了大量海内外高层次人才，各类人才通过发挥自身知识和能力，提高了北京市高新技术领域的自主创新能力，成为引领创新创业浪潮的中坚力量。

随着人才工作的推进，从 2015 年到 2019 年，北京地区双创热潮持续涌动，创新人才的引入使得双创力量不断充实壮大。数据显示，北京市每日新设科技型企业从 2015 年的 110 家增加到 2018 年的 223 家，国家级高新技术企业累计达到 2.5 万家，独角兽企业 82 家[①]。不断壮大的"双创"队伍为"北京创造"奠定了坚实的发展基础。

3. 人才引领科技革命

现阶段，在世界十大主要国际创新型城市对比中，北京市专利申请年度复合增长率达 30% 以上，领先其他国际创新型城市。在科技创新方面，从专利的拥有量、研发经费的投入、技术合同的成交、示范区总收入以及技术

---

① 《每日新设 223 家科技型企业　北京亮出"双创"成绩单》，新华网，http：//www. xinhuanet. com/tech/2019 - 06/13/c_ 1124619734. htm。

成果来讲，北京市科技创新成效显著。在全国"领跑"世界技术成果的数量中，北京占55.7%，对经济增长的贡献率超过60%[①]。

北京市科技水平的快速发展离不开近年来北京市对科技人才的重视和引进。以国际科技人才的引进为例，自2009年以来，北京实施"海外人才聚集工程"，引进并有重点地支持海外创新团队和高层次人才来京创新创业。他们活跃在首都各行各业，带动新兴学科，钻研技术创新，投资兴建实业，对于促进首都科技创新、转变经济增长方式起到至关重要的作用，已成为北京市建设创新型、科技型城市的一支重要力量。

4. 人才推动社会发展

用好人才、留住人才，一方面，要依托区域良好的产业平台聚集人才，另一方面，区域政府也要加大公共服务能力建设，增加优质公共服务供给，使之与引进人才规模相适应。人才的保留在很大程度上需要依托环境建设和社会体系建设，出于对这两方面的需求，一个区域在引进大量人才后，为了能够更好地留才、用才，地区政府往往需要主动提高本地区社会的整体建设水平，这就再次推动了区域生活环境质量、社会服务基础设施的提高和完善，促进区域整体社会发展。

四 北京市区域经济与人才协同发展的实施路径

（一）优化人力资源服务营商环境，激发区域经济新动能

1. 提升人力资源服务行业的规范性

2018年7月，经李克强总理签发的《人力资源市场暂行条例》作为我国规范人力资源市场活动的第一部行政法规正式公布，这是自改革开放以来我国系统规范人力资源市场的第一部行政法规，在一定程度上代表了政府对

[①] 《中国领跑世界的技术成果中55.7%来自北京》，海外网，http：//m.haiwainet.cn/middle/3543599/2019/0823/content_31616201_1.html。

于人力资源服务业的关注和规范治理的态度。进而也意味着未来，行业门槛将进一步提高，市场将趋于法制化、规范化发展。

2. 加强人力资源服务产业园区建设

自 2010 年以来，北京、天津、上海、重庆、长沙、合肥、武汉、宁波等地相继建立了人力资源服务产业园，园区收入、税收、服务人员数量均取得了较高的成效。

2018 年，北京建立了国家级人力资源服务产业园，分别建设在通州区和海淀区，集聚了大量人力资源服务企业。以通州园区为例，截至 2019 年 6 月，已有 39 家机构确定入驻，其中 25 家已签约，种类涵盖人力资源服务外包、派遣、人才寻访、战略咨询等各类人力资源服务主要业态[①]。其中，首都市属国有企业中唯一从事人力资源服务的 FESCO 也与通州园区签订了战略合作协议并注册了通州分公司，借助人力资源服务的优势，进一步在政府与驻区企业间发挥沟通、协调、整合、平衡的作用，整合客户、人才、技术等优势资源赋能通州，通过人力资本带动区域经济发展，努力孵化符合通州区战略发展高度的新兴产业集群，哺育新产业经济中的各类企业成长壮大，营造良好的营商环境。

相对于北京市大量的人力资源服务需求，当前可提供的人力资源服务能力仍有较大差距。因此，要通过人力资源服务产业园孵化各种形态的创新创业企业，充分发挥园区集聚发展和辐射带动作用。

（二）对接区域经济发展需求，制定区域人才发展战略规划

1. 构建"高精尖"人才体系

北京市产业格局逐渐重塑，需要与之相匹配的人才发展战略规划。新一代信息技术、医药健康、人工智能等十个产业是北京市高精尖经济结构中的重点产业，急需大量优质的高层次人才。通过制定高级管理人才、科技人

[①]《通州区领导调研中国北京人力资源服务产业园通州园区建设 39 家机构确定入驻通州园区》，通州区人民政府网站，http://www.beijing.gov.cn/ywdt/gqrd/t1590090.htm。

才、海内外学者专家的鼓励优惠政策，给予相应的经费与补贴支持，能够完善高层次人才柔性引入机制，加强人才创新创业专项服务。此外，要完善人才培养机制，建立人才评价体系、考核制度，优化激励机制，提供落户、子女入学等人才配套服务。同时，人才跟随产业发展而发展，北京市内部区域经济结构导致的产业布局，也为人才的空间流动提供了发展方向。

2. 加大青年英才储备和稀缺人才培养和补充力度

一个区域的竞争，关键在于人才的竞争，而人才的竞争，重点在于年青一代综合素质的竞争。北京市市长陈吉宁强调："北京市要全力打造国际人才高地，实验好雏鹰人才计划，重点支持一批 30 岁以下青年创新创业人才生长。"这表明北京市对青年英才的扶持力度将进一步加强。北京高校林立，拥有丰富的教育资源。通过建立高层次青年人才组织和服务平台，能够汇聚一批熟知国际行业标准、服务标准、充满活力的国际青年人才队伍，有利于加强青年人才与区内企业交流合作，促进产业优化升级，引导青年人才实现成果转化和创新创业。通过青年人才的储备，能够打造一流的人才生态环境，为国内外高层次青年人才提供更多交流合作、创新创业的广阔视野平台，为实现高质量发展提供强有力的人才支撑。

北京正在打造全国科技创新中心，对高技术人才需求强烈。其中专业技术人才缺口最大，近七成缺口集中在信息传输、软件和信息技术服务业，租赁和商务服务业，科学研究和技术服务业等。其中，"三城一区"的用人需求占比为 37.6%，同比上升了 7.8 个百分点，成为吸纳就业的新的增长点[①]。

3. 加强国际人才的引进与服务

大力引进符合首都城市功能定位的国际人才，同时兼顾国内人才与国际人才的协调平衡，不仅能够提高经济发展活力，还能为中国企业"走出去"做准备。一是建议变管理外国人出入境为服务外国人出入境，从出入境、就业、生活等方面，建立完善的服务保障体系，优化外籍人才发展生态。二是

---

① 《北京上半年用人需求缺口约 8000 人"三城一区"需求占比 37.6%》，搜狐网，http://www.sohu.com/a/226595796_161623。

完善人才评价机制，对照国际评价标准，采取国际同行评议、市场化评价等方式，建立起国际通用的评价方式，方便人才流动。三是大力发展国际人才社区。国际人才社区是国际人才体制机制的试验田，它不是一般意义的居住区，而是产业园区、智能城区、休闲商区、艺术街区、居住社区等的相互融合、相互发酵、相互促进，是多种要素的集合体。国际人才社区的建立能够使不同文化背景的海外人才都能在此找到认同感、归属感、成就感，相互交流、碰撞、共享，形成新的创新创业源头。

FESCO 作为首都国际人才的"一个窗口"，积极创建落实了"一线""一网""一厅"的北京市国际人才建设思路。在打造"联系北京"外籍人才综合服务平台、推进北京市朝阳区"1＋17＋4＋N"大厅服务体系建设、创建国际人才医疗服务保障体系、探讨国际人才发展战略与未来等方面做出了示范性的探索与突破。

（三）加大创新创业支持力度，营造良好人才发展环境

1. 打造创新创业生态系统

北京市在发展创新创业方面具有区位、政策、经济、社会等多方面优势，尽管近 5 年来，北京"双创"主体蓬勃发展，但是在体制机制方面与全国其他城市相比仍存在提升空间。以杭州为例，杭州市作为长三角规划"一核三副"中的"一副"，在推动长三角一体化创新创业方面发挥着不容小觑的作用。近年来，杭州市政府着力构建政策、人才、平台、资本和环境"五位一体"的双创生态体系，杭州也因此跃升为全国创业"第四极"，仅次于"北上广"。通过打造"特色小镇联盟"，建设"浙江人才大厦"，在上海、合肥探索设立"沪杭梦想小镇""合杭梦想小镇"，在钱塘新区设立"长三角小镇"，更好发挥"硅谷钱塘中心"等海外创新孵化中心的作用，提升做强"国际人才创新创业园"，打造了人力资源服务平台。围绕大学生、返乡农民工、退役军人等重点就业群体，打造了双创示范基地，为各类人才提供创新创业平台，打造了线下、线上两大创新创业"极核"。可以看出，杭州市在建设人力资源服务环境方面，为北京市以创新创业为端口推动

京津冀人才一体化提供了价值型思路。

2. 提升人才竞争力

2019 年，中国 12 座城市上榜《2019 年全球人才竞争力指数报告》，其中北京市居全球第 58 位。[①] 德科集团首席 CEO Alain Dehaze、欧洲工商管理学院联盟战略教授 Felipe Monteiro 等专家均表示，创业型人才是全球人才竞争力的关键因素，因而在数字化转型的时代，培养适合创业型人才发展的有利环境，成为必要趋势。

（四）推进人才管理体系建设，打造区域人才信息综合服务平台

1. 人力资源综合服务平台

要加强市场化合作，打造人才服务综合平台。以企业为窗口，深入挖掘北京市人才发展过程中的各类需求与痛点，结合数字化分析与人工智能技术，建立起由政府政策支持并由企业开发的，集政策咨询、办理指南、在线服务为一体的线上服务体系，从而满足客户多样化、个性化的需求，提升服务保障水平。

2. 高端人才数据库

借助政府资源优势，建设高端人才资源库。要改变传统人才管理手段，建立高精尖人才、国际人才、专项人才、领域专家等各类人才库，形成常态化统计、分析、发布和预警机制，实现人才资源、政策资源、服务资源的实时信息共享。

以全球人才地图为例，一方面是在产业层面，全球人才地图能够聚焦人才动态发展趋向，建立多维度的全球人才数据库，分析热点领域领军人才在全球分布情况和人才相关信息，供产业内企业参考和使用，助力产业精准引才。另一方面是在公司层面，全球人才地图能够打通各层次人才供给通道，探索全新业务模式，结合各类数据，精准定位各个领域不同层级的专家与人

---

① 《2019 全球人才竞争力指数发布：中国有 12 座城市上榜》，德科集团网，http：//www. polymer. cn/sci/kjxw15164. html。

才。按照基础型、专业型、专家型等不同分类，对人才进行多维度分析，清晰刻画人才数量和质量，为客户提供国际人才的搜索、查询、线上沟通、线下招聘流程管理等服务。FESCO 为更好地服务外籍人才，也在绘制全球人才地图方面做出积极尝试，通过在为国际人才服务过程中积累的信息数据，结合公司发展及行业调研情况，建立国际人才大数据综合分析体系，整合信息，加强研判，以绘制热点行业全球人才地图为突破口，希望能够为北京市政府国际化人才战略决策提供有益参考。

（五）优化人才服务保障体系，打造北京人才服务品牌

1. 加强我国人才制度建设

人才制度建设是保障人才工作长期发展的有效措施。目前我国正从人口红利逐步转向人才红利，在人才需求旺盛、人才集聚效应提升的情况下，要从人才引进、培养、使用、评价等方面深入总结原有制度的优劣势，结合新形势变化，建立完善的新制度体系。北京作为首都，有着先行先试优势，需加强人才发展体制机制改革，破除顽疾，主动创新，积极完善健全人才制度，使人才工作更好地引领经济社会发展。

2. 健全人才工作体制机制

以人才队伍建设高标准和人才管理体系运行高效能为目标，加强主导产业人才聚集工程，提升人才服务保障。要求充分发挥政府和市场"两只手"的作用，一方面，政府要按照人才实际需求，进一步梳理工作职责，明确职能定位，突出服务理念，建立起新型人才工作体系。另一方面，要坚持发挥市场在资源配置中的决定性作用和更好发挥政府作用，企业是实现市场人力资源配置的主力军，通过政府购买，提升公共服务效能，使有品牌、讲信誉、有保障的综合人力资源服务企业成为人才服务显性的"前台"，隐性的"后台"，实现政企联动，打造一站式的人才服务保障体系，能够促进人力资源服务业健康快速发展。

3. 提升人力资源服务价值

企业是提供人力资源服务的主力军，是助力区域人才发展不可或缺的力

量。北京市要助力企业从以往单纯的、以交付性为主的事务型服务，提升到现有的资源型服务，强调人力资源服务的产品化，强调人力资源服务产品的效率、供给问题。最终，使其上升到价值型服务，上升到赋能客户、强调组织服务的阶段。未来，人力资源服务将进入价值型服务阶段，人力资源服务企业面临的新挑战是由过去重视关系、重视产品，向顾问式、价值型服务转型，关注的重点是市场需求问题，研究的是如何赋能客户的问题，更加强调人力资源的专业性要求，要更加深度地介入企业的组织当中，嵌入组织的业务发展流程当中，从观察客户的角色，转换为与客户一同创造价值的伙伴角色。这是北京市人力资源服务企业占领市场制高点、助力区域提升经济发展竞争力的关键因素。

（六）助力京津冀区域经济发展，推动人才发展战略落地实施

1. 实现京津冀人才优势转化

要将京津冀人才优势转化为创新创业的机会，在向经济社会输送人力资本的同时，充分发挥人才的积极性。统计数据显示，在全国各地招收到北京来的大学生中，毕业后40%～50%留在了北京。要发挥好人才溢出效应，特别是北京人才对于天津和河北的释放，从而带动整个区域的提升。一方面，要考虑溢出效应，利用京津冀的市场把人才效应释放到京津冀地区，提升京津冀整体区域发展的竞争力。另一方面，要从京津冀、全国、全球吸引人才，以区域整体实力的增长带动人才的高质量发展。

2. 京津冀人才一体化与差异化发展

第一，要实现京津冀人才一体化发展。一是推动建立产业园区人才合作联盟；二是定期举办人才交流分享会；三是实施三地产学研合作伙伴关系；四是要强化重点产业人才深度合作，在科技、教育、卫生等领域加强跨区域合作，提供人力资源服务联盟。第二，要实现京津冀人才差异化发展。京津冀三地功能定位对人才的需求不尽相同，三地人才发展与合作应致力于实现错位规划和互补发展。随着产业布局的进一步完善，应持续推进人才流动，确保人才发展和产业需求相匹配相适应。

参考文献

[1]《京津冀协同发展规划纲要》，2015。

[2]《北京城市总体规划》，2016～2035。

[3]《首都中长期人才发展规划纲要（2010～2020年）》。

[4] 程义涵：《京津冀地区产业结构现状及对未来的展望》，《当代经济》2018年第10期。

[5]《京津冀人才一体化加快推进》，中国共产党新闻网，http：//dangjian.people.com.cn/n1/2018/0514/c117092－29987484.html。

[6] 武霏霏、王峥等：《京津冀人才一体化的内涵与实现路径》，《科技和产业》2018年第12期。

[7] 柴蕾：《京津冀区域人才协同发展中存在的问题及其对策分析》，《中国管理信息化》2019年第18期。

[8] 胡莹：《我国区域经济发展模式研究》，《商业经济研究》2019年第18期。

[9] 李庆、陈肖肖：《北京国际人才竞争力分析》，王辉耀主编《中国区域国际人才竞争力报告（2017）》，社会科学文献出版社，2017。

[10] 董庆前、王建芳、陈肖肖：《京津冀人才一体化发展，探索区域国际人才共享的新模式》，王辉耀主编《中国区域国际人才竞争力报告（2017）》，社会科学文献出版社，2017。

[11] 王晓辉、田永坡：《我国人力资源服务市场发展现状分析》，余兴安主编《中国人力资源发展报告（2018）》，社会科学文献出版社，2018。

[12] 闫琪：《区域经济跨越式发展人才支撑体系——以北京市房山区为例》，硕士学位论文，首都经济贸易大学，2011。

[13]《中国建15家国家级人力资源服务产业园服务953万人次》，中国网，http：//news.cctv.com/2019/09/05/ARTINslZzDehAtdCnBBBrgHk190905.shtml。

[14]《区领导调研中国北京人力资源服务产业园通州园区建设39家机构确定入驻通州园区》，北京市通州区人民政府，http：//www.bjtzh.gov.cn/bjtz/xxfb/liuguiming/201906/1240024.shtml。

[15]《京津冀联合发布：产业转移承接设置"2＋4＋46"个重点平台》，搜狐网，http：//www.sohu.com/a/212245092_735114。

[16]《北京上半年用人需求缺口约8000人"三城一区"需求占比37.6%》，搜狐网，http：//www.sohu.com/a/226595796_161623。

B.7
北京市人工智能产业人才现状和需求分析

中关村创新研修学院课题组 *

摘　要： 当前人工智能成为新一轮科技革命的核心驱动力量和产业变革的高能助推器。作为技术密集型产业，科技人才对产业发展起着至关重要的影响。北京市作为全球人工智能企业最密集的区域之一、全国人工智能发展高地，人工智能产业规模较大，对人才的需求量较大，其战略意义显著。本课题对北京市人工智能人才现状和需求进行分析，试图规范研究主体的定义范围，理清人工智能产业人才的特征和胜任能力，明确产业人才需求环境，对现有人才的来源、规模和结构进行宏观把握，并给出促进人工智能产业人才发展的政策建议。

关键词： 北京市　人工智能　产业人才

当前人工智能第三次站在了科技发展的浪潮之巅，成为新一轮科技革命的核心驱动力量和产业变革的高能助推器，正在对世界经济、社会进步和人类生活产生极其深刻的影响。作为提升国家竞争力和维护国家安全的重要力量，世界主要发达国家均把发展人工智能作为国家战略，加紧出台相关规划

* 课题组组长：武蕾，中关村创新研修学院副院长。课题组成员：李欢，中关村创新研修学院产业创新与人才研究中心博士后研究员；李永强，中关村创新研修学院大数据研究中心技术总监；张城彬，中关村创新研修学院产业创新与人才研究中心博士后研究员；张培，中关村创新研修学院产业创新与人才研究中心产业分析师；陈奇雄，中关村创新研修学院产业创新与人才研究中心数据分析师；姚海龙，中关村创新研修学院大数据研究中心数据挖掘工程师。

和政策，力图在新一轮国际科技竞争中掌握主导权、占领制高点。

人工智能的关键在于技术发展，而技术发展的关键在于人才培养。2017年国务院印发的《新一代人工智能发展规划的通知》，从国家层面对人工智能学科布局、专业设置、人才培养建设等进行了系统设计。习近平同志在中共中央政治局就人工智能发展现状和趋势第九次集体学习（2018年10月31日）中进一步强调，人工智能是引领这一轮科技革命和产业变革的战略性技术，具有溢出带动性很强的"头雁"效应。其中重点提到人才队伍建设，并要求建设高层次人才培养平台，加强培养力度，使之成为促进人工智能发展的人才支撑和储备力量。

为深入贯彻国家关于新一代人工智能产业的发展部署，相关顶层设计和布局正在北京市逐步展开。2017年12月，北京市委市政府发布《加快科技创新培育人工智能产业的指导意见》，提出到2020年，北京新一代人工智能总体技术和应用水平应达到世界先进水平，初步成为具有全球影响力的人工智能创新中心。

人工智能产业在全球发展历史较短，发展经验不足，发展路径和需求不够明确，相关专业和人才尚属缺失。因此研究人工智能人才现状与需求，能够帮助了解人工智能人才市场现状，明确人工智能产业紧缺人才的类型、专业、素质和紧缺程度，帮助建立人工智能独立专业培养机制，形成具有产业针对性的高素质人才供给模式，完善人工智能产业生态，抢抓未来发展先机，推动北京人工智能发展走在世界前列。

一　人工智能产业人才的界定

（一）人工智能产业内涵与分类

人工智能（Artificial Intelligence，AI）的概念于1956年在达特茅斯会议上首次被提出：使一部机器能够像一个人一样，以智能的方式来运行。经过发展，人工智能已经演变为研究、开发、模拟、延伸和扩展人工智能的理论、方法、技术及应用系统的一门新的技术科学。

人工智能产业则是一个以人工智能关键技术为核心、由基础支撑和应用场景组成的、覆盖领域非常广阔的结构性体系。主要由基础层、技术层和应用层组成，其中，基础层包括智能芯片、物联网、大数据和云计算四部分；技术层包括计算机视觉、智能语音技术、自然语言处理和机器学习四部分；应用层包括智能金融、智慧零售、智能教育、智能政务、智能家居、智慧交通、智能制造、智能文娱、智能医疗、智慧能源、智能安防、智慧物流、节能环保、智慧农业、智慧法律共 15 个热门领域（详见图 1）。

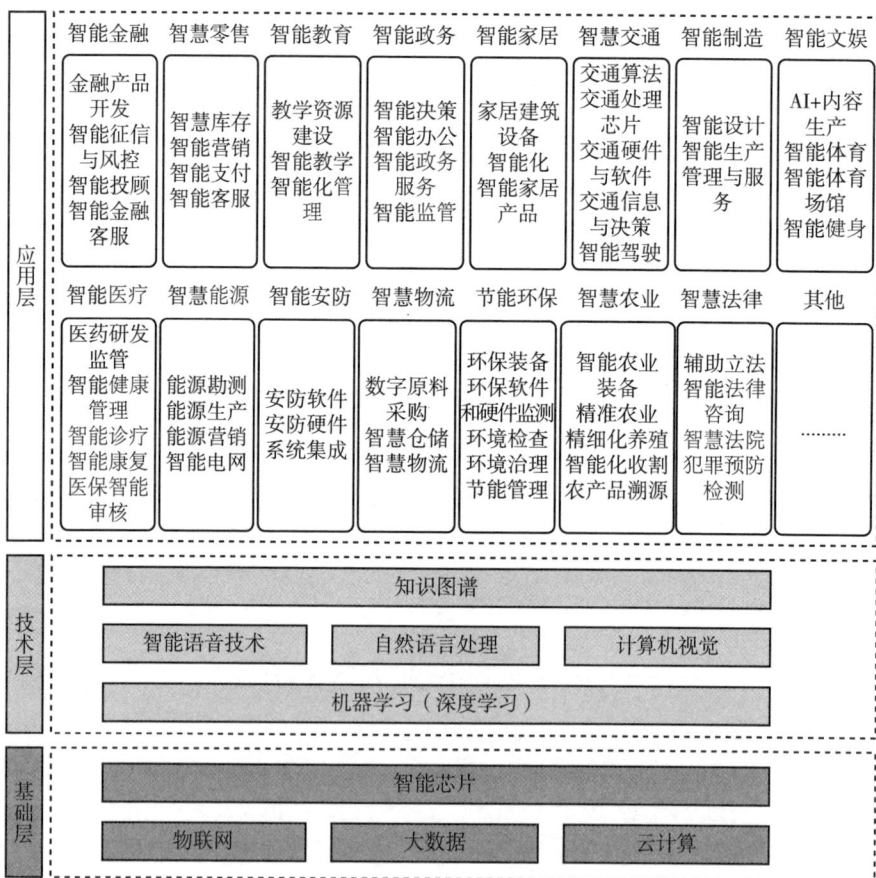

图1　人工智能产业图谱

人工智能产业图谱中三个层面之间相互交叉、融合和渗透。其中，基础层主要提供数据和算力等，为人工智能技术和服务应用提供基础支撑；技术层依托基础层的数据资源和运算平台进行海量识别训练和机器学习建模，开发面向不同领域的应用技术，为人工智能产业发展提供核心技术，对应用层的产品智能化程度起到决定性作用；应用层是人工智能技术、数据和算力等在现实场景中的应用及与传统产业的融合，形成"AI＋"行业应用终端产品和服务。三者共同组成了人工智能产业体系，即一个以人工智能关键技术为核心，由基础层支撑和应用层场景组成的、覆盖领域非常广阔的结构性体系（详见图2）。

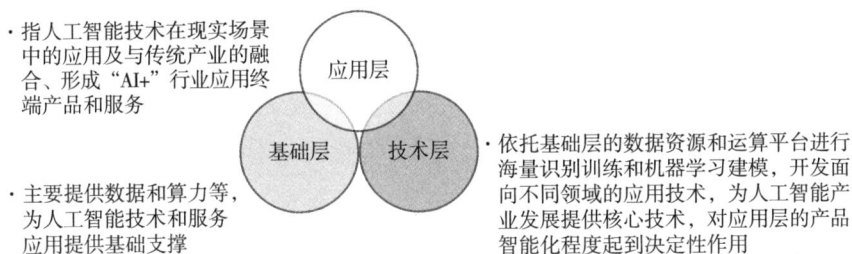

图2　人工智能产业图谱中各层之间的相互关系

1.基础层

基础层是指人工智能产品和服务应用的基础环境支撑，主要包括物联网、大数据、云计算、智能芯片等，这些方面的集成构建了人工智能进行学习、计算、智能决策的基础资源系统（见表1）。

表1　人工智能基础层组成及相应功能和范围

基础层组成部分	作用/功能	技术范围
物联网	构建一个信息互联共享的网络系统，通过传感器获取语音、图像、视频等信息，是人工智能系统海量数据资源的重要来源	传感器
大数据	通过对海量数据进行采集、挖掘、专业化处理与分析、储存、管理，为人工智能系统的深度学习、计算和智能决策提供所需要的结构化数据支撑，是人工智能系统学习的数据平台	数据采集、数据清洗、数据标注、数据集建设、数据管理

续表

基础层组成部分	作用/功能	技术范围
云计算	为人工智能系统的计算力提供云端资源和平台支撑	云服务器
智能芯片	为人工智能系统的深度学习、计算力、决策能力提供硬件核心支撑	AI芯片（CPU、GPU、DSP、FPGA、ASIC）、类脑芯片

2. 技术层

技术层主要在基础层的运算平台上，对数据资源进行海量识别训练及机器学习建模，以及开发面向不同领域的应用技术。这些技术使机器具有一定的视听感知，并且进行一定程度的逻辑思考，提高机器的分析能力和信息处理效率，使其作用于经济与社会的运行，从而根本上改变传统运行方式，是人工智能作用和意义的集中体现。

当前人工智能系统涉及技术较多，涵盖领域范围较广，包括机器学习、自然语言处理、计算机视觉、生物特征识别、语音识别、虚拟现实/增强现实和人机交互等。报告从人工智能技术属性和实现功能角度，将人工智能技术系统性归类为计算机视觉、智能语音技术、自然语言处理和机器学习四大部分。这四类技术既是人工智能实现智能化的核心技术依托和基础，也是当前人工智能应用场景最为成熟、应用范围最广的技术（见表2）。

表2　人工智能技术层组成及相应功能和技术范围

技术层组成部分	作用/功能	技术范围
计算机视觉	是使用计算机模仿人类视觉系统的科学,让计算机拥有类似人类提取、处理、理解和分析图像以及图像序列的能力,使机器具有自主适应环境的能力	计算成像学、图像理解、三维视觉、动态视觉和视频编解码、生物特征识别
智能语音技术	实现人机语言的通信,包括语音识别技术和语音合成技术	语音识别、语音合成
自然语言处理	基于数据化进行语言的收集、识别、理解、处理,研究并实现人与计算机能够进行有效的自然语言通信,包括了自然语言理解和自然语言生成两个部分	语音识别、机器翻译、机器阅读理解和问答系统、智能搜索、人机交互
机器学习	基于海量数据的训练,从数据中发现规律,专门研究计算机怎样模拟或实现人类的学习行为,以获取新的知识或技能,重新组织已有的知识结构使之不断改善自身的性能,赋予机器自主学习能力	神经网络、模式识别、深度学习、无监督学习、专家系统、增强学习、强化学习

（3）应用层

应用层主要是指人工智能技术在现实场景中的应用，以及与传统产业的结合。2019年人工智能部分技术已经进入产业化发展阶段，带来新的产业兴起，智能应用成为未来产业的核心发展方向。[1]

人工智能应用层主要是人工智能技术与各传统领域相互融合所形成的"AI+"行业应用终端产品和服务，其中产品主要涉及终端硬件和配套软件，服务更加注重个性化、智能化、精准化，与传统领域深度融合的行业主要涉及医疗、金融、零售、物流、城市交通、教育、家居、安防等（见表3）。随着人工智能理论和技术日益成熟，人们潜在需求的产品和服务逐渐明确、商业模式日渐成熟，人工智能具体应用范围得以不断扩大，且对其他传统产业所形成的辐射作用、溢出效应也在显著增强。

表3 人工智能应用层细分领域及具体应用

人工智能应用层组成及具体应用		
序号	与传统产业的融合	具体应用
1	智能金融	智能金融产品开发、智能金融营销、智能投研、智能投顾、智能征信与风控、智能金融客服、智能监管
2	智能零售	智慧仓储、智能营销、智能支付/自助终端、智能客服
3	智能教育	智能教学资源建设、智能教学、智能测评、学校智能化管理、智能招生、咨询
4	智能政务	智能决策、智能办公、智能政务服务、智能监管
5	智能家居	家居建筑设备智能化、智能家居产品
6	智慧交通	智能交通算法与软件系统、芯片与硬件系统、智能交通系统集成、智慧化基础设施体系建设、智慧交通决策支持系统、智慧交通信息服务、智能驾驶/自动驾驶/无人驾驶、共享出行服务
7	智能制造	智能产品设计、智能生产、智能制造管理与服务
8	智能文娱	AI+内容生产、智能体育、智能健身、智能体育用品、智能体育场馆/体育场馆智能化
9	智能医疗	智能药物研发和监管、智能医疗器械研制、智能健康管理、智能预诊/智能问诊/智能导诊/智能分诊、智能诊疗、智能康复、医保智能审核

---

[1] 中国信息通信研究院+中国人工智能产业发展联盟：《人工智能发展白皮书产业应用篇》，2018年。

人工智能应用层组成及具体应用		
序号	与传统产业 的融合	具体应用
10	智慧能源	智能能源勘测/勘探、辅助智能化生产、能源精准营销、智能电网/智慧电网
11	智能安防	智能安防软件、硬件和系统、智能摄像机、智能安防系统
12	智慧物流	数字化原材料采购、智慧仓储、智能搬运、智慧物流运输
13	节能环保	智慧环保软件系统、智慧环保硬件/装备、智能环境监测、智慧环境治理、智慧环保应急管理、智能节能管理、智能回收、智慧环保监管
14	智慧农业	智能化农业装备、精准农业/数字农业/精细农业/精确农业、精细化养殖、智能化收割/采收、精细化管理/精准管理、农产品溯源
15	智慧法律	人工智能辅助立法、智能法律咨询/机器人律师服务/智能法律信息检索、智慧法院/互联网法院/在线法院、智能在线搜集证据　犯罪预防检测
16	其他	

（二）人工智能产业人才概念、特征与分类

1. 人工智能产业人才概念

人才是指具有某种创造性劳动的专业知识或专门技能的劳动者，是人力资源中能力和素质较高且对社会经济贡献较大的劳动者。人工智能产业人才即具有人工智能产业所需要的机器学习、计算机视觉和语言处理等专业知识或专门技能的，能够适应人工智能企业包括经营、管理、技术和技能等不同岗位需求的人才。

2. 人工智能产业人才特征

鉴于人工智能产业是一个以人工智能关键技术为核心，由基础软件和硬件支撑，并搭载特定应用场的，涉及广阔领域的结构性体系，人工智能产业人才也带有这些产业所具有的特点。

第一，智力资本的密集性。人工智能产业不同于传统的劳动密集型、土地密集型、货币资本密集型产业，是知识和技术密集型产业，因此人工智能人才同样拥有智力资本密集性特征，对学历和技能水平要求较高。

第二，初级技术人才的通用性。人工智能以计算机算法和语言为基础依

托，各应用领域对初级软件开发人员技术要求差异不大，初级开发者可以在各应用领域间流通，流通壁垒较小。

第三，顶级学者和技术人才的稀缺性。由于人工智能领域为新兴产业领域，其顶层设计人才和高级算法、开发、项目等人才较为缺乏。美国在人工智能领域有 14 所人工智能领域顶级高校，我国仅有 4 所，另外美国人工智能顶级学者数量约为我国的 2.4 倍，我国顶级人才稀缺性明显。

第四，知识领域的融合性。首先，人工智能是仿生科学和计算机的融合，另外人工智能产业是计算机和医疗、金融、零售、物流等具体应用的结合，因此人工智能人才也多具备知识领域的融合性特征。

3. 人工智能产业人才分类

人工智能产业人才按照其技术层次分，可以分为科学家类、算法类、应用类和开发类，其中科学家类人才是人工智能前沿领域的研究者，创造人工智能理论的学科基础；算法人才是科学与应用的转化者，能够将科学理论通过代码转化成算法模型；应用人才就特定应用场景创造人工智能工具，以实现人工智能与应用场景需求的结合；开发者运用人工智能工具进行产品开发，在垂直领域实现应用价值（详见图3）。

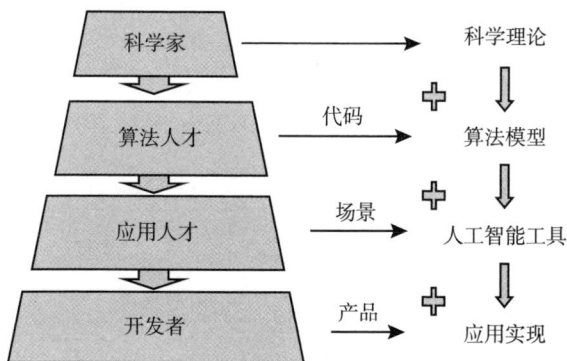

图3　人工智能产业人才分类

按照技术领域划分，可以分为机器学习行业人才、智能语音技术人才、机器视觉行业人才和自然语言处理行业人才。

按照岗位类型划分可以分为高端理论人才、高级软件开发者、初级软件开发者、算法工程师、项目＆产品经理、硬件工程师等。

按照具体岗位分可分为 Java 软件工程师、算法工程师、研发工程师、Web 前段开发工程师、C＋＋软件开发工程师、Andriod 开发工程师、动画师、嵌入式软件工程师、高级算法工程师、产品经理、运维工程师、图像算法工程师、技术支持工程师、嵌入式开发工程师等（详见文后附录）。

（三）人工智能产业人才胜任能力标准

1. 技术能力

AI 类职位需求较高的技能共有 25 项，其中 PYTHON、JAVA、HADOOP 和 C 语言是需求量最大的几种技能。另外，人工智能行业还要求广泛的技术融合，要求从业者能掌握多项技能，能实现从数据采集到数据存储、分析、应用到自动控制等过程的融合。

2. 行业融合能力

从行业角度讲，人工智能作为一种理论技术，只有与产业在应用层面进行结合才能实现其经济价值。在我国，77.7% 的智能企业分布在应用层，服务于医疗、金融、零售、物流、城市交通、教育、家居、安防等行业。因此产业人才与产业发展趋势相吻合，充分考虑到了应用领域需求，具有行业融合能力。

3. 创造能力

在越来越多的机器人代替人的工作，特别是非弹性工作之时，人类有别于机器人的恰恰就是弹性优势，即创造能力。人工智能产业作为新兴产业，科技含量极高，不具备发展历史和经验功能参考借鉴，而需要行业人员进行技术研发和路径探索。且国内人工智能存在众多"双创"企业，这些企业技术创新能力强、产品和技术迭代周期快，要求从业人员具有快速吸收、融合并创造的能力。

4. 理解沟通能力

从产品角度讲，人工智能市场上单一的智能产品已不能满足需求，具有集成功能的产品是市场占有的关键，也是激烈竞争的焦点。功能完善的适应市场需求的产品需要集成音频、视频、语言识别、照相、图像处理等多种功能，这就需要企业团队中不同领域的专业人才突破专业壁垒协同合作，相互充分理解和沟通。

5. 人文素养

人工智能发展的水平，取决于生命管理的复杂性，取决于设计与服务，以 Apple 为代表的科技产品依靠其独特的设计感赢取消费者。未来社会个体差异化增大，社会包容性增强，对产品和服务的个性化需求增加，需要设计者对人性、文化、情感等方面具备敏锐感知的能力。

二 研究方法与数据来源

（一）基于已有研究成果的理论研究方法

通过系统梳理国家和政府层面人工智能相关政策文件、公开发表的人工智能期刊文献、市场研究机构和科研院所公开发布的人工智能研究报告和成果资料、行业人工智能论坛和学术会议等公开资料，系统梳理有关人工智能概念和范围的界定，归纳总结人工智能的概念和特征。参考当前国际、国内人工智能产业发展现状，从人工智能产业发展现状和方向归纳人工智能人才现状和需求方向。

（二）基于大数据的统计分析方法

采用大数据统计分析方法可以对海量的、不同来源、不同形式、不同种类、不同维度的数据进行挖掘、学习、整合和分析，从数据本身出发，归纳大数据背后的规律，使原本孤立的数据变得互相联通。

报告主要利用大数据统计分析方法对人工智能人才做如下三方面分析：一是利用大数据技术从政府网站、企业官网、主流创投网站（IT 桔子、清科数据库）和学院人工智能企业数据库中提取企业人才信息和人才招聘信息；二是利用大数据统计分析方法和数据挖掘技术建立北京市人工智能人才数据库；三是利用机器学习和自然语言处理技术进行人工智能人才现状和需求分析及预测。

结合专家研讨和数据分析，目录通过构建北京市高精尖产业专业技术人才紧缺度指数（简称"岗位紧缺度指数"）来衡量岗位的紧缺程度。岗位紧缺度指数是在收集数据基础上测算构建而成，主要数据指标为行业需求量、企业需求量和薪资变化情况。岗位紧缺度指数是结合招聘需求人数规模指标、招聘需求覆盖度指标、供需均衡指标，并进行标准化和加权之后所得出的结果。根据计算好的岗位紧缺指数，从岗位需求指数与岗位供需均衡指数维度出发划分岗位紧缺类型。

招聘需求人数规模度表示岗位人数需求紧缺度，即在同行业中，该岗位的人数需求紧缺情况。计算方法是采集招聘需求实际人数，并进行修正（去除重复申请的招聘需求以及不合理错误招聘需求等）。

$$招聘需求人数规模度 = \frac{岗位招聘需求人数修正值}{岗位所在细分领域内招聘需求人数修正值总和}$$

招聘需求覆盖度指标用来表征岗位在该细分领域内的紧缺覆盖面，计算方法是岗位需求发布公司数量与岗位所在行业招聘需求公司数量总和的比值。

$$招聘需求覆盖度 = \frac{岗位需求发布公司数量}{岗位所在行业招聘需求公司数量总和}$$

供需均衡度指标用于表征岗位供需在一段时间上的供需平衡程度，由需求规模变化率与薪资变化率相加而来，该指标数值越大，说明供需越不平衡，供不应求。

$$供需均衡度 = \frac{需求规模变化率}{薪资变化率}$$

通过层次分析法确定招聘需求人数规模、招聘需求覆盖度和岗位供需平衡度三个指标的权重，用来计算岗位紧缺度指数，通过计算，三者的权重分别是：招聘需求覆盖度指标权重 0.2583，供需变化指标权重 0.6370，招聘需求人数规模指标权重 0.1047。最终，岗位紧缺度指数 = 100 ×（0.2583 × 招聘需求覆盖度指标 + 0.6370 × 供需变化指数 + 0.1047 × 招聘需求人数规模）（见图 4）。

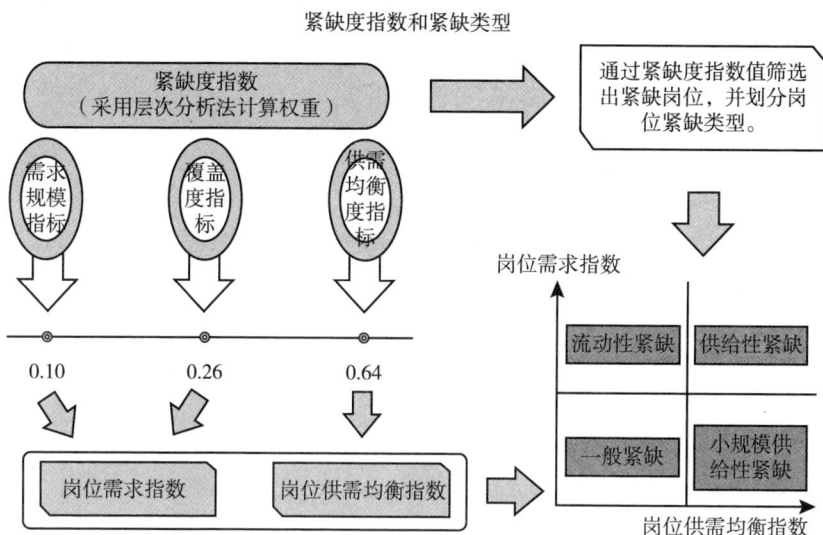

图 4　岗位排序——岗位紧缺划分

岗位紧缺类型是根据需求规模指标（需求人数规模指标和需求覆盖度指标加权计算得出）和供需平衡度指标来划分，分为四种紧缺类型：供给性紧缺是需求规模指标和供需平衡度指标都较高，表示需求大而且需求远大于供给；流动性紧缺是需求规模指标较高，供需平衡度指标较低，表示需求大但供需基本平衡，说明是由于流动性造成的紧缺；小规模供给性紧缺是需求规模指标较低，供需平衡度指标较高；一般紧缺是需求规模指标和供需平衡度指标都较低。

人工智能人才的紧缺可以分为四类，第一类为供给性紧缺，即产业对这一类专业性人才需求量巨大，而市场上符合条件的专业人才数量远不足以满足产业对这一类型人才的需求；第二类为流动性紧缺，尽管市场上有相当数量的专业人才，但由于人才流动性过高、稳定性较差，从而造成企业对人才长期存在紧缺需求的状况；第三类为小规模供给性紧缺，即产业对这一类人才需求规模较小，但市场上符合条件的专业人才数量仍不能满足产业对这一类型人才的需求；第四类为一般紧缺，即产业对这一类型人才需求规模较小，市场上符合条件的专业人才数量与需求规模缺口较小，仅属于一般性人才供给不足。

（三）数据来源

报告中人工智能企业数据主要来源于：（1）中关村创新研修学院大数据研究中心的人工智能企业数据监测平台和定向采集数据；（2）中国汽车产业知识产权投资运营中心提供的人工智能企业相关从业人员、研发团队和知识产权专利信息；（3）政府公开数据与信息（中关村科技园区管理委员会等）；（4）清科数据库、IT桔子、天眼查等公开信息。

1. 人工智能企业数据

报告中所述北京市人工智能企业来源于中关村创新研修学院大数据中心监测平台定向采集数据，人工智能企业的界定范围和采集依据是提供人工智能相关产品、服务和解决方案的企业。人工智能企业所属细分领域分类的原则和依据是人工智能产业图谱结构体系——基础层、技术层和应用层三个维度。涉及的AI企业主要包括人工智能产品研发设计、生产商、供应商、技术及方案解决服务商等。

2. 投融资数据和产业应用数据

报告中人工智能企业的投融资数据和产业应用数据主要来自中关村创新研修学院大数据中心监测平台定向采集数据，以及来自IT桔子、清科数据库、上海合合信息科技发展有限公司的启信宝产品、天眼查、清华大学、中国信息通信研究院、前瞻研究院、中商产业研究院等科研院所和市场研究机构成果资料及相关预测等，是与学院大数据中心人工智能企业检测平台中建立的人工智能企业名录库进行匹配后统计整理的结果。

3. 人工智能企业从业人员、研发团队和知识产权数据

报告中人工智能企业从业人员、研发团队规模和知识产权数据是由中

国汽车产业知识产权投资运营中心数据与中关村创新研修学院大数据中心人工智能企业监测平台中建立的人工智能企业名录库进行匹配后统计整理的结果。

三　北京市人工智能产业发展现状

（一）北京市人工智能产业规模

截至 2018 年 5 月 8 日，全国共有人工智能企业 4040 家，其中北京市共有 1070 家，占比 26%；全国获得风险投资的人工智能公司 1237 家，其中北京市有 431 家，占比 35%。另外，据不完全统计，2018 年北京人工智能相关产业产值规模已达到 1500 亿元，拥有较为完整的产业链。[①]

据中关村创新研修学院整理，截至 2019 年 6 月，北京市拥有人工智能相关企业总数达 8170 家，其中应用层领域 AI 企业数量达 7611 家，基础层领域 AI 企业数量达 4610 家，技术层领域 AI 企业数量达 3881 家。需要说明的是，由于部分人工智能企业横跨应用层—技术层、应用层—基础层、基础层—技术层多个领域，或应用层—技术层—基础层领域，因此对各领域统计时，这些企业被分别统计在相关不同领域当中，各领域间存在交叉重复统计（详见图 5）。

从人工智能专利申请量和授权量、有效发明量来看，截至 2019 年 6 月，北京市人工智能专利申请量总数达 16359 件，主要集中在大数据、云计算、机器学习、计算机视觉、智能零售、智能金融、智能教育、智能政务、智能家居、智慧交通等领域；专利授权量总数达 5203 件，主要集中在大数据、云计算、机器学习、计算机视觉、智能零售、智能金融、智能教育、智能政务、智能家居、智慧交通等领域；有效发明专利总数达 16330 件，主要集中

---

① 北京市经济和信息化委员会：《北京市人工智能产业发展白皮书（2018）》，2018 年 6 月 30 日。

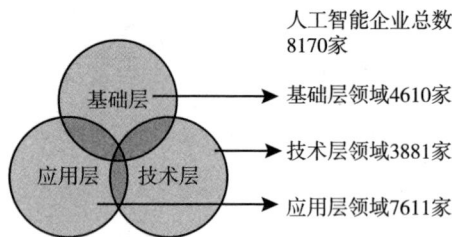

人工智能企业总数
8170家

→ 基础层领域4610家

→ 技术层领域3881家

→ 应用层领域7611家

图5　人工智能产业划分概念

在大数据、机器学习、智能零售、智能金融、智能教育、智能政务、智能家居领域。

（二）北京市人工智能产业结构

从区域分布看，主要集中在海淀区和朝阳区。人工智能企业注册地中，海淀区人工智能企业占比最大，达44.99%，朝阳区人工智能企业排名第二，占比达22.73%。海淀区以中关村为核心，聚集了众多优质人工智能企业，中关村也成为我国人工智能创新高地（详见图6）。

从企业规模来看，主要为中小微型企业。企业规模分布于100人以下的占比最大。其中，30～50人规模的人工智能企业从业人员占比最大，达24.75%，50～100人规模的人工智能企业，占比达19.31%，15～30人规模的人工智能企业，占比达14.99%（详见图7）。

从细分领域结构来看，主要集中在应用层（AI＋）、大数据、云计算等领域。其中，应用层领域占比最大，达57.07%，其次为大数据领域占比为12.23%。在应用层领域中，人工智能优势领域主要集中于智能金融、智能零售和智能教育等领域（详见图8）。在基础层人工智能芯片研发方面，企业占比只有1.11%，因此，北京市人工智能基础层领域原始创新能力有待增强。

从人工智能企业成立时间看，2014～2017年是企业成立高峰。北京人工智能创新企业每年都有新的公司成立，且于2014～2017年呈现爆发性增长，2018年有所回落。因此，北京大多数人工智能企业都很年轻，人工智能快速增长特征明显，行业创新特点显著（详见图9）。

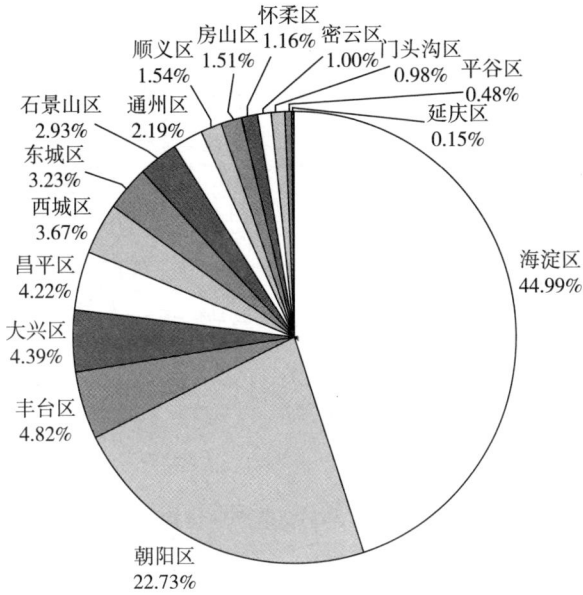

图 6　北京市人工智能企业区域占比

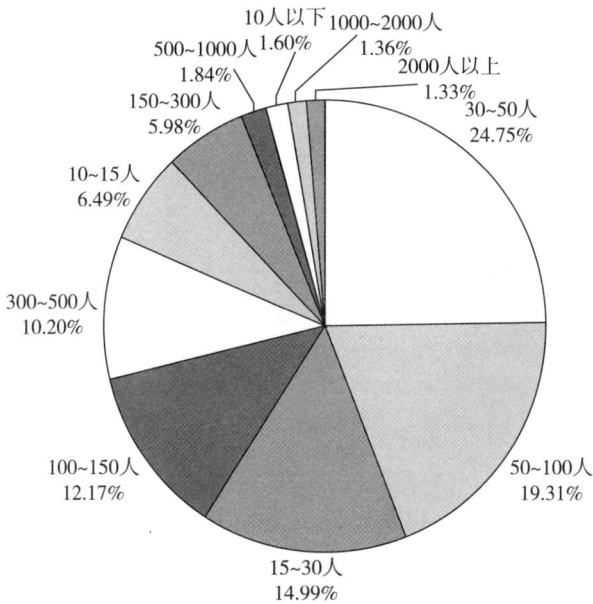

图 7　北京市人工智能企业规模占比

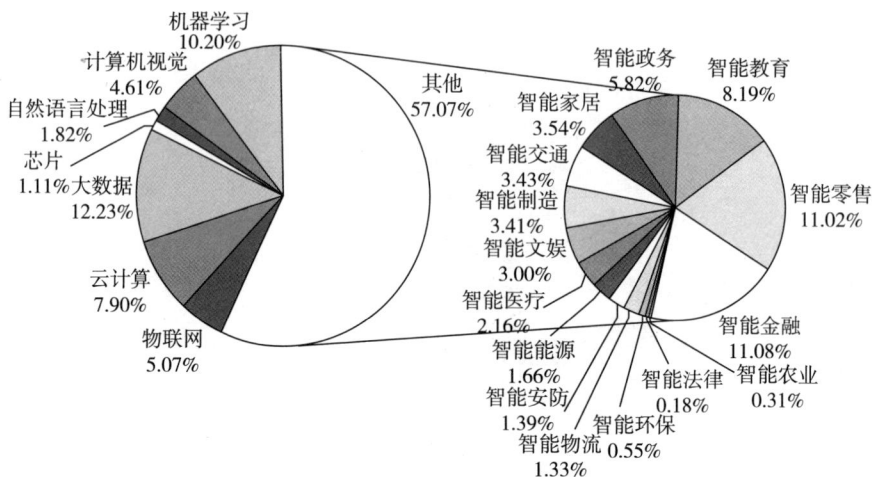

图8 北京市人工智能产业结构分布

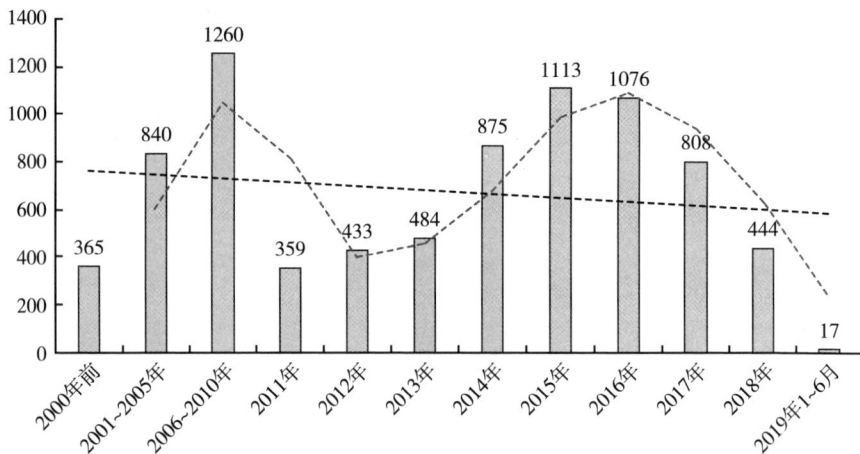

图9 北京市人工智能企业成立时间分布

从企业所处阶段来看，以初创期企业为主。当前北京人工智能企业整体发展还处于初创期。其中超过67.23%的AI企业处于初创期，16.07%的AI企业处于成长发展期，9.21%的AI企业已经成功上市（详见图10）。

从企业发展来看，瞪羚企业居多。2015～2019年，北京市人工智能企

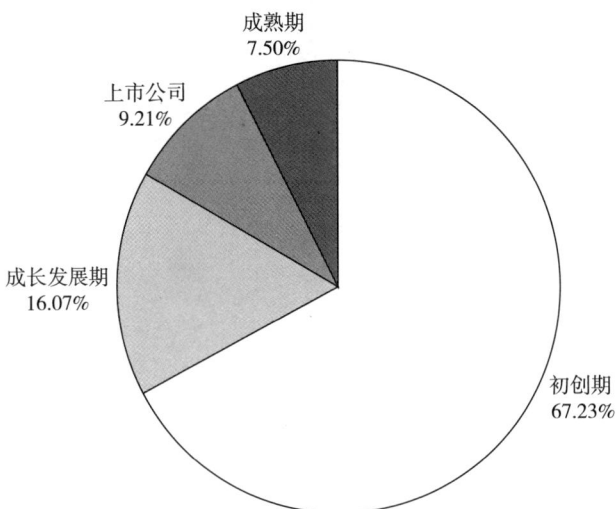

图10　北京市人工智能企业所处阶段分布

业中属于瞪羚企业等级的数量最多，且保持较为稳定的增长态势。其次为上市企业、独角兽企业（详见图11）。

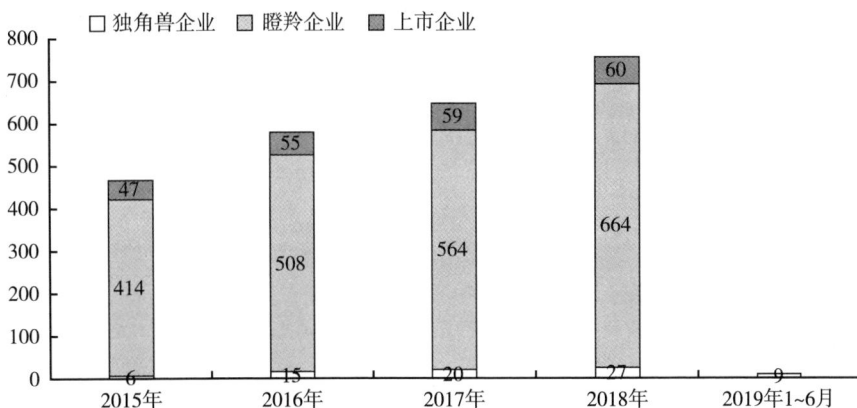

图11　北京市人工智能独角兽企业、瞪羚企业和上市企业分布

从创新能力来看，专利数量主要集中在应用层领域。北京市人工智能专利主要集中分布在应用层领域，占比为52.21%，其次为大数据领域，占比为12.37%（详见图12）。

157

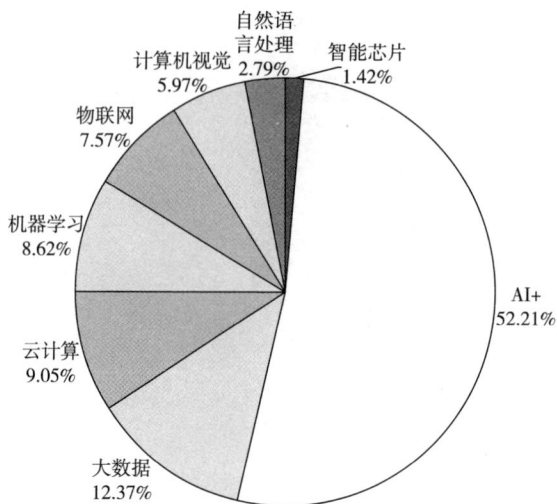

图 12　北京市人工智能专利申请量、授权量和有效发明量分布

从发明团队领域结构来看，主要集中在应用层领域。北京市人工智能发明团队主要集中在应用层（AI＋）领域，应用领域的人工智能发明团队又主要集中分布在智慧零售、智能金融、智能教育、智能政务和智慧交通等垂直细分领域（详见图 13）。

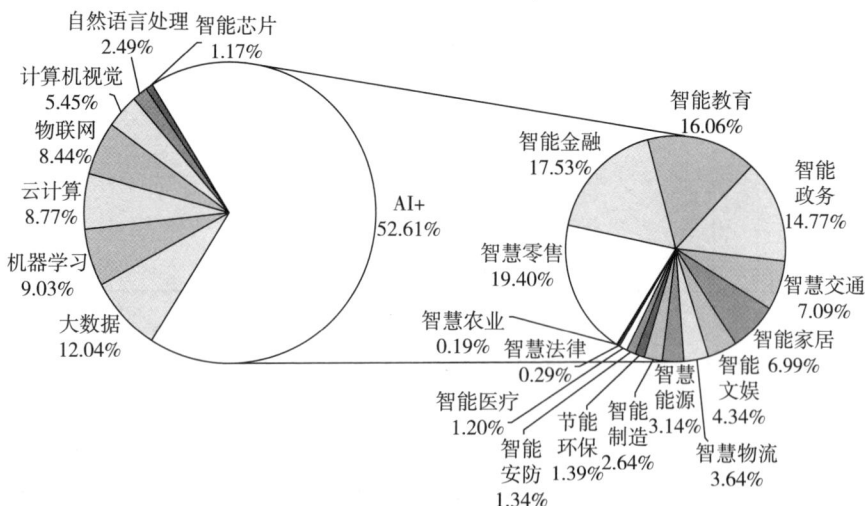

图 13　北京市各细分领域 AI 发明团队规模分布

四　北京市人工智能产业人才总体情况①

（一）北京市人工智能产业人才来源分析

1. 高校人才培养

教育部日前印发《高等学校人工智能创新计划》，提出"完善人工智能领域人才培养体系"的目标。

据国际人工智能与教育大会统计，2019 年北京有 40 所高校参与培养与人工智能有关领域的学生，在校人数 41169 人，在校教师 8501 人。其中 18 所高校设有博士研究生培养学科，29 所高校设有硕士研究培养学科，24 所高校设有本科生培养学科，5 所高职院校设有高职培养学科。②

在本科生培养方面，北京交通大学和北京科技大学已专门开设"人工智能"专业，另外本科生相关专业主要集中在计算机科学与技术、智能科学与技术、电子信息科学与技术等方面。10 所高校设有研究方向名称中含"人工智能"的研究生学位，6 所高校设有研究方向名称中含"人工智能"的博士学位。博士、硕士研究生的研究方向主要是机器感知与机器学习、机器感知与智能、机器学习与模式识别、人工智能及应用、人工智能、大数据、机器学习、智能控制、机器人系统、人工智能技术、工业过程智能控制、智能检测技术、物联网等，培养学科主要集中在计算机科学与技术、电子科学与技术、控制科学与工程、软件工程、信息与通信工程等学科。

2. 师资培养

从中美两国人工智能人才的从业年限构成比例上看，美国接近 50% 的人工智能人才拥有 10 年以上工作经验，我国只有不到 25% 的人工智能人才

---

① 由于部分人工智能企业横跨应用层—技术层、应用层—基础层、基础层—技术层多个领域，或应用层—技术层—基础层领域，因此对各领域统计时，这些企业被分别统计在相关不同领域当中，各领域间存在交叉重复统计。

② 新京报：《北京 AI 人才数量居全国首位，以应用技术研究人才为主》，新浪网，https：//news. sina. com. cn/c/2019 – 05 – 16/doc – ihvhiqax9171003. shtml。

拥有 10 年以上工作经验。随着近年来人工智能平台的成熟，大量研究人员从其他领域转到这一领域。

北京各高校也纷纷在人工智能领域发力，筹建研究平台、培养研究团队、设立研究课程、增加师资力量。例如，北京邮电大学筹建的人工智能创新研究院，以此为平台搭载 50 多个老师从事人工智能研究，整个研究团队年龄分布以 40 岁以下为主，并确定了智慧教育、智慧医疗、智慧城市和娱乐博弈四个研究方向。

3. 市场培训机构人才培养

2019 年，北京市场上有多家培训机构开设了人工智能培训课程，包括兄弟连、CAD 精英学院、光环国际、达内教育、北京尚学堂、小象学院、八维学校等，主要培训目标包括 PYTHON 机器学习工程师、大数据分析师、CDA 数据分析师、AI 工程师等，培训课程从语言、算法、数学基础，到深度学习的神经网络，再到应用层面的自动驾驶、人脸识别、语音识别，再到人工智能顶层架构总览前沿。例如小象学院以技术人才培养为主，其中在职人群占比 65%，主要面向其工作年限在 1 ~ 8 年的程序员群体；学生占比 35%，主要面向国内 985、211 高校的本科高年级学生。其所学专业与计算机呈强相关，例如计算机专业、数学、统计、软件工程、电子通信、自动化等。

北京市启动"2019 年度北京市人工智能人才培养项目"征集工作，对市场机构人工智能人才培养平台建设和市区联动人工智能人才培训给予政策支持和财政补贴，对从国外引进师资的培训机构和本土培训效果好、就业率高的培训机构给予不超过成本 50% 的补贴，建设培训平台的企业、高校院所和培训机构给予不超过成本 50% 的补贴，市区开展的人才培训给予不超过建设和运行成本的 30%。

4. 企业人才培养

人工智能企业处在产业一线，能够精准定位产业需求，有的放矢地进行业务培训，是人工智能人才培养的新阵地。百度、腾讯、联想、华为智汇云校等具有一定规模的公司为开展人工智能产业业务，都有企业内部人才培养机制，即时定点为企业培养所需人工智能人才。这些企业有相对成熟的课程体系、评价认证体系等，一些已经将内部培训体系外部化进行市场推广，一方面培养了自己内部团队，另一方面也为自己的生态伙伴、各类院校培养了实战型的师资和人才。例如，百度开展的 AI 人才培养有两种典型模式。一是公司 AI 相关事业部的战略布局。这些布局一般是通过在技术研发和产品交付、生态合作方面，直接赋能 AI 产业和相关人才。二是特定团队，比如云智学院专门从事 AI 人才培养，培训线上和线下结合，注重理论联系实际，注重产业的实践经验及应用成功经验的分享。

2018 年工信部与特斯联、寒武纪、第四范式、科大讯飞等国内人工智能领先企业联合签署《人工智能产业人才培育标准合作备忘录》，正式揭开政府、企业、高校和研究院所合作开展人工智能学科建设和人才培养的模式，有利于推动产学研结合，培养人工智能＋X 复合型产业人才。

5. 中小学人才培养

人工智能教育，正逐渐前移到基础教育阶段。教育部《普通高中课程方案和语文等学科课程标准（2017 年版）》于 2018 年 1 月公布，人工智能、物联网、大数据处理正式被纳入《普通高中信息技术课程标准》新课标。北京作为高考综合改革试点地区，将于 2019 年 9 月秋季学期开始率先实施和使用包含人工智能内容的新课程、新教材。

人工智能课在北京许多中小学落地开设，内容多彩、方法多样，是教学上新的尝试。北京市东城区从 2018 年起开始编写小学人工智能教学指导用书及其相关教学资源。东城区 6 所实验校从 2019 年春季学期以该书为指导开始开设人工智能课，在此基础上，东城区逐步扩大人工智能课程对小学的覆盖面。

在中学阶段，2018 年人大附中成立了全国基础教育阶段首个人工智能实验班。北大附中开设的人工智能课程，则涉及科学、工程、艺术、数学等多个领域，比如开源硬件基础、PYTHON 程序设计、简易机器人制作以及智能小车挑战赛等，满足学生的多种需求，挖掘他们的兴趣和潜力。

6. 人才引进

中国人工智能人才较为年轻化，50%以上都是在 28～37 岁年龄段，仅有 3.7% 的人才为 48 岁以上资深人才，而美国则有 16.5% 的人才属于 48 岁以上的资深人才。[①] 年轻化的人才队伍一方面使产业具有活力和创造力，另一方面也是我国高端人才缺乏的表现，因此需要大力引进人工智能高端人才来弥补我国人才结构缺陷。

从政策方面，北京市着力于人工智能人才引进，2019 年新成立的智源人工智能研究院启动实施"智源学者计划"，每年支持 100 位人工智能领域的优秀专家学者，其中包括 30～50 名青年科学家。

从企业方面，核心科技公司占据了大部分人才资源，国内人工智能人才主要集中在百度、阿里巴巴、腾讯、科大讯飞等科技领军企业和微软亚洲研究院等跨国公司中，企业平台和薪资仍然是优秀人工智能人才的优先选项。而这些公司大多在北京驻扎，成为北京人工智能产业人才引进的重要吸引力。百度 2017 年对机器学习技能人才给出约 22 万美元薪资，虽低于同期微软（24.4 万美元）薪资，但高出苹果（20.1 万美元）、谷歌（21.5 万美元）和亚马逊（20.7 万美元）[②] 对同一技能的薪资，可见北京市人工智能企业已经有实力给出具有竞争力的薪资来吸引国际人才，成为人才引进的核心动力。

（二）北京市人工智能产业人才规模分析

人工智能人才投入居全国第一，中国人工智能人才投入整体呈现东多西少的态势。数据显示，截至 2017 年，中国人工智能人才投入总量达 201281人，密集分布于东部地区。其中，北京市优势显著，人才投入量累计达27355 人，名列全国第一；江苏省（19293）、陕西省（12878）、湖北省（11773 人）、上海市（10592 人）紧随其后（详见图 14）。[③]

人工智能产业从业人员规模庞大。根据中关村创新研修学院企业库统

[①] 李辉、王迎春：《如何培养集聚人工智能高端人才》，《光明日报》2017 年 11 月 16 日。

[②] The Goldman Sachs Group, *China's Rise in Artificial Intelligence*, August 31, 2017。

[③] 清华大学中国科技政策研究中心：《中国人工智能发展报告（2018）》，2018 年 7 月。

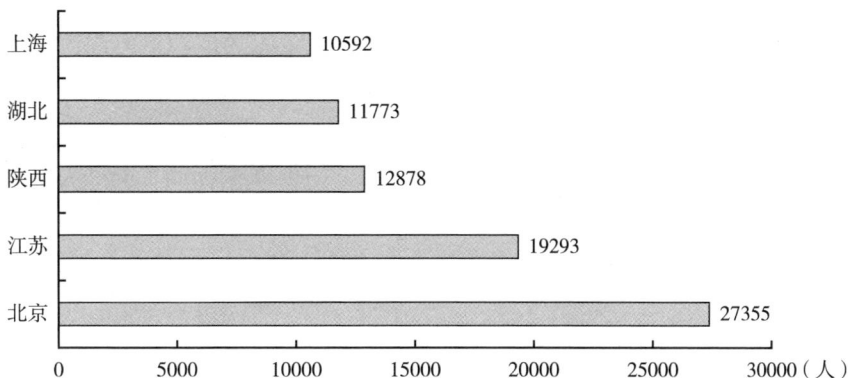

图14 中国主要省份人工智能人才投入情况（截至2017年）

数据来源：清华大学中国科技政策研究中心：《中国人工智能发展报告（2018）》。

计，截至2019年6月，北京市人工智能产业从业人数总规模达51.5808万人（其中研发人员规模为1.9489万人），其中基础层领域从业人员总数达33.9697万人（其中研发人员规模为1.4108万人），主要集中在大数据领域；技术层领域从业人数为23.3943万人（其中研发人员规模为1.0163万人），主要集中在机器学习领域；应用层从业人员总数为49.3555万人（其中研发人员规模为1.8152万人），主要集中在智能金融、智能教育、智能零售、智能政务、智能制造、智能医疗、智能物流等领域（详见图15）。

人工智能人才数量居全国首位。据国际人工智能与教育大会统计，北京市人工智能人才约3万人，占全国人工智能人才总数的27.9%。其中高影响力学者[1]有65位，在全球城市排名第五（前四名分别是纽约86、匹兹堡84、西雅图77、旧金山71）。[2]

（三）北京市人工智能产业人才结构分析

从区域分布来看，主要集中分布于海淀区。海淀区人工智能从业人员总

---

[1] 高影响力学者是指近10年内被引论文量排名Top100学者。
[2] 新京报：《北京AI人才数量居全国首位，以应用技术研究人才为主》，新浪网，https://news.sina.com.cn/c/2019–05–16/doc–ihvhiqax9171003.shtml。

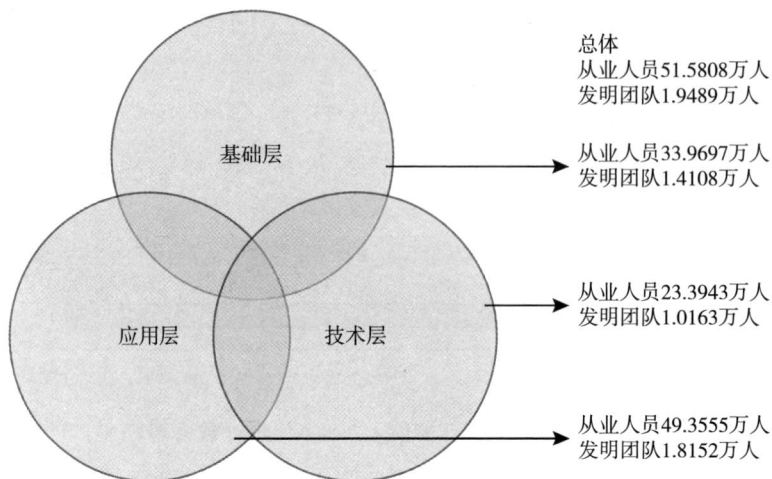

总体
从业人员51.5808万人
发明团队1.9489万人

从业人员33.9697万人
发明团队1.4108万人

从业人员23.3943万人
发明团队1.0163万人

从业人员49.3555万人
发明团队1.8152万人

图15　人工智能产业从业人员规模

数最多，达 28.0976 万人，占北京市人工智能从业人员总数量的 54.47%；其次为朝阳区有人工智能从业人员 8.7938 万人，占 17.05%；其他 14 个区则共占 28.48%（详见图 16、图 17）。

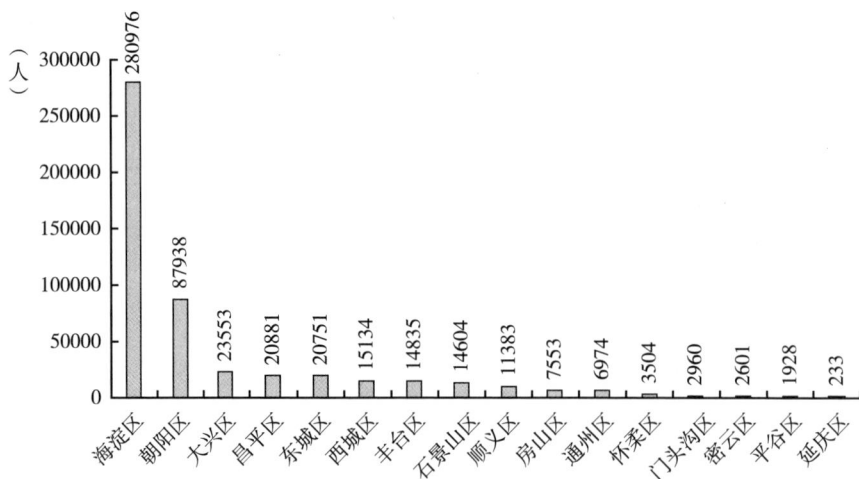

图16　北京市人工智能从业人员区域分布

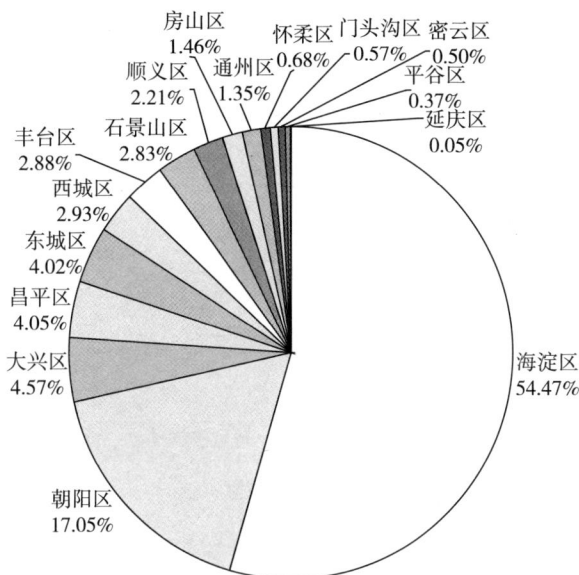

图 17 北京市人工智能从业人员区域占比

从领域结构来看，主要分布于应用层（AI＋）、大数据、机器学习和云计算等细分领域。其中，AI＋领域占比最大，达 46.25%，主要集中分布在智能金融、教育、零售、政务、制造、医疗等垂直细分领域（详见图 18）。

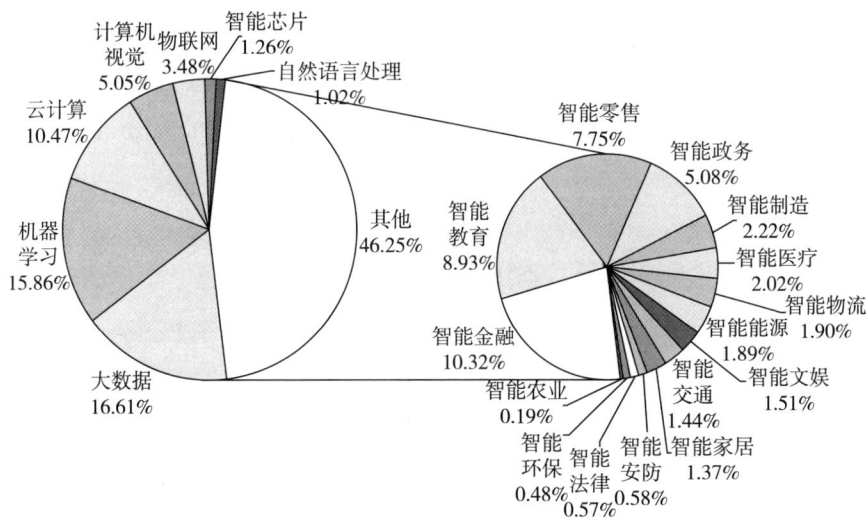

图 18 北京市各细分领域 AI 从业人员结构分布

从各领域发明结构来看，发明团队主要集中在应用层（AI＋）领域。应用层（AI＋）领域的人工智能发明团队又主要集中分布在智慧零售、智能金融、智能教育、智能政务和智慧交通等垂直细分领域（详见图19）。

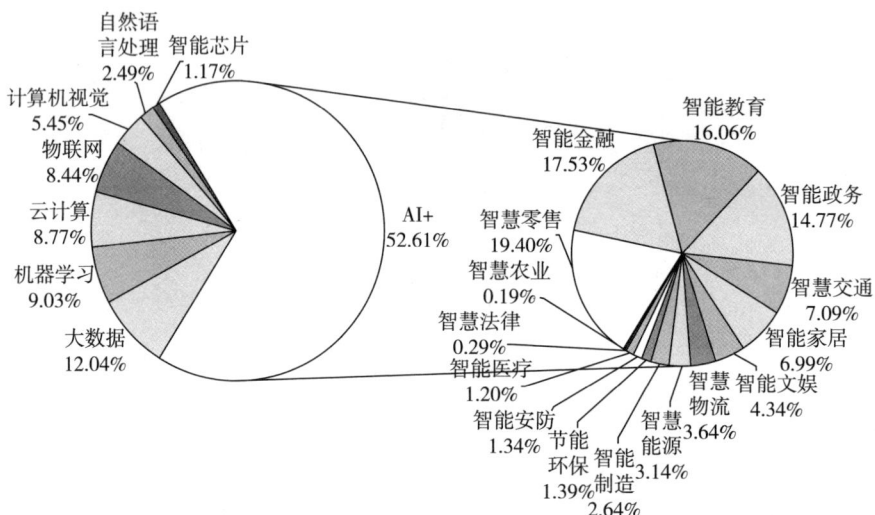

图19　北京市各细分领域 AI 发明团队规模分布

五　北京市人工智能产业人才需求情况

2017 年全球新兴人工智能项目中，中国占据 51％，数量上已经超越美国。但全球人工智能人才储备方面，中国却只有 5％ 左右①，产业人才与产业规模极度不匹配。据工业和信息化部调研统计，中国人工智能产业发展与人才需求比为 1∶10，按照 2030 年人工智能核心产业 1 万亿元、相关产业 10 万亿元的规模估计，人工智能缺口达到 500 万人。如果按照北京市人工智能企业占全国26％的比例计算，北京市在 2030 年的人工智

---

① The Goldman Sachs Group, *China's Rise in Artificial Intelligence*, August 31, 2017。

能人才缺口将有 130 万人。如果按照在全国人工智能招聘岗位北京占40.3%的比例来计算，北京市在 2030 年的人工智能人才缺口将达到 215万人。

（一）北京市人工智能产业人才总需求分析

随着人工智能产业迅速壮大，人才困境日益凸显。2018 年全国人工智能岗位地区分布中，北京作为招聘地点的比例高达40.3%，远超其他城市，居全国首位，与产业规模分布相一致（详见图20）。

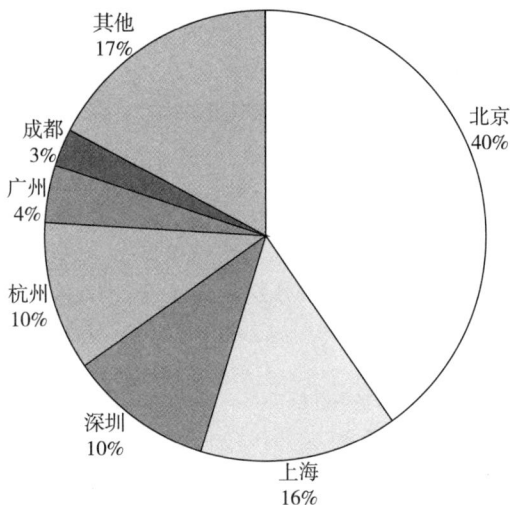

图 20　2018 年全国人工智能岗位地区分布

数据来源：BOSS 直聘研究院《2018 旺季人才趋势报告》，2018 年 3 月，央广网。

1. 紧缺类型分析

北京市人工智能产业人才紧缺需求以供给性紧缺需求为主，供给性紧缺和中小规模供给性紧缺共占61%，可见人工智能产业在高速发展和扩张阶段，对人才需求量较大，且社会上人才的培养和市场上人才的供给远不能满足产业需求，人工智能产业人才市场上缺口巨大（详见图21）。

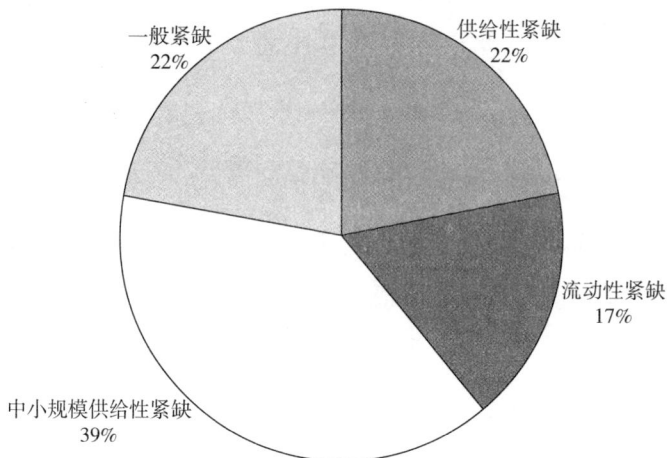

图21 北京市人工智能产业人才紧缺需求分布

2. 紧缺岗位分析

从岗位角度来看，软件开发类、运维支持类、算法类和产品类是人工智能产业紧缺岗位数量较多的类型，分别占人工智能产业所有需求岗位数量的20%、15%、14%和9%。其中算法类、研发类、高级软件开发类是典型供给性紧缺岗位，测试类、初级软件开发、产品经理属于典型流动性紧缺岗位。由此可见岗位需求存在高级人才供给性紧缺和初级人才流动性紧缺的趋势，一方面表明初级人才对企业忠诚度较低，在企业间跳槽频率较高；另一方面表明高级人才缺乏，亟须加强对初级人才向高级人才方向的培养（详见图22）。

3. 紧缺岗位画像

从所学专业、学历、能力素质、知识、工作经验、工作年限、技能和认证8个维度进行描述。通过将所有AI产业紧缺岗位画像各维度标签统计分析，从而生成AI产业紧缺人才总体画像，该画像可以看出AI产业紧缺人才的普遍特征（详见图23）。

AI产业紧缺人才的岗位要求所学专业主要为计算机相关专业，占比为65.7%；学历主要为本科，占比为72.0%，其次为硕士，占比为

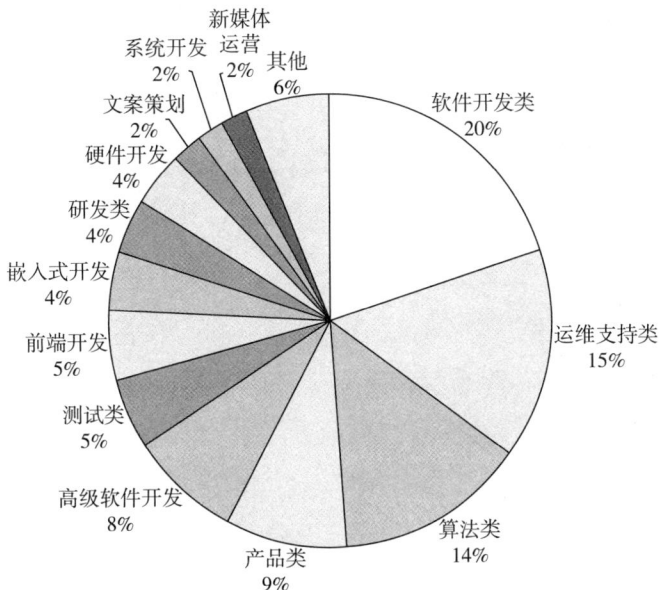

图22 北京市人工智能产业人才紧缺岗位需求分布

25.2%。

知识上主要需要具有计算机、算法、视觉和数据结构相关知识，占比分别为23.8%、19.7%、18.7%和16.0%。

素质上主要要求具有团队合作精神和沟通、学习能力，占比分别为23.9%、23.0%和15.5%。

需要有3年、2年工作经验，占比分别为42.7%和38.5%；技能上需要掌握C++、Linux、算法、Python和深度学习框架，占比分别为19.3%、15.4%、13.2%、9.8%和9.1%。

另外，从人工智能中的机器学习、计算机视觉、自然语言处理三个基础领域维度对各岗位进行描述，形成分类紧缺岗位画像。

4. 紧缺岗位薪资画像

从岗位工薪分布密度图中可以看出，AI紧缺岗位平均工薪在19391元/月，工薪中位值为20000元/月（详见图24）。

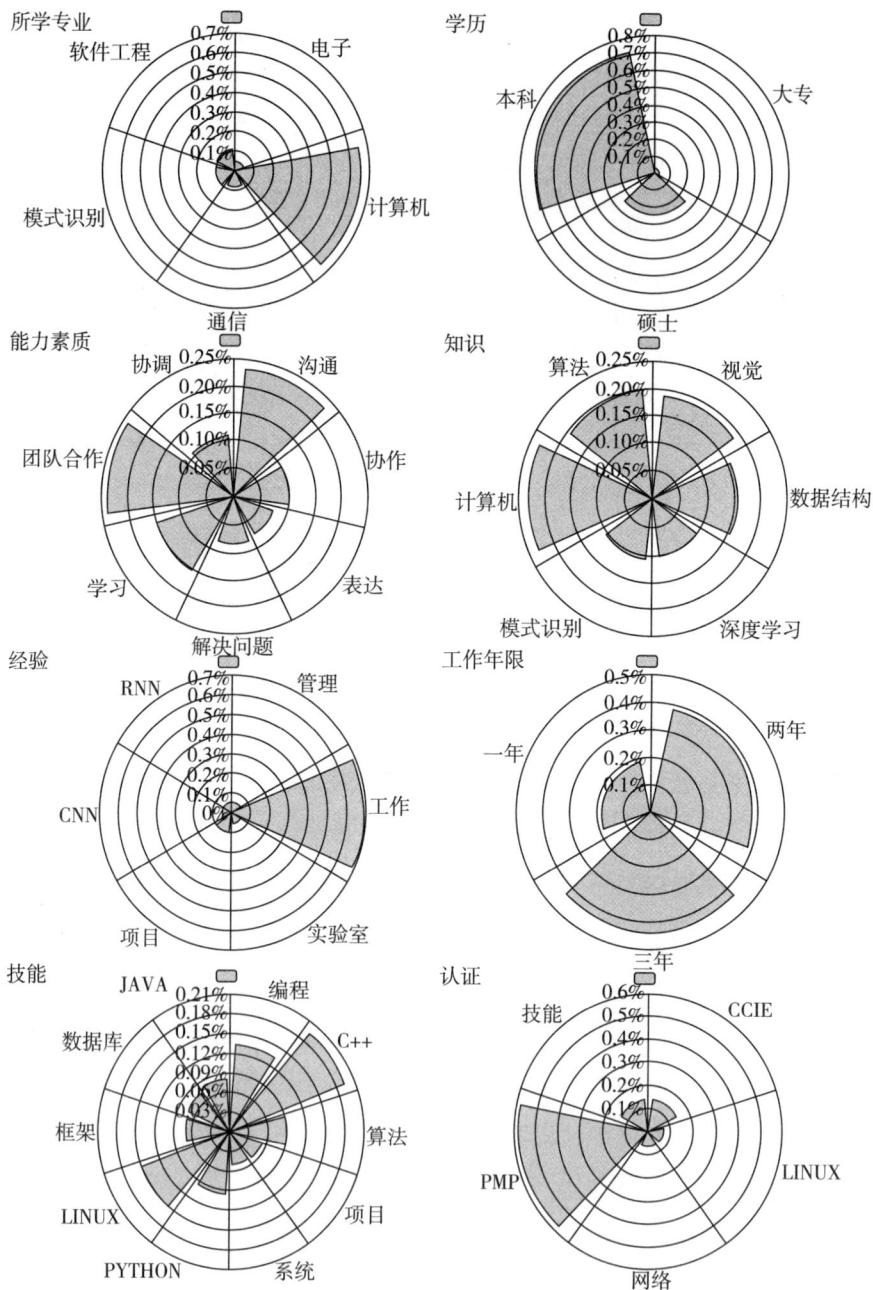

图23　北京市人工智能产业人才紧缺岗位画像

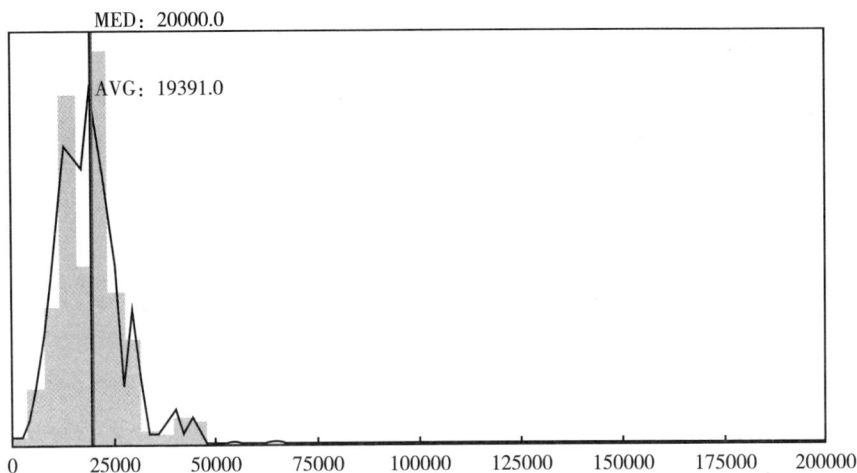

MED：20000.0

AVG：19391.0

| 0 | 25000 | 50000 | 75000 | 100000 | 125000 | 150000 | 175000 | 200000 |

图24 紧缺岗位工薪分布

（二）北京市人工智能产业人才分类需求

1. 初级软件开发工程师

（1）初级软件开发工程师：紧缺人才的岗位要求学历主要为本科，占比为90%，其次为硕士，占比为6%。所学专业主要为计算机相关专业，占比为70%。

主要需要有3年、2年工作经验，占比分别为40%和39%。需要经验类型主要有测试、项目，占比分别为22%和16%。

知识方面主要需要具有计算机、数据结构、软件测试、软件工程相关知识，占比分别为18%、10%、10%和9%。技能方面需要掌握C＋＋、编程、LINUX，占比分别为12%、11%、10%。

素质方面主要要求具有团队合作、学习和沟通能力，占比分别为23%、19%和19%。

2. 高级软件开发工程师

高级软件开发工程师：紧缺人才的岗位要求学历主要为本科，占比为79.0%，其次为硕士，占比为21%。所学专业主要为计算机相关专业，占比为 46%。

主要需要有 2 年、3 年工作经验，占比分别为 32% 和 50%。需要经验类型主要有研发、软件开发和项目，占比分别为 18%、16%、15%。

知识方面主要需要具有数据结构、机器学习、场景、HTTP 相关知识，占比分别为 17%、12%、11%、10%。技能方面需要掌握 Linux、C++、编程、PYTHON，占比分别为 20%、16%、10%、10%。

素质方面主要要求具有团队合作精神、沟通能力和协作能力，占比分别为 21%、17% 和 13%。

3. 技术支持工程师

技术支持工程师：紧缺人才的岗位要求学历主要为本科，占比为 83%，其次为大专，占比为 15%。所学专业主要为计算机和电子相关专业，占比分别为 54% 和 9%。

需要有 1 年至 3 年工作经验，占比分别为 41%、37% 和 22%。需要经验类型主要有运维、调试，占比分别为 28% 和 18%。

知识方面主要需要具有软件开发、客户、C++ 相关知识，占比分别为 20%、12%、12%。技能方面需要掌握 LINUX 和 PYTHON，占比分别为 13% 和 12%。

素质方面主要要求具有表达能力、沟通能力、学习能力，占比分别为 18%、16%、15%。

4. 算法工程师

算法工程师：紧缺人才的岗位要求学历主要为硕士，占比为 76%，其次为本科，占比为 24%。所学专业主要为计算机相关专业，占比为 59%。

需要有 1 年至 3 年工作经验，占比分别为 39%、27% 和 34%。需要经验类型主要有项目、实验室，占比分别为 24%、13%。

知识方面主要需要具有视觉、计算机相关知识，占比分别为 19% 和 16%。技能方面需要掌握 C++、算法、PYTHON，占比分别为 24%、14%、13%。

素质方面主要要求具有团队合作精神、阅读能力、实现能力，占比分别为 16% 、15% 、14% 。

5. 项目 & 产品经理

项目 & 产品经理：紧缺人才的岗位要求学历主要为本科，占比为 90% ，其次为大专，占比为 7% 。所学专业主要为计算机、通信、自动化相关专业，占比分别为 32% 、16% 和 12% 。

主要需要有 2 年至 3 年工作经验，占比分别为 42% 、50% 。需要经验类型主要有项目管理、产品，占比分别为 29% 、24% 。

知识方面主要需要具有产品相关知识，占比为 26% 。技能方面需要精通产品和项目管理，占比分别为 20% 、16% 。

素质方面主要要求具有沟通能力、团队合作精神、协调能力，占比分别为 23% 、13% 、12% 。

6. 硬件工程师

硬件工程师：紧缺人才的岗位要求学历主要为本科，占比为 76% ，其次为硕士，占比为 15% 。所学专业主要为电子、计算机、电子信息相关专业，占比分别为 34% 、23% 和 20% 。

主要需要有 1 年、3 年工作经验，占比分别为 33% 、59% 。需要经验类型主要有设计、电路设计、调试，占比分别为 33% 、24% 和 18% 。

知识方面主要需要具有数字电路、电路设计相关知识，分别占比 30% 和 22% 。技能方面需要精通硬件、产品和 VERILOG，占比分别为 16% 、12% 、12% 。

素质方面主要要求具有沟通能力、动手能力和阅读能力，占比分别为 21% 、14% 和 12% 。

7. 其他工程师

其他工程师：紧缺人才的岗位要求学历主要为本科，占比为 91% ，其次为硕士，占比为 9% 。所学专业主要为计算机、电子、通信相关专业，占比分别为 42% 、13% 和 10% 。

主要需要有 2 年、3 年工作经验，占比分别为 32% 、56% 。需要经验类型主要有行业、项目、研发，占比分别为 20% 、14% 和 11% 。

知识方面主要需要具有计算机硬件、网络相关知识，占比均为 16% ；

技能方面需要了解行业、软件和项目，占比分别为22%、13%、13%。

素质方面主要要求具有沟通能力、学习能力，占比均为21%。

8. 商务和运营

商务和运营：紧缺人才的岗位要求学历主要为本科，占比为62%，其次为大专，占比为38%。所学专业主要为市场营销、新闻、传媒相关专业，占比分别为28%、15%和13%。

主要需要有3年工作经验，占比为61%。需要经验类型主要有运营、销售，占比分别为34%和17%。

知识方面主要需要具有新媒体相关知识，占比为25%。技能方面需要精通软硬件、产业，占比分别为13%、12%。

素质方面主要要求具有沟通能力、团队合作精神，占比分别为26%、17%。

六　北京市人工智能产业人才政策建议

（一）完善产业发展政策，加强政策支持力度

北京市在人工智能政策方面优势明显。自2016年以来，北京市发布多项相关政策文件以及服务措施，大力支持人工智能产业发展，如中关村科技园区管理委员会、大兴区人民政府与北京经济技术开发区管理委员会发布的《关于促进中关村智能机器人产业创新发展若干措施》；2017年10月，中关村管委会发布《中关村国家自主创新示范区人工智能产业培育行动计划（2017～2020）》；2017年底，中共北京市委、北京市人民政府发布《北京市加快科技创新培育人工智能产业的指导意见》等，在产业环境营造、资金支持、人才服务等方面对人工智能产业给予全方位保障。下一步，北京市应尽快谋划制定我国人工智能人才中长期发展规划，对北京市人工智能人才未来10～20年的发展目标及阶段性目标、实现路径和制度支撑等进行长远布局。

1. 根据北京市人工智能产业发展特点制定支持政策

首先，加大资金方面的支持力度。根据前文中对北京市人工智能产业及人才需求预测分析可知，北京市人工智能产业的公司以创业公司居多，并且大部分处于初创期，资金要求较高，风险较大。因此，应加大针对人工智能产业在融资、税收、审批等方面的资金政策支持力度。其次，加强人才培养支持力度。依据人才需求预测，2019 年北京市人工智能产业供给性人才稀缺程度较高，特别是基础层人才。下一步要充分利用北京市的科研资源，如院校、研究院、实验室等，加大人才培养政策支持力度，提高科研单位及人才科研的积极性。最后，支持政策要聚焦北京市人工智能重点领域。北京市人工智能重点应用领域包括智慧医疗、智慧家居、智慧城市、新零售和无人驾驶等。精准支持，使人工智能与实体经济的融合具有更加广阔的发展前景与良好的市场机遇。

2. 政策设计要尽量符合现实需求

产业转型升级、学生可持续发展、专业内涵建设的需求都是顶层政策设计的基础性参考，在修订专业人才培养方案、确定人才培养规格标准时，应让相关主体即行业、企业、学生共同参与。同时，在强化学生信息素养的基础上，突出人工智能应用技术能力的培养，推进专业 +，构建专业群，增设人工智能的相关课程；注重培养学生分析问题、解决问题的能力，并强化计算思维素养教育；突出数字化教学资源、网络空间和智能化教学平台建设，为教师在人工智能时代下培养人才创造条件。

3. 大力培养核心技术人才，超前布局形成原始创新重大突破

我们应该结合北京人工智能领域现有的基础，直面核心技术的差距，关注全球人工智能的发展趋势和尖端技术，聚焦新一代人工智能的关键技术问题。针对人工智能发展的迫切需求和薄弱环节，前瞻布局培养可能引发人工智能重大变革的基础性研究人才，促进人工智能与大数据、云技术等技术的融合，实现北京市新一代人工智能前沿技术的重大突破。

4. 顶层政策设计要厘清人才培养新理念

在人工智能阶段，我们需要从哲学的角度将职业教育的人才培养纳入社

会体系，将职业教育与实现良好的互动和产业转型升级相联系，与学生对良好生活的需求和期望相结合。要坚持"立德育人"的教育方向，努力培养大批具有"工匠精神"和企业家精神、能适应未来并具有"一专多能"的高素质产业工人。有必要进一步更新教育观念，深化职业教育教学改革，改变以往单一的技术人才培训的局限性，培养适应性强、可持续性强的复合型技术人才。

（二）高校设立专业学科，培养专业紧缺人才

在人工智能发展上升为国家战略的背景下，北京市应充分调动市内科研单位资源，推动核心高校和职业院校的人工智能教育成为一门独立的学科。同时，鉴于其跨学科和前瞻性，应鼓励发展单位打破传统模式，创造不同于传统培训路径的新模式。

1. 促进人工智能学科专业建设

首先，健全人工智能学科的布局。具体来说，一方面，要加强人工智能与相关学科的交叉融合，这些相关学科不仅包括计算机科学、控制科学、量子科学、数学等理工学科，还包括法律、社会学、心理学和经济学等人文学科，它们可以充分体现"技术属性"和"社会属性"；另一方面，要注意人工智能一级学科的建设，从人工智能学科的发展趋势来看，建立人工智能领域的第一学科是大势所趋。因此，必须建立相关的人工智能支持学科，为人工智能的发展奠定基础，并在未来建立人工智能一级学科。其次，加强人工智能专业建设。结合"新工科"的实践背景，推动人工智能"一流本科，一流专业，一流人才"的建设。一方面，我们要加强人工智能及相关学科专业教育的深度融合，并继续实施"人工智能＋X"人才培养模式；另一方面，结合国家和地区产业的实际需求，将"学科专业设置"有效地与"产业发展"联系起来，不仅可以使现有的人工智能相关学科得到优化和调整，而且可以合理安排新的人工智能专业。

2. 明确培养定位，确立"人工智能＋"人才的培养方案，推出人才培养新课程

人才培养成功与否，关键在于人才培养方案正确与否。在新形势下，有

必要对各专业国有、民营和科研机构的新技术和人才需求进行全面访问和调查。人才培养方案应具有各自特色，并邀请相关的企事业单位和学生共同设计。有必要共同审查和批准人才培养目标和人员培养规格，所设定的专业方向应面向市场，符合社会需要，并可在设计过程中灵活调整；共同探讨通识教育、学科基础、专业核心和专业扩展四个课程模块的课程教学体系；共同设计符合社会需要的实践教学体系；共同参与教学质量评估体系的开发。在此基础上，应积极探索办学的新模式。此外，以实现专业间课程共享为目标，推进课程＋融合计划，重组课程资源。增设人工智能、通识教育、美育艺术、生活技能、综合素养、"双创"教育、数理素养、哲学意识等课程。突出专业核心技能培养，加强"专创融合""专技一体"课程建设，完善实践育人体系。鼓励开发与新技术、新规则"相伴相生"的讲义（课件）教材。开设"机器换人"所不能取代的"心智课程"，培养学生的想象力、判断力、理解力和价值观，以及规划和设计未来的思维能力。

3. 加强人工智能人才培养教师队伍建设

为了改善教师队伍的结构和引入内部培训，除了增加高层次、高水平人才的引进外，青年教师还应接受定期的新技术培训。鼓励教师将所学知识运用到实践中，并指导年轻教师同时注意理论研究和实际应用研究。与此同时，大力打造交叉学科师资队伍。一方面，鼓励对跨学科教学和研究感兴趣的有关教师参加国内外交流与培训，促进跨学科教师的培养与成长。另一方面，我们应该制定有效的政策来吸引优秀的跨学科教师，并鼓励不同学科和学院之间的学术交流，并建立多学科交叉联合培养机制。根据各学校的具体情况，整合学校内部的人工智能教学与研究资源，大力推进跨学科合作与大学间合作办学，促进学院间专业发展课程的相互选择，从而更好地培养"跨学科"专业人才，培养出具有专业特色的学校和专业特色的"人工智能＋"人才。在大学的总体规划下，要做好学生的学习管理和日常管理，很好地协调学科与学院之间的相互联系。[1]

---

[1] 方兵：《我国高校人工智能学院：现状、问题及发展方向》，《现代远程教育》2019 年第 3 期。

4. 推动人工智能服务社会发展

高校人工智能学院不仅承担着这一领域的人员培训和科学研究的任务，而且还应促进人工智能与经济和社会发展的融合。从人工智能学院的组成形式可知，高校非常重视与相关企业和政府的合作，重点关注 AI 技术的转移和成果的转化。人工智能是一项具有广泛影响力的高新技术，随着新一代人工智能的迅速发展，它将对社会的许多领域产生深远的影响。因此，高等学校的人工智能学院应重视加强人工智能为社会服务的研究，以促进人工智能与社会相关领域的融合。值得注意的是，因人工智能发展的不确定性，可能会在诸多方面，如法律、社会伦理、就业和隐私安全等方面暴露出这样或那样的问题，这些隐藏的问题可能会在某种程度上影响经济安全和社会稳定。因此，在大力促进社会治理智能化和现代化的同时，人工智能学院一方面要防范人工智能的潜在风险，建立道德约束和监督机制，并设置人工智能技术的"禁区"；另一方面要密切联系实际，对其可能带来的消极影响开展针对性研究，积极探索有效的应对策略与解决方案，以推动人工智能更好地服务社会发展。

5. 引领人工智能领域科技创新

高校应引领人工智能领域的科技创新。人工智能创新是一项系统工程，既需要加强技术创新与制度创新的协同，又需要多主体深度协同。人工智能具有多学科综合、高度复杂的特征，因而需要增强发展人工智能的"原创"能力，一方面注重人工智能基础理论研究；另一方面主攻人工智能关键核心技术创新。围绕人工智能领域的科技创新，高校人工智能学院应从以下几个方面做起：第一，加强人工智能基础理论研究，聚焦人工智能重大科学前沿问题，重点推进人工智能相关理论、方法、工具、系统等方面的研究，进而为人工智能范式变革提供理论支撑；第二，推动人工智能关键核心技术创新，要密切关注人工智能领域前沿技术，扎实做好关键核心技术攻关，形成具有我国特色的人工智能技术体系；第三，优化完善科技创新体系，不仅要推进人工智能技术创新和制度创新，而且要重点从加快建设科技创新基地、一流人才队伍和高水平科技智库以及加强国际学术交流与合作等方面来落实。

（三）加强高端人才延揽，推动分级分类培养

2019 年，北京市的顶尖人工智能人才匮乏，为此应结合千人计划、长江学者等高端人才计划，创造适宜人才工作和生活的宜居环境，使顶尖人才愿意来北京工作。人工智能不仅需要高精尖的研发人才，而且需要大量应用导向型的技术人员。所以，既要鼓励高校开设专业，也要推动职业院校发展。只有形成一个完善的人才梯队，才能使人工智能实现立体化的全面发展。

一是提升人才培养国际化水平。政府和学校要加大人工智能领域留学支持力度，鼓励学生赴人工智能领域先进的国家深造，充分利用国际优质教育资源，不断提升人工智能专业人才培养的水平。

二是加快引进全球顶尖人才。把高端人才队伍建设作为发展人工智能的核心目标。开辟专业渠道，实现高端人才精准引进，加快引进全球顶尖人才和青年人才，形成人工智能人才高地。

三是培养高水平创新人才和团队。坚持培养和引进相结合，吸引和培养具有发展潜力的人工智能领军人才。鼓励和引导国内创新人才和团队加强与全球顶尖机构合作互动。

四是学习其他国家人工智能人才分类培养经验。如韩国明确人工智能高端人才应分为两类：一类是能够开发 AI 核心技术，能产生新一代原创技术的人才；另一类包括数据管理专家，以及能够基于大数据创造出 AI 新产品和新服务的复合型人才。对第一类人才：2019 年开设人工智能研究生院（到 2022 年建成 6 个）；进一步加强对现有大学研究中心（ITRC，领先研究中心等）人工智能研究的支持，预计到 2022 年培养 1400 名第一类人才。对第二类人才：推进 AI 项目型教育与实务型教育，对 AI 高级专家开展为期 6 个月的集中指导，与产业对接培养青年人才 600 名；开设 AI 商业模型开发课程，到 2022 年开设 70 个线上公开讲座。预计到 2022 年培养 3600 名第二类人才。[①]

---

① 高芳、张翼燕：《日本和韩国加快完善人工智能发展顶层设计》，《科技中国》2018 年第 8 期。

（四）加强校企联合培养，增强应用人才技能

人工智能人才的培养要真正实现校企合作培养人才，打破学校培养和企业招聘的传统二元模式。要打破"唯学历论"的错误观念，建立基于胜任能力的人工智能人才培养体系。政府应鼓励大型互联网公司和行业协会参与设定人工智能的人才培养标准，尽可能发挥市场在人才培养和流动方面的主导作用。

一是要深刻、系统、全面地理解"产教融合、校企合作、工学结合、知行合一"的内涵及其相互关系，创新推进现代学徒制、工学交替等人才培养的多种实现方式，最大化地构建"工作课堂"。加强职业院校"学习中心"的建设，在教育教学活动中形成师生学习共同体，实施"多师同堂"。创设数字化、网络化、智能化环境下的"学习场"，建设信息化在线学习平台，开辟私人定制课程的学习空间，努力创造适合学生多样化学习的机会和环境。①

二是与人工智能企业共同构建实践教学体系，包括实验实践教学和创新创业平台，协同开展创新创业教学，鼓励教师积极申报教育部产学合作协同育人项目，与企业更加紧密联系，建立学校与企事业单位的协同育人新机制。试行在毕业设计等主要实践环节中实行"双导师制"，创造有利的实验和科技创新条件，鼓励学生积极参加人工智能类实践实训、学科竞赛和科技创新活动；激励学生积极参与教师的科研课题研究。②

三是要深化推广实施人工智能领域产学研合作协同育人项目，以产业和技术发展的最新成果推动人才培养改革。截至 2019 年，教育部已经组织科大讯飞、微软亚洲研究院、苹果等互联网企业和旷视科技、商汤科技、地平线等独角兽企业，与高校共同联合实施了"人工智能精品课程建设""人工智能专业创新创业教育改革""人工智能 VR/AR 仿真设计"等 600 多项人

---

① 覃川：《人工智能呼唤人才培养模式变革》，《成才之路》2019 年第 11 期。
② 胡卫军：《新形势下"人工智能＋"人才培养模式探讨》，《专家论坛》2018 年第 12 期。

工智能领域产学研合作协同育人项目。企业通过提供资金、软硬件基础等相关条件，与高校合作培养相关人才。在教育部的组织下，国内部分高校已经与人工智能高科技企业建立联合实验室和研究中心。这些高校和地方的科研平台从应用项目出发，以应用性学术竞赛和项目研究为抓手，快速提升学生的科研能力，充分挖掘学生的创新潜力。[①] 北京市也要充分利用区域内科技公司密集的优势，进一步推动校企联合的人才培养模式，培养社会紧缺型人才。

（五）完善多方资本投入，加大人才培养力度

要大力推进高技能人才培养工作，必须建立和完善政府、企业、社会联合开发的投入机制。

一是加大政府投入。在安排职业教育及基础设施建设专项经费时，可向高技能人才培养基地倾斜，以用于人工智能高技能人才培养。

二是落实企业投入。政府要督促企业设立职工教育培训经费，确保每年按比例用于人工智能高技能人才培养。对自身没有能力开展职工培训的企业，以及未开展高技能人才培训的企业，政府要依法对其职工教育经费实施统筹，然后由相关职能部门统一组织培训，尤其要确保高技能人才培养的份额。

三是鼓励社会投入。大力支持企事业单位、社会团体、个人等力量依法兴办各类职业院校和社会职业培训机构。积极引进民间资本、金融机构等投身职业教育培训产业，合力推进人工智能高技能人才培训院校及公共实训基地建设。

---

① 周全：《关于高校人工智能人才培养的思考与探索》，《教育教学论坛》2019 年 4 月。

附录 人工智能产业岗位类型分类

技术领域	技术岗位分类	技术岗位
机器学习	初级软件开发工程师	ANDRIOD 开发工程师
		JAVA 软件开发工程师
		WEB 前端开发工程师
		C＋＋软件开发工程师
		测试工程师
	技术支持工程师	IT 技术支持运维工程师
		售后技术支持工程师
		运维工程师
		软件工程师
		技术支持工程师
	高级软件开发工程师	高级 JAVA 软件开发工程师
		嵌入式软件工程师
		嵌入式开发工程师
		高级 C＋＋开发工程师
		高级 WEB 前端开发工程师
		研发工程师
		JAVA 研发工程师
		软件开发工程师
	算法工程师	图像算法工程师
		算法工程师
		高级算法工程师
		图像处理工程师
		机器视觉算法工程师
		深度学习算法工程师
		计算机视觉算法工程师
	硬件工程师	硬件工程师
		FPGA 工程师
	项目＆产品经理	项目经理
	其他	售前工程师
		应用工程师
		解决方案工程师
		产品经理
		动画师

技术领域	技术岗位分类	技术岗位
计算机视觉	初级软件开发工程师	WEB 前端开发工程师
		ANDRIOD 开发工程师
		C＋＋软件开发工程师
		JAVA 软件开发工程师
		IOS 开发工程师
		测试工程师
	技术支持工程师	技术支持工程师
		运维工程师
		售后技术支持工程师
		软件工程师
	高级软件开发工程师	高级 JAVA 软件开发工程师
		研发工程师
		高级 C＋＋开发工程师
		中级 JAVA 开发工程师
		嵌入式软件工程师
	算法工程师	算法工程师
		图像算法工程师
		图像处理算法工程师
	硬件工程师	硬件工程师
	项目＆产品经理	产品经理
		项目经理
	其他	售前工程师
		文案策划专员
		客户经理
		新媒体运营专员
		助理商务经理
		商务经理

续表

技术领域	技术岗位分类	技术岗位
自然语言处理	初级软件开发工程师	C＋＋软件开发工程师
		WEB 前端开发工程师
		JAVA 软件开发工程师
		测试工程师
	高级软件开发工程师	高级 C＋＋开发工程师
		高级 JAVA 软件开发工程师
		研发工程师
	算法工程师	算法工程师
		语音识别算法工程师
		自然语言处理工程师
		深度学习算法工程师
	项目＆产品经理	产品经理
		项目经理
	其他	新媒体运营专员

参考文献

［1］黄慧：《基于大数据和人工智能的高校信息化服务》，《电子技术与软件工程》2019 年第 6 期。

［2］关皓元：《国内外人工智能产业创新发展研究》，《广东科技》2018 年第 27（07）期。

［3］贾开、郭雨晖、雷鸿竹：《人工智能公共政策的国际比较研究：历史、特征与启示》，《电子政务》2018 年第 9 期。

［4］方晓霞：《英美发展人工智能的战略举措及对我国的启示》，《发展研究》2018 年第 4 期。

［5］周全：《关于高校人工智能人才培养的思考与探索》，《教育教学论坛》2019 年第 4 期。

［6］方兵：《我国高校人工智能学院：现状、问题及发展方向》，《现代远程教育》2019 年第 3 期。

［7］覃川：《人工智能呼唤人才培养模式变革》，《成才之路》2019 年第 11 期。

［8］胡卫军：《新形势下"人工智能＋"人才培养模式探讨》，《专家论坛》2018 年

第 12 期。

［9］高芳、张翼燕：《日本和韩国加快完善人工智能发展顶层设计》，《科技中国》2018 年第 8 期。

［10］白二鹏：《人工智能的发展与应用现状》，《营销界》2019 年第 12 期。

区 域 篇

Report on District

B.8
东城区中医药人才发展战略研究

东城区委组织部课题组 *

摘　要： 中医药人才是中医药事业发展的基础和保障，也是中医药传承与创新的第一资源。东城区是首批国家中医药发展综合改革试验区，建设十年来，中医药人才发展取得了显著成绩，中医药人才队伍的规模和素质得到了较快的发展，中医药人才培养工作不断推进，中医药人才发展环境不断优化，诞生了一大批全国顶级的中医药专业技术人才，如东城区杰出人才、诺贝尔奖获得者、国家最高科学技术奖获得者屠呦呦教

---

* 课题组组长：王清旺，东城区委常委、组织部部长，区直属机关工作委员会书记（兼）。课题组成员：王爱菊，东城区委组织部副部长、区行政学院副院长（兼）；王建辉，东城区委卫生健康工作委员会书记、东城区卫生健康委员会主任；张家惠，东城区委卫生健康工作委员会副书记；饶珊，东城区委卫生健康工作委员会组织部部长；周英武，北京市鼓楼中医医院业务副院长，北京中医药大学副教授；金燕，东城区委组织部人才工作协调组组长；徐梓婕，东城区委组织部人才工作协调组主任科员；李正旺，东城区委组织部人才工作协调组干部；毛银青，东城区委组织部人才工作协调组干部。

授，国医大师柴嵩岩教授、吕仁和教授、孙光荣教授，中国工程院院士王永炎教授、黄璐琦教授，长江学者田金洲教授等都在东城区，引领着中医药事业的发展。未来，东城区卫生健康委按照《关于建设东城区人才发展高地的实施意见》（京东发〔2019〕6号）要求，将进一步优化人才环境，充分发挥中医药资源聚集优势，开展燕京医学研究，不断创新人才发展政策，着力把东城区打造成为世界一流的中医药人才创新发展高地。

关键词： 中医药人才　卫生人才　人才创新发展

中医药学是中国古代科学的瑰宝，也是打开中华文明宝库的钥匙。习近平总书记指出，中医药是我国各族人民在长期生产生活和同疾病作斗争中逐步形成并不断丰富发展的医学科学，是我国具有独特理论和技术方法的体系，是中国特色卫生健康发展道路的重要组成部分，在健康中国的建设中发挥着独特优势和价值作用。随着国家医药卫生体制改革的不断深入和健康服务需求的快速增长，中医药人才发展面临着新的机遇和挑战，中医药人才队伍和服务领域有待提升，结构层次有待优化，高层次及基层中医药人才匮乏，符合高水平创新创业要求的人才群体有待大力培育；人才培养的开放协同效应有待提高，终身教育体系有待进一步完善；制约中医药人才多元化发展的体制机制障碍有待突破，政策环境有待进一步优化，中医药人才队伍的培育、使用和评价机制有待进一步健全，应强化中医人才队伍建设，增强中医慢病防治能力。东城区是首批国家中医药发展综合改革试验区，中医药科研、医疗、教学、文化资源丰富，中国中医科学院、北京中医药大学东直门医院、首都医科大学北京中医医院、北京市鼓楼中医医院、京城名医馆和同仁堂都坐落在东城区，汇聚了一大批全国顶尖的中医药医疗、教学、科研和管理人才。东城区依托国家中医药发展综合改革试验区建设，通过搭建人才建设平台、不断探索燕京医学传承创新发展体系，全面推进中医药人才高地建设，集聚培养一批医药卫生领军人才，重点学科、专科带头人，打造医药资源丰富、医药人物璀璨、医药品牌彰显、国医文化有效传承的医药人才高地，为健康北京和健康东城建设贡献力量。

一 坚持党管人才原则，健全完善党管人才工作格局

习近平总书记高度重视人才工作，他指出：人才是事业发展最宝贵的财富，人才资源是党执政兴国的根本性资源，必须造就一支规模宏大、素质优良、门类齐全、结构合理的人才队伍。为贯彻落实《北京市东城区人才发展战略规划（2011～2030年）》精神，东城区卫生健康委每年投入专项资金用于人才队伍建设，坚持党管人才原则，加强重点人才的引进和培养，建立分层次、多渠道的人才培养体系，不断提升卫生健康人才的能力和水平，为东城区卫生健康事业发展服务。制定印发了《东城区卫生健康系统有突出贡献的优秀人才认定办法（试行）》《东城区卫生健康系统优秀青年人才认定办法（试行）》《东城区医疗联合体系优秀合作团队培养资助办法》《东城区党委联系服务优秀人才工作制度》等文件，让优秀团队、优秀人才在卫生健康系统内起到模范引领作用。通过医联体建设、重点专科建设、名老中医传承工作室建设和燕京医学传承学术论坛等形式，培养专业技术人才；通过干部培养培训、社区人才和紧缺专业人才的引进和培养，健全工作机制，增强服务意识，搭建创新平台，促使优秀人才脱颖而出。

二 成立中医药人才联盟，形成上下联动运行机制

东城区卫生健康委充分利用辖区中医药人才资源优势，在国家中医药发展综合改革试验区框架下，从区域内不同领域选择适宜数量的咨询专家，包

括医院管理、中医药基础研究、中药政策、中医药教育、科学研究、中医药企业、投资融资、信息科学、经济政策、公共政策、新闻宣传、文化旅游、商贸服务、金融保险等领域等的知名专家，成立中医药人才联盟。聚集了一批专业扎实、视野开阔、善于创新的智库高端人才，推动智库高端人才在医药卫生领域咨询建言、政策研究、科技创新、产业发展、国际交流等方面发挥重要作用。中医药人才联盟的主要职责是对东城区中医药事业发展的重大方针、政策、规划，以及相关配套政策的制定等提供咨询和建议；对东城区医药卫生体制改革中的重点、难点、热点问题及新情况、新问题进行研究和探讨，提出意见建议；对东城区中医药人才队伍建设、中医药产业发展和中医药科研成果转化提供咨询、论证和建议。通过建立上下联动的运行机制，扎实推进科技创新中心建设，坚持高端引领、强化团队建设，打造规模适度、结构优化、充满活力的智库高端人才支持体系，更好地服务东城区卫生健康事业发展大局，为实现健康东城建设目标提供人才智力支撑。

三 助力健康东城建设，打造中医药人才创新发展高地

东城区卫生健康委按照区人才工作领导小组的部署和要求，全面贯彻党的十九大精神，深入学习贯彻习近平总书记系列重要讲话精神和关于人才工作的重要指示，围绕落实"一条主线、四个重点"战略任务，坚持党管人才原则，加强重点人才的引进和培养，不断提升卫生健康人才的能力和水平，充分发挥辖区中医药资源和人才优势，强化体制机制创新，不断优化医疗服务布局，满足辖区居民日益增长的中医药服务需求。北京市和平里医院成功转型为三级甲等中西医结合医院，北京市隆福医院转型为三级中西医结合老年病医院，东城区第一人民医院转型为二级甲等中西医结合医院，北京市鼓楼中医医院被批准建设东城区区域中医医疗中心，京城名医馆更是以中医药文化品牌的亮丽名片享誉海内外，逐步成为中医药文化旅游和燕京医学学术交流示范基地。东城区社区卫生服务中心着力打造中医药特色健康管理社区，立足社区百姓的健康，基本实现了中医药服务三个100%全覆盖。然

而，高层次中医药人才队伍、各重点专科学科带头人、中西医结合人才队伍、社区中医药人才队伍和中医药中青年干部队伍的不足日渐显现，很大程度上制约了这些医院和社区卫生事业的进一步发展。因此，东城区卫生健康委实施"燕京医学传承与杏林优才人才培养"项目，着力打造中医药人才创新发展高地。

（一）加强高层次中医药人才队伍建设

依托中国中医科学院和北京中医药大学，加强高层次中医药人才队伍建设，启动中医药传承与创新杏林优才计划，以提升中医药临床服务能力和科技创新能力为核心，通过紧密性医联体建设，搭建不同层级的中医药高层次人才培养平台，培养造就一批具有深厚中医药理论基础和学术经验、坚持中医药原创思维并掌握现代科学研究方法的中医药高层次人才，构建骨干人才、优秀人才、领军人才有机衔接的中医药高层次人才队伍。加强东城区属医院中医药学科建设，整合中医药优势学科资源，强化学科交叉融合，着力培养一批中医药学科带头人和学科骨干人才，形成一批中医药协同创新团队。加强名老中医工作室传承人才的培养。巩固东城区第一届、第二届、第三届知名中医以及青年之星等评选培养成果，探索建立中医师承人才培养长效机制，积极通过国家级名老中医、北京市级名中医工作室建设，整理、继承、推广老中医药专家学术观点和临床经验，培养一批高层次的中医药人才。

（二）加强中西医结合人才队伍建设

不断完善辖区医疗机构中西医结合人才培养激励措施，创新中西医结合人才培养模式，提高培养质量。总结完善的西医学习中医经验，鼓励通过西医师脱产学习中医、"西学中"研究生班等多种途径，加强高层次中西医结合人才培养。实施中医、中西医结合医疗机构非中医药人员中医药理论知识系统培训，推进综合医院西医师学习中医专项行动计划。加强中西医结合学科体系建设，强化中西医结合理论研究和临床实践，强化中西医结合医院内涵建设。

（三）实施社区师承全覆盖工程，探索三级师承模式，着力提升基层中医药服务能力

充分利用东城区各级医疗机构名老中医药专家资源，搭建社区高层次中医药人才培养平台，通过整理、总结、继承、发扬和创新名老中医药专家的临床经验和学术思想，使高端中医药人才资源下沉基层，着力改变东城区基层社区医师跟师难、中医药人才不均衡的现状。具体措施如下。

第一，将东城区社区卫生服务机构中医专业（含中西医结合）根据学历、职称、专业背景和个人专业发展方向进行分类，提出拜师专业意向，充分发挥辖区中医药专家资源优势，筛选出符合条件的名中医（中西医结合）专家，即在东城区辖区医疗机构执业的国医大师、全国名中医、全国老中医药专家学术经验继承工作指导老师、首都国医名师、北京市级老中医药专家学术经验继承工作指导老师、北京中医药传承"双百工程"指导老师、东城区知名中医等，形成国家级师承、北京市级师承和东城区级师承的三级师承体系，进行一对一带教学习。

第二，采取跟师学习、独立临床实践、理论学习、专业组学术交流沙龙相结合的形式开展工作。学习期间以第一作者或通讯作者的身份在省级及以上公开发行的期刊上发表继承、总结指导老师学术思想和技术专长的论文至少1篇，或未公开发表论文至少2篇。同一指导老师的多名继承人书写的论文不得为同一内容。

第三，制订三年传承学习计划，完成特定工作任务，详见《东城区社区卫生人才师承全覆盖工作实施方案》，通过三年师承学习，使基层社区中医师理论功底更加扎实，中医适宜技术应用更加普及，中医药传统文化知识进一步丰富。基本掌握指导老师的学术思想和技术专长，使中医临床诊疗水平、临床疗效或技能技艺水平在原有基础上有较大提高。中医专业继承人结业时须提交由本人独立完成的、能反映指导老师临床经验和学术专长的体现疾病诊疗全过程的临床医案总结60份。中药专业继承人结业时应提交反映指导老师中药加工、炮制、鉴别、制剂工艺等方面的特色技艺材料60

份。继承人结业时需提交 1 篇 8000 字以上的结业论文，内容既要体现指导老师的临床（实践）经验和学术思想，又要具有创新观点和临床实践意义。

（四）实施青年拔尖人才培养计划，加强在职学历教育，提升中医专业（中西医结合专业）青年医师专业技术素质

随着人口老年龄化的到来，慢病成为困扰社区居民健康的主要因素，中医药简、便、验、廉深入人心，社区中医药服务需求不断增强，国家中医药管理局和北京市中医管理局都提出了提升基层中医药服务能力的计划，中医药（中西医结合）专业人才严重匮乏，青年骨干人才又必须坚守工作岗位，无法脱岗进行学历教育，因此，实施青年拔尖人才培养计划，加强在职学历教育，提升中医专业（中西医结合专业）青年医师专业技术素质培养势在必行。每年拟选拔 10 名优秀中医学（中西医结合专业）、临床能力较强、符合标准的全日制本科毕业生，到北京中医药大学进行在职硕士学位学习；10 名优秀中医学（中西医结合专业）、临床能力较强、符合标准的全日制硕士研究生，到北京中医药大学进行在职博士学位学习；按照北京中医药大学在职硕士、在职博士培养目标要求，完成相应学习任务，颁发硕士或博士学位证书。

（五）实施中青年干部培养计划，加强干部综合素质培养，提升医院现代管理水平

国务院办公厅印发的《深化医药卫生体制改革 2019 年重点工作任务》明确提出，2019 年深化医药卫生体制改革工作要以习近平新时代中国特色社会主义思想为指导，全面贯彻党的十九大和十九届二中、三中全会精神，认真落实党中央、国务院关于实施健康中国战略和深化医药卫生体制改革的决策部署。深化医药卫生体制改革主要任务之一是建立健全现代医院管理制度，因此，加强医院管理水平至关重要，其中人才是关键。习近平总书记也强调，培养选拔年轻干部，事关党的事业薪火相传，事关国家长治久安。加

强和改进年轻干部工作，要下大气力抓好培养工作。对那些看得准、有潜力、有发展前途的年轻干部，要敢于给他们压担子，有计划安排他们去经受锻炼。在东城区培养一批卫生健康系统中青年领导干部，对于促进东城区卫生健康事业发展具有重要意义。

通过实施中青年干部培养计划，培养一批既懂业务又懂管理的职业化医院管理专家，为建立健全现代医院管理制度奠定基础。每年拟从卫生健康系统中青年领导班子成员或具有发展潜力的青年中层干部中选派 10 名干部参加管理职业化高级研修班，为东城区卫生健康事业发展做好管理人才储备。

（六）打造燕京医学传承学术论坛，加强燕京医派学术交流，推动中医药文化交流与合作

北京为古时燕国的都城，故亦称燕都，后称燕京。燕京作为"六朝古都"的重要历史地位及太医院宫廷医学的兴起发展地，逐步形成了独具特色的燕京医学。燕京医派主要是由三部分人构成，他们分别以宫廷医学家、京城四大名医、医教研名家的传人为代表，逐步形成宫廷医学派、师承派和学院派。他们传承有序，既代表了燕京医派的三个发展阶段，也是中医学从古到今的一个历史缩影。厘清宫廷医学派、师承派和学院派这三个门户的学术传承脉络，对于燕京医派的确立、中医学术的发掘有着重要意义。

燕京医派代表了当今全国最高中医医疗、教学和科研水平，其学术流派明显，百花齐放。在教育传承上，新老教育模式交替转换，体现在从传统的师承教育向学院教育发展，但须臾不离临床实践；在医疗上，中西并存；在创新发展中，无论何派均不失传统，注重经验和记忆，注重活态传承，注重前人所积累的经验总结。因此，燕京医派的主要学术内容是以师承家传群体医术为基础，以北京"四大名医"及其学院派门生学术经验为核心，以宫廷医学学派为亮点，同时将中西医与中西医结合等众多学派融合为一体，整理挖掘一批代表首都中医药学术成就的著作，记载和反映名老中医的学术思想与治学经验，明确各流派的学术特点，揭示北京中医药

学的发展规律，形成世人公认的"燕京医派"整体框架以及有影响的人才传承梯队。

东城区国家中医药发展综合改革试验区充分利用辖区中医药文化、科技、人才等资源优势，成立燕京医学研究院，成立北京中医药学会燕京医学研究分会，将以燕京医派研究为纽带，以挖掘整理燕京医学学术思想为切入点，以传承燕京名医学术思想为目标，将东城区打造成为中医药文化交流传播中心、中医医疗服务中心、中医人才培养中心、中医科研成果转化中心、中医产品研发中心。通过打造燕京医学传承学术论坛，进一步梳理燕京医派形成因素、学术思想和特点以及临床用药规律，展开燕京医派形成和传承链的研究。拟从文献梳理开始，文献、实验、临床全面覆盖，研究燕京医派学术的传承脉络和传承谱系、燕京医派学术主张、学术地位及其用药规律、燕京医派特色理论的传承和创新研究、燕京医派文化及成果转化，并以赵文魁（宫廷、传承、学院传承），赵炳南（赵氏皮科），陈世安（基层风采）等具有代表性的燕京名医传承为例，开展燕京医派研究工作。以期为燕京医派源流及传承提供坚实可靠的素材。

（七）加强中医康复、护理、特色技术人才队伍建设

为应对人口老龄化，大力推进医养结合服务，建设国家医养结合试点区，推动社区中医药医疗卫生人员的康复能力培训，提升日常康复训练、健康教育和咨询、中医保健等服务的能力。持续推进中医医疗机构护理人员中医护理知识技能培训，发挥中医护理的特色和优势，注重中医药技术在护理工作中的应用，提高中医护理水平。建立中药炮制传承基地，挖掘整理中药传统炮制技艺，培养一批中药炮制传承人才。加强中药材饮片的质量检测、品种鉴定等相关人才的培养，确保中药材质量。以地坛中医药健康文化节活动为载体，着力打造中医药文化传播、中医药科普传播等方面的人才队伍，深入挖掘中医药文化内涵，提炼中医药核心健康理念。鼓励辖区医疗机构开展中医药对外交流与合作，培养造就一批在国际传统医学领域具有影响力的中医药人才。

（八）打造智慧中医创新转化平台

充分利用辖区及北京市中医药数据库资源，利用信息化手段，搭建智慧中医数据库和优秀人才管理平台、科研管理平台，加强院内制剂开发研究和中医药文化创意产品开发，促进中医药科技成果创新性转化和中医药文化创造性发展。

党的十九大报告指出，人才是实现民族复兴、赢得国际竞争主动的战略资源。中医药是具有原创优势的科技资源与优秀的文化资源，同时也是潜力巨大的经济资源与重要的生态资源。应当深入挖掘其时代价值，在新时代进行创造性转化、创新性发展。东城区以建设国家中医药发展综合改革试验区为契机，依托资源禀赋和区位优势，不断优化中医药人才培养和服务机制，增强人才发展动力，激发人才创新活力，建设一支质量优秀、数量充足、特色鲜明、结构合理的中医药人才队伍，着力打造中医药人才创新发展高地，为健康北京和健康中国建设贡献力量！

参考文献

［1］吴勉华：《学习总书记重要论述　坚定中医药发展自信》，《江苏中医药》2019年第 7 期。

［2］周英武：《中医药在社区慢病防治中存在的问题与对策》，《中医药管理杂志》2016 年第 22 期。

［3］萧承悰：《燕京医学的三大流派》，《中国中医药报》2014 年 11 月 5 日。

［4］《中医药人才发展"十三五"规划》，《中国中医药报》2017 年 1 月 23 日。

［5］《中医药——国家战略资源——首届中医科学大会发言摘要》，《前进论坛》2015 年第 1 期。

B.9
西城区人才现状与发展研究

西城区委组织部课题组*

摘　要：　"十三五"以来，西城区以建设人才发展生态区为目标，大力实施人才强区战略，人才发展环境不断优化，人才效能持续提升。面对新形势、新任务、新要求，西城区迫切需要盘点区域人才发展现状、摸清产业发展和城市治理对人才的需求，进一步破解人才发展思路。本文从人才队伍规模结构、高层次人才、重点领域人才、人才发展需求四方面梳理分析了西城区人才队伍的发展情况；总结盘点了西城区大力实施人才优先发展战略、持续优化人才发展环境、加强人才工作组织领导的经验及做法；分析了西城区人才发展面临的形势和存在的主要问题；立足区域发展实际，结合人才发展重点问题和未来发展需求，从集聚转型发展急需紧缺人才、提升人才培养质量、推进体制机制改革创新、优化人才发展环境、加强人才政治引领五个方面提出具有针对性的对策建议，推动形成具有西城特色的人才工作新格局。

关键词：　人才队伍建设　人才发展需求　人才工作创新

＊　课题组成员：梅慧勇，北京西城区委组织部副部长；张士运，北科智库副主任，北京科学学研究中心书记；黑毅，北京西城区委组织部人才科科长；刘永春，北京西城区委组织部人才科干部；陈媛媛，北京科学学研究中心助理研究员；张旸，北京科学学研究中心助理研究员；沈怡翮，北京科学学研究中心助理研究员。

一　西城区人才队伍发展情况

（一）人才队伍总体情况

1. 人才发展总体情况

"十三五"以来，西城区全面实施人才优先发展战略，以建设"人才发展生态区"为目标，紧紧围绕首都功能核心区发展转型和管理转型新要求，统筹推进世界优秀杰出金融人才聚集区建设等重点人才工程，人才效能显著提高、创新创造活力不断增强、人才发展环境更加优化。截至2018年底，全区人才①资源总量达100.43万人，比2015年增长了16.3%。从人才密度②看，2018年为95.6%，比2015年增长了7.1%。每万名劳动力中R&D人员为244名，比2015年增长了4.3%。主要劳动年龄人口受过高等教育的比例为57.64%，比2015年增长了16.9%。人力资本投资占GDP的比例为24.5%，比2015年增长了6.1%。人才贡献率为60.92%，比2015年增长了15.4%（见图1）。

2. 人才结构情况

（1）金融、城市规划建设管理、科技及文化四大领域聚集八成人才

截至2018年底，西城区人才③主要分布在金融、城市规划建设管理、科技及文化四大领域，人数分别为24.4万名、16.7万名、14.7万名和13.8万名，合计占全区人才的69%。其次为党政、卫生和教育人才，为8.1万名、4.0万名和3.3万名，合计占全区人才的比重为15%；社工人才和法律人才分别为0.5万名和0.4万名，合计占全区人才的比重为0.9%。

---

① 依据《国家中长期人才发展规划纲要（2010－2020年）》的定义，人才是指具有一定的专业知识或专门技能，进行创造性劳动并对社会做出贡献的人，是人力资源中能力和素质较高的劳动者。

② 人才密度，指在一定区域或系统内人才数量在从业人员中所占的比重。

③ 根据西城区"十三五"时期人才发展规划和首都功能核心区发展需求，依据行业分类，西城区将人才主要分为金融、科技、文化、城市规划建设管理、教育、卫生、区属国有企业、社会工作者（以下简称社工）、法律、党政十类人才。

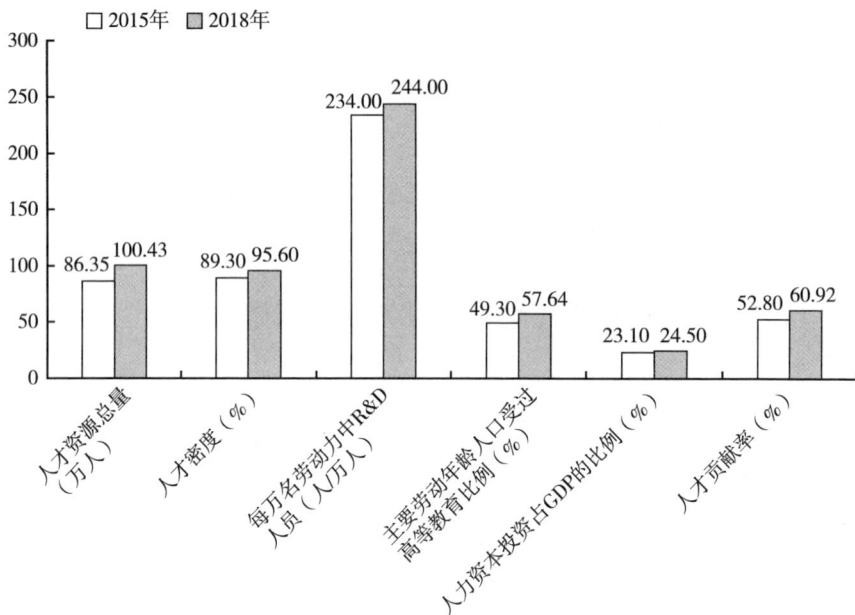

图1 西城区人才资源变化情况

（2）区域人才占比超过九成

截至2018年底，西城区区域人才93.78万名，主要包括驻区的中央国家机关、市级机关、中央和市属各级国有企事业单位及非公企业人才。通过测算全区社会保险参保人数，中央国家机关、中央企事业单位2582家，人才32.42万名，占区域人才的34.6%；市属党政机关、市属企事业单位1632家，人才18.45万名，占区域人才的19.7%；非公企业39525家，人才42.91万名，占区域人才的45.8%。区域人才以金融人才为主，占区域人才总量的25.9%，其中九成以上来自中央金融机构。区属人才6.65万名，主要包括区属国有企业、教育、卫生、党政、社工人才。国企人才最多，为2.9万名，占全区区属人才的43.6%；教育、党政、卫生和社工人才，分别为1.6万名、0.9万名、0.8万名和0.5万名，占全区区属人才的24.1%、13.5%、12.0%和7.5%。

（3）"高精尖"产业人才与城市公共服务领域人才约呈1:1的比例分布

截至 2018 年底，西城区以金融、科技、文化为代表的"高精尖"产业人才有 52.84 万名，比 2013 年增加了 14.8 万名，高精尖产业人才聚集度从 2013 年占全区近四成增至 2018 年的五成以上。以教育、卫生、社工、法律、城市规划建设管理等为代表的城市公共服务领域人才有 47.6 万名，比 2013 年增长了 2.6 万名，增长 5.5%（见图 2）。

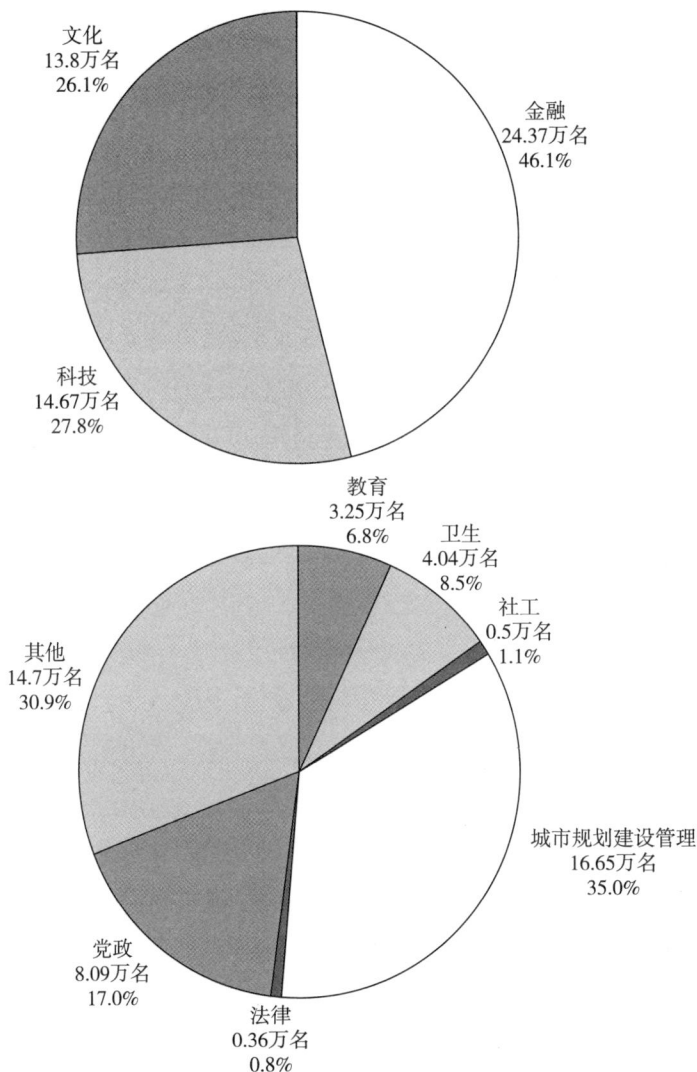

图 2 西城区高精尖人才和城市公共服务领域人才具体情况

（二）高层次人才情况

1. 按入选人才工程计划进行划分

西城区列入国家、北京市及西城区人才计划、工程、表彰及奖励的人才共计 6260 名[1]，其中入选国家级的 348 名、北京市级的 707 名、区级的 5205 名。从层次来看，顶尖人才 182 名、领军人才 2293 名、领军后备人才 3785 名（见图 3）。

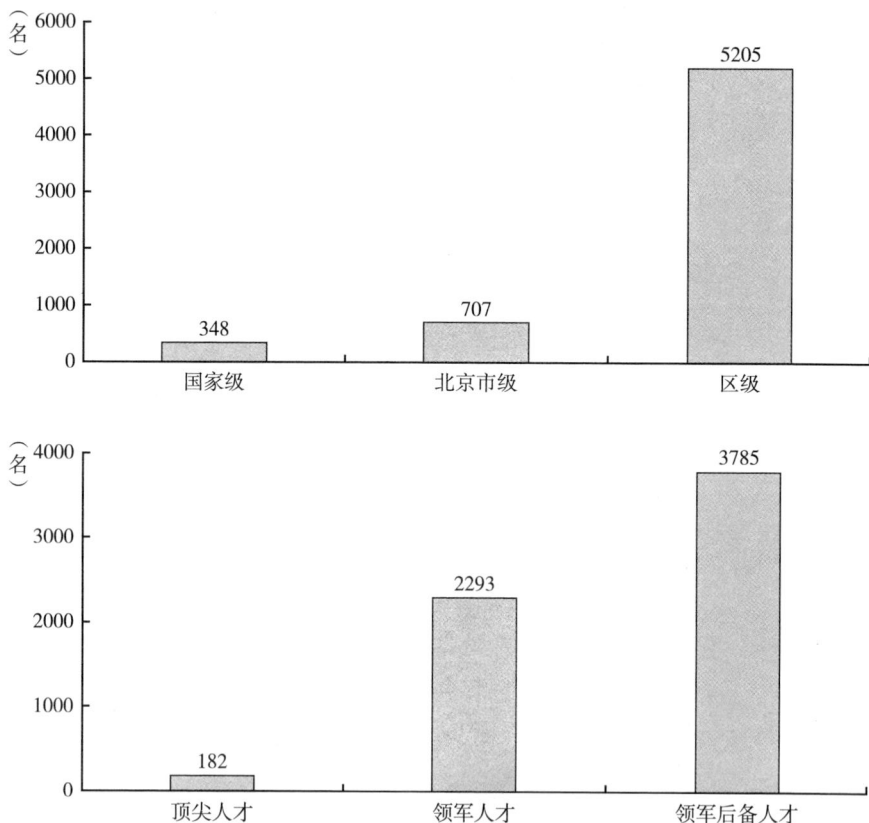

图 3　西城区列入政府计划人才分类情况

---

[1] 列入政府计划人才的数据来源于《北京市西城区人才数据统计（2017）》，鉴于统计难度不完全包括驻区大型科研机构、总部企业人才工程获得者。

西城区顶尖人才共182名。包括两院院士、社科院学部委员、千人计划、万人计划、北京学者、西城区百名英才（杰出）入选人才，占全市的4.9%。其中，两院院士135名，占全市的17.2%；国家级计划28名，占全市的2%；北京学者6名，占全市的14.3%；百名英才（杰出）入选人才13名。

西城区领军人才共2293名。其中，政府特贴专家65名，占全市的1.6%；"海聚工程"23名，占全市的2.2%；市百千万人才工程8名，占全市的11.8%；市突出贡献的科学技术管理人才10名，占全市的6.7%；教育系统学科带头人（市级）38名、教育系统骨干教师（市级）129名、拔尖教育人才419名，占全区教育人才的1.7%；非物质文化遗产传承人（国家级）120名，占全市的33.42%；专家顾问团143名；百名英才（突贡）入选人才236名；按照《关于促进金融人才发展的奖励办法》认定的金融领军人才1039名，占全区金融人才的0.4%。

西城区领军后备人才共3785名。其中，市优秀青年人才11名，占全市的6.0%；教育系统学科带头人（区级）933名、教育系统骨干教师（区级）2363名，占全区教育人才的10.1%；区属优秀企业领导人才77名，占全区区属企业高管人才的32.5%；非物质文化遗产传承人（区级）342名；百名英才（优秀青年）入选人才59名。

2. 按收入级差标准进行划分

借鉴个人所得税明细申报数据对西城区高层次人才数量情况进行分析[1]，发现西城区年薪40万以上[2]的有115201名，占全市该区段人员比重的20.1%，占全区人才总量的11.5%。

从上市公司高层次人才数据情况来看，高管人才261名，占全市上市公司高管人数的8.6%。从35家上市公司2018年税收贡献看，261名高管人才带领所在企业创造了西城区四成以上的税收，累计缴纳各项税费1615.7亿元，占全市上市公司的60.5%，在全市排名第一。按照收入级差标准和

---

① 数据来源于2016年12万元以上个人所得税明细申报数据。

② 按照税务部门高净值人才标准划分区段。

上市公司高管人才占比分析，全区高层次人才占人才总量的 10% 左右。

3. 按学历、专业技术职务层次划分

根据课题组所能采集的数据分析，目前西城区金融、科技，区属教育、卫生、国有企业等企事业单位的 44.3 万名人才中，具有硕士及以上学历的人才 14.6 万名，占比为 33.0%。区属事业单位 2.3 万名专业技术人才中，具有高级职称的人才 0.4 万名，占比为 17.4%；具有硕士及以上学历的人才 0.3 万名，占比为 13.0%。按照人才职称、学历情况分析，全区高层次人才占人才总量的 15% 左右。

（三）重点领域人才队伍情况

1. 金融人才

截至 2018 年底，西城区金融人才共计 24.4 万名，占全市金融人才的比例为 46%，其中银行业、证券业、保险业及其他金融业人才分别为 13.4 万名、1.8 万名、8.2 万名和 1.0 万名，占比分别为 55%、7.4%、33.6% 和 4%。金融人才队伍发展呈现五个特点：一是金融街高层次人才聚集，拥有大量的金融决策型、管理型和研究型人才，聚集了五成以上全国上市保险机构的董事、监事和高管人员，以及摩根大通全球第二大量化分析研究团队等国际知名金融顶尖研发团队。二是金融人才高学历、年轻化特征明显，具有硕士学历和 35 岁以下的金融人才均超过半数。三是全区金融人才主要集中在中央、市属国有金融机构，中国工商银行、中国平安人寿等 6 家大型金融机构集聚了四成金融人才。四是金融科技人才成为重要生力军，自 2018 年国家级金融科技示范区建立以来，吸引了建信金服、中移金科等 41 家重点金融科技企业入驻，注册资本超过 700 亿元，涉及人工智能、区块链、云计算、大数据等金融科技基础性、关键性技术领域，聚集一批具有监管、运营技术、第三方支付和安全保障等专业背景的优秀金融科技人才。西城园规模以上金融科技企业人才达 2.8 万名，人均利润为 180.2 万元，利润率为 48.4%。五是金融人才受金融科技等新业态的影响流动加速，2018 年银行业从业人员下降了 48.2%，主要原因在于金融科技的发展提高了金融行业智能化机器的应用水平，导致一大批人员岗位发生变动。

2. 科技人才

截至 2018 年底，西城区科技人才 14.7 万名，主要集中在 1000 余家高新技术企业中，实现收入突破 3000 亿元，专利授权量 10184 件，万人发明专利拥有量 226 件。科技人才队伍发展呈现四个特点：一是六成科技人才分布在电子与信息、新能源领域，新能源与高效节能、电子与信息领域从业人员占比分别为 36.9%、26.7%①（见图 4）。二是人才队伍呈现高学历、年轻化特征，六成以上为 40 岁以下人才，大学本科及以上学历占六成。三是科技人才成长平台载体搭建初具成效，拥有 10 个博士后工作站，37 个国家级与市级工程技术研究中心，63 个国家级与市级重点实验室，14 个创新创业人才培养示范基地，在区域科技人才培养和开发过程中发挥了重要作用。四是科技人才贡献高、创新能力强，从科技创新能力看，西城园人均发明专利申请和授权总量分别为 622 项和 406 项，排在十六园第二的位置；从重点技术领域人均收入看，新能源与高效节能产业人均收入最高，为 307 万元，远高于新材料和环境保护等其他产业。

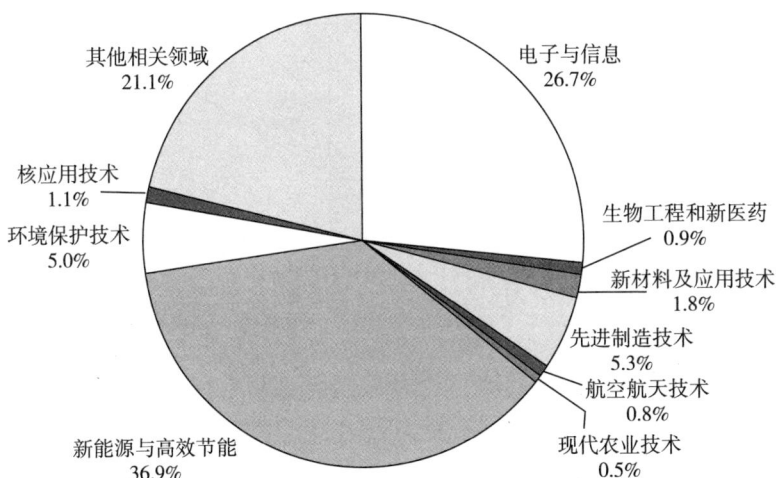

图 4　西城区科技园细分行业人才结构情况

① 参见西城区科技园从业人员统计数据。

3. 文化人才

截至 2018 年底，西城区文化人才 13.8 万名，在推动老城保护、大运河文化带建设、文化内涵挖掘和文化产业发展的过程中发挥了重要作用。文化人才队伍发展呈现三个特点：一是高品质文化资源吸纳文化人才聚集，西城区拥有国家大剧院、北京天桥艺术中心等北京文化地标，首都博物馆、北京广播艺术团等有悠久传统、资源雄厚的国有机构和院团，宋庆龄故居、北京天桥音乐剧演出季等彰显北京文化历史氛围的文物保护单位和品牌活动。西城区 523 家文化机构中，国家级、市级、区级文化机构分别为 200 家、312 家和 11 家，从业人员占比为 47.5%、51.0%、1.5%。二是内容创作生产人才队伍发展迅速、成果显著，文化人才中内容创作生产从业人员占比为 25.2%①（见图 5），排名第一，拉动西城区文化及相关产业收入和利润分别增长 1.5 和 10.5 个百分点，是推动文化及相关产业发展的主要力量。内容

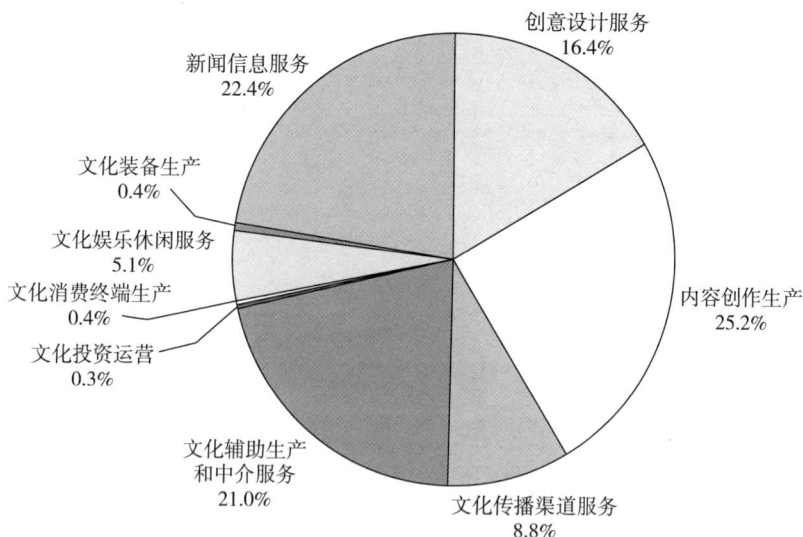

创意设计服务
16.4%

新闻信息服务
22.4%

文化装备生产
0.4%

文化娱乐休闲服务
5.1%

文化消费终端生产
0.4%

文化投资运营
0.3%

内容创作生产
25.2%

文化辅助生产
和中介服务
21.0%

文化传播渠道服务
8.8%

图 5　西城区文化细分行业从业人才结构情况

---

① 内容创作生产包括出版服务、广播影视节目制作、创作表演服务、数字内容服务、内容保存服务、工艺美术品制造、艺术陶瓷制造七类。

创作生产人才主要分布在以新华通讯社为代表的新闻出版机构，以天闻数媒科技有限公司为代表的文化科技机构，以开心麻花为代表的创作表演机构中，涌现出李斌、向江等一批优秀的文化创作工作者。三是文化名家资源比较丰富，西城区入选国家文化名家暨"四个一批"人才、北京市宣传文化系统"四个一批"人才工程60余人；西城区文联国家级名家2600人，国家及市级非遗人才120人。此外，北京市宣传文化高层次人才培养资助、北京市宣传文化系统"百人工程"人才项目入选人才，西城区"百名英才"中的文化人才、各文学艺术联合会会员等各类人才共2345人。

4. 教育人才

截至2018年底，西城区现有幼儿园、小学与中学等区域教育机构174家，区属教育人才1.6万名[①]。教育人才队伍发展呈现四个特点：一是教育高层次人才集聚，具有本科及以上学历的教育人才占比达93.4%，具有高级职称的占23.9%，在职特级教师57名，占全市的7.5%，市级学科教学带头人和市级骨干教师214名，占全市的8.9%，各级学科带头人和骨干教师的比例达到教师总数的25%以上。二是师资年龄结构合理，近一半为40岁以下人才，老中青[②]结构比为1∶5∶2.5。三是教育管理人才五成以上为中年人才，老中青比例结构为2∶4∶1。四是中小学人均配备教师资源不均衡，每名小学在校学生配备的专任教师为0.07人，仅低于东城区（见图6）；每名中学在校生配备的专任教师为0.15人，低于朝阳区、昌平区、石景山区、丰台区和东城区，高于海淀区（见图7）。

5. 卫生人才

截至2018年底，西城区卫生人才4.04万名，主要分布在50家区级以上医院和695家医疗机构中，其中区属在编卫生人才6013名[③]。卫生人才队伍发展呈现三个特点：一是人才队伍呈现年轻化、高学历态势，具有大学本科及以上学历的约占七成，近一半为35岁以下的青年人才，五成以上具有

①　本部分均以区属教育人才进行分析研究。
②　本课题将老中青划分为50岁以上、36~50岁、35岁及以下。
③　本部分均以区属在编卫生人才进行分析。

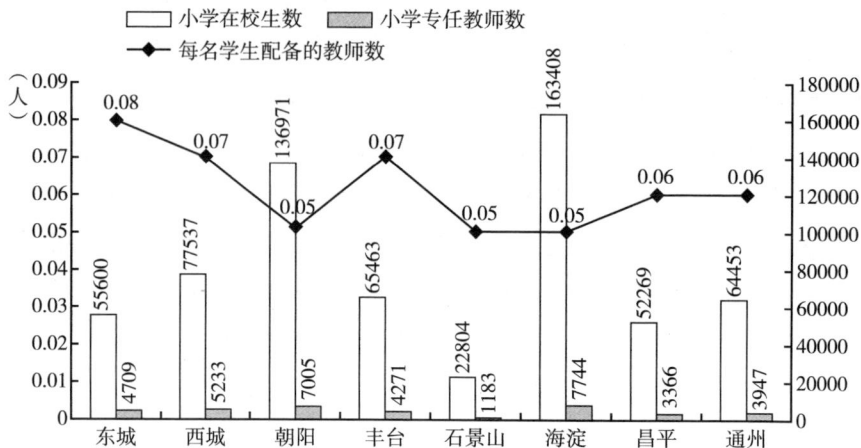

图6 重点区每名在校小学学生配备的教师对比情况

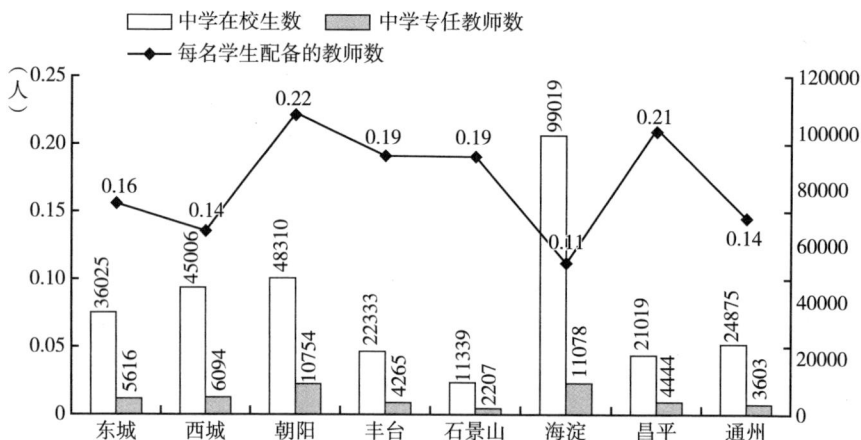

图7 重点区每名在校普通中学学生配备的教师对比情况

中级及以上职称。医师类人才呈现高学历、高职称特点，八成以上拥有高级职称，九成以上的博士、硕士均集中在医师类人才；九成以上的各类人才计划、工程及奖项由医师类人才包揽。二是注重全科卫生人才和全科师资队伍的建设与培养，通过项目合作、外派学习交流等方式，培养了一批社区卫生全科医学人才。社区卫生服务机构中三成为全科卫生人才，在各科室中占比最高。三是人才医疗服务效能较高，人均卫生条件在全市十六区中排名第二，每千常住人口注册护士数为 13.11 人，在全市各区排名第一；每千常住人口执业（助理）医师数、每千常住人口床位数分别为 10.49 人和 12.96 张，在全市仅低于东城（见图8）。

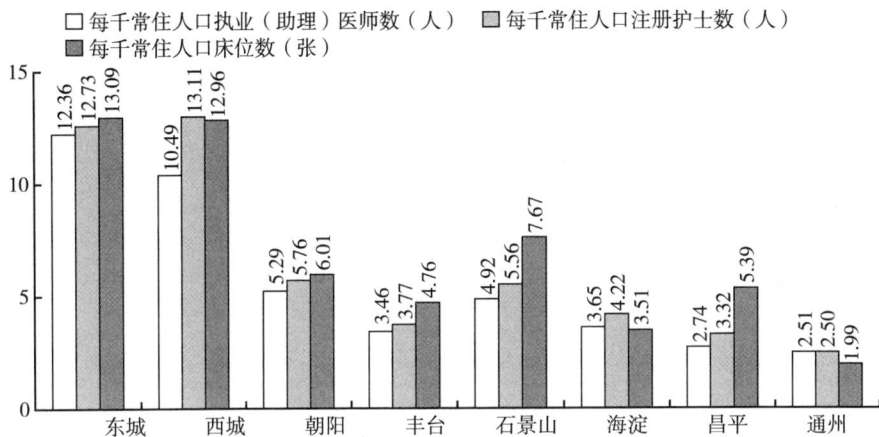

图8　各区人均卫生条件对比情况

6. 区属国有企业人才

截至 2018 年底，西城区区属国有企业 14 家，区属国有企业人才 2.9 万名，骨干人才总量为 5279 名，其中经营管理人才 677 名、专业技术人才 3346 名、高技能人才 1256 名，分别占骨干人才的 12.8%、63.4% 和 23.8%。区属国有企业人才队伍发展呈现两个特点：一是区属国有企业专业技术人才以 35 岁以下青年人为主，占比超四成；经营管理人才和高技能人才以 46 岁以上人才为主。二是区属国有企业中的经营管理人才八成以上具有本科学历；专业技术人才中近六成为本科以上学历；高技能人才以专科学历为主，占比近九成。

7. 城市规划建设管理人才

西城区区域内规划建设等研究机构 125 家，规模位于全市前列。近年来，全区围绕提升城市品质，加强街区精细化治理，着力加强城市规划建设管理人才的服务培养。截至 2018 年底，城市规划建设管理人才有 16.65 万人，其中城市建设管理类 13.79 万人，城市设计类 2.86 万人。鉴于本领域人才主要聚集于区域央属、市属单位，受相关数据采集限制，本部分仅选取有代表性的机构进行简要分析。

（1）城市建设管理类人才是城市规划建设管理人才的主力军。城市建设管理类人才主要包括建筑业、房地产、居民服务、修理、交通运输等领域人才，共计 13.79 万人，占城市规划建设管理人才总数的 82.8%，主要分布在北京燃气集团、国网冀北电力有限公司、中外园林建设有限公司等从事电力、燃气、交通、园林园艺、环卫、安保等的市政服务单位。

（2）城市规划设计类人才呈现高学历、高职称特征。西城区城市规划设计类人才以规划设计、建筑设计、工程管理等专业为主，共有人才 2.86 万名，主要分布在北京市城市规划设计研究院、北京城建设计发展集团股份有限公司、北京市建筑设计研究院有限公司等设计类重点单位。城市规划设计类人才具有较高的学历与职称，如中国建筑设计研究院作为业内人才专业化程度较高的建筑设计企业，在 2000 多名员工中有工程院院士 2 人，全国工程勘察设计大师 5 人，国家"百千万人才工程"人选 3 人，经国家批准享受政府津贴的专家 59 人，高级设计、研究人员近 500 人，专业技术人员占企业总人数的 90% 以上。

（四）人才发展需求情况

1. 金融、金融科技等重点主导产业人才需求旺盛

在金融方面，问卷调查[①]显示，人才需求排名第一位的是金融科技人才，第二位的是风险控制与风险管理人才，第三位的是金融高级管理人才，占比分别为 52.3%、42.0% 和 37.5%。其中金融科技领域，2018 年以来为加快国家级金融科技示范区建设步伐，金融科技企业数量以 20% 的速度增

---

① 为了解西城区经济社会转型对人才、人才政策、人才体制机制建设等方面的需求情况，调研组对金融、科技、教育、卫生、文化等领域进行了问卷调查和实地调研。

长，随之带来金融科技人才需求持续旺盛。从岗位需求方向来看，金融科技人才缺口主要是在监管、渠道、运营技术、第三方支付和安全保障等方面；风险控制与风险管理方面人才需求主要是私募股权投资、风险投资等方面的拥有专业投资能力及良好业绩的专业化投资人才；金融高级管理人才需求主要是拥有核心资源的中高层管理人才。北京科锐国际人力资源股份有限公司2016年至今对金融领域职位成交量统计显示，金融科技人才从2016年占西城区金融人力资源市场主要人才缺口的1%增长到2018年的15%，需求增幅高达14个百分点；风险控制人才缺口从2016年的7%增至2018年的16%，需求增幅高达9个百分点。

在科技方面，问卷调查显示，新一代信息技术、人工智能和科技服务等领域人才的引进和培养需求排在前三位。从行业招聘数据来看，新一代信息技术领域人才需求主要是JAVA应用研发工程师、中间件研发工程师、测试研发工程师等；人工智能领域人才需求主要是数据科学家、机器学习工程师、计算机视觉工程师、算法工程师等；科技服务业领域人才需求主要集中在科技成果转移转化等方面。

在文化方面，调查显示，文化名家、创意大师作为提升文化产业发展水平的中坚力量，需求潜力仍然很大；传承和发扬古都文化、红色文化和京味文化的优秀编创人才、表演人才需求依然强劲；区特色非遗项目传承人才也是重要的需求方向。西城区作为首都核心区，是全国文化中心的核心承载区，是历史文化名城保护的重点地区。一方面，北京市《关于推进文化创意产业创新发展的意见》在文化人才兴业行动方面明确提出要吸引文化名家、创意大师。另一方面，按照北京市关于加快推进全国文化中心建设的决策部署，西城区需要集聚培养一批具有古都文化、红色文化和京味文化特色的文化人才，如戏剧、京剧、音乐、舞蹈、文学、影视等领域优秀编创人才。聚焦历史文化传承，要着力培养非遗项目的代表性传承人才，扩大区非遗传承人才队伍。聚焦文物保护，要着力培养文物保护与修复技术的专业性人才。

2. 教育名师和卫生名医缺乏

在教育方面，教师队伍名师，数学、语文、英语等传统课程与体育、健康专业教师人才尤为缺乏。问卷调查显示，西城区教师人才需求量大，教育机构中急需教师类人才的单位占比为95.7%，其中急需能够带动学科发展的名师的单位占60.9%。从急需教师人才专业来看，排在第一位的是体育、健康，第二是外语、数学，第三是地理、政治、语文。

在卫生方面，问卷调查显示，一流名医、放射科专业卫生人才需求最高。问卷调查显示，西城区卫生人才需求最高的是一流名医（含学科带头人），占比为57.9%。此外，西城区"十三五"规划中期评估卫生人才培养工程的完成指标显示，区属卫生系统培养、聚集学科带头人仅完成目标的19%，学科带头人缺口仍然较大。从急需卫生人才专业来看，第一位的是放射科，第二是康复科和外科，第三是儿科。

二 西城区人才工作的经验和做法

（一）大力实施人才优先发展战略布局，积极推动政策创新

1. 强化顶层设计

研究编制西城区中长期人才发展规划纲要和"十三五"时期人才发展规划，坚持"人才+产业""人才+事业""人才+创造"的工作思路，提出建设"人才发展生态区"的工作目标，明确引进"高精尖缺"人才、推进人才国际化发展等六大重点任务，着力实施金融、科技、文化、教育、卫生等十个重点领域人才培育工程，从政策创新、资金支持、载体平台建设、成果转化、人才生态营造等方面，构建人才发展工作格局。

2. 完善政策体系

坚持以产业集聚带动人才发展，在金融、科技、文化等领域出台1+5+N的"高精尖"产业和人才政策，区级层面以"双百工程"人才激励培养计划为带动，各领域分别制定"金科十条""金服十条"等吸引人才的配

套办法。迄今为止，共出台与人才相关政策 68 项，其中综合性政策 18 项、金融类政策 6 项、科技类政策 15 项、文化类政策 7 项、教育类政策 12 项、卫生类政策 6 项、国企类政策 4 项，初步形成了涵盖人才引进、培养、使用、激励、服务等人才发展全链条的政策体系。

3. 聚焦金融主业

全力推进世界优秀杰出金融人才集聚区建设，出台《关于在北京金融街建设世界高端金融人才聚集区的实施意见》。按照"政府授权+跨界共治+专业运作+市场机制"的架构模式，构建金融街服务局、金融街合作发展理事会、金融街服务中心有限公司和金融街论坛"四位一体"有机协同的多元服务支持体系，大力培育专业化人才服务主体。加强政策创新，出台《金融人才奖励办法》，每年百余家金融机构上千名高层次金融人才入选金融人才服务支持计划。举办"金融人才发展分论坛"，建设"金融人才服务管理系统"，打造线上线下"金融人才之家""一站式"等服务载体平台。

4. 打造"双百工程"

制定实施"百名英才激励计划"和"百个人才项目资助计划"，着力打造人才培育的"双百工程"品牌。"百名英才激励计划"主要以区域杰出人才、突出贡献人才为激励对象，遴选 308 名英才；"百个人才项目资助计划"主要以区属城市公共服务领域优秀青年人才（团队）为资助对象，带动社会资金投入近 8000 万元，资助了 9 批 756 个项目。形成区域和区属、"高精尖"产业与城市公共服务、高层次与青年骨干人才统筹兼顾的人才激励机制。

（二）持续优化人才发展环境，努力构建高质量服务体系

1. 打造优质服务保障体系

统筹区域资源，坚持人才优先，积极解决高层次人才子女教育、医疗等问题。加强政策研究，制定西城区人才公租房保障办法和工作居住证管理办法，积极留住人才，解决职住平衡问题，真正用心、用情关心爱护人才，让人才全身心投入创新创业。

2. 完善人才服务平台

不断优化营商环境，建立企业服务"大礼包"，健全人事代理、社保接续、档案管理、工作居住证办理等公共服务平台。推进西城园留学生创业园、孵化器、高新技术产业加速基地等综合服务力量建设，广泛开展国际人才交流促进各类人才融入西城发展。积极搭建事业发展平台，推进人才服务京津冀一体化发展、区域协作和对口帮扶，挖掘支持人才参与"国家百千万工程""北京学者"等国家、市级人才工程计划项目。

3. 注重典型人才宣传

定期开展"感动西城"、百名英才表彰、"最美教师"等宣传表彰活动，进一步展现各行各业人才风采，树立先进典型，营造浓厚的重才氛围。充分利用首都人才栏目、区融媒体等宣传载体，以事迹采访、访谈交流等形式，报道优秀人才扎根西城、奉献西城的故事，激励广大人才投身区域建设发展。

（三）坚持落实党管人才工作原则，切实加强对人才工作的组织领导

1. 完善党管人才工作格局

认真落实中央《关于进一步加强党管人才工作的意见》，以首善标准落实党管人才责任，建立了以区委书记担任区人才工作领导小组组长，组织部门牵头抓总，23家重要相关职能部门各司其职、密切配合，社会力量广泛参与的工作格局。

2. 健全人才工作组织机制

规定人才工作领导小组成员单位职能，出台《人才工作目标管理考核办法》，初步形成科学决策、沟通交流、统筹协调、督促落实的工作机制。每年制定人才工作要点，将人才工作列为区委抓党建工作和各级党组织落实党建工作责任制述职重要内容。

3. 加强政治引领政治吸纳

制定《西城区党委联系服务专家办法》，建立区领导联系服务专家工作常态落实机制，区级领导"一对一"联系服务驻区院士专家。组织专家体

检、专家大讲堂，引导专家积极参与全区全面深化改革、推进区域发展和管理转型，围绕提升城市品质开展决策咨询。深入开展"弘扬爱国奋斗精神、建功立业新时代"活动，每年举办高层次人才国情研修等活动，充分激发广大人才的报国情怀、奋斗精神、创造活力。

三　西城区人才发展问题分析

（一）人才发展面临的形势

当前，是西城区建设国家金融管理中心、国家级金融科技示范区的攻坚时期，也是人才发展的重要战略机遇期。在北京新城市规划提出"减量发展"、"双控"、非首都功能疏解要求的背景下，只能依靠在发展环境上做"加法"、推进产业结构转型来实现对人才结构的优化调整，这使西城区吸引和留住优秀人才面临着前所未有的压力，发挥人才优势，推动形成创新优势、科技优势、产业优势和文化优势已经成为西城区发展的必然要求。

围绕国家、北京市对人才发展的要求和新时期首都城市战略定位，立足西城区发展"一主两强两新"的产业格局，人才工作必须坚持党管人才原则，真正发挥人才的引领作用，推进人才发展与产业发展相互匹配，以产业聚人才，以人才促产业；聚焦人才"引、培、用"等关键环节，必须实现具有国际竞争力、更为灵活的人才制度与政策创新，用好用活人才，为建成人才发展生态区和高精尖人才聚集高地奠定良好基础；基于减量发展、创新发展和高质量发展，必须更加注重盘活现有教育、卫生等领域人才存量，关注金融、科技、文化等重点领域"高精尖缺"人才增量，共同支撑西城区经济、文化、社会发展；提升城市精细化管理水平，必须以背街小巷整治提升为抓手，加强精治、共治、法治和体制机制创新，做实城市管理网格，提高城市"智慧运行"水平；加强历史文化保护与老城复兴，必须重视支撑城市运转的新职业、新变化对人才配置的新要求，培养造就城市规划建设管理领域的高水平创新团队和各类高技能人才；增进民生福祉和改善人居环境，必须将提升硬件设施和优化软件服务相结合，"靶向治疗"，不断提高民生保障和公共服务水平，让人才生活更便利、居住更舒心。

（二）人才发展存在的问题

1. 人才引领作用尚未充分发挥

从数据分析看，区域高层次人才比例达到10%左右，高端人才集聚特征明显，但科技创新新兴产业领域有影响力的人才数量偏少，带动引领区域创新发展不够。如何重点集聚吸引在全国乃至全球具有"引领型"特征的人才为区域提质增效做出较大贡献，是目前吸引人才着力解决的问题。例如：在建设国家级金融科技示范区的背景下，西城区当前金融科技人才和金融科技产业收入仅占全区金融人才和金融产业收入的11.4%和11.8%，金融科技人才尚未满足金融与科技深度融合发展的需求，金融科技人才对西城产业发展的优势引领作用仍未显现。西城区集聚了大量优秀的科技企业，在推动区域科技创新中起到了较好的作用，但人才通过关键共性技术和颠覆性技术突破引领区域发展效果不明显。在推进央地人才一体化方面，充分利用区域优质央属人才资源助力区域转型发展措施不够，对区域院士专家资源开发利用不够。

2. 人才引进、培养等机制仍需深化

对区域人才与区属人才如何科学引进、分类培养的规划设计不够，针对性、有效性不强。对区域金融科技等重点创新企业及特殊人才引进支持力度不够，对区属人才有计划、有目标实施培养不够。如：优秀人才培养资助项目缺少培养跟踪机制，仅关注项目期内的考评，对资助效果和人才成长后续跟踪与评估不够。名师名校长人才培养效果不明显，数据显示，尽管西城区教育人才队伍结构比较合理，但名师名校长数量偏少，名师占全市的13%，名校长占全市的6%，相比于东城区名校长占全市的10%、海淀区名校长占全市的8%不占优势；且名师名校长年龄较大，工作室举办的活动次数不

多，交流不深入，对学员的指导不足。随着一批知名校长退休、特级教师达到退休年龄，人才断档现象突出。人才培养缺乏针对性措施，调查显示，50.8%的科技人才希望政府提供培养项目资金支持，56.5%和26.1%的教育人才希望政府提供研修培训和建立学术交流平台，47.7%的卫生人才希望政府加强教学科研基地、区级临床与科技创新基地建设；国有企业人才希望政府搭建创新创业载体平台和加强现有人才知识技能的培训。在人才职称评审方面，岗位编制设置问题突出，不同领域职称比例设置标准不一，差异较大。调查显示，60.9%的教育人才希望提升高级职称岗位设置比例，63.1%的卫生人才希望能够有畅通的职称和岗位晋升渠道，但目前区属教育、卫生领域高级职称指标占比偏低，实际占比仅为25.3%和10.7%。鉴于北京市科研院所高级以上职称占比可达四成以上，西城区属教育、卫生领域职称比例限制有待突破。

3. 人才政策协调、统筹力度不足

从人才政策体系的整体性、配套性来看，其有待进一步健全完善。在人才引进方面，还缺少具有统领性、影响力的品牌计划。在人才培养方面，现有政策涉及教育、卫生领域较多，其他领域培养类的相关政策偏少。与产业配套的人才政策推进力度有待加大，十一项重点人才工程还需建立配套政策。在加强人才培养计划统筹方面，区级层面的激励培养计划与市级以及区级各领域培养计划统筹关联不够。相关数据不统一、不共享，关联性不足，区级层面在统筹管理入选各类人才计划、工程、项目人才时缺乏有效性和针对性。人才政策的宣传普及工作还不够广泛，调查显示，四成以上被调查对象不了解其所在领域的相关政策，希望政府可以多角度拓展政策宣传渠道。

4. 人才发展国际化程度偏低

国际人才集聚度不高。受金融业对外开放限制等国家政策影响，目前西城共有外籍人才1662名，外籍人才仅占全区常住人口的0.1%，而纽约的外籍人才比例在33%以上、伦敦的比例近40%、新加坡的比例在40%以上。西城区有海外归国人才2.5万名，占全区人才总数的2.5%。国际人才集聚度与纽约、伦敦等国际大都市相比差距较大。医疗服务和子女教育方面，西城区纳入国际医疗"直付网络"结算的医疗机构较少，国际人才使用国际医疗保险不便。西城区高水平国际学校供需难以平衡，国际人才子女在西城就学存在困难。

5. 人才服务质量有待提升

人才服务机制有待进一步完善。"金科十条"尚未明确人才引进绿色通道的实施细则、服务模式和审批流程。金融人才"四位一体"服务支持体系建设进程有待进一步加快。人才服务保障资源有待进一步加强统筹，调查显示，人才对服务保障的需求主要集中在落户、工作居住证、住房和子女入学等方面，占比分别为50.8%、44.5%、31.8%和28.4%。西城区地处核心区域，保障住房、基础教育学位等公共资源紧张，与实际人才需求有较大差距，资源开发配给不够。

四 西城区人才发展对策建议

（一）发展思路

按照北京"四个中心"功能建设和减量发展、创新发展、高质量发展的总体要求，立足首都功能核心区发展定位，旗帜鲜明坚持党管人才原则，持之以恒坚持人才是战略资源的思想，坚定不移树立人才引领的发展观，贯彻落实《新时代推动首都高质量发展人才支撑行动计划（2018－2022年)》，围绕核心区高质量发展和城市精细治理对人才的需求，以深化体制机制改革为动力，以着力优化人才政策和高质量服务两个体系为重点，加快构建一流人才发展生态区，为建设国际一流和谐宜居之都提供人才支撑和智力保障。

（二）基本原则

坚持短期引进与长期培养相结合的原则。做优增量、做活存量，短期内加快引进金融科技等领域的急需紧缺人才，长期内注重培养区属教育、卫生、国企等公共服务领域人才，以高精尖人才引领和驱动发展，以城市公共服务领域人才支撑和服务发展，有效促进西城区经济社会发展。

坚持统筹协调与深化改革并重的原则。做好宏观谋划，着眼区域、区属人才一体化发展，以人才体制机制创新和政策突破为重点，抓好政策统筹协调、创新人才柔性使用、改革人才管理体制、破除人才发展机制障碍，营造具有创新创造活力的人才制度环境。

坚持政策完善与精准服务相结合的原则。围绕人才发展的重难点问题，健全政策支撑体系，做深做细人才政策。围绕人才发展的个性需求，提高人才服务的科学化、精细化水平，做精做实人才服务。

（三）对策建议

1. 着力集聚转型发展急需紧缺人才

（1）巩固产业优势带动人才集聚

立足重点产业集聚高端人才。围绕推进国家金融管理中心和国家级金融科技示范区建设，大力吸引具有行业领导力的大型金融机构衍生金融企业、外资金融机构、金融科技创新型企业等入驻，打造世界优秀杰出金融人才聚集高地。建立人才引进"绿色通道"，采取"一事一议""一企一策"等方式，聚集一批以大数据为主的数据分析人才，以人工智能、互联技术、分布式技术、量子技术为主的技术研发人才，以区块链、安全技术、风险管理、风险投资为主的风险防控人才，发挥金融科技人才对西城区金融产业发展的引领作用。

（2）支持用人主体引进急需紧缺人才

发挥市场在资源配置中的决定性作用和政府政策支持作用，更好地调动用人主体引才的积极性、主动性。制定西城区人才引进支持计划，结合区域重点产业和经济社会发展需求，统筹户籍、工作居住证指标，支持用人主体积极引进急需紧缺人才。支持重点金融机构引进一批资产管理、风险管控、标准制定、支付结算等专业领域的高层次金融人才；支持区属教育、卫生系统引进名师（医）、名校（院）长；支持文化系统引进文化名家、创意大师。

（3）柔性引进海外、中央、市属人才

坚持不为所有、但求所用，大力吸引国内外高层次人才，着力用好区域人才资源优势，汇集各类人才智慧助力区域转型发展。支持中央、市属高层次人才到西城区创新创业，提供项目资金、办公场地、办企服务、纳税优惠等配套支持。柔性引进海外、中央、市级高层次人才担任智库专家，发挥好区域院士等专家的作用。鼓励区属企事业单位与海外、中央、市属单位开展项目合作，采取共建平台、人才培养、技术合作等方式。发挥区属教育、卫生退休人才资源优势，采用返聘、项目合作制等方式，参与项目研究、技术开发和人才培养等。

2. 着力提升人才培养质量

（1）统筹推进优秀人才培育系列工程

继续优化实施教育、卫生、国资人才培育工程，完善人才选拔管理办法，促进人才培养、评价、激励与使用相结合。深耕名师名校长培育工程，着力加强名师工作室、校长工作室、导师团建设，完善项目整体规划，建立评价体系和项目的考核评估标准，强化培养成效，大力培养一批名师名校长。以加强重点学科名医培养为目标，推进卫生人才培养工程，对区属重点专业学科带头人及其团队开展有针对性的培训带教，提升整体医疗技术水平。优化国企人才队伍结构，推进优秀企业家培养工程，健全完善国企人才队伍激励机制，提升整体活力，通过专业培训、交流挂职等方式提升企业人才职业化水平。

（2）全面提升人才培养载体平台质量

完善支持创新配套办法，推动留学生创业园、孵化器、加速器、博士后工作站、企业技术中心等高层次人才成长载体平台建设，构建多元的创新创造培育机制。加大博士后工作站建设，支持区属单位建立符合区域发展方向的博士后工作站，给予运转经费和人员补贴，对取得重大科技创新、突破关键核心技术的博士后工作站和研究人员给予资金奖励。加强人才工作室建设，重点支持文化、卫生、教育等领域高层次人才开设工作室，完善人才工作室管理办法，设立人才培育专项资金，采取"师带徒""工学结合"等方式，对青年骨干人才实施精准培养。推进人才国际化培养，统筹区内外国际化资源，加强区属人才国际化交流培训，提升金融街论坛等国际化品牌影响力。

（3）加快培养城市公共服务领域紧缺技能人才

制定技能人才培养行动计划，支持古建修复、园林园艺、养老护理、城市安保等紧缺技能人才培养，培养一批技术技能型、复合技能型、知识技能型与生活服务技能型人才。鼓励支持高技能人才参加国内、国际技能比赛、培训深造，培育身怀绝技的高技能领军人才，为加快建设和谐宜居、传承文化、创新发展的首都功能核心区提供坚实的技能人才保障。

（4）扎实做好新时代青年优秀人才培养

分领域建立青年骨干人才数据库，遴选一批德才兼备的青年人才，依托项目进行导师制、跟踪式培养，形成各领域人才的后备力量。制定青年骨干人才培养计划，为发展潜力较大的优秀青年人才提供"一对一"创新创业导师服务，进行个性化的跟踪培养。统筹培训资源，支持重点领域开展项目式、提升式培训。完善优秀青年骨干人才培养资助计划，与区人才培养计划有效衔接，提高培养针对性。推荐支持青年人才参与国家级、市级和区级重点项目，对获得国家级、市级人才培养计划的，加大奖励资助。

3. 着力推进体制机制改革创新

（1）加大人才政策统筹

加快建立与中央、市级政策有机衔接、分类施策的政策体系。围绕优化区属国有企业、教育、卫生人才结构，修订完善相关政策，在人才培养激励、结构优化等方面精准施策。完善与金融、金融科技、文化产业发展相配套的人才支持政策，出台实施细则，建立项目、人才统筹配套的政策体系。着力开展人才政策效果评估，建立人才政策调查和跟踪评估机制，跟踪研判政策落实情况。加强与市科委等部门对接，充分共享市级人才计划工程项目，重点加大区域领军人才培养力度。

（2）完善人才评价机制

坚持德才兼备、选贤任能，围绕人才履职绩效、创新成果、实际贡献等指标，分领域建立符合区域发展要求的人才评价标准。引入市场评价和社会评价，发挥多元评价主体作用，为"引、育、用、留"提供依据。建立西城区高层次人才数据库，实现人才数据动态管理。制定金融、金融科技等重点产业国际人才评价标准，充分考虑评价要素，确保人事相宜。

（3）创新编制与职称管理机制

为吸引优秀区属教育、卫生人才，盘活现有编制存量，在编制核定、岗位设置、职称晋升等方面，支持区属学校、医院实行编制备案制管理，先进人后备案，并逐步探索人员不再纳入编制管理模式。优化区属学校、医院职称比例结构，增加高级职称职位数占比，允许职称内岗位调整不受岗位设置限制。增设教育、卫生人才机动职称引进特需人才，缓解高级职称数量不足的压力，畅通人才发展渠道。

（4）完善人才薪酬制度与激励机制

建立教师待遇逐年增长机制，提高优秀教师的薪酬待遇，设立返聘经费，鼓励用人单位通过签订劳务合同等办法留住高水平退休校长、教师，创新教师定期轮换流动、学术休假等教育人事制度。建立符合医疗行业特点、体现以知识价值为导向的薪酬制度，提高基层医务人员待遇及激励，提升基层卫生机构对人才的吸引力，采用年薪制、协议工资制方式，引进高水平公共卫生人才和"院长级"管理人才，薪酬不受单位工资总额限制。实施市场化的区属国企职业经理人薪酬制度，建立股权、期权等激励机制。

4.着力优化人才发展环境

（1）建立人才精准服务体系

统筹区域优质公共资源，为高层次人才提供高端定制化服务，项目涵盖文化休闲、品质生活、租赁服务、出入境等综合服务内容。梳理全区人才服务职能，搭建政府与企事业单位、人才互联互通的"人才公共服务平台"，为人才创新创业、安居生活提供高效便捷的线下线上服务。围绕优化区域营商环境，丰富企业"服务包"内涵，探索建立高层次人才"一卡通"服务机制，为创新创业人才优先提供工商注册、税务登记等服务。围绕建设世界优秀杰出金融人才聚集区，加快完善"四位一体"金融人才服务体系。

（2）解决人才后顾之忧

按照职住平衡要求，通过新建、收购、改建、长期租赁等方式加大人才公租房的筹集力度，完善面向重点人才单位、优秀人才的住房支持政策，以配租公共租赁住房和发放住房补贴相结合的方式，重点解决符合条件的优秀人才住房问题。扩大各类重点机构工作居住证的名额比例，简化工作居住证办理流程。加大统筹力度，优先保障符合条件的高层次人才子女入学，协助海外高层次人才子女在国际学校和公立学校国际部就读。为国内外高层次人才提供区域三甲医院及国际医疗部优质医疗服务，支持具有国际医疗保险结算服务的高水平医疗机构落地。

（3）打造宜居宜业环境

深入推进西城区街区配套提升专项行动，聚焦人才日常生活中就餐服务、交通出行、景观照明、商业配套等痛点问题，完善就餐服务解决吃饭难问题、科学治理提升交通和地铁畅行度、全方位打造高品位商业配套服务。营造西城区多元人文软环境，面向驻区人才组织保健科普、文化交流活动，丰富区域人才业余生活，提升人才生活品质，不断增强广大人才对西城区的认同感、归属感。

5. 着力加强人才政治引领

（1）强化政治引领

加强人才的思想引领，着力建设"聚力·金融街"等高品质党群服务中心，强化"一楼一品"基层党组织体系建设，进一步强化党建引领、凝心聚力。建立从人才中发展党员、选拔干部、推荐"两代表一委员"的机制，团结凝聚爱国奋斗的优秀人才。抓实党委联系服务专家工作，完善区领导"一对一"联系服务专家人才机制，结合工作定期到生产服务、管理、科研一线看望专家人才，帮助解决实际问题。整合专家顾问团等资源，定期组织开展本专业领域的国情研讨、专家座谈、院士大讲堂等活动，充分发挥专家决策咨询作用。

（2）加强人才盘点

建立健全人才资源统计与发布制度，加强与全区人才主管部门、监管部门、行业协会、统计部门合作，推进人才信息平台建设。定期发布西城区金融、科技、文化等人才发展报告，服务西城区央地人才工作。建立西城区"人才库"，加大人才数据应用开发力度，全面准确获取西城区央地人才规模、行业结构、领域分布，开展人才需求、人才就业需求分析预测。

（3）做好人才宣传

常态化开展"弘扬爱国奋斗精神、建功立业新时代"活动，每年举办百名英才国情研修班，加强典型人物宣传，推出典型人物、组织人才事迹报告会，激发广大人才的报国情怀、奋斗精神、创造活力。加大政策和人才发展环境宣传力度，建立网站、微信公众号等政策宣传专栏，设立政策服务热线，积极开展政策解读、政策宣讲活动，营造更加良好的人才生态环境。

B.10
朝阳区关于加强对人才政治引领
和政治吸纳工作的探索与思考

朝阳区委组织部课题组*

摘　要： 加强对人才政治引领和政治吸纳，对新时代集聚各类爱国奉献优秀人才具有重要意义。朝阳区广纳天下英才，打造人才高地，通过紧密结合主题教育、服务国家重大发展战略、发挥人才自身优势、加强联系服务等举措，不断加强对人才的政治引领和政治吸纳。当前人才政治引领和政治吸纳工作中还存在精准度不够、覆盖面不广、认同度缺失等现实问题，要聚焦重点群体，提升工作水平，丰富引领内涵，优化工作机制，真正将广大人才集聚到党和人民的伟大奋斗中来。

关键词： 政治引领　政治吸纳　爱国奉献　高层次人才

　　人才是实现民族振兴、赢得国际竞争主动的战略资源。党管人才原则是人才工作的根本遵循，是确保我国人才充盈和人才队伍建设可持续发展的战略指引。加强党对人才的政治引领和政治吸纳是党管人才的核心内容和关键环节，对培养建设一支矢志爱国奉献、勇于创新创造的优秀人才队伍，不断

* 课题组组长：迟行刚，朝阳区委常委、组织部部长。课题组成员：刘静，朝阳区委组织部副部长；张广利，中国石油集团石油管工程技术研究院人事处处长；马晓东，云南省大理州委组织部副处级组织员；许晟，宁波市海曙区委组织部部务会议成员、人才办副主任；黄英杰，朝阳区委组织部人才一科科长；戚璟，朝阳区委组织部人才一科副科长（主任科员）；曹原，朝阳区委组织部人才二科副主任科员。

巩固党的执政基础，促进社会繁荣稳定，具有十分重要的意义。

北京市朝阳区作为首都功能的重要承载区和国际交往的重要窗口，对外服务业发达，市场化程度高，国际化特色明显。始终把人才工作作为强区之基、转型之要、竞争之本，牢固确立人才引领发展的战略地位，加快吸引集聚全球"高精尖"人才。在加快推进人才工作进程中，朝阳区始终旗帜鲜明地坚持党管人才原则，充分认识到加强对人才政治引领和政治吸纳工作的极端重要性，坚守人才建设的政治底线和政治要求，积极引导各方面优秀人才集聚到党和人民的伟大事业中。

一 充分认识加强对人才政治引领和政治吸纳的重要意义

长期以来，我们党高度重视对人才的政治引领和政治吸纳工作，始终把人才问题作为关系党和国家事业发展的关键问题，把人才工作放在党和国家工作的战略全局地位。加强对人才政治引领和政治吸纳是历史传承更是现实所需，是凝聚吸纳一切人力和才智、实现中华民族伟大复兴中国梦的关键所在。

（一）加强对人才的政治引领和政治吸纳是党的优良传统

我们党在不同历史时期虽然对人才的具体定义和要求有所不同，但始终注重充分发挥党的政治优势、组织优势，团结培养、引领吸纳各方面优秀人才。早在延安时期，党就发出了大量吸收知识分子的号召，掀起了全国各地知识分子"到延安去"的高潮。新中国成立初期，动员争取钱学森、邓稼先、李四光等一大批旅居海外的学者和留学生归国发展，给予他们高度重视和广阔发展平台，为新中国科技发展打下了坚实基础。改革开放以来，突出"尊重知识、尊重人才"，大力实施人才强国战略，先后组织实施"百人计划""春晖计划""长江学者奖励计划""千人计划""万人计划"等"人才计划"，培养集聚了一大批德才兼备、矢志爱国奉献、具有国际影响力的优秀人才，为国民经济高速发展作出了突出贡献。

党的十八大以来，习近平总书记指出要坚持党管人才原则，做好人才的团结、引领、服务工作，增强人才的政治认同感和向心力，实现"增人数"和"得人心"有机统一。通过在广大知识分子中深入开展"弘扬爱国奋斗精神、建功立业新时代"活动，广泛宣传表彰爱国报国、为党和人民事业作出突出贡献的优秀人才等，向全社会发出关心人才、珍爱人才、尊崇人才的强烈信号。

（二）加强对人才的政治引领和政治吸纳是时代大势所趋

当前，我国正处于"两个一百年"奋斗目标的历史交汇期，也是由全面建成小康社会向基本实现社会主义现代化迈进的关键时期。从国际形势看，新一轮科技革命和产业变革正在加速演进，世界政治经济格局深刻调整，中西方思想文化、价值观念之间的交流碰撞更加活跃。日趋激烈的国际竞争，实质是综合国力的较量，归根到底是人才的竞争，谁掌握了人才这一战略性资源，谁就掌握了应对时代挑战、占领发展先机的关键。

从国内来看，改革任务重大、风险挑战增多，经济发展由高速增长转向高质量发展阶段。这样的发展更加依靠人才资源和创新驱动，需要激发人才红利，提升供给体系质量和效率。要充分发挥高层次人才优势和作用，仅靠待遇和政策激励是不够的也是不可持续的，更应该强化政治引领和政治吸纳，提升人才理论修养水平和政治鉴别力，激发人才干事创业的正能量，引领他们端正立场观点、坚定发展信心，不断把握新机遇、应对新挑战。

（三）加强对人才的政治引领和政治吸纳是事业发展关键

人才作为实现民族振兴、赢得国际竞争主动的战略资源，在各项经济社会建设中发挥着举足轻重的作用，党和国家事业的发展，始终离不开人才的积极参与和突出贡献。尤其是进入新时代，面对新征程、新使命，在多元化、复杂的环境和形势下，要加快转变发展方式，切实跑出"加速度"，更需要大量"高精尖"人才的支撑引领，需要进一步强化政治引领和政治吸纳，最大限度地把各方面人才凝聚到党和国家事业中来，厚植发展优势。

改革开放四十余年来，朝阳区由首都的"菜篮子""米袋子"到逐步实现民族工业的发展壮大，再到如今成为首都功能的重要承载区和国际交往的重要窗口，始终离不开人才的积极参与和突出贡献。近年来，朝阳区经济发展在深度转型中保持高基数基础上的稳健增长，聚焦"文化、国际化、大尺度绿化"主攻方向，特色更加鲜明，潜力持续释放。发展成就的取得，源于商务服务、金融、文化创意、高新技术等支柱产业"高精尖"人才的支撑引领，依靠人才强区战略的持续有力推动。

二 朝阳区加强对人才政治引领和政治吸纳的探索与实践

朝阳区在首都经济发展大局中始终发挥重要支撑作用，作为首都国际化、市场化程度最高的区域，人才体量大，素质高。人心是最大的政治，志同则心同，心同则力同。朝阳区坚持把加强对人才的政治引领和政治吸纳作为人才工作的一项重点任务，充分利用各种契机，以海纳百川的精神和五湖四海的胸襟，不断敞开引才聚才大门，努力实现"增人数"和"得人心"有机统一。

（一）与主题教育相结合，强化对人才的红色基因培养

坚持党管人才原则，充分发挥党的组织优势、思想优势，在各类主题教育实践活动中，积极组织人才参与，既使其感受到党委政府的关注和重视，也在潜移默化中加强对人才的思想政治教育。

组织人才集中观看党的十八大、十九大开幕式，学习十九大报告、全国组织工作会议精神、全国优秀共产党员先进事迹等内容，通过征集心得体会、座谈研讨交流、组织媒体采访多种形式，为地区人才增进爱党、爱国情怀创造机会、提供平台。结合庆祝新中国成立70周年，举办高层次人才"矢志爱国奉献"系列主题活动——组织人才参观"庆祝中华人民共和国成立70周年大型成就展"；邀请北京天安门国旗班第一任班长董立敢，为人才举办"国旗在我心中"专题报告会；组织"我和我的祖国"人才歌唱快

闪活动等，多举措加强对人才的爱国主义教育和革命传统教育。在党的群众路线教育实践活动、三严三实专题教育、"两学一做"学习教育、"不忘初心、牢记使命"主题教育等党内先后开展的主题教育中，区委区政府领导班子积极征求人才代表意见，召开征求意见座谈会，共征求各类意见建议460 余条，使人才对党内的学习教育和重点工作有了更加直观的认识和了解，增强人才对党的政治认同、思想认同、情感认同。

（二）与服务国家重大发展战略相结合，激发人才担当有为

弘扬爱国奉献精神，重在践行、贵在力行。朝阳区积极搭建人才发挥作用的舞台，特别是在"一带一路"、扶贫攻坚、京津冀协同发展等国家重点规划、战略中，引导专家人才主动融入国家发展大局，立足岗位建功立业。

围绕京津冀一体化战略，举办京津冀人才一体化发展圆桌论坛、人才专家天津行、雄安行等活动，组织在区"千人计划"专家等与京津冀地区党政领导、企业家深入交流座谈，调研园区、高校，将专家人才的高端智慧分享覆盖到整个京津冀区域，助力区域协同发展。围绕"一带一路"建设，2019 年新增设 OTEC 海外人才创业大赛"一带一路"南亚东南亚赛区，吸引了来自以色列、新加坡、泰国、越南、马来西亚、菲律宾、印度尼西亚等 8 个国家赛区的 17 个优秀项目。[①] 加强冬奥人才战略支持，与北京市延庆区、河北省张家口市联合成立"国际人才交流驿站""京张冰雪项目场馆人才联盟"，开展"弘扬爱国奋斗精神、建功立业新时代"等人才专题活动，加快健全区域人才协同创新体制机制，推进三地奥运人才联合培养与交流。连续三年举办高层次人才国情研修活动，组织专家人才 93 人次前往贵州、云南等地，参与公益助学、科技扶贫、特色产业对接等项目活动，既找到了抓手和载体，有效凝聚了人才的爱国奋斗热情，也将人才自身工作与脱贫攻坚、产业发展相结合，为他们提供了施展才华的舞台和空间。

---

① 数据来源于北京朝阳海外学人中心。

（三）与人才自身优势相结合，培育新时代的爱国奉献人才

习近平总书记强调："各级党委和政府要从心底里尊重知识、尊重人才，为人才发挥聪明才智创造良好条件，营造宽松环境，提供广阔平台。"朝阳区注重发挥地区人才高知识层次、高专业素养、高度国际化的特质和优势，为其建言献策、参政议政搭建广泛平台，着力培养一批知党、爱党、跟党走的重点人才队伍。

注重物色政治思想坚定、综合素质好、发展潜力大的优秀人才，有计划地选拔、推荐其参政议政或担任社会职务。截至 2019 年，全区已有 106 名（次）高层次人才担任市区级党代表、人大代表、政协委员等职务。其中，仅经组织部门认定的两类人才（"凤凰计划"人才、国际高端商务人才），就达 26 名（次），他们成了参政议政的一支生力军。成立政府决策咨询专家委员会，经常性举办政企对话座谈会，在制定区域发展战略规划，出台重要政策、推进重大项目中，广泛征询吸纳专家意见。邀请专业化人才广泛参与全区重点课题研究等工作，广泛征求人才意见，使其充分感受并体现自身价值。利用好区委党校这个思想政治教育主阵地，连续多年举办高层次人才读书班，培训人才 200 余人次，提升人才的政治理论修养和水平。举办 CBD 大讲堂、百才讲坛等系列活动，向人才广泛宣讲党情国情民情，拓宽人才国际视野，提升综合素质。举办人才党员培训班，采取集中教育培训、政策宣讲、实地考察等手段，促进其增强身份认同，在全区各项事业中更好地发挥先锋模范作用。

（四）与联系服务相结合，营造良好惜才爱才氛围

与人才交流，贵在真诚用心。朝阳区将联系服务作为加强对人才政治引领和政治吸纳的基础，注重把思想引导与关心关爱结合起来，把政治引领融入为人才协调解决实际问题当中，让政治引领和政治吸纳更有温度。

研究起草《朝阳区进一步加强党委联系服务专家办法》，探索建立处级干部直接联系服务专家机制，从顶层设计到实现途径，提出党委联系服务专

家的"朝阳方案",以尊重、关心、服务进一步凝心聚力。依托统战工作,坚持和发展区领导与党外代表人士联谊交友制度,直接听取党外人士的意见、建议,有针对性地做好党外人士的思想政治工作。2012年成立了朝阳海外学人中心,作为全区专门从事海外人才引进、创新创业服务的核心机构,依托朝阳国际人才港网站和海外人才服务窗口,线上、线下加强服务保障,实现海外人才归国、落地、创业、发展全流程跟进服务,项目、资本、政策、服务等要素全方位对接,同时协调解决人才进京落户、子女入学、就医就诊等实际需求,以真心的服务凝聚人心、赢得人才的理解和认同,在区域内形成敬才、重才、爱才的良好氛围。特别是同步设立了海外学人党支部,让海外高层次人才党员组织关系有归属、组织生活有保障,更好发挥示范引领作用。

三 加强对人才政治引领和政治吸纳工作面临问题及原因

面对新形势下出现的新情况、新特点,把习近平总书记的人才思想和重要指示精神落到实处,真正发挥党管人才作用,使各类人才凝心聚力、砥砺奋进在国家富强和民族振兴的事业中,是当前人才工作的重中之重。面对人才队伍构成日益复杂、人才思想更趋多元化的现实情况,目前人才政治引领和政治吸纳工作还存在一些问题和困境。

(一)了解人才的需求和意愿不够充分,存在精准度不够的问题

当前引领工作主要以开展活动为主,大多局限于邀请人才参加各种党内主题活动、参观红色基地、收看和学习党的报告等形式的活动,常规性推进工作多,但充分了解人才意愿、精准对接人才需求、特色鲜明、效果突出的引领手段少,有时工作的开展与人才需求存在对接偏差。比如,朝阳区每年都会组织高层次人才开展春季植树、京剧话剧赏析、秋季健步长走、亲子佳节聚会等文体活动,但活动开展效果与预期有时存在较大差异——精心投入设计的京剧赏析活动应者寥寥,健步长走、亲子活动等往往参与者较多。这

种情况反映出工作的针对性、实效性不足，对人才政治引领和政治吸纳实际效果不够理想。

（二）人才活动参与率较低，存在覆盖面不够广的问题

人才工作点多面广量大，朝阳区的高层次人才广泛分布在企业、高校、科研院所等各单位机构中。但在实际工作中，往往与区人才政策认定的人才联系较多，与未纳入认定体系的人才沟通不足；经常参与各类活动的人才相对固定，很多都是"熟面孔"。这种现象一方面说明还有很多优秀的人才没有被纳入视野，部分有参与意愿的人才缺少必要的渠道和参与的空间；另一方面说明很多人才对组织开展的活动不感兴趣，参与意愿不高。"两代表一委员"虽然吸纳了一部分人才，但比重还是比较低，人才参政议政、建言献策的热情还有待挖掘，政治参与的本领和有效性还有待提高。

（三）部分人才特别是海外人才"认同度"缺失，存在不愿接触的心理

国际化的朝阳聚集了大量国际化高层次人才，其中许多是有长期海外经历的留学人才，还有不少外籍人士。对海外人才和海归人才而言，在国外虽然能接触到多元的文化和价值观念，但是缺少真实可靠的信息渠道来了解国内创新创业环境、政策需求等信息，因此对国内的价值观了解度、认同感都相对较低，对与党委、政府相关的内容"不感冒"。而相较于西方价值观传播的隐蔽性，国内的政治理念传播有时过于直白，内容比较空洞，形式比较简单，容易引起人才心理接受层面的排斥。

人才政治引领和政治吸纳工作中暴露出这些问题和困境，整体来看主要有以下几方面原因。

一是工作系统性不够。目前人才政治引领和政治吸纳工作的组织体系有待完善，一些部门缺乏清晰认识，简单地认为做好其职责范围内的人才管理服务工作就可以了，对人才政治引领和政治吸纳工作重视程度不高，引领吸纳能力不足，导致这项工作变成了组织部门的"单打独斗"。在制度设立、

机制建立等方面都不够健全，工作合力不足、系统性还没有形成。

二是工作机制需要完善。目前来看各地的政治引领和政治吸纳工作都处于探索实践阶段，缺少定期的、整体的规划设计，可参考借鉴的经验典型较少。一些地方通过人才工作平台或社会化机构发挥引领作用，如朝阳区成立了海外人才俱乐部、高端商务人才俱乐部，以便组织人才开展各种活动。但在实际工作中，由于平台组织比较松散、活力不够、职能作用发挥有限，还不能充分实现各行各业人才的利益诉求和政治诉求。

三是措施办法有待提升。当前社会正处于转型期，随着利益诉求和思想观念的日益多元化，人才的需求和意愿也呈现个性化、多样化的特点。相对而言政治引领和政治吸纳的工作创新力度不够，形式单一、方法简单，迫切需要组织、宣传部门拓展思路、创新理念，加强对政治文化、价值观传播方式和传播内容的研究和创新。

四　加强对人才政治引领和政治吸纳的思考与建议

加强对人才政治引领和政治吸纳是做思想的工作、做人的工作，对于将广大人才集聚到党和人民的伟大奋斗中来，形成团结奋斗的生动局面具有深远意义。人才的成长环境、专业背景、性格禀赋、发展需求千差万别，"大水漫灌"解决不了问题，需要将工作做精、做细、做准，真正做到人才的心坎上。

（一）聚焦重点群体，解决好"引领谁"的问题

对人才的政治引领和政治吸纳工作必须因地制宜，从本地区的人才队伍实际出发，将政治引领和吸纳的重点放到与地区经济社会发展关联度高、社会影响力较大的人才类型和群体上来。同时，要树立正确的选人用人导向，把价值倾向、政治导向鉴定作为引进人才的前置程序，注重"德才兼备、以德为先"，把真正具有坚定信仰、爱国奉献精神的有用之才识别出来。尤其要将政治品格作为评价、衡量人才的重要标尺，不仅看学历、看技术、看

税收，还要看政治表现，确保政治引领和吸纳的对象不仅能力素质一流，政治上也必须过关。比如，对知识分子较为集中的大学、科研院所和国有企业中的"体制内"人才，要发挥好基层党组织的战斗堡垒作用，进行点对点式指导，结合"不忘初心、牢记使命""弘扬爱国奋斗精神、建功立业新时代"等主题活动，最大限度地动员和吸引广大知识分子积极参与到活动中来；对非公企业、社会组织中的"体制外"人才，要充分利用政协、统战、工商联等部门的作用，在评选表彰等工作中增加体制外人才的比例，增进其政治认同感；对海外人才，则要注重依托侨联、海外商会、海归协会等组织"留住人心"，使其感受到我们的诚意，提升他们对中国的认同感、融入感、归属感。

（二）聚焦参与主体，解决好"谁引领"的问题

政治引领工作是一项系统工程，需要统筹各方面力量，落实政治引领责任，齐心协力营造政治引领的浓厚氛围。领导干部要带头发力，加强领导干部与人才的思想联系和感情交流，建立党委联系服务专家制度，加强对人才思想状况的经常性了解，发挥领导干部带头示范作用，定期开展人才交心谈心，定期开展走访座谈，主动了解人才的思想变化动态，及时做好情绪疏导，帮助解决困难和问题，听取人才及其单位对各项工作的意见和建议，畅通人才发声渠道。人才工作领导小组成员要通过走访、交流、座谈，将人才政治引领贯穿在日常工作之中，协调、督促有关部门和单位为专家和优秀人才创造良好的干事创业环境。组织部门要主动发声，一方面要发挥组织部门牵头抓总作用，要统筹党的建设基本要求、干部教育管理的基本方法和人才工作的基本业务来研判、服务、引领人才。要重视在高知群体中发展党员，注重物色综合素质好、发展潜力大的年轻人才，予以重点培养。选拔推荐优秀人才到各级党委、人大、政府、政协和人民团体、社会组织等内任职；另一方面要进一步理顺和明确人才工作领导小组各成员单位的职责和任务，建立健全长效工作机制，将政治引领列为人才工作述职评议及考核的重要内容，压紧压实工作责任，防止空喊口号、做表面文章。单位机构要共同参

与，采取有效措施充分发挥用人单位与人才联系紧密的优势，经常性开展国情研修、社会实践、教育培训等工作。要把众创空间、孵化器、人才服务机构作为有效抓手，借助其与人才密切联系的优势，在创业创新服务中融入政治元素。要充分发挥各级党校、行政学院等现有思想政治教育载体的作用，积极探索适合人才的教育方式方法，引导专家人才坚定社会主义理想信念，积极投身我国改革发展各项事业。

（三）聚焦丰富内涵，解决好"引领什么"的问题

当前，各类人才的思想观念、道德意识、价值取向越来越多元化和差异化，必须在坚持国情教育和政治方向不动摇的前提下，加大对人才政治引领和政治吸纳内容的思考与实践。一是要聚焦爱国爱岗、敬业奉献。爱国主义是全体国民最广泛、最基本的价值认同基础，爱国情怀是广大人才最广泛的情感共识，也是最好的凝聚力。要大力弘扬以钱学森、邓稼先、郭永怀等"两弹一星"元勋和西安交通大学"西迁人"为代表的老一辈知识分子的家国情怀和奉献精神，弘扬以黄大年、李保国、南仁东等为代表的新时代优秀知识分子的感人事迹和爱国情怀，弘扬先进人物对祖国、人民、时代的责任与担当。以重大活动、重大节日、重大会议为契机，引导人才主动关心政治，主动关心国家大事，主动将自身发展同国家富强、民族复兴结合在一起。二是要突出政治属性，注重入脑入心。要注意沟通的方式方法，注重真理的说服力，不能空喊口号做表面文章。要结合中国共产党发展壮大的伟大征程，结合中国革命、建设、改革的伟大实践，结合中华民族从站起来、富起来到强起来的伟大飞跃，运用启发式教学、研讨式教学，充分展示中国共产党从星星之火走向全国执政的壮阔历程，中国从站起来、富起来到强起来的伟大变革。要加强学习贯彻习近平新时代中国特色社会主义思想，凝聚共识，引导人才树立"四个意识"，坚定"四个自信"。三是要重视价值观培育，长期坚持。加强人才政治引领不是一时一地的事情，需要抓在平常、持之以恒。既要坚持对人才的崇高理想信念教育，把培育和践行社会主义核心价值观作为必修课，引导人才在大是大非问题面前提升识别力，树立社会责

任感，引领道德之先、风气之先；也要紧扣中华优秀传统文化讲仁爱、重民本、守诚信、崇正义、尚和合、求大同等思想的时代价值，以"说理"为主导，辅以"动情"色彩，运用信息、故事和情感等混合模式来精心设计内容，让人才感兴趣、有收获。

（四）聚焦平台搭建，解决好"如何引领"的问题

融合是引领的最高境界，吸纳更多的优秀人才充实到党和国家建设发展事业中，乃至使其成为党委政府的中流砥柱和骨干力量，是一项重大战略布局。当前留住专家人才最好的方式就是帮助他们搭建好平台。一是人才参政议政平台。要本着最大的诚意，努力创造条件和机会，畅通人才参政议政通道，进一步健全专家决策咨询制度。如聘请专家担任政府智库顾问，邀请有关专家学者参加地方重点规划、重大决策及重要科研项目的研讨、论证和咨询，发挥高层次人才在领导决策中的智囊和参谋作用。试行人才到群团组织兼职机制，为人才发挥才智提供更大平台。二是人才联系交流平台。在团体组织上，探索组建高层次人才的联谊性社团组织，健全相关的机构和制度建设，使其成为高层次人才的代表，逐步增强和提升高层次人才政治参与意识和组织化程度。如成立"高层次人才协会（联谊会、俱乐部）"，并依托协会（联谊会、俱乐部）设立党支部，增强协会对人才的政治引领。在活动场所上，探索建设"人才之家"，作为高层次人才交流活动的专用场所，提升人才尊严感和归属感，依托"人才之家"常态化举办联谊交流活动，推动优秀党员人才与非党员人才联系交流，形成共识，增强各类高层次人才对党组织的认同感和归属感。三是人才事业发展平台。对已引进的急需紧缺人才，要采取任职、兼职等方式使其进入管理层，直接参与单位研究决策，扩大专业特长的影响力和传帮带作用。对体制外人才，积极搭建供专家发挥作用的载体，如聘请为行业特聘专家，或某一领域观察员，参与政府工程项目的论证咨询。建立专家志愿服务基层制度，增加人才服务基层的针对性，每年安排或组织专家深入基层和生产一线开展科技合作、技术服务等对接活动，促进基层发展。要搭建专家

服务社会载体，建立党委联系专家信息库，引导社会化服务，推进人才专家合作交流。

参考文献

1. 范邹：《加强体制外人才政治引领的问题和对策》，《中国人才》2019 年 6 月。
2. 人民日报评论员：《砥砺家国情怀，激发使命担当：一论在广大知识分子中深入开展"弘扬爱国奋斗精神、建功立业新时代"活动》，《人民日报》2018 年 8 月 1 日，第二版。
3. 朝商才：《北京朝阳区引领高端商务人才爱国奉献》，《中国组织人事报》2019 年 7 月 22 日，第三版。

B.11
新时代房山区创新人才集聚发展
研究与实践

房山区委组织部课题组*

摘　要： 近年来，房山区深入学习习近平总书记关于人才工作的重要论述，坚持党管人才原则，牢固确立人才引领发展的战略地位，通过实施"引支工程"和"优支计划"等人才工程，汇聚了一批创新创业人才和团队，这些优秀人才为地区经济社会发展提供了强有力的人才保障和智力支撑。本文重点从三个层面进行阐述，介绍了房山区在人才集聚方面的主要做法及成效，分析了现阶段创新人才呈现的主要特征，厘清了创新人才对政策及服务的相关需求。最后，课题组结合房山区自身实际从四个方面提出了优化创新人才集聚环境的建议与对策。

关键词： 创新人才　政策体系　发展环境

　　十九大报告指出，到 2035 年我国基本实现社会主义现代化，经济实力、科技实力将大幅提升，跻身创新型国家前列。人才是推动和实现创新的主体，是创新型经济发展的关键，是实现民族振兴、赢得国际竞争主动的战略资源，高素质人才的数量和质量直接关系到一个国家和地区的经济发展水

---

　*　课题组组长：王明哲，房山区委常委、组织部部长。课题组成员：赵磊，房山区委组织部副部长；刘佳，房山区委组织部人才科科长；申奇锦，房山区委组织部人才科副主任科员；李斯语，房山区委组织部调研科科员；闫文强，房山区委组织部人才科干部。

平。在 21 世纪的经济时代大潮中，能否拥有和保持一支数量充足、质量优良、学科齐全、结构合理的人才队伍，关系到一个国家或者一个地区在市场竞争中的兴衰成败。房山区高度重视人才工作，按照中央、北京市工作部署，围绕首都"四个中心"功能建设，结合新总规、新定位、新要求，重点做好人才集聚的相关工作，突出关注创新人才发展，助推区域高质量发展。为此，房山区课题组先后组织部分区直部门、乡镇街道、创业空间和创业企业等，通过组织召开座谈会、开展实地调研、发放调查问卷以及重点人才访谈等方式，对房山区人才创新集聚现状、问题及需求进行了分析，并结合区内发展实际和发展定位，针对性地提出了推进创新人才集聚的建议。

一 房山区人才集聚主要做法及成效

（一）强化顶层设计，进一步健全人才工作体制机制

房山区始终坚持党管人才原则，大力实施"人才强区"战略，将全区人才工作与地区发展紧密结合在一起，先后制定并实施了《房山区中长期人才发展规划纲要（2011~2020 年）》以及房山区"十二五""十三五"人才事业发展规划，分别从谋划十年工作目标、部署两个五年人才工作、落实年度重点工作三个方面，对全区人才工作进行规划。2018 年，按照中央、北京市深化人才发展体制机制改革工作的相关要求，全面对标北京市五年人才行动计划，研究制定了《新时代人才支撑房山区高质量发展的实施意见》，对房山区未来 3~5 年人才工作进行了谋划，对人才支撑地区高质量发展进行了顶层设计，确定了实施战略科技人才和科技金融领军人才支持计划、文旅融合发展人才提升计划、乡村人才振兴计划等人才计划，明确了38 项重点任务、12 项服务措施。

（二）构建政策体系，进一步加大对创新人才支持力度

近年来，在积极争取北京市、中关村有关人才政策支持的同时，房山区

人才政策体系不断"升级",重点在人才引进、培养、服务、关爱等方面出台了一系列政策。其中,研究制定了《房山区引进高层次人才、创新创业人才(团队)支持办法》,即"引支工程",2016 年以来,共评选支持 3 批 33 名优秀人才和 6 个创新创业团队。研究制定了《房山区优秀(高层次)创新创业人才支持计划》,即"优支计划",重点遴选一批在科技创新创业、教育教学、医疗卫生等领域的杰出人才和领军人才,截至目前,已经开展 3 批人才遴选工作,共遴选 59 名领军人才。同时,还相继出台了《关于鼓励和推进校地人才合作的实施意见》《关于加快科技创新支持办法》《房山区支持小微文创企业发展的意见》《支持众创空间发展实施意见》《房山区创业投资引导基金管理实施细则》等一系列鼓励人才创新创业发展的扶持政策,形成上下衔接、左右配套的政策体系,大力支持人才创新创业。

(三)创新平台载体,进一步激发创新人才活力

为了进一步支持创新人才成长、成才,房山区积极推进人才发展平台建设。一方面,由政府牵头建立了海创人才(北京)国际创新中心、"中关村(房山)高端人才创业基地"、院士专家服务中心、房山区高新技术企业协会、科技工作者综合服务平台等,为吸引和集聚各类高精尖人才项目落地提供专门的发展平台。另一方面,根据地区产业功能定位,重点推进北京高端制造业基地、石化新材料基地等产业园区建设,为引进重点人才、项目提供了良好平台,切实做到了让各类人才干事有舞台、创业有机会、发展有空间。同时,房山区充分发挥良乡大学城的人才智力优势,深化校地人才合作模式,建立校地资源共享、互利共赢的合作机制,实施了"百校千才进房山"行动计划系列活动,举办了企业家思维创新高级研修班、人力资源主题大讲堂、"爱上房山"大学生创新创业大赛等活动。

(四)提升服务保障水平,进一步优化创新人才发展环境

按照优化营商环境改革任务要求,房山区成立了中关村南部创新城企业发展服务中心,设立了服务企业专厅,成立了涉及人才服务等的六个服务工

作组，为入区企业提供政务服务、社会服务等。在政策保障上，研究制定了创新创业精英人才关爱服务"十二条"，设立了人才优享金，提出搭建"人才对话一把手"平台以及为优秀人才提供落户、住房保障、子女入学等十二个方面的关爱服务。实施了房山区优秀人才关心关爱工程，每年组织开展节日慰问、健康体检、专家疗养休假等各类活动。在人才住房保障方面，为各重点产业园区制定了人才公寓管理服务办法，为入驻园区企业人才提供住房保障服务。

二 房山区创新人才集聚存在问题及原因分析

为进一步了解房山区创新人才集聚现状，更有针对性地开展创新人才集聚工作，课题组开展了专题调研，重点向创新创业人才比较集中的园区及企业发放调研问卷。共向全区重点园区的 400 余家创新创业企业发放调研问卷，重点了解当前房山区创新人才队伍现状、人才分布情况及问题需求等。问卷发放 410 份，回收统计有效问卷 369 份，研究样本集中在区内重点园区及重点企业，统计数据具有较强的针对性和有效性，能够在一定程度上反映房山区创新人才的结构性特征及问题需求。

本次调查统计中，369 家企业人员总数为 23672 人，其中，研发人员总数 3515 人，占比 15%；从性别上看，男性员工 15151 人，女性员工 8521 人，分别占比 64% 和 36%，男女比例 1.77∶1。从学历层次看，具有硕士研究生以上学历 1893 人（博士 473 人），占 8%，大学本科学历 7103 人，占 30%，大专及以下 14676 人，占 62%。从年龄上看，34 岁以下 14204 人，占比 60%，35～44 岁 5681 人，占 24%，45 岁以上 3787 人，占 16%。

（一）存在问题

1. 高层次领军人才稀缺

本次调查企业中，国家级、省部级以及区级重点工程入选人才共计 120

名。主要包括院士 15 人、国家特聘专家等国家级人才 38 名，省部级人才 18 名，入选"引支工程""优支计划"等区级重点工程人才 49 名。相比北京平均水平，房山区高层次创新人才总量不足、"领军"人才数量稀缺等问题突出，且领军人才创办的企业大多处于培育阶段，规模小、人才吸纳集聚作用不明显。

2. 本土创新人才较少

调研结果显示，房山区创新人才中外地人才偏多，占比 47%；其次是来自北京其他各区，占比 27%；房山区本地人才占比 24%；外籍人才占比仅有 2%。由此可见，房山区在集聚国内外创新人才上还需发力，培育本土人才快速成长还有很大空间。

3. 创新人才整体结构水平偏低

调研对象中，学历层次主要集中在本科和大专学历，其中拥有本科学历的员工占比 30%，大专学历为 24%，大专以下占 38%，硕士和博士占比偏低。可以看出，房山区创新人才学历层次偏低，仍处于创新人才集聚水平较低的阶段。

4. 创新人才流动较大，地区集聚能力较弱

据调查，2018 年，369 家创新企业共流入人才 9686 名，流出人才 6324 名，流动人才类型主要集中在技能型人才和专业技术人才方面。流动原因主要包括待遇不高、晋升困难、缺乏激励以及无法落户等。此外，也有企业反馈住房、企业搬迁以及孩子上学问题等。这一现象反映出地区对人才的集聚吸附能力不强，特别是对技能人才和专业技术人才的吸引力较弱。

（二）原因分析

1. 受城市品质和发展影响，城市环境对创新人才吸引力不大

城市环境是创业者投资兴业、创新人才择业栖居时考虑的重要因素。城市环境的优与劣、城市环境的舒适与否，更是关系到人才的去与留。房山区过去是农业大区、工业大区，城市化建设基础差、底子薄，虽然从第二次转型以来，一直坚持以新型城市化为第一拉动力，主动融入市区，但是与城区的发展水平相比仍有不小差距。目前，长阳、拱辰等局部地区城市化水平较

高，各项配套的公共服务设施相对完善，但从全区看，发展不均衡的问题依然较为突出，重点园区和组团城市城市化水平不高，城市配套设施建设不完善，许多地区在餐饮、购物、娱乐、交通等方面都无法满足人才需求。另外，对已经成家立业的创新人才来说，优质的教育和医疗资源不够丰富，与城区存在较大差距，对人才的吸引力不强。

2. 受产业动力不足影响，创新人才集聚效应不强

产业环境是企业的生存环境，是创业者兴办企业的生存要素。产业集聚水平的高与低，产业环境的好与坏，都将直接影响创业者和创新人才的选择。近两年来，以首都"疏解整治促提升"专项行动为契机，房山区不断加大对低端产业的清退力度，重点引进高新技术企业和重大项目，大力优化发展环境。但是区域经济结构仍然单一的局面还未根本扭转，石油化工、材料等产业仍占据房山区工业总产值的70%左右，而以汽车及交通装备制造、生物医药为代表的新兴产业虽然增长迅速，但尚处于培育阶段，产业链配套不完善，产业生态尚未形成，从而对创新人才集聚的带动作用不强。

3. 受人地联动不强影响，人才结构与区域发展需求不匹配

人力资源的供给环境，是创业企业生存和发展的基础。一个地区人力资源环境的好与坏，是企业考虑去留的重要指标。本次调查显示，大部分企业不愿意来房山发展的第一原因就是担心员工流失。调查问卷显示，房山区目前人才资源总量约为15万人，其中专业技术人才和一般技能人才所占比重较大，且人才流动态势明显，人才层次不高、结构不合理等问题依然突出。特别是人才资源与产业转型发展的实际需要匹配度不高，还不能满足许多创新企业的发展需求。究其原因，主要是对区内高校和高端人才挖掘利用的程度不够，如房山区内有多所大学，每年应届毕业生数量可观，但是房山区并没有利用好"近水楼台先得月"的优势，应届生毕业后在房山区就业意愿不强，人才流失明显。

4. 受金融服务滞后影响，人才创业融资渠道受限

良好的融资环境是创业者实现梦想的重要保障。目前，房山区在打造优质金融环境方面尚处于探索发展阶段，存在着金融体系不完整、市场不健

全、融资渠道匮乏等诸多问题。特别是中小企业融资难的问题，一直没有得到很好的解决，金融机构与创业者之间缺少有效的融资担保平台和沟通服务机制，导致社会诚信意识不强、社会信用程度不高，没有形成天使投资的氛围和土壤。

三 优化房山区创新人才集聚环境的建议

（一）强化政府引导，开辟创新人才集聚新局面

房山位于京郊，城市化建设水平低于核心城区，社会生活配套设施仍在逐步完善，创新创业的支撑条件还不够健全，创新资源和要素集聚效应正在形成。政府部门应强化政府主导和扶持作用，营造一个吸引人才、鼓励创业的良好环境，推动创新资源和要素实现高度汇聚。

1. 强化党管人才工作体系

人才集聚是一个长期的、动态的过程，在人才集聚的不同阶段，政府有效引导是不可或缺的。只有始终坚持党管人才原则，把对人才的政治引领和政治吸纳始终放在首位，切实贯彻新时代党的组织路线，健全完善各级党委（党组）联系服务专家制度，健全完善各级部门"一把手"、部门负责人"一对一"联系服务高层次人才工作机制，才能让各类人才凝聚在党和政府周围。各相关部门进一步加强部门间的有机协调，逐步建立起统筹调控、分工协作的综合协调机制，进一步提高行政效率。

2. 瞄准创新集群和产业集群主攻方向

根据科技发展趋势，世界上任何一个创新城市，都有立足科技发展前沿的创新集群和产业集群。合理进行产业布局，是实现区域人才集聚的前提条件，而产业发展的规模与前景，又影响着有关人才的集聚水平。房山区委八届九次全会提出建设"科技金融创新城"和"国际旅游休闲区"发展目标和重点产业方向，突出"高精尖缺"重点，为创新人才集聚指明了方向。为此，要充分发挥地理位置、生态环境、创新发展的优势，并根据各类创新

产品的市场需求状况，引导区内战略性新兴产业集群式发展。要加强对重点园区、商业楼宇等平台的规划设计，科学引导各平台定位、定向发展，形成产业鲜明的市场氛围。

（二）健全政策体系，打通人才引进政策通道

人才政策探索、创新是地区人才发展的强力引擎之一。面对全球人才竞争新形势，要加大政策统筹力度，梳理整合区内各部门现有的人才政策及资源形成合力，以发挥最大效力。

1. 优化重点人才支持政策

不断完善人才政策体系，充分释放政策效应，才能形成英才汇聚、人尽其才的良好局面。要聚焦重点产业发展，对现行"引支工程""优支计划"等重点人才支持政策进行优化，增大技术创新性、行业影响力、经济社会贡献力等因素在人才评价中的比重，建立更加符合人才成长规律和市场规律的创新创业支持模式，将现行政策体系打造成人才集聚的品牌工程。遴选支持一批具有国际化视野和持续创新能力、拥有核心自主知识产权、技术成果在国内外处于领先地位的人才（团队）在房山区落地。

2. 丰富人才政策体系

只有不断丰富人才政策，引领好人才发展方向，才能提高人才工作对区域发展的支撑水平和贡献率，才能大力促进区域协同发展。积极对接市级"一业一策"相关政策，精准对接重点产业特点，研究制定专项人才支持政策，通过产业导入有效吸引人才。围绕房山区功能定位需要，加强对青年人才的基础性培养和战略性开发，健全完善青年人才支持政策体系，充分发挥青年人才在地区创新发展中的保障作用。实施重点园区优秀人才倍增计划，对成长性好、发展潜力大的企业和人才进行系统支持，实现人才数量倍增、质量倍增、效益倍增。

3. 构建柔性引才引智政策体系

引进和使用好各类人才，关键在于发挥其智力优势，柔性引才引智意在实现从全职引人到灵活引智转变，所引人才可以通过短期聘用、顾问指导、

项目合作、成果转化、创办企业等方式为地区经济社会发展提供智力服务。为此，要围绕创新产业人才集聚，研究制定柔性引才引智支持办法，鼓励和支持区内企事业单位开展柔性引才引智活动。同时，根据不同产业特点，聘请专家学者、行业知名企业家以及本地领军人才组建"重点产业发展智库"，为产业园区建设、人才引进培育和产业政策制定等提供专业指导和咨询服务。

（三）优化产业环境，打造创新人才集聚生态

房山区经历了从农业化到工业化，再到高精尖产业转型升级，每次转型都证明了产业环境的好与坏，直接影响创新要素的集聚程度。由此可见，优化产业环境，是集聚创新要素、集聚创新人才的关键所在。

1. 提供专业平台支持

创新创业平台具有聚合资源、聚力用户、聚集技术、筹集资金的重要作用。通过创新资源向平台集聚，创新创业平台为创新创业者成长提供多层面、全方位、立体化的扶持，推动企业实现价值创造。要为创业者搭建信息交流合作平台，建立创业协会组织和创业联盟，鼓励和支持创新企业、社团组织、社会机构、创业平台加入，邀请知名创业导师、企业家等，为创业人才举办创业论坛、投融资对接会、创业沙龙等活动。要为创业者引入法律、财务管理、知识产权服务等的第三方机构，为创业者提供专业化服务，让创业人才能够全身心投入、专注研究核心技术和产品。

2. 加大金融扶持力度

金融环境是实体经济的供养系统，优化金融环境是企业不断发展壮大的根本。要鼓励社会资本加大对创新型企业的支持力度，鼓励和支持金融机构向企业提供信用贷款、知识产权质押贷款等一站式综合金融服务。要大力鼓励、吸引产业投资、创业投资、风险投资等各类金融机构，通过线上线下方式实现投融资对接，为创新人才提供充足的、安全的资金支持。

3. 构建政产学研协同互动机制

创新需要建立在协同创新网络基础上，由"政产学研"构建的创新共

同体协同运作来实现，从而形成系统的协同创新网络。要积极与高校沟通合作，结合重点产业集聚，对本地所需的人才资源进行前瞻性、战略性的研究培养。要充分利用驻区高校现有的实验团队、研发中心等平台，主动推介吸引各行业领军人才和团队到房山区合作发展。研究制定《良乡高教园区促进科技成果转化实施意见》，积极促进高校与区内创新创业企业交流合作，加快科技知识的外溢及其转化，增加企业、产业的技术储备，解决产业发展的关键技术问题。

（四）加强人才服务，创造工作生活良好氛围

做好人才工作，不仅要从政策上给予全方位的支持，更要用心做好每一项服务，让人才拥有更多的"获得感"，使人才"引得进、留得住"。要当好"店小二"，对创新人才精心呵护、全方位服务，让人才有用武之地，无后顾之忧。

1. 提升城市环境品质

"栽下梧桐树，引得凤凰来"，环境是人才成长和发展的关键因素，决定着人才的去留，也是人才"开花结果"的重要条件，要以更加优质的生态环境和更加良好的城市形象吸引创新人才落户房山区。坚持生态环境和基础设施建设并重，重点解决公共服务设施不完善、城市建设规划不优等问题，健全餐饮服务、休闲娱乐等配套商业服务体系，打造更高效便捷的信息化系统和道路交通网络，从而进一步优化城市空间，塑造城市特色，为人才创新发展提供良好环境。

2. 提升人才工作市场化水平

人才工作要迈向更高的层次，必须充分调动和激发广大社会力量的参与积极性，真正形成识才爱才敬才用才的良好风尚，推动人才工作高质量发展。要快速转变和更新观念，进一步加强引导和培育，向国内外的先进城市学习，积极打造"类海外"的创业环境。要加快人才公共服务体系建设，积极培育专业社会组织和人才中介服务机构，为区内重点企业提供专业的人力资源服务。

3. 持续供给优质服务

打造"房山服务"品牌，全面优化营商环境，加快政府服务平台建设，健全完善"一窗办理、一网通办"机制，优化行政审批和公共服务流程，为各类优秀人才提供全过程、专业化、高效率的优质服务。建立"人才综合服务包"制度，为人才提供人才公寓、子女入学、工作居住证办理、医疗保障等配套服务，消除人才后顾之忧。充分发挥首都科技条件平台、房山区科协综合服务平台的作用，为企业提供政策宣讲、需求对接、科技成果落地等方面的"一对一"精准服务。

参考文献

［1］王康、王通讯：《人才知识手册》，湖北科学技术出版社，1985。

［2］杨玉倩：《中国 R&D 人员的时空演化特征及其影响因素研究》，上海师范大学硕士学位论文，2015。

［3］李玉平：《营造人才成长和发展的良好环境》，《求实》2003 年 S2 期。

［4］王勇：《人才集聚研究综述》，《成才之路》2013 年第 24 期。

［5］王建强：《区域人才竞争力评价指标体系设计》，《中国人才》2005 年第 6 期。

［6］于斌斌：《区域一体化、集群效应与高端人才集聚——基于推拉理论扩展的视角》，《经济体制改革》2012 年第 6 期。

［7］张益丰、孙文浩：《高技术产业与科技研发人才：集聚形态、影响机制及演化路径》，《中国人力资源开发》2018 年第 35 期。

北京城市副中心国际人才社区建设研究

通州区委组织部课题组*

摘　要： 北京城市副中心作为北京新两翼中的重要一翼，要建设成国际一流的和谐宜居之都示范区，关键是要积极营造具有国际竞争力的人才发展环境，集聚一批创新推动副中心高质量发展的国际化人才。建设国际人才社区是优化城市副中心国际人才发展环境的重要载体。本文立足城市副中心规划要求和发展实际，在深入研究国际知名社区建设模式、国际人才发展环境权威评价报告的基础上，科学构建城市副中心国际人才社区建设指标体系，提出重点围绕构建国际一流的创新创业生态系统、打造具有国际竞争力的人才吸引集聚优势、营造与国际接轨的宜居生活环境和全面提高国际人才服务水平，建设具有时代特征、副中心特色的国际人才社区。

关键词： 北京城市副中心　国际人才　国际人才社区

一　国际人才社区理论研究

本文所指国际人才，是其素质达到国际通行的标准，具有国际同行公认

＊ 课题组组长：陈江华，通州区委常委、组织部部长。课题组成员：赵军，通州区文化旅游区管委会党组书记、主任；汪维，通州区委组织部副部长；杨静，通州区委组织部主任科员、人才工作科副科长；祝凡杰，通州区委组织部人才工作科副主任科员；张晓琪，通州区委组织部人才资源研究中心九级职员。

的创造性成果；人才的贡献与价值不仅仅能在本国实现，放在其他国家也一样能被称为"人才"；人才本身具有应对全球化挑战的能力。[①] 国际人才社区是指以国际人才需求为导向，打造有海外氛围、有多元文化、有创新事业、有宜居生活、有服务保障的特色区域，为国际人才创新创业搭建良好的承载平台、提供职住一体的生活配套服务。[②] 我们认为，城市副中心国际人才社区就是要打造适宜国际化人才创新创业、服务区域高质量发展的良好生态圈，要明确特色化产业定位，为高质量发展提供比较优势；要着重集聚一批国际化人才，为高质量发展提供原生动力；要配备符合国际标准、多元文化需要的宜居宜业要素，为高质量发展提供有力保障。

（一）国际知名社区建设经验研究

通过对西雅图、日内瓦、伦敦等9个国际知名社区发展成因的研究，国际社区规划建设模式主要有三种，第一种是历史演变型，随着城市的发展逐渐演变成国际社区。较为典型的是美国西雅图华埠国际区，随着城市建设逐步发展成为美国亚裔社区文化中心。[③] 第二种是产业带动型，由政府推动、产业带动而形成的国际社区。例如新加坡纬壹科技城，是新加坡政府为了打造知识型产业枢纽，采用"政府主导、市场运作"的开发建设模式，通过导入生命医药、信息通信、资讯传媒三大核心产业而逐步形成的综合性现代服务区。其中，政府作为主导方，负责制定开发目标、选取知名开发运营团队，运营团队整体负责社区规划、开发建设和后期管理，通过一体化开发保障建设提升效率和整体品质。第三种是开发商塑造型，由开发商响应市场需求开发的国际社区。

结合通州区情，城市副中心国际人才社区将在"历史演变型"国际社

---

① 王辉耀：《国家战略——人才改变世界》，人民出版社，2010，第20页。

② 北京市人才工作领导小组：《关于推进首都国际人才社区建设的指导意见》（京人才发〔2017〕2号），2017。

③ Chinatown International District Neighborhood Plan（1998），City of Seattle，http：//www.seattle. gov/neighborhoods/programs－and－services/neighborhood－planning。

区文化底蕴的基础上，同时配备前沿城市科技和生态环境；在"产业带动型"国际社区经济活力的基础上，同时提供多元化的生活娱乐休闲设施；在"开发商塑造型"国际社区商业主导的基础上，同时兼顾区域协同发展的整体需求，兼容并蓄，打造国际人才社区建设一流标准。

（二）国际人才发展环境权威评价体系研究

城市副中心国际人才社区要按照"先规划后建设"原则，科学构建社区建设指标体系，有序谋划、布局社区核心要素，为社区建设和后期运营管理提供依据，保障社区高质量发展。为此，我们选取了国际上较为权威的评价区域人才发展环境吸引力、竞争力的相关指标体系，进行专题研究分析。

1. 全球生活质量调研报告

美世（Mercer）咨询公司每年4月公布对全球生活质量调研的报告，调查覆盖全球200余个城市。[①] 2019年公布的第21个年度生活质量调研报告 Quality of Living Location Reports 显示，生活质量已经逐渐成为全球众多城市吸引企业和流动人才的一大重要因素，主要有10个类别39项因素（见表1）。

表1　美世公司全球生活质量评估体系

序号	类别	评估因子
1	政治和社会环境	政治稳定性、犯罪、执法等
2	经济环境	货币兑换监管、银行业服务
3	社会文化环境	媒体便利性和审查制度、对个人自由的限制
4	医疗和健康	医疗用品和服务、污水、废水处理、空气污染等
5	学校和教育	国际学校水准以及便利性等
6	公共服务和交通	电力、水、公共交通、交通拥堵等
7	娱乐	餐馆、剧院、影院、运动和休闲等
8	消费品	食品、日常消费品的便利性
9	住房	租赁住房、家用电器、家具、维修服务
10	自然环境	气候、自然灾害记录

①　Quality of Living City Ranking, Mercer, https：//mobilityexchange. mercer. com/Insights/quality - of - living - rankings.

2. 全球移居报告

汇丰银行（HSBC）连续十二年发布全球移居报告 Expat Explorer Report，通过长期跟踪、研究年度全球移民数据，发现移居倾向地、移居原因，以及影响移民选择居住地的因素。[①] 2019 年的全球移居报告通过问卷调查的形式对全球 100 多个国家及地区、近 1.9 万名外籍员工进行调研，通过生活质量、置业发展机会以及教育质量等研究全球哪个国家和地区最适合移民。

3. 全球最理想生活和工作国家排行

世界著名旅居海外人士服务网站（InterNations）在 2018 年度旅外人士权威调查报告 Expat Insider 中指出，国际人才选择到中国城市发展的主要因素有经济回报高、较低生活成本、社会安全度高等（见表 2），中国城市较难满足国际移民的因素主要有医疗健康、环境质量、娱乐多元化选择、VPN 上网服务等。[②]

表 2　Expat Insider 2018 年调查指标

序号	类别	评估因子
1	生活品质	休闲选择、个人幸福感、旅游交通、健康与福利保障、安全保障、数字生活
2	定居容易度	便利度、友善度、社交、语言
3	海外工作	职业前景与满意度、工作与生活、经济与工作保障
4	家庭生活	儿童健康、教育的成本、便利度以及可选择性、教育质量、家庭福利保障
5	个人财务状况	合理税收与回报

4. 全球城市宜居指数

经济学人集团旗下的经济分析智囊机构经济学人智库（EIU）公布了全球城市宜居指数报告 The Global Liveability Index *2018*。[③] 此项报告对全球

---

① Expat Explorer Report 2019, HSBC, https：//expatexplorer. hsbc. com/.

② Expat Insider 2018 – The World through Expat Eyes, InterNations, http：//www. internations. org/ expat – insider.

③ The Global Liveability Index 2018, The Economist Group, http：//www. eiu. com/home. aspx # about.

140 个城市的稳定性、医疗健康、文化和环境、教育以及基础设施共 5 个方面 30 个影响因素进行了全面评估（见表 3）。

表 3　EIU 全球城市宜居指数 2018 年调查指标

序号	类别	评估因子
1	稳定性	犯罪率(轻微、暴力)、恐怖威胁、军事冲突、国内骚乱或内战
2	医疗健康	医疗服务便利性、质量(私立、公立)、非处方药取得便利性、一般医疗指标
3	文化和环境	气候、腐败程度、民族限制、审查制度、文体活动、餐饮、日常消费品和服务
4	教育	私立学校便利性和质量、公共教育指标
5	基础建设	道路、公共交通、国际交通、家政服务、能量供给、水电供应、电信质量

通过研究分析以上国际权威评价指标体系、实际运用等，我们认为，城市副中心国际人才社区应结合规划要求和发展实际，重点围绕创新创业良好生态、吸引国际人才集聚、营造宜居环境和提高服务水平四个维度构建指标体系。

二　城市副中心国际人才社区建设指标体系构建研究

（一）城市副中心国际人才社区建设的优劣势分析

按照北京市《关于推进首都国际人才社区建设的指导意见》有关精神，2018 年 7 月，通州区召开书记专题会，成立国际人才社区建设工作领导小组，正式启动国际人才社区建设工作。作为城市副中心人才重点工程之一，我们采用 SWOT 分析法，对建设国际人才社区的优劣势、机遇和挑战进行了深入思考。

1. 优势

通州作为首都北京的东大门、京杭大运河的北起点，自古就是商贾云集、人文荟萃的水陆都会，是人才流、信息流、资金流的流通汇聚之地。要坚持世界眼光、国际标准、中国特色、高点定位，高水平规划建设北京城市副中心，尤其需要加强与国际人才的交流合作。截至 2019 年上半年，副中心重点"高精尖"产业项目储备超 200 个，一批投资 10 亿元以上的重大项目正在加快落地推进。副中心已经成为各类优质资源云集、备受青睐的创业高地和投资热土。未来按照规划建设要求，城市副中心整体发展环境将持续改善，对海内外人才产生强有力的吸引力。

2. 劣势

通州区国际人才储备量在全市还处于较低水平，远远低于朝阳、海淀等国际人才聚集区域，并且与副中心未来产业发展的关联度较低。2017 年来通州区创新创业的留学归国人员 200 余名，其中近 80% 具有研究生学历。[①] 此外，据北京市公安局通州分局统计数据，目前在通州区办理签证的外籍人员共计 2412 名，占全市约 1%。其中，就职于通州区外资企业的外籍人才 16 名（美国籍 13 名，加拿大、新加坡和新西兰籍各 1 名）。因此，急需引进一批与未来产业发展关联度高的国际人才。

3. 机遇

北京市高度重视国际人才社区建设工作，将"打造若干国际人才社区"写入"总规"，并专门印发《关于推进首都国际人才社区建设的指导意见》，对各试点区域建设国际人才社区进行专项支持。按照规划要求，城市副中心要围绕行政办公、商务服务、文化旅游三大功能定位和科技创新发展需求，打造千亿元级产业集群。通州区将以文化旅游为核心产业，依托环球影城主题公园重大项目建设，带动集聚一大批相关领域的国际杰出人才。根据官方数据，未来主题公园建设及衍生产业将带动近 10 万人就业，其中海外人才数量可观，这是副中心吸引海外人才集聚的重大契机。

4. 挑战

北京市将建设国际人才社区作为优化首都人才发展环境，提高吸引、集聚国际人才能力的重要手段和载体，先后于 2016 年 4 月、2019 年 4 月，确

[①] 《北京市通州区统计年鉴（2018）》，北京市通州区人民政府门户网站，http：//www.bjtzh.gov.cn/bjtz/xxfb/201812/1192082.shtml。

定了朝阳望京、中关村科学城等八个试点区域。各试点区域围绕自身功能定位和资源禀赋，分别制定了各具特色的建设目标。通州作为八个试点区域之一，要树立"一盘棋"的意识，更要处理好"共性"和"个性"的关系，解决好国际人才社区差异化发展的问题，避免同质化竞争。

综上，城市副中心国际人才社区建设要紧抓国际一流的和谐宜居之都示范区建设机遇，借助环球影城主题公园国际人才集聚优势，明确与其他试点区域差异化的发展定位，打造国际人才社区建设示范区。

（二）城市副中心国际人才社区建设指标体系构成建议

国际人才社区建设不同于普通的项目开发，兼有产业与工作、休闲与生活，涉及教育、医疗、文化、体育等各类资源，是一个系统性工程，因此，在构建城市副中心国际人才社区建设指标体系时要坚持三个原则，一是有针对性原则。城市副中心国际人才社区将优先在文化旅游区板块内布局，各项指标数据都要高标准落实控规要求。二是可获取性原则。国际人才社区建设需优先开展住宅、医疗、多功能用地等土地上市相关工作。指标选取应充分考虑国际人才社区建设阶段需要，确保数据可获得性。三是科学性原则。要在研究分析相关国际权威评价指标体系基础上，结合城市副中心国际人才社区建设优劣势分析，科学选取一定的定性指标和定量指标。根据构建原则，课题组构建了国际人才社区建设指标体系，具体包括 4 项一级指标、14 项二级指标以及 35 项三级指标（见表4），指导国际人才社区建设科学、有序、高效开展。

表4　城市副中心国际人才社区建设指标体系

一级指标	二级指标	三级指标	备注
构建国际一流的创新创业生态系统	产业环境	特色产业发展专项政策	—
		外商投资企业情况	—
	创新环境	外资研发机构数量（个）	5 ~ 10
		国际化创新研发平台数量（个）	1
	创业环境	国际孵化机构数量（个）	5 ~ 10
		海创基地、留创园建设发展情况	—

续表

一级指标	二级指标	三级指标	备注
打造具有国际竞争力的人才吸引集聚优势	人才引进	国际人才发展专项政策	—
		外籍就业人口数量(人)	≥4000
	人才交流	国际组织交流情况	—
		大型国际人才交流会议会展活动	—
	人才发展	国际人力资源服务机构数量(个)	5~10
		国际人才继续教育培训服务	—
营造与国际接轨的宜居生活环境	子女教育	双语托幼中心(个)	1~2
		民办双语学校	提供学位数≥1600 个,打造高标准的 K–12 国际基础教育模式
	健康医疗	国际门诊(个)	1~2
		国际综合医疗机构	提供床位数≥200 张,建立全科医生(GP)制度,全科医生数量≥15 人
	生活居住	国际人才公寓	实现租住比 7∶3,国际人才可居住的人均住房面积达到 45 平方米
		国际标准家政物业服务	—
		国际酒店(个)	2~3
	公共交通	国际机场可到达(分钟)	60~90
		绿色出行比例(%)	≥80
全面提高国际人才服务水平	公共服务	国际人才服务中心(个)	1
		宗教设施	—
		社区无语言障碍标识	—
		外资银行网点	—
		一刻钟社区服务圈覆盖率(%)	100
	休闲娱乐	国际特色体育设施	—
		人均公共文化服务设施建筑面积(平方米)	≥0.45
		国际餐饮设施	—
		国际购物中心等商业设施	—
		多元文化交流体验活动	—
	自然环境	国际标准认证情况	绿色生态示范区、LEED 社区认证等
		公园绿地 500 米服务半径覆盖率(%)	100
	社会安全	社区警务室(个)	1
		小区安全智慧管理系统	安装人脸识别、智能门禁等

三　城市副中心国际人才社区建设战略思考

（一）总体目标

全面贯彻中共十九大和十九届二中、三中、四中全会精神，以习近平总书记视察北京、蔡奇书记调研城市副中心重要讲话精神为指导，按照首都"四个中心"城市战略定位、京津冀协同发展和北京城市副中心"世界眼光、国际标准、中国特色、高点定位"规划建设发展要求，以国际人才需求为导向，为海外人才集聚发展搭建产城融合的承载平台、提供职住一体的生活配套服务，全面优化国际人才发展环境，打造具有时代特征、副中心特色的国际人才社区，助力国际一流的和谐宜居之都示范区建设，助力以首都为核心的世界级城市群建设。

（二）建设理念和特色定位

通州区将国际人才社区作为副中心打造国际一流的和谐宜居之都示范区的重要载体，坚持"一核心、两平台、多辐射"的建设理念，以世界眼光、国际标准，高起点规划社区建设工作。

"一核心"，即以文化发展为核心。国际人才社区要实现差异化发展，确定优势产业、以产引人是核心。城市副中心国际人才社区将在文化旅游区优先布局核心区建设，借助环球影城主题公园集聚效应，结合周边演艺小镇、"设计之都"新平台等重大项目，在社区建设过程中突出文化元素，体现区别于其他试点区域的建设特色。

"两平台"，一是打造活跃开放的国际文化交流平台，承载国际文化会议会展，带动科技文化、体育文化等国际组织集聚，促进符合区域产业发展需求的国际文化交流，促进人才在国际上长期互动和合作。二是打造国际文化创新融合平台，依托传统运河文化与现代旅游资源，将大运河文化、潮流文化（演艺、动漫、娱乐等）、国际文化进行深度融合，实现文化传承、文化普及和文化创新功能，服务北京建设文化中心、科技创新中心战略定位，打造文化多元环境，让古今中外的文化在社区融合展示和再创新。

"多辐射"，一是在文化旅游区打造国际人才社区核心区成熟模式的基础上，辐射、带动副中心整体国际人才社区规划和建设，全面提升区域吸引集聚国际人才环境水平，形成全域范围内国际人才创新创业与宜居宜业协调发展。二是结合文化旅游产业发展，辐射带动文化艺术、休闲度假、金融和商业服务、软件和信息服务等相关链条产业发展。三是大力引进专业化国际人才并形成规模，带动国际人才与本土人才协同发展，使之成为具备国际竞争力的人才供应地，辐射京津冀，满足国内以及国际文化人才需求。四是建设符合国际公认标准的和谐宜居社区，营造具有国际水平的人居环境，提供满足高端国际人才需求的住房、教育、医疗和配套设施，为未来中国宜居社区建设树立标杆，提升国际社区建设标准。

（三）具体措施

以城市副中心国际人才社区建设指标体系为蓝本，重点围绕完善顶层设计、打造创新创业良好生态、吸引国际人才集聚、营造宜居环境和提高服务水平五大方面进行整体谋划，满足人才创新创业事业发展的需要，提供便利的生活条件和完善的服务保障，为国际人才聚集、交流、融合、发展营造良好环境。

1. 做好国际人才社区建设顶层设计

成立国际人才社区建设工作领导小组，立足区域发展现状，采用筹备建设期政府主导、产业带动，推进期政府监管、市场运作、人才参与共建的建设模式（见表5）。坚持"先规划后建设"原则，预先开展国际人才社区理念研究、规划制定、城市设计等基础工作，确定国际人才社区建设实施方案。严格按照城市副中心控规要求，围绕国际人才社区构成要素，结合国际前沿城市设计理念、中国传统建筑元素，开展城市设计相关工作，确保做到整体布局、建筑风格等与副中心整体规划充分融合。创新谋划国际人才社区建成区运营管理模式，激活社区可持续发展内生动力。

表5 城市副中心国际人才社区建设模式建议

建设阶段			建设模式
筹备期	主导	建设工作领导小组	借助第三方专业机构,开展社区建设可行性研究、理念研究,制定发展规划、实施方案等
推进期	主导	建设工作领导小组	牵头推进项目建设土地上市、选取建设主体等
	参与	市场建设主体	市场建设主体开展国际学校、国际医疗机构、国际人才公寓等基础设施建设工作
		金融主体	联合各类金融机构,为社区基础设施建设、公共服务配套运营等提供金融支持手段
运营期	指导	建设工作领导小组	监督、评估国际人才社区运营主体工作开展情况
	主导	运营主体	探索设立国际人才社区"居委会",统筹管理社区,确保良好运转
	参与	人才组织	鼓励支持社区内人才、各类国际人才社团组织参与社区建设工作

2. 构建国际一流的创新创业生态系统

坚持差异化发展策略,深入研究美国奥兰多、日本大阪等城市主题公园周边产业建设发展经验,结合自身定位明确区别于其他试点区域的特色产业定位。以文化旅游为核心产业,延伸培育娱乐体验型产业上下链,加强教育培训服务、知识产权服务、金融服务、商务服务等配套产业建设,兼顾考虑国际人才海外从业规律,重点发展IP体验、旅游金融、文化演艺教育培训等新兴业态,布局打造国际旅游发展拓展区、文化科技领域融合区、新经济创新发展区三大功能区,打造具有国际影响力的知识产权文创带(见表6)。研究制定特色产业发展专项政策,引进一批国际孵化、研发机构,加大对自主知识产权、原创艺术的孵化力度,鼓励支持文化与科技的创新和融合,构建有利于海外人才创新创业良好环境。搭建国际文化交流平台,打造国际文化活动聚集地,创新合作交流形式,推动国家间协同创新。

3. 打造具有国际竞争力的人才吸引集聚优势

针对核心区内产业类型,借助国家级人力资源服务产业园,利用市场化手段加快引进专业化国际人才并形成规模,在主题公园管理运营、文化旅游、表演艺术、影视娱乐等方面,逐步打造具备国际竞争力的产业人才库,提

表6　城市副中心国际人才社区产业布局建议

功能区	国际旅游发展拓展区	文化科技领域融合区	新经济创新发展区
产业业态	休闲度假	广播、电视、电影	文创衍生产品(IP)
	会议会展	专业设计服务	旅游金融服务
	文化艺术	设备研发	文化商务服务
	教育培训	文化、演艺、教育、培训	软件和信息技术
	国际赛事	其他配套服务	国际组织

升在国际上的影响力。打造文化旅游产业国际人才政策先行试验区，通过政策支持和引导，优化完善国际人才发现、评价和流动机制，吸引国际人才在通州区创新创业。加大文化产业知识产权保护力度，提升创新创业活力。鼓励国际专业继续教育机构在社区内设立分机构，积极组织开展国际教育交流活动，满足在华外籍人士个人成长发展需求。

4. 营造与国际接轨的宜居生活环境

加大国际人才需求调查力度，满足多元文化需求，逐步完善子女教育、健康医疗、生活居住等公共服务配套设施建设。引进国际一流的托幼中心、资深国际教育集团，打造高标准的 K - 12 国际学校（国际基础教育体系），满足国际人才子女基础教育需要。引进国际高端医疗机构，吸引海内外医疗人才开设私人诊所，探索在社区内推行国际分级诊疗模式，为国际人才提供健康管理服务等，加快提升区域国际医疗服务水平。高标准建设适宜国际人才居住的公寓，优化租售配比，促进职住平衡。打造绿色出行为主的综合交通体系，科学布局景观步道、慢行系统等，提高社区出行品质和效率。

5. 全面提高国际人才服务水平

建设国际人才服务中心，配合线上虚拟政务服务，提供全方位、系统化、一站式的政务、商务和生活支持服务。持续推进通州区外国人出入境服务大厅建设，在提供永久居留、居留许可及外国人签证相关业务办理服务基础上，不断提升业务咨询、业务办理流程便利化程度。鼓励支持以国际人才为主导建立本地社交网络，适时发布生活信息，开展多元文化交流活动等。健全国际人才居住生活服务体系，营造包容友好的国际开放环境，增强国际人才海外归属感。营造无语言障碍的社区环境，设置多语言标识系统和国际通用的非语言标识系统。合理布局国际化服务设施，确保构建 5～15～30 分钟生活圈（见表7），强化组团中心和家园中心建设，实现一刻钟社区服务圈全覆盖目标。

表7　城市副中心国际人才社区公共服务社区服务圈建议

生活圈层	5 分钟	15 分钟	30 分钟
国际化服务设施	健身房	托幼中心	图书馆
	咖啡馆＋虚拟服务中心	家庭医生诊所	国际门诊
	多用途活动室	滑板公园、宠物公园	国际继续教育机构
	体验式教育娱乐空间	节庆活动场地	大型活动公园
		国际餐饮街	

合理布置符合国际人才社交需求的户外运动场所，打造家园级（满足基本运动需求）、组团级（满足国际、本地流行运动需求的弹性运动场地）、特色级（满足曲棍球、板球、棒球等国际流行赛事标准场地）体育设施，定期举办国际化体育赛事、文化活动等。秉承具有本地特征的传统建筑元素，融合现代化、国际化建筑语言，打造国际公认标准下的和谐宜居社区，完善周边景观环境和配套设施，提供国际水平的居住及休闲空间，满足国际人才自身的事业发展和生活质量需求。

B.13
顺义国际人才社区提升公共服务能力的几点思考

顺义区委组织部课题组[*]

摘　要： 建设首都国际人才社区，是北京市委市政府围绕首都"四个中心"城市战略定位引才聚才的重要举措。2019年4月，顺义区被纳入首都国际人才社区建设第二批试点，顺义区瞄准"家在顺义"的核心理念，从"打造舒适暖心的宜居工程、构建温馨活力的运动体系、制定国际视角的宣传策略、完善家庭友善的引人政策"4方面入手，助力顺义国际人才社区实现特色突破。

关键词： 顺义国际人才社区　国际人才　家庭生活

一　引言

建设国际人才社区，是北京市委市政府围绕首都"四个中心"城市战略定位，优化首都引才聚才地方品质，建设国际一流和谐宜居之都的重大举措。

顺义区毗邻北京城市副中心，是首都国际机场所在地，是重要的国际交

---

* 课题组组长：禹学垠，顺义区委常委、组织部部长。课题组成员：王彦利，顺义区委组织部副部长（正处级）；路元，顺义国际人才社区办副主任；廖松涛，顺义国际人才社区办副主任。

往门户，汇聚了保障国际人才家庭生活的优质元素，国际化生活氛围浓厚，不仅坐拥优美的居住环境，同时集聚了国际化的教育、医疗、交通、商业文化及生活休闲等领域的配套设施，为国际人才及家庭提供了优质的生活服务保障，构筑了良好家庭生活的底板。

2019 年 4 月，顺义区被纳入首都国际人才社区建设第二批试点。顺义国际人才社区选址于顺义西南部，规划范围 89 平方公里（不含机场），包含五镇一街两园区：空港街道、天竺镇、后沙峪镇、南法信镇、高丽营镇、李桥镇、天竺综保区、临空经济核心区全部或部分区域。

2019 年 7 月，根据市人才工作局的指导意见，在国际人才社区选址范围内，选取一个国际人士相对集中、高品质城市要素相对集聚的一个区域，进行重点研究和实施推进。根据上述精神，顺义区以中粮祥云小镇、中央别墅区、临空经济核心区为支点，划定"顺义国际人才社区示范区"，面积为 11.5 平方公里。

顺义区以"家在顺义"作为国际人才社区建设的核心理念，从"宜居工程、运动体系、宣传策略、引人政策"4 方面入手，突出自身优势，建设"家庭生活驱动"型的国际人才社区。通过构建美好家庭生活，增加对国际人才的黏性吸引，吸引国际人才驻留，让国际人才在顺义先安家再立业，最终促进顺义经济发展。

二 打造舒适暖心的宜居工程

为国际人才提供"全家庭"导向的居住保障及服务，解决国际人才来顺义后"如何让他们安心住下来"的问题，主要从"安心居住"计划和"社区＋"计划两方面实施。

（一）实施"安心居住"计划，提升"硬环境"

针对国际人才及家庭居住特点及生活习惯，从打造宜居社区、安全社区、绿色社区 3 大方面，一体化提供居住产品及居住配套，依托公寓产品首先树立样板区，并逐步在顺义国际人才社区全域进行推广。

抓住国际人才公寓建设契机，以"安心居住"硬环境，靶向吸引国际人才；瞄准国际人才需求，着力营造舒适的居住环境，鼓励多样化的居住设施和靶向住宅配套；建设适宜国际人才居住的现代化居住场所，支持在国际人才社区规划建设国际人才公租房、高端住宅、国际人才公寓等多样化的居住设施，满足不同类型的国际人才及家庭的居住需求。

据《北京市顺义区涉外资源现状与需求调研报告》统计，可短租的服务式公寓，是多数国际人才安居的首选，66.3%的外籍人士选择自己租房，由公司租房的占21.6%。针对国际人才的生活理念和习惯，进行建筑设计、功能规划、室内装修及配套设施建设（见图1）。

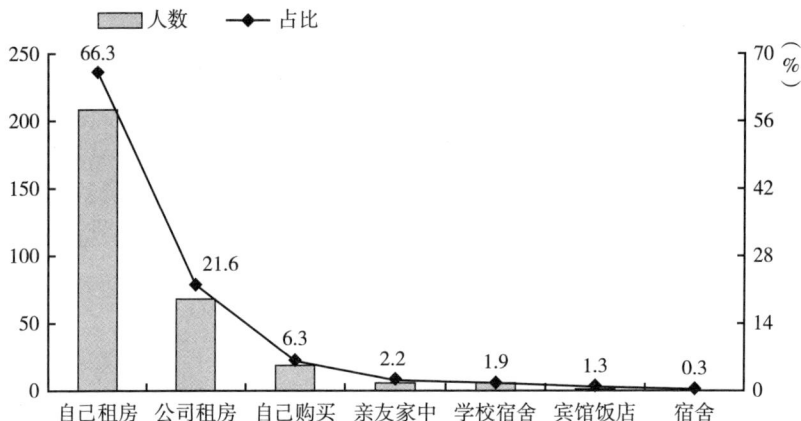

图1　外籍人员居住房屋来源情况

数据来源：《北京市顺义区涉外资源现状与需求调研报告》，顺义区政府外事办委托课题，2015。

建设国际人才公寓，整合顺义区现有房源，挖掘存量用房，调动各方资源，对现有房源进行国际化配备改造，多点打造国际人才公寓，切实改善国际人才安居条件，提升国际人才居住品质。可选择一处"周边交通便捷、配套设施完善，国际人才及家庭活动流量较大"的地块先行试点，将其打造成服务式公寓战略示范项目，形成宜居工程的样板，未来将其示范项目的整体打造体系以"标准构件"的形式进行全域推广。

从公寓设计、社区环境及生活方式 3 方面出发，按照"居住体验上舒适完善，社区环境上安全保障，生活方式上绿色低碳"的原则，一体化打造服务式公寓试点项目标准体系。

1. 打造宜居社区

多类型的住宅产品和舒适完善的设施与服务，是国际家庭住宅建设的基础。提供全家庭导向的多户型设计，满足多种家庭居住需求；增设满足不同家庭成员结构居住需求的服务式公寓产品，多个房间、多样户型、多种选择，广纳国际家庭群体；针对不同家庭成员结构及家庭成长需求，提供多户型服务式公寓。注重户型设计，率先实现"儿童成长导向"的公寓户型设计，打造全家庭导向的服务式公寓，兼顾家庭内所有成员的便捷生活需求，体现出顺义安居生活的最大特色——家庭便捷生活设计、儿童成长导向设计①。完善住宅硬件，针对国际人才居住习惯，在住宅内提供必备生活设施与服务。从国际人才及家庭的健康角度和生活习惯的角度出发，在新建住宅产品和原有产品的改造提升中，均提供国际人才家庭生活所必需的基础设施。例如，提供高标准直饮水设施，设置公共制冰机，提供烘干机入户或设置公共洗衣房；开放国际频道，引入国际儿童节目，在住宅公寓内提供国际主流电视节目播放服务。

2. 打造安全社区

设置"趣味化引导标识"，邀请顺义区本地艺术家、社区内国际人才共同参与，设计多种可爱、富有童趣的儿童友好路径的铺装、图案标识等，增强儿童友好路径的识别性与使用率。进行机动车限速，在学校、社区周围划定减速安全区，限制机动车最高车速。在"社区—学校"区域内规划减速安全区，指定公园或学校周边 200 米处为儿童安全区，斑马线前后 10 米处设置宽约 2 米的减速带，并对安全区车速进行限定。在国际人才社区道路沿线设

---

① 儿童成长导向设计顺应幼儿期孩子的成长特征，实现 LDK 各区域联动，为孩子预留足够的无障碍活动空间，实现空间利用最大化，让孩子可以在家中无忧无虑地"畅玩"。

立安全标识牌，通过色彩、字体等设计增强儿童保护警视效果，以国际人士重视的绿色低碳理念，构建环保风尚的社区生活理念。

3. 打造绿色社区

建立"社区共享菜园"，为国际家庭提供可以分享、交流环保生活理念的平台，面向国际人才家庭，针对国际家庭喜欢园艺种植的生活习惯，在住区公共绿地、住区中心屋顶处等，留出空间打造"社区共享菜园"，为国际家庭营造类故乡的社区生活环境。设置多语言标识的"垃圾分类投放点"，为国际人才家庭营造环保整洁的生活环境，针对国际人才家庭生活习惯，在各住区内建设生活垃圾全程分类体系、提供垃圾分类投放点，让居民在固定的时间和固定的地点分类投放已经在家中分类好的垃圾。面向国际人才家庭，组织当下比较受欢迎的低碳环保社区实践活动——儿童闲置市集，重视孩子们养成教育的同时，培养孩子们节约资源、保护环境的意识。

61.6%的外籍人士希望能在周末的时候参加社区活动，其中在社区举办的周末跳蚤市场受欢迎程度较高。此外，愿意在节假日参与社区活动的比例为18.1%[1]（见图2）。"国际家庭对环保主题的活动非常感兴趣，尤其跳蚤市场。园区曾经举办过跳蚤市场，非常受欢迎，设置的摊位被很多家庭提前预订了。多数家庭会把家里闲置的物品拿出来卖。"（威格莱斯优山美地鲁能物业访谈）

（二）实施"社区+"计划，完善"软服务"

"设立国际社区服务中心，配备涉外社区工作人员，提供多语种服务咨询，开通社区双语服务热线、双语网站等，提升社区涉外服务水平。加大政府购买岗位和购买服务支持力度，培育扶持一批国际化专业社工服务机构，开展专业社会服务。"[2]

据此，顺义国际人才社区可以通过组建"国际人才安居服务站"，以多

---

[1] 《北京市顺义区涉外资源现状与需求调研报告》，顺义区政府外事办委托课题，2015。
[2] 《关于推进首都国际人才社区建设的指导意见》（京人才发〔2017〕2号），2017。

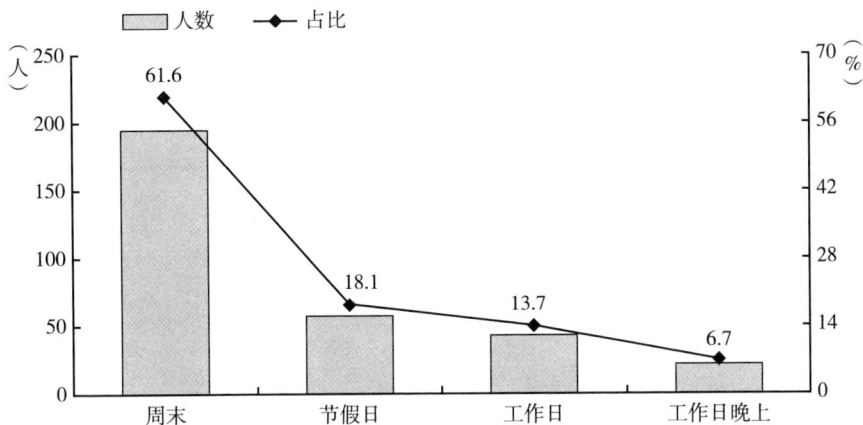

图2 外籍人士愿意参与活动的时间情况

数据来源：《北京市顺义区涉外资源现状与需求调研报告》，顺义区政府外事办委托课题，2015年。

语言的方式为国际人才提供"安居一条龙"的信息与服务；同时，吸纳国际人才参与社区建设和治理，营造"社区一家亲"的生活氛围。

顺义国际人才社区计划率先选取空港街道建立"国际人才安居服务站"战略示范点，为国际人才提供多语言的"安居引导"与"社区融入"服务，未来将逐步在国际人才社区全域进行推广。

1. 提供一站式服务

通过四大举措，为国际人才提供全方位的"生活及事务办理指南"。编制一本手册，让生活信息"一本通"。编制一本《顺义国际社区生活手册》，以国际人才常用的安居信息为主。搭建线上门户，让动态资讯"实时新"。设立专员窗口，让事务办理"面对面"。在"国际人才安居服务站"中设立一个"国际人才事务咨询专员窗口"，提供面对面的日常事务咨询服务。加强与专业机构合作，统筹协助国际人才解决住房、教育等安居问题。

此外，还可以利用现有社区空间，为国际人才安居服务站构建创造空间载体。在具体实施上，可以采用"需求导向、示范引领"的方式——以街道为单位，根据辖区国际人才需求设立。例如，选取空港街道①的"外国人服务驿站"作为战略示范点。针对国际人才及国际家庭不同阶段的安居需求，提供住房咨询、日常事务办理、生活指南等"安居一条龙"的信息与服务，帮助他们安心居住。

2. 促进多元文化融合

通过开设汉语培训课程，普及风俗习惯，开展普法讲堂，开设义工岗位，组织传统文化交流活动。发起"三点半社区儿童看护"行动、儿童见学活动、亲子悦读活动等，为国际人才营造"社区一家亲"的生活氛围。

针对国际人才不同阶段的融入需求，携手各社区居委会，组织一系列社区文化交流活动，强化国际人才及家属在社区的融入与归属感，实现国际人才从"一个人"初来北京，到"一个家庭"在顺义安居，从逐渐参与社区建设，到深度融入社区生活。40.3%的外籍人士表示，与本地居民交流时存在障碍，语言交流障碍是导致社区参与度不高的主要原因②。30.2%的外籍人士表示，愿意参与社区举办的汉语学习活动。③ 普及"风俗习惯"，帮助国际人才更快适应中国文化。系统梳理中外风俗习惯差异，对初到北京的外国移居人士进行辅导，减少他们在生活中可能出现的恐惧感和不适感，帮助他们快速融入本地生活。开展"普法讲堂"，帮助国际人才更好适应中国规则。聘请相关领域专业人员，针对国际人才在生活中可能遇到的法律问题，如签证、婚姻、子女生育等，定期开展相关法律培训，以案例方式讲解相关基本法律知识。面向国际人才家庭，组织亲子主题的读书会，邀请各住区内的国际人才分享知识，在知识交流间强化社区间深度融合。

下一步，顺义区将鼓励国际人才参与社区建设，开放志愿者岗位，设置协调、管理专员，以"共感"促"共知"，营造"市民感"。例如，在国际人才社区范围内的每一个服务站，设立不少于3类（如交通协管、城市管

① 空港街道为贯彻首都国际人才社区建设指导意见，已在优山美地 D 区选取一栋闲置别墅，筹备设立外国人服务驿站，为国际人才及家庭提供"家门口"的一站式服务大厅。
② 《顺义国际人才社区建设研究》，顺义区委组织部委托课题，2018。
③ 《北京市顺义区涉外资源现状与需求调研报告》，顺义区政府外事办委托课题，2015。

理等）的志愿者岗位，让外籍人才参与社区治理。同时，在外籍人才聚集的社区，每300～500户设立1个调解岗位，调解邻里纠纷，促进文化融合。

最终，依托舒适完善的宜居工程、安全环保的社区环境、绿色低碳的生活方式，为国际人才构建可快速适应、可乐享本地生活的安居保障及服务，让国际人才及家庭成员在顺义安心住下来！

三　构建温馨活力的运动体系

和家人一起走向户外，是国际人士的重要生活习惯。顺义国际人才社区有着良好的户外运动休闲基础，拥有发展户外运动休闲事业的300亩自然水面罗马湖和蜿蜒流淌的温榆河。依托现有条件，以"一环一心多节点"，构建两级户外运动体系。

（一）全家齐运动

一方面，打造"一环"骑行带，依托顺义国际人才社区核心水系打造全龄休闲骑行带，实现区域环城滨水骑行；另一方面，围绕"一心"城市广场，开发鲁能河堤公园作为城市欢聚广场，承载全家休闲和大型集中活动。

（1）打造"一环"骑行带，实现环城线路串联，依托现有骑行道基础，打通环城滨水骑行道。顺义国际人才社区已经拥有部分温榆河绿带骑行道的基础，温榆河绿道已经形成相对完备的骑行线路，骑行道基础建设相对完善。同时，沿龙道河的河堤路也具备一定骑行条件，龙道河河堤路面平坦，部分路段宽度适宜，有条件建设连续的滨河骑行道。在现有设施基础上，以适当手段进行贯通和串联，形成滨水环城骑行道。

（2）围绕"一心"——城市欢聚广场，以鲁能河堤公园为基础，升级改造公共绿地广场空间，打造面向公众的重要户外休闲生活载体。功能上既要满足全家的休闲欢聚需求，又能充当社区节庆的承载地，鲁能河堤公园是顺义温榆河沿岸现状规模较大、休闲基础较好的绿地公园，已开展了相关的户外运动及拓展活动，未来可以将鲁能河堤公园升级改造为面向整个国际人才社区的中央公园。

（二）处处可运动

构建"多节点"，根据各住宅区居住人口及居住密度，以满足 15 分钟健身圈为设置条件，发展多样特色化邻里休闲公园。

根据各住区空间余量和实际需求，瞄准特定家庭生活群体需求，打造特色化邻里型休闲空间，构建区域内重要的休闲绿色细胞。针对社区内特定群体的日常使用需求，构建多节点的邻里公园①，如迷你公园、狗狗乐园、健身乐园等。迷你公园：社区内依据居住密度，随处分布着精致、有趣、可参与的庭院式绿地，它们构成社区休闲系统的"细胞"。狗狗乐园：宠物往往被国际人士认为是重要的家庭成员，顺义国际人才社区根据实际需求打造更多狗狗乐园，为有宠物家庭打造行人安全、宠物撒欢儿的户外休闲空间。健身乐园：住区按需对区内或住区周边现有户外健身设备进行更新和增设，形成适合不同年龄段的便捷化户外健身角。

（三）季季享运动

打造"运动馆"，以"极限"为内容，以"科技"为手段，打造超酷运动馆。

通过将户外运动搬入室内方式，规避季节及气候原因可能造成的运动障碍，发展一处集"极限运动"与"科技运动"趣味体验于一体的综合性室内运动馆，构建区域运动休闲目的地中心，营造季季享运动的活力生活氛围。

最终，构建起面向家庭的全家齐运动、处处可运动、季季享运动的活力运动网络。

---

① 孩子、宠物和老人的日常运动有着距离短、频次高的特点。在国际人才社区范围内居住比较密集的区域，按照《北京市全民健身实施计划（2016—2020 年）》以及北京"十三五"体育规划中关于 15 分钟健身服务圈要求，设置邻里公园，满足人们的日常使用需求。

四 制定国际视角的宣传策略

（一）塑造公共形象

"家庭日"在全球范围广受欢迎，已经成为提升社区归属感和连接度通用的"国际符号"。澳大利亚、加拿大等国家纷纷举办家庭日活动，通过设定法定节假日、组织系列活动等方式，增强家庭凝聚力。

我国有许多国际社区借助家庭日实现社区品牌力强化、凝聚力提升。例如，上海碧云社区家庭日已成功举办了 14 届，每届都吸引数千户国际家庭参与，活动包括国际青少年足球联赛、瑜伽集训、cosplay 大赛、孩子乐园城堡、动物魔法狂欢节等。

顺义区国际人才社区可以打造"顺义家年华"主题节庆、"趣味家庭马拉松"两大活动名片，依托现有资源发展所有家庭全年度可参与的系列特色活动，树立和强化"家在顺义"的区域形象。

（1）打造主题节庆。打造主题为"顺义家年华'Family Day'"的家庭欢聚国际盛会，让"家庭日"成为增强家庭生活氛围、增强社区沟通的重要抓手。

一是依托相关活动基础，升级打造"顺义家年华'Family Day'"，例如，以顺义亲子游园会活动为基础，以亲子家庭为主题开展相关活动。二是通过借鉴英国鹿棚节①的方式，吸引国际家庭参与，塑造品牌影响力，以音乐会带动节日欢聚气氛，通过邀请高水准现场表演的音乐人，吸引大量人气；通过设置近百项适合全家庭参与的工作坊和丰富的运动项目，形成对家庭的强势吸引；年度主题＋趣味设计，形成持续吸引力，一年一主题，在活

---

① 英国鹿棚节（Deer Shed Festival）：英国最佳家庭节日，鹿棚节在英国北约克郡一个占地约 3.6 万平方米的公园开展，是一个面向家庭开展的以音乐、艺术和科学为主题的欢聚节日，通过设置超过一百项的家庭友好活动项目，吸引大量参与者。在 2018 年英国节日奖评选中，被评为"最佳家庭节日"（Best Family Festival）。

动场地布置、项目设施、表演及海报设计等环节，充分融入儿童喜爱的卡通元素，让儿童沉浸其中。三是设置"1＋N"①的活动形式，"1＋N"项目以适合全家庭、全年龄易参与的原则设置，采用"多地联动"的活动组织方式，有效扩大参与度、影响力，营造全域热闹氛围。

通过设置适合夜间的精彩活动，包括星空影院、星空舞会、星空露营等，让属于白天的热情在夜晚延续。同时，联合媒体及公益组织，提高活动影响力，强化活动品牌营销，一是与杂志媒体合作，扩大活动影响力，以全明星家庭评选为例——活动现场聘请专业的摄影师，以家庭为单位参加与母婴媒体合作开展的评选活动，并进行刊登；二是增强活动公益性，与公益组织合作，传递爱心成果，将亲子共同制作的绘画、手工艺品、服装等亲子合作成果进行义卖，让合作成果以最有意义的方式进行传承。

（2）打造品牌运动。打造"趣味家庭马拉松'Family Fun Run'"运动品牌，创造小手拉大手的活力共享时刻。

国内已有国际社区通过组织马拉松活动，提升区域活力，打响区域名片。运动对城市形象营销的巨大拉动作用受到广泛关注，以马拉松为代表的各项运动成为城市知名度营销、城市形象构建、活化城市功能的重要途径。例如，上海碧云社区"金桥8公里马拉松"成为上海社区体育文化的一个知名"品牌"，每年吸引数千名中外长跑爱好者。

顺义区应整合现有资源，将趣味家庭马拉松活动打造成"家在顺义"的活力名片。顺义区已有两个街道级 MINI 马拉松项目，吸引大量国际人才参加，成功聚集人气。2019 年举办的第一届天竺杯国际人才社区 MINI 马拉松挑战赛吸引国际友人、辖区居民和社会上广大马拉松运动 1000 余名爱好者积极参与；2019 年第六届迷你马拉松吸引来自美国、英国、俄罗斯等十多个国家和地区的 50 余名国际友人、600 余名中国居民参加。

---

① 1：大引力音乐节，以国际符号"音乐"为抓手，聚集活动人气，点燃现场热度；N：大欢聚活动，以全家可参与为导向，丰富亲子活动种类，吸引家庭聚集。

最终，依托顺义在地资源优势，制定"月月有活动、季季都精彩"的家庭年度活动月历，使家庭可参与的活动热度全年不减。

（二）多元渠道宣传

移动互联网趋势下，利用移动互联网工具可以突破宣传时间和空间局限，随时随地进行营销，实现宣传效果的最大化。可通过区属媒体、区外媒体、自媒体，实现"全媒体发布"。

1. 利用线上渠道扩大影响范围

顺义信息宣传已经形成"全媒体发布"模式。多语言宣传需通过与市局宣传平台合作。未来，顺义要用国际语言和世界沟通。顺义国际人才社区的宣传营销，必须立足多语言，减少传播障碍，实现广泛宣传。无论是线上信息发布和还是线下实体宣传，不能仅局限于中英双语，而需提供多语言版本。

同时，进一步拓展线上宣传渠道，利用流量传播优势实现广泛营销。建立国际人才常用的社交媒体账号及时发布活动预告和资讯，与专门面向外国人的生活媒体合作[1]，提高知名度。

吸引积极参与活动、活跃于国内外各社交媒体的国际人才成为顺义国际人才社区宣传的形象大使，为顺义国际人才社区"代言"，有效提升顺义国际人才社区的知名度。

2. 利用线下渠道精准投放

第一，注重线下宣传的精准投放，实现对国际人才的有效吸引。设计"家在顺义"的多语言宣传手册，从人才政策、安居环境、工作机会等维度全面介绍顺义国际人才社区，同时也作为国际人才在顺义的生活指南。

第二，在全市范围内重点公共场所实现精准发放。选取机场、外国人出入境服务大厅、全北京大型公共场馆、高等级酒店等大流量国际人才所在地进行投放，使顺义国际人才社区"触手可及"。通过丰富全面的内容

---

[1] 与 True Run Media、That's Beijing、thebeijinger 等北京主要面向国际人士的媒体合作，拓宽顺义国际人才社区动态发布渠道。

全方位展示顺义国际人才社区的优势信息：人才吸引政策、安居环境优势、产业发展机遇。

第三，设立"家在顺义"广告屏，制造"第一眼传播力"。在机场、交通干道连接处等重要地点设置"我家在顺义"的广告屏，以国际家庭视角，对外传播顺义国际人才社区的生活形象，形成国际人才社区对外传播品牌。

五 完善家庭友善的引人政策

当今世界，对家庭生活的关注成为吸引高质量人才的有力武器。不仅要吸引国际人才，更要吸引国际人才的家庭成员，如此才会让国际人才驻留顺义。

（一）优化公共服务

第一，就业方面，优化配偶就业服务，使国际人才家庭安心留下来。设立"配偶职业中心"等机构，依托顺义总部人才中心，加大对国际人才配偶就业的协调力度，实现"来到顺义，两个人都可以拥有事业"。

第二，教育方面，优化子女入学支持服务，用子女留住国际人才。从"绿色通道"到"主动协调"，提供子女入学精准服务，由顺义总部人才中心协调，对于符合相关资格且具有子女教育需求的人才，主动提供相关政策支持，实现"来到顺义，给你最好的教育"。

第三，医疗方面，优化区属医院与商业医疗保险合作机制，开放结算试点。由于顺义区内大部分医疗机构无法直接办理商业保险结算，外籍人士就医理赔难。通过在顺义国际人才社区选取区属医疗机构与国际医疗保险机构、国内商业保险机构合作对接，方便国际人才就医。

（二）谋求政策突破

推进"国际家务助手"政策突破，方便国际人才家庭生活。在1996

年，国家就出台相关规定，除外交人员外，禁止个人雇用外国人。"北京市商务委员会正在考虑一项建议，即允许外国高管的外籍佣人在合同期限内逗留北京，只要其雇主可以提供担保。"① 顺义区应把握时机，利用顺义作为北京市服务业扩大开放综合试点示范区的有利条件，率先在京推出国际人才家务助手的签证办理服务，为国际人才在顺义居留解决后顾之忧。

（三）强化政策普及

第一，搭建政务网站，全面解决国际人才政策盲区。积极响应首都国际人才社区关于建设一站式信息服务平台的要求，搭建顺义政务信息咨询平台，解决国际人才获取政策信息不对称问题。

第二，开辟沟通渠道，营造顺义开放、国际化的公共服务形象。电子邮件是国际人士进行沟通交流的主要工具。"电邮"成为外籍人才联系政府首选（56.9%），但实际情况与外籍人才偏好需求存在偏差②。顺义应激活国际通行的电子邮件作为沟通渠道，打通与国际人才沟通的桥梁。"我们现在主要还是通过电邮与住户联系，他们习惯这个方式，别的方式都不如这个好。"开辟邮件及时反馈板块，热点问题长期推送，使用官方邮箱与国际人才及企业进行沟通与交流。

第三，营造双语服务环境，让语言不再成为宣讲政策的拦路虎。在国际人才集中办事的地方，如区总部企业和临空经济高端人才服务中心、外国人出入境服务大厅等机构，率先强化"全域、全程"双语服务能力，让语言不再成为和国际人才沟通政策的障碍。"高达67.7%的外籍人员认为在与政府沟通过程中存在语言问题，反映政府提供双语服务能力还有待提升。"③（见图3）

① 《北京拟允许外籍高管雇佣外籍保姆》，搜狐网，http://www.sohu.com/a/218570767_206880。
② 《顺义国际人才社区建设研究》，顺义区委组织部委托课题，2018。
③ 《顺义国际人才社区建设研究》，顺义区委组织部委托课题，2018。

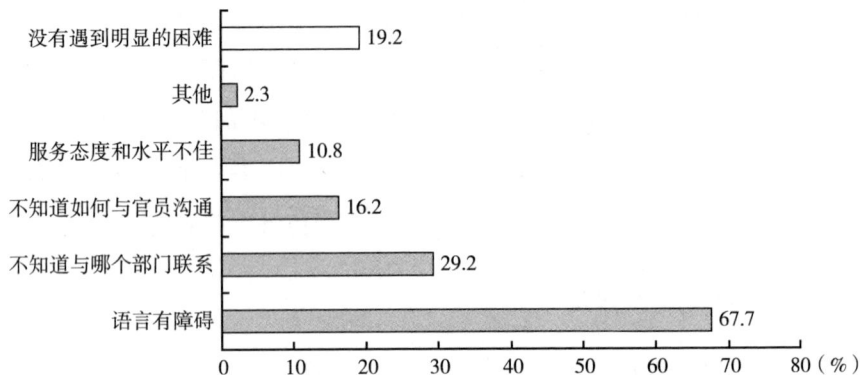

图3 外籍人员在地方政府办事时遇到的困难

数据来源:《顺义国际人才社区建设研究》,顺义区委组织部委托课题,2018。

(四)精简办事流程

依托政务网站,全面梳理全市、全区人才服务项目的各职能部门,采取集中受理、统一对接、跟踪办理的服务模式,为顺义的国际人才提供服务。

第一,依托网络信息平台提供一站式办事清单。开通信息公共平台,使与国际人才相关的各类职能办事机构统一入驻办事大厅,依托网络平台办理各类事项。

第二,借助网站平台对相关业务进行"分流"。开通信息公共平台,进行业务分流处理,能即时办理的业务设置"我要办理"通道,在线办理;需协调其他机构或部门到现场办理的设置"我要预约"通道,预约后现场办理。

第三,业务办理采用前台"一站式"受理、后台多部门协同的方式。国际人才在登录网上办事大厅提交相关业务办理申请后,中心服务专员将主动对接,通过后台系统转至各职能部门批办。

第四,专员现场协调、后期全面跟踪。需要国际人才本人办理的业务,服务专员提供预约陪同办理服务,在接到相关预约信息后联系职能部门开通绿色通道,后期全面跟踪相关结果,全程为国际人才业务办理提供保障。

（五）保障政策落实

经顺义区委同意，顺义组建了国际人才社区建设工作专班，在区委组织部的领导下开展工作；经区人才工作领导小组审议通过，成立以区委书记为组长的顺义国际人才社区建设工作推进小组，明确推进小组、办公室的设置及 53 家成员单位职责。

顺义区应强化国际人才社区建设工作推进小组协调沟通机制，坚持全区"一盘棋"，明确相关权力与责任主体，加强全程统筹协调和关键环节把控，使相关工作环节畅通，实现"来到顺义，人才工作是高效、高质量的工作"。

综上，依托顺义自身国际化的家庭生活优势，顺义国际人才社区建设不仅要做好对国际人才的生活吸引，而且应该做到对国际人才全家庭的生活吸引——为国际人才打造"家开始的地方"。让顺义不仅是国际人才到达北京的第一站，更是国际人才在北京安居的首选地；让顺义成为"全家庭"生活的乐园，每位家庭成员都可以在顺义乐享生活；让顺义成为国际人才的"第二故乡"，以最有显示度的国际化氛围，提供本土生活的海外基因。对国际人才来说，不是"我"在北京，而是"家"在顺义。

参考文献

［1］《关于推进首都国际人才社区建设的指导意见》（京人才发〔2017〕2 号），2017。

［2］《关于印发〈加快推进首都国际人才社区建设 2019 年工作方案〉的通知》（京人才发〔2019〕2 号），2019。

［3］《北京市顺义区涉外资源现状与需求调研报告》，顺义区政府外事办委托课题，2015。

［4］程华民：《国际化社区建设的杭州实践与思考》，《杭州》（周刊），2016。

［5］ P. Fellin, *The Community and the Social Workers*, Itasca, IL: F. E. Peacock, 2001.

［6］ Joshua S. Gddstein, *International Relations （Six Edition）*, Beijing: Peking University Press, 2005.

B.14
大兴区人才工作服务支撑临空经济区
发展相关问题的研究

大兴区委组织部课题组*

摘　要： 北京大兴国际机场是国家发展一个新的动力源，已于2019年9月25日正式通航。强化人才工作的服务支撑作用，推动临空经济区建设，辐射带动周边区域实现高质量发展是一个重要课题。本报告总结了大兴区2015年以来人才工作服务支撑临空经济区发展的实践经验，分析了工作中存在的问题和不足，对标临空经济区建设需求，提出了未来人才工作思路建议。研究结果表明，大兴区高层次人才数量与质量不断提升，解决"两难两贵"问题成效明显，人才引领产业发展作用日趋显著，青年人才队伍储备工作谋划超前，但在高层次人才储备数量、地区的人才承载能力、人才发展环境、人才政策红利、人才引进手段等方面尚需进一步提升。报告最后，在加强人才工作顶层设计、探索全球人才资源高效利用、强化地区人才梯队建设等方面提出了思考和建议，为将临空经济区打造为全市领先、全球一流的高端人才聚集区、科技成果转化区和文化交往集群地提供有益借鉴。

关键词： 人才资源　北京大兴　机场　临空经济区　创新创业

---

* 课题组组长：艾丽，大兴区委常委、组织部部长。课题组成员：沈静松，大兴区委组织部副部长；高岩，大兴区委组织部人才科科长；唐京川，大兴区委组织部干部。

习近平总书记指出，新机场是首都的重大标志性工程，是国家发展一个新的动力源。2019 年 9 月 25 日，习近平总书记宣布，北京大兴国际机场正式投运。与此同时，临空经济区相关建设工作也已启动，规划面积共 50 平方公里①，大兴区正由北京市的郊区新城升级为复合型航空新城的中心，相关经济社会建设领域人才需求较为迫切。鉴于历史发展阶段和独特的现实情况，北京大兴国际机场临空经济区（以下简称"大兴临空经济区"）人才工作在迎接历史机遇期时，自身仍然面临着难以解决的问题。本文重点总结大兴区近五年来人才工作调研成果和人才工作实践经验，对标大兴临空经济区建设需求，提出工作建议，为各级领导科学决策提供有益借鉴。

一 大兴人才工作服务临空经济区的做法与成效

2014 年 12 月 15 日，国家发改委批准北京新机场建设项目。自 2015 年起，大兴区正式启动针对临空经济区人才工作的持续性调查研究和政策创新。2015 年至 2018 年，先后对 150 余名在大兴区创新创业的国家级、市级政府特聘专家，大兴区"新创工程"领军人才及所在企业进行持续性跟踪调研，通过开展企业人力资源状况调查，举办高层次人才座谈会、交流会等方式，对人才及所在企业面临的问题进行了全面梳理。加速推动人才政策的研究、制定与落实工作，针对调研过程中提出的相关问题提出解决方案，同时，确保政策更新频率始终与产业发展形势相契合，部分内容适度超前，先后出台《大兴区高层次人才服务办法》（兴十条）等政策文件和配套实施细则（见表1），并全面贯彻落实。

---

① 《北京市人民政府关于对〈北京大兴国际机场临空经济区总体规划（2019～2035 年）〉的批复》。

表1 大兴临空经济区人才政策体系及简要内容

时间	政策及文件名称	人才层次	事业发展支持	生活支持
2010年	关于为高层次人才提供专项服务工作的意见等三项政策	海外高层次人才	公司开办"一条龙"服务 协助申报职称 搭建沟通交流平台和文体活动平台	人才休假 高层次人才公寓 健康体检
2015年	《新区推进高端产业领军人才发展示范区建设的实施办法(试行)》	领军人才	领军人才入选奖金、校企合作 专业技术工作室资金、企业上市扶持 房租补贴和贷款贴息、股权激励 博士后科研工作站建设经费 职称评审直通车	—
2016~2017年	《大兴区人才公租房管理办法、后期管理细则》	高层次人才	—	人才公租房
2017年	《大兴区高层次人才服务办法》(兴十条)	高层次人才	局级领导联系专家、金融服务、政务协调	购房补贴、三甲医院就医服务 子女入学、工作居住证 文化和旅游服务
2018年	《关于进一步加强青年人才队伍建设的意见》《大兴区优秀青年人才培养支持办法》(青年人才十四条)	优秀青年人才	导师奖、伯乐奖、成长进步奖 助学奖学金、青年人才培训学院 处级领导干部联系优秀青年人才 优秀人才培养资助项目 开展产学研合作 承办全国性、国际性活动、学习考察 贷款贴息	人才公租房 共有产权住房 配偶安置 子女入学

一是高层次人才数量与质量大幅提升。2018年,大兴区(不含驻区高校和科研院所)共有国家科技进步奖得主和国家特聘专家共26人,北京市特聘专家和市级其他称号获得者19人,大兴区"新创工程"领军人

才 136 名[1]，与 2015 年相比，分别提升 14 倍、0.8 倍和 1.6 倍。突破了大兴区传统的农业和种植等相关领域，高层次人才在医疗器械、药品研发、文化创意以及环境保护、节能减排、污水处理等领域研发出大量拥有自主知识产权、科技含量高、附加值大的产品，其中，腹主动脉瘤覆膜支架、桑枝总生物碱、重组人干扰素 $\alpha 1b$[2] 等产品在全球范围实现技术领先，岩石破裂实验的三维数据采集和定位[3]、人工麝香研制[4]、生物质燃料[5]等技术先后获得国家科技进步奖一等奖、一等奖和国家技术发明奖，在建设民生工程、参与社会治理、推动大健康产业发展等领域取得了较大成绩。截至 2019 年，区内副高级以上职称医务人员共 704 名[6]，副高级以上教师共 2472 名、特级教师共 36 名[7]，共同构成了大兴临空经济区产业和公共服务领域发展的核心人才。

二是解决"两难两贵"问题成效明显。提供最高 1000 万元的购房补贴和黄金地段免租金的人才公租房，确保领军人才在单位周边即可享受舒适、便捷和个性化的居住服务。率先引入市场化解决方案，将全市 50 家知名三甲医院纳入区内领军人才就医服务体系，提供预约挂号和预约手术服务。在区内设置 5 家定点医院，全面改造医院信息管理系统（HIS），在全部科室就诊均可实现优先挂号、优先诊疗和优先转诊服务。跨界推动人才与金融机构信息高效互通，设置 5 家知名银行作为区内领军人才定点银行，提供"金牌服务"，搭建大兴区领军人才与区内银行高层之间直接沟通对话的渠道，取得了较好的效果[8]（见图 1）。全力服务领军人才子女入学，提供义务教育各学段的入学入园服务。

---

[1] 数据来源于大兴区委组织部。

[2] 北京华脉泰科医疗器械有限公司、北京五和博澳药业有限公司、北京三元基因药业股份有限公司相关研发成果。

[3] "中国数字地震观测系统的设计、研制、生产、集成和应用"项目，荣获 2002 年国家科学技术进步奖一等奖。

[4] "人工麝香研制及其产业化"项目，荣获 2015 年国家科学技术进步奖一等奖。

[5] "农林生物质定向转化制备液体燃料多联产关键技术"项目，荣获 2016 年国家技术发明奖。

[6] 数据来源：大兴区卫健委。

[7] 数据来源：大兴区教委。

[8] 相关数据引自《大兴区高层次人才服务办法》（京兴文〔2017〕66 号）及相关实施细则。

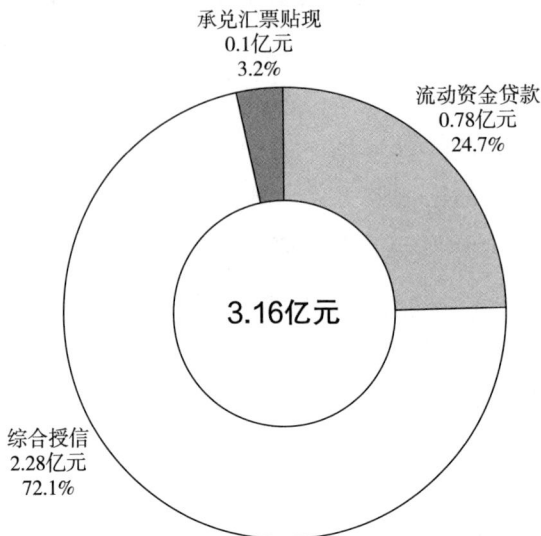

图1　2018年大兴临空经济区人才政策落实金融服务数额

数据来源：大兴区金融办。

三是人才引领产业发展作用日趋显著。区内人才政策已经基本实现了从支持人才本人成长、支持人才事业发展到提供人才事业发展资源的转变，将政策的关注点更多地定位为企业运营、持续性引进人才和提供便捷服务、增值服务，为人才在大兴创新创业提供了广阔平台和资源。

四是青年人才队伍储备工作谋划超前。2015年，大兴区在开展"新创工程"领军人才引聚相关工作中，已经开始为部分优秀的青年人才和博士后提供科研等方面支持和服务。2018年初，区委全面启动优秀青年人才储备工作，相关政策于同年12月正式出台。2019年，在首批开展的大兴区优秀青年人才评审中，共有200人入选，其中"985""211"等高水平学府毕业生占38%，硕士及以上学历人员占66%[①]，他们成为大兴临空经济区产业发展和提升公共服务水平的重要力量。

---

① 数据来源：大兴区委组织部。

截至 2018 年底，大兴区针对包括临空经济区在内的人才工作调查研究和问题分析已经形成了多项成果①，为梳理大兴区"十三五"时期人才工作沿革，探究临空经济区人才工作发展趋势、核心工作和深层次问题提供了较为客观的信息和现实依据。

二 存在的问题及原因分析

2015 年至今，通过对北京大兴国际机场和临空经济区建设时期人才工作进行持续性研究与分析，结合地区经济社会发展形势，借鉴国际国内其他机场建设和临空经济区发展规律，并与京内其他地区人才工作经验、成果和政策进行对比，梳理出大兴临空经济区人才工作面临的三个主要问题。

（一）人才储备不足，支撑临空经济区建设能力不够

根据首都国际机场和顺义临空经济区发展经验，80% 的 GDP 和 90% 的税收与机场相关。据全球知名咨询机构波士顿咨询估算，大兴临空经济区到 2030 年将实现 1000 亿元 GDP 和 90 亿元税收，将直接带动北京南部地区 GDP 提升 5 ~ 6 个百分点②，同时，辐射带动京津冀相关区域经济社会实现跨越式发展。

市委赋予大兴"面向京津冀的协同发展示范区、具有全球影响力的科技创新引领区、首都南部国际交往新门户、城乡发展深化改革先行区"即"三区一门户"的功能定位，其中，服务北京大兴国际机场临空经济区建设是核心内容。未来，大兴临空经济区将在创新型空港建设上进行深入探索，其中，国际化是主要特征。通过对大兴区 2018 年进出口贸易情况③进行分析发现：一方面，现有进出口产品与临空经济区重点产业定位有一定契合，

① 形成《关于新区人才工作引领创新发展的实践与思考》、《大兴区人才工作推动创新创业平台发展作用的调研》和《大兴区人才创新创业环境研究》三篇调研报告，分别获得 2015 年、2016 年和 2017 年北京市党建研究会自选课题一等奖，并被《北京人才蓝皮书》收录。

② 《大兴机场"凤凰展翅"：京津冀协同发展迎来"加速度"·新京报快评》，http：// baijiahao. haidu. com/s？ id = 1645620153981565066&wfr = spider&for = pc。

③ 大兴区 2018 年进出口贸易情况总额、进出口及相关比例数据来源于大兴区商务局。

但总量较小，其中，生物医药、智能制造和新一代信息技术等临空经济重点领域进出口额较低。2018 年，地区企业进出口总额约为 17.04 亿美元，全年进出口额比例约为 1.29∶1。从进口额看，排名前十的企业进口总额占全区进口总额的 71.06%，其中，汽车零部件进口额超过 62%；从出口额看，排名前十的企业出口总额占全区出口总额的 63.7%，其中，除外贸平台公司外（46.3%），以装备制造和农业、食品类出口为主。另一方面，区内领军人才所在的 70 家①企业中，仅 21 家②涉及产品和服务进出口业务，进出口总额仅 940 万美元，占地区进出口总额的 0.55%。数据显示，大兴临空经济区内企业主营业务主要在国内，现有领军人才参与国际顶尖技术研发、金融、大宗商品贸易领域业务较少，航空产业、临港制造、综保物流、转口贸易等围绕空港的核心和关联产业规模较小，结构性人才储备不足。特别是有自贸区、综保区等园区管理经验的人才较少，缺乏有国际国内较大影响力的产业园区运营商和有全球视野、经验的高层次人才，难以支撑未来临空经济区建设需求和大兴区"国际交往新门户"的定位。

据估算，按照大兴临空经济区总体规划设计，参考上海市张江高科技园区人口增长经验，到 2030 年，大兴临空经济区可引入的产业人口为 12 万名（见图 2）。与之相对的是，大兴区常住人口中高中及以上学历人群占比 40%，与定位为生态涵养区的延庆区持平，不及丰台区（见图 3）。同时，在北京市整体人口数量管控和人口疏解压力下，引进人才的缺口较大，引进高层次人才承担较大压力。

（二）地区对人才的承载能力不强，人才发展环境有待优化

北京大兴国际机场将打造"全球临空区 4.0 模式，京津冀融合创新动力源"，成为汇聚科技驱动产业的临空创新港区、全球一流人才多元文化融合和交往的国际社区、以人为本的数字化生态宜居城市，需要把握

---

① 数据来源：大兴区委组织部。
② 数据来源：大兴区委组织部、区商务局。

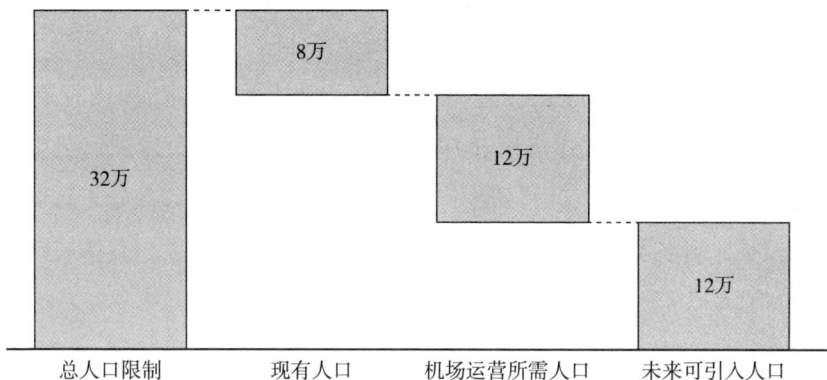

32万	8万	12万	12万
总人口限制	现有人口	机场运营所需人口	未来可引入人口

图 2　大兴临空经济区未来可导入外来人口数量测算

数据来源：大兴区统计年鉴、北京新航城控股有限公司、波士顿咨询公司。

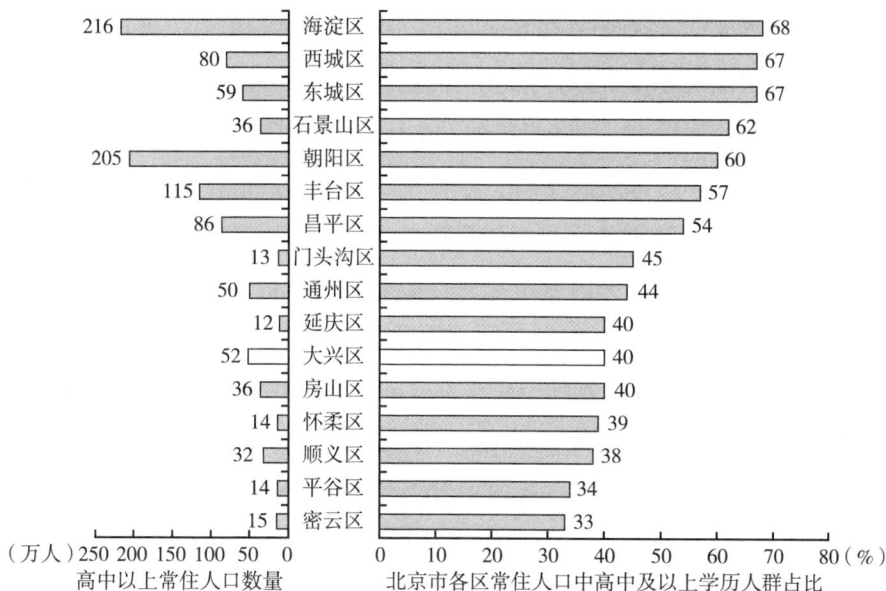

高中以上常住人口数量（万人）	区	高中及以上学历人群占比（%）
216	海淀区	68
80	西城区	67
59	东城区	67
36	石景山区	62
205	朝阳区	60
115	丰台区	57
86	昌平区	54
13	门头沟区	45
50	通州区	44
12	延庆区	40
52	大兴区	40
36	房山区	40
14	怀柔区	39
32	顺义区	38
14	平谷区	34
15	密云区	33

（万人）250 200 150 100 50　0　　　0　10　20　30　40　50　60　70　80（%）
高中以上常住人口数量　　　北京市各区常住人口中高中及以上学历人群占比

图 3　北京市各区常住人口高中及以上学历人口数量及占比

数据来源：北京市人口普查结果。

由此带来的众多优质人才资源，引进人才、留住人才。"十三五"期间，大兴临空经济区内基础设施建设水平提升较快，已经形成"五纵两横"

的道路交通网，特别是在打造机场、高铁、高速公路、城际铁路"多网合一"上力度较大；打造了荟聚、绿地缤纷城、龙湖时代天街、凯德mall 等大型商圈，投资建设了埝坛、南海子等大型公园。区内拥有各类学校 200 余所[①]，三级医疗机构近 10 家[②]，为地区经济社会发展和吸引人才提供了基础支撑。但是，就科研、产业和配套设施存量而言，底子较弱，建设周期较长，对各类创新创业人才落地临空经济区影响较大，具体表现在以下方面。

在产业承载方面[③]，区内三产比重仅为 55%，与北京市整体水平（80%）相差较大；规上企业中，生产性服务企业仅 39 家。区内拥有国家新媒体产业基地、大兴生物医药产业基地和新能源汽车产业园等重点园区，分别位于大兴区的北部和东南部，其他镇级工业园区未形成规模，且产业联动性弱（见图 4）。特别是在机场半径 15 公里内，缺乏相关产业基础，难以为海内外高层次人才及团队的引进和落地提供产业平台支撑。在支持雄安新区和城市副中心建设上，交通设施建设步伐较快，其他基础设施建设有待加强。另外，在科学技术财政支出、专利授权等方面，也存在不小差距（见图 5），科技投入在支撑人才自主创新和产业升级的力度上有待加大。

在生活承载方面，区内城市配套设施分布密度低，主要集中在北部地区。以四星级及以上酒店数量为例，大兴全区仅 6 家，其中 4 家位于北部的亦庄、黄村、旧宫等地，高端设施严重不足。除相关产业园区外，镇街内高端商务楼宇较少，北京大兴国际机场所在的南部地区尤其匮乏。大兴区内高校仅 6 家，而朝阳区、海淀区分别为 20 家，高端教育资源比较稀缺，缺乏国际国内一流的综合性高校。城市生活承载力较弱，高层次人才到大兴临空经济区创新创业时，难以享受到优质的生活配套服务，引才难与留才难相伴存在。

---

① 数据来源于大兴区教委。
② 数据来源于大兴区卫健委。
③ 数据来源于《北京大兴国际机场临空经济区产业发展与实施路径研究》。

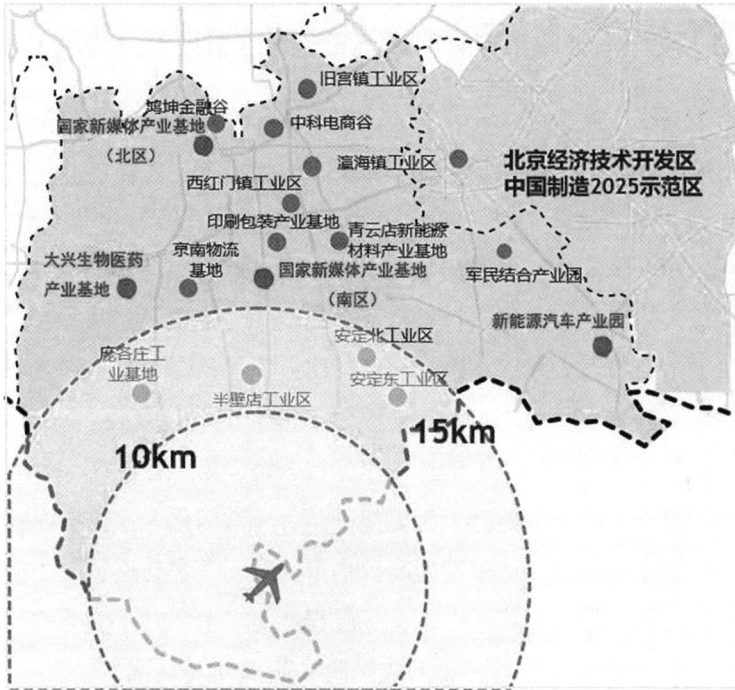

图4　大兴区主要工业园区分布

注：机场半径15千米内，以传统农业和低端制造业为主，规模有限。

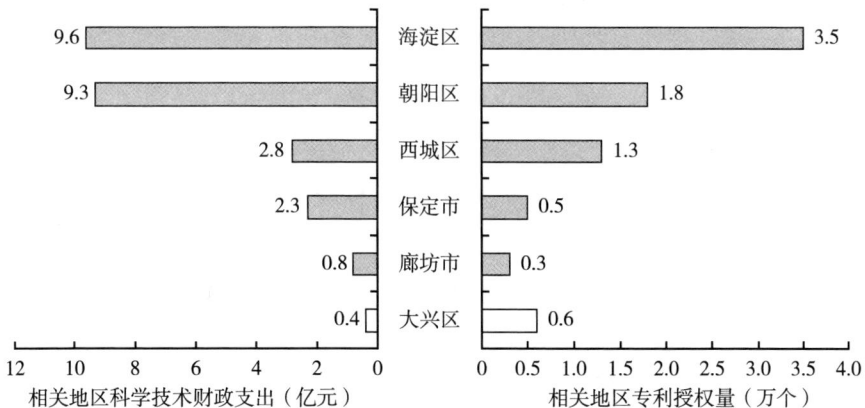

图5　相关地区科学技术财政支出及专利授权量

数据来源：波士顿咨询公司。

（三）现有人才政策红利释放不足，人才引进手段传统单一

随着大兴临空经济区产业发展速度的不断加快，现有人才政策与临空经济区建设需求相比，仍显不足，主要体现在引导市场主体提供多元化人才服务时，缺乏有效的政策工具。在开展大兴区"新创工程"领军人才工作期间，主要采用入选奖金、协助招聘、引才奖励等直接引进的方式吸引人才，通过对上级人才项目、科研项目进行资金匹配，支持技术提升，对主动拓展人才引进渠道，丰富人才引进媒介和调动用人单位积极性重视程度不够，在加速科技水平升级上方法不多。"兴十条"出台后，大兴区在全市各区中率先起步，创新性调动市场资源发挥作用，在金融、第三方医疗等方面出台了政策，但相对于地区面临的巨大历史契机而言，市场化人才政策内容仍然相对较少。特别是在推动全球范围内高校集聚创新、学术交流、人才猎聘和国有企业市场化聘任等方面步子不大，一定程度上对地区人才引进的效率造成了影响。另外，地区尚未与企业形成风险共担、互利共赢的"共生"生态圈。在金融服务中，借助社会金融杠杆力量支持企业发展时缺乏制度依据和保障；引导高校科技成果转化时缺乏特色路径，方法较少，支持关键环节和关键人物不够，政策吸引力不强；与各类人才协会、学会、组织的合作尚处于"一事一议"阶段，其引进国际国内高层次专业人才的巨大优势尚未充分发挥。

除上述问题之外，大兴临空经济区还存在管理体制设置、基础设施审批建设和人才引进、落户等领域的权限较低等问题，与国家级项目建设需求相比，在速度、规模和效果等多个方面都存在较大差距，对机场临空经济区建设和地区经济社会发展产生了一定影响。

三 强化人才工作支撑临空经济区发展的思考和建议

党的十九大报告提出，人才是实现民族振兴、赢得国际竞争主动的战略资源。习近平总书记强调，发展是第一要务，人才是第一资源，创新是第一

动力。市委书记蔡奇同志强调，要落实好推动首都高质量发展人才支撑行动计划和相关人才政策，力争凝聚更多科学家和创新团队，注重培养一线创新人才和青年科技人才，为各类人才创新创业创造良好条件。这些论断，为北京市人才工作的开展指明了方向，也明确了工作路径。2019 年 8 月，中国（河北）自由贸易试验区大兴机场片区挂牌，大兴临空经济区已经进入实质性建设阶段，相关人才工作研究也将进入新的历史时期。大兴区将紧紧围绕市委赋予的"三区一门户"功能定位，充分发挥人才工作在联通"两翼"方面的独特区位优势，以全力支持雄安新区和城市副中心建设为着力点，推动京津冀协同发展，全力加速北京大兴国际机场临空经济区建设，在引进全球顶尖人才、营造良好创新创业环境和提升人才服务水平等方面，加大政策创新力度。立足国际枢纽机场定位，以"全球临空区发展 4.0 模式新典范"为目标，发挥地区人才资源、服务平台和创新创业环境优势，立足京南，辐射京津冀，放眼全球，进一步提升全球竞争力，将大兴临空经济区打造为全市领先、全球一流的高端人才聚集区、科技成果转化区和文化交往集群地。

（一）加强人才工作顶层设计，持续完善支持人才发挥作用的立体化政策体系

服务北京大兴国际机场和临空经济区建设，依托大型国际航空枢纽，开展国际贸易和科技创新，加快推进政策创新工作，以"新国门"领军人才政策为引领，在建设高度开放的空港型自由贸易试验区的过程中，探索人才政策支持方式的持续创新，在大兴临空经济区打造具有空港独特优势的系统化、国际化人才政策高地。主要从三个方面进行提升：一是进一步强化党对人才工作的领导。发挥人才工作领导小组作用，通过领导小组会议、人才工作联席会议等形式，着力解决人才工作遇到的重点、难点问题。发挥新时期组织部门牵头抓总作用，调动人才工作相关成员单位积极性，统筹更多社会资源服务人才，推动各领域人才队伍建设；发挥用人单位在人才培养上的自主性，因地制宜地引进人才、使用人才和留住人才，共同打造地区系统化的人才队伍。

二是进一步强化地区人才政策的自主创新。重点服务北京大兴国际机场临空经济区建设，出台《大兴区"新国门"领军人才及团队支持办法》及相关实施细则（见图6），针对临空经济区人才工作，从人才引进、全球人才聚集、京津冀协同发展等角度，为大兴临空经济区人才队伍发展提供坚实的政策支撑。大兴区"新国门"政策将以深圳、上海、武汉等经济发达地区现有的人才和产业政策经验为基础，借鉴京内其他地区人才工作方法，实现国内、京内人才政策的高位整合与自主创新，特别是在加大国内外人才引进力度、聚集高端创新平台、鼓励企业参与全球化竞争、提供更加贴心的人才服务等方面实现较大突破。

三是加大政府资源与市场资源的投入力度。继续加大政府科研和人才工作经费投入，继续扩大人才工作资金规模，专项用于科技创新和人才引进。继续加大"人才服务包"投放力度，在住房、子女入学、户籍、工作居住、青年人才培养等方面提供优质服务，实现"一企一策"和"一人一策"，提升人才服务精准化水平。鼓励、吸引、支持第三方机构参与人才服务，在金融、医疗、猎头服务、科技创新等方面提供市场化服务，提升服务水平。

（二）探索全球人才资源高效利用，营造大兴临空经济区全新"类海外"氛围

落实中央政治局委员、中组部部长陈希同志在2019年7月22日到中关村调研时的讲话精神，积极推动人才国际化，聚天下英才而用之。坚定不移地推动人才工作"走出去"，积极应对中美经贸摩擦，重点加大与亚欧科技发达国家、"一带一路"沿线国家的科技交流与人才合作，从领军人才、青年人才、急需紧缺人才不同层面实现信息互通、科技交流与产业合作。重点包括三个工作方向：一是加快引进一批国际化临空经济区运营人才。树立海外人才引进的国际规则意识，发挥海外人才引进渠道作用，改变行政化人才管理思路，打造市场化对外联络网，宣传地区产业机遇和优惠政策，引聚符合地区产业发展和用人单位需要的海外人才来华创新创业。引进国际化临空经济区运营人才，深化国有企业薪酬制度改革，设置大兴区政府特聘岗，不

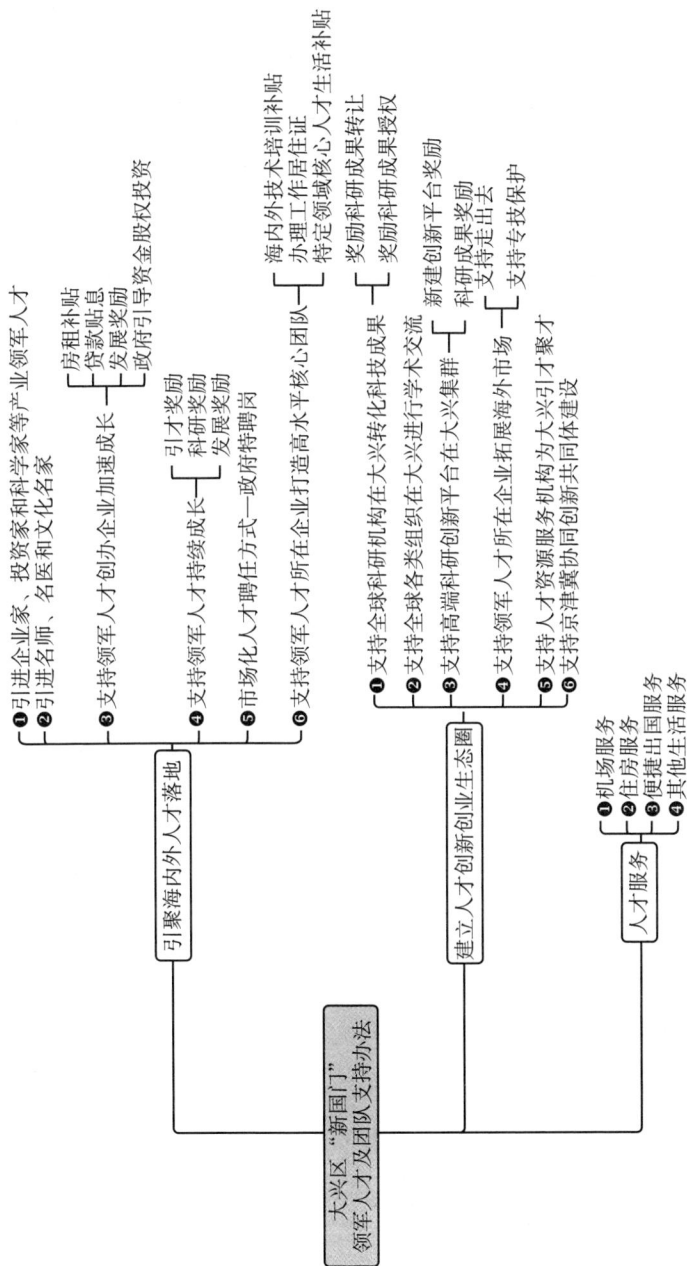

图 6　大兴区 "新国门" 领军人才及团队支持政策体系

设行政级别，给予国际化薪酬，吸引一批有全球视野，在自贸区、综保区和产业园区运营等领域有丰富经验的成熟人才，设置一批临空经济区规划、金融等高层关键岗位，实现临空经济区整体管理水平的高位起步。二是重点引进一大批有国际视野的高端产业人才。以人才政策为抓手，广泛引进产业领军人才，专项引进具有顶尖水平的企业家、投资家和科学家，带动世界 500 强、上市公司、独角兽公司、风险投资机构落地大兴。广泛发挥海外各类人才资源服务机构作用，提升对人才相关能力水平的甄别能力，扩大识人选人的对象范围，提高引才聚才的现实效率。发挥现有领军人才在国际知名院校校友圈、师生圈和人脉圈的资源优势，定向引才、精准引才、以才引才，为地区重点产业发展"靶向"引进领军人才，打造全球化智库。三是打造地区人才工作生活的"类海外"环境。加速推动临空经济区规划建设，对标纽约、仁川、新加坡市等发达地区，高标准打造宜居宜业、产城融合、生态绿色、港城互促的国际化人才社区，实现城市建设服务国际人才的高位起步。结合北京市第三轮服务业扩大开放，加速推进外籍人才出入境、签证和办事大厅设立相关工作。围绕解决外籍人才工作和生活的便利性问题，持续推动政策创新，鼓励高水平人才回国创新创业，全面解决他们的实际问题和后顾之忧。

（三）着眼京津冀协同创新发展，全方位激发创新创业活力

2019 年 8 月 31 日，中国（河北）自由贸易试验区正式获得批复①，大兴片区也正式挂牌，标志着地跨京冀两地的自贸区试验片区正式启动，推动大兴临空经济区成为自贸区与服务业扩大开放综合试点叠加的政策新高地。人才工作应当切实发挥引领作用，重点在三个方面开展工作：一是推动京津冀人才资源深度共享。以大兴区与廊坊市人才合作为基础，以推动相关地区领军人才称号互认、政策互通、便捷流动的制度创新为突破，加速实现临空

---

① 面积共 119.97 平方公里，涵盖雄安、正定、曹妃甸和大兴机场四个片区。其中，大兴机场片区 19.97 平方公里，含北京方面 9.97 平方公里。

经济区北京片区与河北片区人才资源协同创新，推动京津冀协同发展，营造适合海内外高层次人才创新创业的发展环境。二是打造高端科研转化和创新平台聚集区。通过出台人才政策，吸引国际国内知名高校和科研院所的科技成果完成人到大兴临空经济区转化科研成果，强化地区学术底蕴、科研氛围和人才储备，让更多的专家"带着专利来，带着现金回"，以科技成果的市场反馈体现人才价值。调动更多的市场主体自主建设重点实验室、研发中心、博士后科研工作站等创新平台，发挥人才吸引、资源集聚和科学研究上的优势，推动大兴区整体技术水平大幅攀升。三是打造全球学术交流与展览展示集群地。立足大兴区"国际交往新门户"定位，依托北京大兴国际机场的国际交通枢纽优势，对领军人才所在单位组织的有全球影响力的高精尖论坛和创业大赛等大型活动提供大额支持，推动国家间和国家级智库组织及项目落地，营造更加浓厚的科技、文化和学术氛围。强化区域人才文化品质，发挥北京人才文化教育基地作用，夯实大兴区引才聚才的文化底蕴。

（四）持续强化地区人才梯队建设，强化领军与青年人才支持措施的协同配合

尊重企业成长和科研工作规律，将梯队建设和团队建设上升到队伍建设层面进行认识，构建基于临空特点的领军人才、团队与青年骨干队伍的需求匹配模型。从三个方面进行提升：一是强化领军人才与青年人才工作的相互独立与贯通。强化不同成长阶段人才支持政策的"套餐式"管理，将人才成长、企业发展普遍遇到的问题进行梳理，出台解决问题的"服务包"和"政策包"，帮助青年人才解决实际问题。出台导师奖、伯乐奖，推动更多领军人才关注青年人才，带动青年人才加速成长，加快青年人才到高层次人才的成长速度，提升人才队伍整体素质。二是强化领军人才与团队成员的"打包"发展。加速培养核心团队，在继续教育、职称评定、外出学习等多方面给予特殊支持政策，围绕领军人才打造"蓄才池"和"生力军"。加快引进高素质专业化技术人才，结合北京大兴国际机场临空经济区特殊需求，大量引进、储备具有国际视野，在贸易、金融、工程、外语和成果转移转化

等方面的高素质专业化人才，对基础设施建设期间的特殊人才给予特殊支持。引进世界知名大学的硕士、博士研究生，提升地区人才整体知识层次和素质水平，进一步满足地区经济建设需要。三是激发用人单位对人才培养的主动性与积极性。鼓励企业自设人才培养和支持项目，将青年人才的培养与企业的发展紧密结合，推动现有高层次人才对青年人才"传、帮、带"，加快青年人才成长的速度，共同为"新国门"建设提供坚强的人才支撑。

B.15
以人才引领密云高质量发展
打造生态文明典范之区

密云区委组织部课题组*

摘　要：　在分析一些区级城市推出的人才政策的基础上，总结了生态
涵养区人才工作特点，提出密云区要结合国家生态文明先行
示范区建设构建相对于中心城区"虹吸效应"的反磁力人才
发展体系。接着从升级人才政策、搭建平台载体、推进各支
人才队伍建设和提升密云区人才服务水平等方面总结密云区
人才工作的主要做法，并且以问题为导向分析了密云区人才
发展中存在的不足。最后，对密云区人才发展战略进行了思
考，提出了密云区人才发展的对策建议。

关键词：　人才引领战略　密云区人才发展对策　营商环境

　　近年来，密云积极贯彻落实中央、市委的人才部署，牢固确立人才引领
发展的战略地位，不断深化人才发展体制机制改革，为服务北京"四个中
心"建设，扎实推进以保水为重点的生态文明建设，积极探索人才发展的
"密云模式"。区委、区政府着力推动人才工作迈上新台阶，按照中央"坚

＊　课题组组长：田树权，密云区委组织部副部长。课题组成员：陶庆华，华夏国际人才研究院
院长、研究员，北京市人大常委；刘小雪，密云区委组织部人才科科长；姚宝珍，北京师范
大学战略人才研究中心助理研究员；孙明月，密云区委组织部人才科干部；卢剑，密云区委
组织部人才科干部；徐志远，密云区委组织部人才科干部；徐海琛，华夏国际人才研究院助
理研究员；李青，华夏国际人才研究院助理研究员。

持党管人才、围绕中心，服务大局、突出市场导向、改革与创新相结合"的基本原则，着力优化全区人才工作格局，形成高层次人才引进、培养、使用、评价、激励、服务的全链条工作体系，带动密云人才队伍全面发展，为推进密云产业生态化和生态产业化的高度统一，建设生态富裕创新和谐美丽新密云，提供人才智力保障。

一　密云区人才工作面临新形势

（一）对标先进地区人才强区路径

新时代，党对加快建设人才强国提出了新要求，把"着力集聚爱国奉献的各方面优秀人才"纳入新时代党的组织路线，把人才资源上升到战略资源的高度。随着国内人才竞争愈加激烈，人才竞争已经延伸到区级层面，很多区县把人才工作摆在突出位置，牢固确立人才引领发展的战略地位，因地制宜地推出人才政策。

通过分析发现，各区发布人才新政后，引才聚才的效果显著，推出人才政策后人才集聚的速度明显加快，可以看出政策施行的时间、政策的系统性、政策支持力度、政策广度一定程度上决定了政策对人才的吸引状况，从而最终影响人才集聚效果。

（二）生态涵养区人才工作新特点

生态涵养区是落实习近平生态文明思想，践行绿水青山就是金山银山理念的先行区，是北京的大氧吧，是保障首都可持续发展的关键区域。人才在生态涵养区经济社会发展中具有战略性作用，持续优化人才生态环境是一个地区吸引人才、留住人才、发挥人才潜能的重要途径。但是由于历史原因和客观条件的限制，生态功能地区在引进人才、培养人才、配置人才、留住人才等方面与中心城区相比面临着更大的挑战，随着人才竞争的加剧，生态涵养区存在的缺乏系统人才发展观、高层次人才存量不足、人才结构性短缺、虹吸效应明显、人才工作市场化程度低、重招商引资轻招才引智、吸纳高层次人才的平台相对有限等问题也不断凸显。总体来说，人才发展环境欠佳是生态涵养区人才集聚困难的主要原因，生态涵养区经济社会要实现跨越式发展，必须牢固树立科学人才观，更新人才发展环境建设理念，不断优化人才发展环境。

但是相对于中心城区，绿水青山就是生态涵养区独特的人才竞争力。一方面，当前全球以移动互联网、大数据、人工智能、生物工程和新能源技术等为代表的复合式技术创新面临重大突破，战略新兴产业能够产生乘数效应，为区域产业结构赋能，最重要的是战略性产业能够应对资源环境约束压力和低碳需求导向，而生态涵养区相对中心城区来说发展饱和度较低，同时存在着将生态优势转化为经济优势，实现绿色发展的任务，二者高度契合能够产生巨大的带动效应。另一方面，生态涵养区在调节气候、改善环境、建设生态文化等方面的效果日益显现，随着生态文明建设的不断推进，生态涵养区的生态价值、经济价值和文化价值也会不断显现，优质的生态环境对高层次人才的吸引力也逐步加强，宜居的环境可以作为一种城市硬件资源吸引高层次人才选择生态涵养区作为其生活工作驻地。

密云区作为北京市的生态涵养区之一，是首都最重要的水源保护地及区域生态治理协作区，是国家生态文明建设示范区。密云区始终坚持问题导向，构建相对中心城区"虹吸效应"的反磁力体系，优化适应区级实际人才工作的引进、培养、流动、管理、评价等环节，最大限度地激发人才活力。

二　聚焦改革创新，密云区人才工作进展和成效

（一）聚焦"真抓实管"，不断强化人才顶层设计

1.升级人才政策，打造人才集聚和服务密云品牌

北京市对生态涵养区发展的重大部署，对密云区加快建设人才强区提出

了新定位、新要求、新任务，为人才工作赋予了新的发展内涵。围绕打造习近平生态文明思想典范区的战略目标，密云区不断突出政策优势，激发人才活力，充分发挥人才对密云区高质量发展的引领作用。如梳理密云区的人才政策，出台人才租赁住房管理办法等，优化政策内容，真正让人才安心、安身、安业。

2.加强党管人才，不断提高人才工作规范化水平

坚持党管人才原则，抓好统筹协调、部门协作、上下联动，加快推进人才强区战略。密云区始终牢牢抓住"党管人才"这个纲，进一步完善了"组织部门牵头抓总、职能部门各司其职、相关部门密切配合、用人单位主动推进、社会力量广泛参与"的人才工作格局。将各单位确定的年度人才工作重点项目择优列为密云区人才工作重点项目，编发《密云区人才工作目标责任计划重点项目》，明确项目内容、推进步骤及完成时限，强化主管部门和相关负责人责任意识。实施人才工作目标责任计划重点项目督查制度，加大对重点项目推进情况的督促检查和考核评价力度。严格落实《密云区人才工作专项经费管理暂行办法》，加大对全区人才工作重点项目的支持力度，充分发挥人才专项资金的牵引作用，确保人才工作重点项目的稳步推进。

审议通过了新修订的人才工作领导小组工作规则和办公室工作细则，加强统筹协调、部门协作、上下联动。通过基层党建组织紧抓人才工作，在全市率先建立"B＋T＋X"党建模式，推动全区各领域基层党支部规范化建设，将人才工作纳入党建工作责任制情况述职，探索建立重点部门人才工作专项述职机制，对重点工作进行督查考核，进一步推动人才工作目标责任制落实落地。

（二）聚焦"引育并举"，推进各支人才队伍建设

根据《北京地区人才资源统计报告（2017）》的测算结果，2017年密云区人才总量达到8万名，分别比2015年、2012年增长了14.64％和33.33％。从密云区的人才密度来看，2017年密云区的人才密度达到

47.45%，相比 2015 年、2012 年一直保持增长的势头（见图 1）。[1] 此外，各支人才队伍的学历构成和支撑情况有所改善，截至 2018 年 11 月，密云社会工作专业人才中大学专科以上学历 867 人，占总人数的 95.6%。教育系统专业技术人才队伍中，本科及以上学历占 95%。研究生 285 名，占专任教师的 7%。医疗系统本科及以上学历占 58.82%，高层次人才 341 人（正高 70 人、副高 271 人），占专业技术人才（3269 人）的 10.43%。[2]

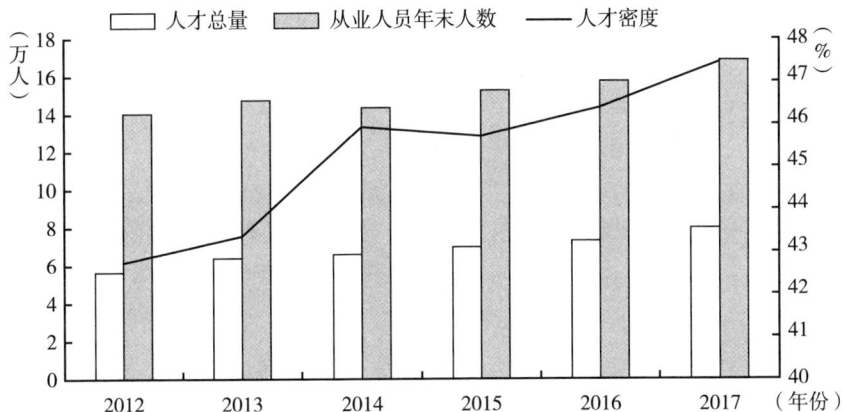

图 1　密云区人才资源和人才密度变化情况

数据来源：2013～2018 年《密云区统计年鉴》、《北京地区人才资源统计报告（2017）》。

1. 抢抓创新发展机遇，实施"创新密云"人才工程

围绕"一园（两区）、三带、多点"的产业布局，密云区以提高科技创新能力为核心，以高层次创新型科技人才和优秀青年科技人才为重点，在高端智能装备制造、生物医药、新一代信息技术、节能环保产业等重点领域，积极引进和培养能够突破关键技术、发展高新技术产业、引领新兴学科的海内外高层次人才来密云创新创业。截至 2018 年 11 月，科技创新人才引进培养的效果不断凸显，在密云区创新创业的院士 8 人；有 13 名科技人才获得

---

[1]　数据来源于《北京地区人才资源统计报告（2017）》，北京市人力资源研究中心。

[2]　数据由密云区人才工作领导小组办公室提供。

国家"千人计划"专家、"万人计划"领军人才等 21 项人才荣誉称号；4 人享受国务院政府特殊津贴；海聚工程 2 人、北京市优秀青年人才 1 人、北京市优秀人才培养资助计划 2 人、科技新星 1 人、高聚工程 4 人、雏鹰计划 1 人。①

深入开展"科技领军人才"和"优秀创新团队"评定活动，适当向青年科技人才和一线创新工程师倾斜。累计评定北京机床研究所"高档数控机床研究科技创新团队"等 5 支优秀科技创新团队和康辰药业王锡娟等科技创新领军人才 40 名②。组织密云区重点产业领域内的各类创新创业大赛，选拔优秀创新创业人才、团队，努力打造高新技术产业人才聚集高地。开展高端科技人才"引智"计划，对战略新兴产业开展调研，掌握密云区产业发展现状，聘请高端人才团队研究编制密云重点产业发展规划，发挥"外脑"作用。聘请 194 名行业专家，为密云区科技项目评审、技术咨询、院企合作、政策培训等提供智力支撑。加强人才管理，建成包括新一代信息技术、高端装备等 7 个领域 1100 余人的重点科技人才数据库③。从支持科技人才创新创业、加大引进培养力度、强化服务保障等方面引导科技人才为区域经济发展作贡献。

2. 强化协调发展意识，实施"协调密云"人才工程

围绕城乡协调发展需要，注重培养推动城镇化、农业现代化的农村各领域人才，培养、引进农产品种植、研发、营销等方面人才；支持农业技术推广人才、农业产业化龙头企业负责人和农民专业合作组织负责人、生产能手开展技术交流、学习研修、观摩展示等活动。截至 2018 年 11 月，密云区农村实用人才 6859 名，其中，高级 120 人，中级 435 人，初级及以下 6304 人。连续两年为高级农村实用人才进行免费体检，参检率达 85%。以农业"十百千万"工程为抓手，截至 2018 年 11 月，有 12 家年销售额千万级电商

---

① 数据由密云区人才工作领导小组办公室提供。
② 数据由密云区人才工作领导小组办公室提供。
③ 数据由密云区人才工作领导小组办公室提供。

企业、56 家年销售额百万级的销售大户，年收入 10 万元以上职业农民 660
人。① 积极引导推行"互联网＋农业"的模式，打造集聚了密农人家、春播
科技、密水农家、云梦园等一批农业创业企业。不断推进农业科技协同创新
与成果转化平台建设，北京市首家科技小院落户密云。在农村实用人才领域
建立"密云农业创客联盟"，推动乡村振兴"双创"人才自我管理、自我服
务、自我发展。

注重农村实用人才队伍建设，强化人才培训，坚持需求导向，重点从互
联网营销、品牌建设、民俗旅游、经营管理等方面开展 21 期培训，培训达
2600 余人次②。以北京京纯养蜂专业合作社、北京密农人家科技有限公司和
北京悦民嘉誉种植专业合作社为基础，建立了实用人才培训育才基地。密农
人家和云梦园两家电商企业与密云职业学校进一步加强合作，创新校企融
合、工学一体的密云农业培训模式，着力在密云培养一批懂农业、爱农村、
爱农民的新型职业农民队伍。

3. 立足绿色发展之本，实施"绿色密云"人才工程

以水源保护和生态涵养为重点，结合护水、护河、护山、护林、护地、
护环境，加快推进生态建设和环境保护领域人才队伍建设。大力培养、引进
水源保护、污染防治、循环低碳、节能减排和生态景观建设等方面的高层次
人才。加大与首都经济贸易大学密云分校、清华大学、北京大学、长江商学
院等高等学校、科研院所在生态建设、环境保护等领域的合作力度，组织开
展生态建设和环境保护规划、建设和管理人才专业化培训，扩大人才培养规
模，注重实践锻炼，为持续提升生态环境质量夯实人才储备基础。

统筹推进休闲旅游、健康养生、都市型现代农业和现代服务业等人才队
伍建设。积极引进优质的小微创客团队建设精品民宿，全力支持成立密云民
宿协会等专业组织，打造精品乡村酒店 11 家，改进精品民俗院落 200 个③。
每年组织一次全区旅游人才发展论坛，每两年举办一次旅游业领军人才评

---

① 数据由密云区人才工作领导小组办公室提供。
② 数据由密云区人才工作领导小组办公室提供。
③ 数据由密云区人才工作领导小组办公室提供。

比，对优秀人才进行鼓励。加大对旅游人才队伍培训力度，每年组织约2000人次的"开眼界、转观念、增技能"系列培训活动，加大校地合作，不断深化与北京联合大学旅游学院等院校的合作，建设了精品乡村项目、精品乡村酒店、精品民宿3个集专业性、特色化为一体的人才实训基地。充分发挥古北水镇等重点旅游资源的人才集聚优势，构建密云的旅游智库。举办密云文化旅游推介会暨首届密云文化旅游季，加快推介密云文旅品牌，积极引进类似德懋堂、山里寒舍等国内外知名的旅游专业公司。

4. 坚持开放发展理念，实施"开放密云"人才工程

坚持以开放的姿态和胸怀，创新引才、留才政策，健全评才、用才评价激励机制，开通科技创新、经济社会发展急需的高层次人才引进"绿色通道"，注重凭能力、凭实绩、凭贡献评价和使用人才，形成以市场配置人才资源为主，政府、专业组织、用人单位等多元评价体系为辅，开放、高效、充满活力的人才资源配置模式。在北京市人才引进（落户）政策支持的基础上，引进开发区康辰医药、智能管家、宝沃汽车、金诚信、万都底盘等企业的6名科技人才[1]。

用好京津冀协同发展、中关村人才管理改革试验区政策，挖掘密云区位优势，以联合人才培训、联合招聘会、合作项目洽谈会等具有较强影响力的区域人才合作项目为"桥梁"，主动承接北京非首都功能疏解过程中的优质资源，以休闲旅游人才、农村实用人才创新创业联盟为载体，加强与承德等密云周边地区的人才交流合作。

（三）聚焦"联动效应"，积极搭建引才聚才平台

1. 强化载体引才"磁力场"

"一园三区"平台引领作用显现。聚焦经济建设的主战场、科技创新的策源地、科学成果转化的承载区的功能定位，中关村密云园引才聚才的载体作用不断显现。截至2018年11月，中关村密云园上市挂牌企业共24家，

---

① 数据由密云区人才工作领导小组办公室提供。

其中主板上市 2 家，创业板上市 1 家，新三板挂牌 21 家。园区现有院士专家工作站 2 家，博士后工作站 6 家。全区国家高新技术企业达到 317 家，数量居生态涵养区第二位。102 家企业通过科技部科技型企业评价，数量居生态涵养区首位。市级以上研发机构 30 家，其中经市科委认定的研发机构 13 家，国家级研发机构 3 家。有效专利 1587 件，其中，发明专利 397 件，万人发明专利拥有量 142 件。[①]

经济开发区升级换代。截至 2018 年 11 月，已经落地的实体企业达 200 余家。[②] 积极做好企业服务工作，定期组织人才引进相关政策讲解会，将人才相关服务政策送到企业手中，在住房、人才落户、企业子女入学、绿色审批通道等方面制定"一企一策"的特色化服务制度，满足企业需求。

生态商务区是未来最具活力的功能区。密云区与世茂集团合作，联手打造云谷—京津冀创新生态商务区。规划"一核"（即高铁商务核）、两带（即生态创新示范带、滨水创新服务带）的空间布局，实现创新技术、创新金融、生态服务三大功能，把云谷建设成为全球智慧城市的示范标杆。目前云谷—京津冀创新生态产业园建设不断加快，未来网络、绿色金融、创意设计、中高端商业服务业等产业发展布局不断完善。

密云积极推动科学城东区规划与密云分区规划良好衔接。截至 2018 年 11 月，地球系统数值模拟装置主体结构封顶，中科院 4 个"十三五"科教基础设施项目和 1 个研究平台项目稳步推进。[③] 北京大学医学部（密云校区）及配套项目完成选址，建设指标得到落实。拓展科学城东区周边产业承载空间，产业园区规划形成阶段性成果。在紧邻怀柔科学城和京承高速出口的十里堡镇王各庄村，规划建设占地 2000 亩的生命与健康科学小镇。在西田各庄镇太子务村原首钢石灰石矿区预留了 2300 余亩国有建设用地，建设科学城产业孵化基地。[④]

---

① 数据由中关村密云园管委会提供。
② 数据由中关村密云园管委会提供。
③ 数据由密云区人才工作领导小组办公室提供。
④ 数据由密云区人才工作领导小组办公室提供。

产业的集聚加速人才的集聚。截至 2018 年 11 月，中关村密云园从业人员 25938 名，其中本科及以上学历人员 5710 名，同比增长 12%，占从业人员的 22%；研发人员 2747 人，同比增长 7%，占从业人员的 11%。[①] 在园区内创业的院士 2 名、与企业合作的院士 11 名、国家千人计划专家 3 名；享受国务院政府特殊津贴 3 名；赫宸环境公司赵健飞等 7 人入选北京市"海聚工程"、中关村高聚工程等人才工程。[②] 各类人才队伍的年龄结构、职称（等级）结构不断优化，逐步形成了与园区产业发展基本相适应的人才格局。

2. 打造新时代"人才引擎"

目前，密云正在建设生态富裕创新和谐美丽新密云的道路上阔步前进，人才对经济社会发展的推动作用愈加明显，愈加重要，日益成为实现跨越式发展的"新引擎""新动力"。聚焦核心产业发展，密云大力推进顶尖人才和领军人才引进工作，发挥人才的示范带动效应，以人才集聚引领产业发展和技术创新。

密云未来网络产业发展历程充分显示了人才对产业链和创新链的引领作用。2015 年由刘韵洁院士主持的"未来网络"项目落户密云，接着北京云链矩阵科技有限公司、未来物联（北京）信息产业有限公司等三家企业落户未来网络产业园，2016 年入驻企业总数达到 17 家。截至 2018 年 11 月，未来网络项目聚集效应持续显现，新引入智邮开源、青秧科技等企业 9 家，入驻的 22 家企业共计实现税收 3517.1 万元，形成财政收入 756.4 万元。[③] 未来网络试验设施（CENI）项目密云节点"端局云平台"部署完成，车联网、"端局云"、慢病预警平台等多项成果已在北京和深圳等地转化推广。未来网络产业从无到有，从有到优，产业集聚的过程也加速了人才的集聚，是密云"以才兴业、以业聚才"的典型案例。

（四）聚焦"密云服务"，改善人才发展生态环境

1. 建立常态服务机制

密云积极做好高层次人才和来密专家的联系和服务工作。北京市首个

---

① 数据由密云区人才工作领导小组办公室提供。
② 数据由密云区人才工作领导小组办公室提供。
③ 数据由密云区人才工作领导小组办公室提供。

"九三学社院士专家服务站"落地密云，双方共同签订了《专家服务站共建合作协议》。借助"人才京郊行——密云缘"和"首批科技创新领军人才"微信群等平台，加强与"人才京郊行""专家服务基层"等的沟通互动。同时积极搭建人力资源服务平台，聚焦区内高新技术企业、跨国公司地区总部、科研机构等主体人才需求，积极调配博士引进名额、推动高校和企业对接、组织专场招聘会等。

2. 优化改善营商环境

加大人才服务力度，建立人才引进"绿色通道"服务机制。支持高精尖产业人才引进"千人计划""海聚工程"等重大人才工程。此外人才服务链条从引进人才向成就人才拓展，积极为人才提供干事创业的营商环境。大力营造良好发展环境，坚持引才融智、做大做强，进一步优化经济结构，新生动力培育成效显著。召开了两次经济发展大会，全面落实营商环境"9＋N"政策2.0版，为企业量身定制"服务包"，营商环境进一步优化。区政务服务大厅完成升级改造，38个部门的1090项业务全部纳入"一窗"受理综合窗口[1]。北京绿色科技产业发展基金稳步推进，绿色金融服务平台成功上线，金融服务实体经济能力持续提升，营商环境得到了极大优化和改善。2018年，密云新增纳税企业5700余家、市场主体7300余个，2019年上半年，全区共引进注册型企业近2000家，注册资本230多亿元。[2]

三　坚持问题导向：密云人才发展的短板

本课题组对在密云创新创业的人才及人才工作者进行了问卷调查（下称"问卷调查"），问卷共1212份，其中创新创业类问卷主要针对在密云区各类企事业单位工作的创新人才和自主创业人才，共984份；人才工作者主

---

① 数据由密云区人才工作领导小组办公室提供。
② 数据由密云区人才工作领导小组办公室提供。

要针对在密云区委区政府相关部门从事人才工作的党政人才，共 228 份。调查发现，比较优势不突出、体制机制待突破、高端人才少、平台少，是目前密云人才工作面临的短板。

（一）人才政策的比较优势不突出

人才政策和密云优势结合度不够。通过对国内一些地区引才、育才、留才的效果予以分析，发现人才政策效果较好的区域一般都找到属于自身的长期的比较优势，实践证明只有找到一个区域人才发展的相对优势，才能真正让引进来的人才"用得好、留得住"。近年来，密云区在发展的过程中形成了一些比较优势，例如地处北京的区位优势、生态环境优势、营商环境优势、交通优势等，但是人才政策和密云发展的"比较优势"契合度不高，人才发展优势还没形成突出的特色，如果现在的人才政策不利于发挥密云的比较优势，会导致该地域的人才政策效果大打折扣，人才引领带动效应发挥得不充分。

因地制宜特色人才队伍不具规模。目前密云区各支人才队伍建设力度不断加大，但围绕生态环境保护、科学城落地转化、乡村振兴推进、幸福产业发展等方面的特色人才队伍尚不具备规模。通过对密云区各支人才队伍摸底调查发现，密云现有的人才队伍规模不足以支撑密云高质量发展，未来密云区需要在这些人才队伍建设上下功夫，构建支撑战略布局的人才优先发展体系。

人才政策的碎片化影响政策获得感。近几年密云区也制定下发了一系列支持人才队伍建设发展的有关政策，但人才政策大部分散落在科技创新、产业发展、创新创业等政策中，人才政策的碎片化问题凸显。同时，在调研中也发现一些问题，由于有些政策复杂、应用性差，人才往往会错过获得支持的宝贵机会，具体情况见图 2。

人才政策系统性的评分在各个评价中是最低的，仅有 3.63 分，说明密云人才政策的系统性还有待提升。此外，调查的时候发现，政府官网和宣讲等公共平台、政府有关部门通知、单位通知和微信、微博等新媒体是密云人才了解人才政策的主要方式，传播主体比较集中，缺乏一个集成人才政策的

图例：
□ 系统性　　■ 人才与产业政策融合度　　■ 分层分类
■ 可操作性　▫ 时效性　　■ 相关部门落实情况

| 3.63 | 3.66 | 3.68 | 3.68 | 3.70 | 3.71 |

0　　　5　　　10　　　15　　　20　　25（分）

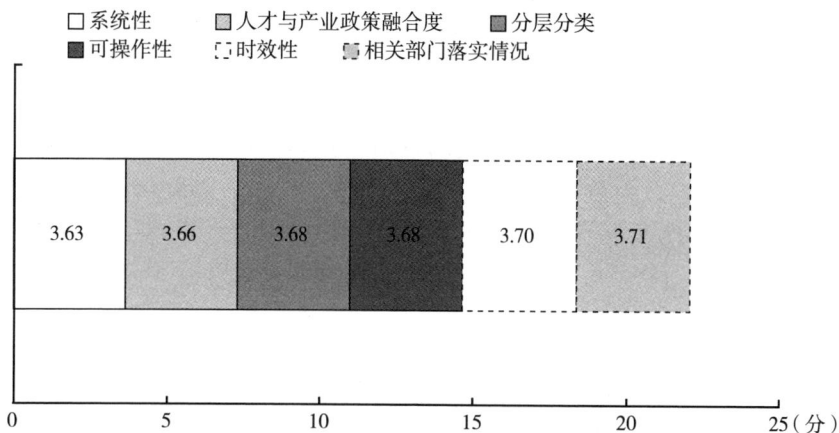

图2　密云区人才政策评价符合度调查得分

公共服务平台来给人才提供政策索取端口，同时有些政策落实不好、效果不彰，缺乏详细可操作的细则指导，也让人才的政策获得感较弱。

通过分析问卷发现61.84%的人认为政策宣传不到位是密云区现有人才政策存在的最主要问题。有些政策推出后就被放置了，人才新政的影响力和覆盖面都受到了限制，缺乏创新性的宣传政策方式，宣传方式单一化，需要进一步优化。

（二）体制机制改革创新力度不足

调查中发现目前密云区的人才工作领导体制"一横多纵"，涉及面广，存在央地人才、体制内人才条块分割，各部门在体制、机制、体系上合力不足、协同联动程度不够，人才工作开展与自身职能的契合度低等问题。

目前密云区人才体制机制综合评价平均分为3.72分，其中，对人才管理体制的评分相对较高，对人才评价机制的评分次之，对人才使用机制、人才保障机制、人才引进机制以及人才激励机制的评分位于中游水平，对人才流动机制以及人才培养机制的评分居后两位（见图3）。通过调研发现人才培养政策、人才激励政策以及人才引进政策是对密云区实施人才强区战略起正向作用较大的三方面，而密云目前这三方面的体制机制评价分数较低，可以看出具体人才工作确实面临着体制机制创新的障碍，人才管理事权集中，对人才培养重视程度不够，用人主体自主权缺失，人才工作存在"市场冷、政府热"、政府唱"独角戏"问题，需要结合密云实际，进一步突破体制机制的藩篱，深化体制机制改革创新。

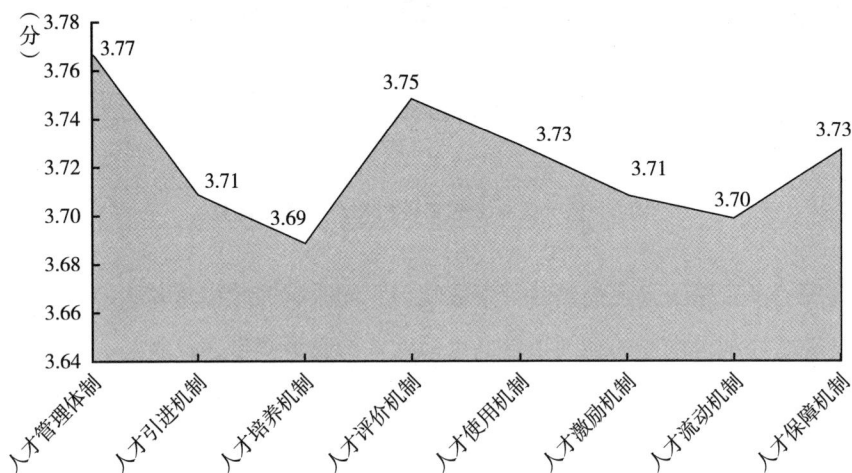

图3 密云人才发展体制机制综合评价（5分制）

引才机制有待创新。通过调研发现，密云区在高层次人才引进、培养、使用等方面配套政策不完善，灵活性不够，45.18%的被调查者认为引才力度较弱是目前密云区在人才引进方面暴露的最突出的问题，此外区域内还存在引才渠道和平台较少、未能实现精准引才、市场参与程度不足等问题（见图4）。专业技术人才、高技能人才是目前密云区最需要引进的两个人才类型。

育才机制有待完善。目前密云的人才培养机制还没有形成有效的梯次体系，对人才培养的重视程度有待加强（见图5）。

此外，专项资金投入不足、人才培养目标不明确、高层次人才培养平台较少等问题也较为普遍。通过与密农人家和康辰药业等企业、人社局、密云职业学校等进行访谈发现，密云人才培养工作需要进一步创新人才培养体

引才力度不够 45.18
引才渠道和平台少 30.70
未能精准引才 28.51
市场参与不足 25.44
引进方式单一 24.12
配套措施不到位 24.12
引才观念滞后 21.93
引进注重短期效益 12.28
引才缺乏阶梯性 11.84
引进评审体系不科学 6.58
其他 3.95

0　10　20　30　40　50（%）

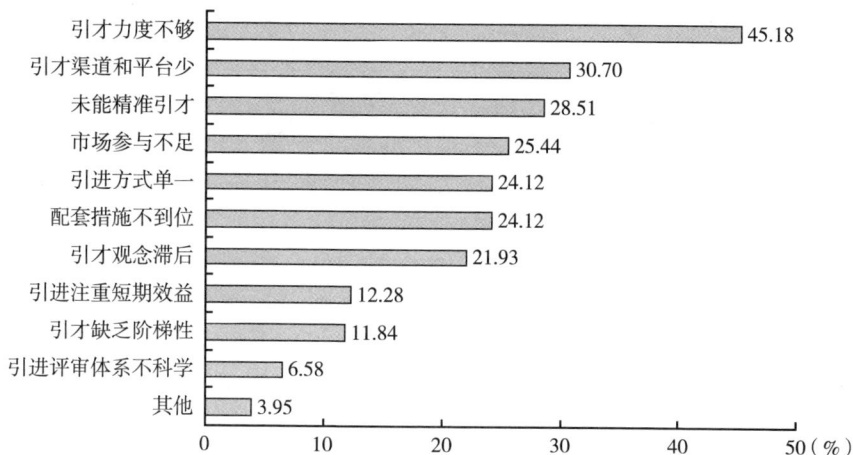

图4　密云区人才引进机制方面的问题

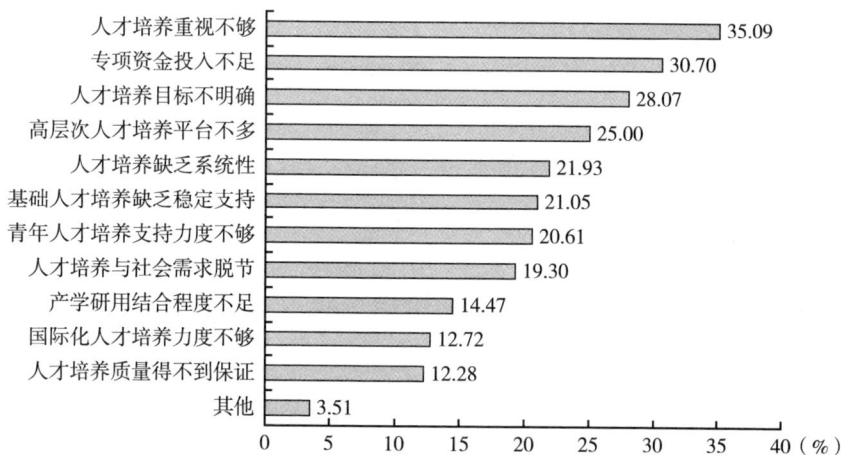

人才培养重视不够 35.09
专项资金投入不足 30.70
人才培养目标不明确 28.07
高层次人才培养平台不多 25.00
人才培养缺乏系统性 21.93
基础人才培养缺乏稳定支持 21.05
青年人才培养支持力度不够 20.61
人才培养与社会需求脱节 19.30
产学研用结合程度不足 14.47
国际化人才培养力度不够 12.72
人才培养质量得不到保证 12.28
其他 3.51

0　5　10　15　20　25　30　35　40（%）

图5　密云区人才培养机制方面的问题

系；产学研用紧密结合的程度较低，在人才急需紧缺领域如生态特色产业等领域的人才培养体系亟待完善。

激励机制有待改革。通过对密云区内的创新创业人才调查发现，人才工作者认为较大的上升空间、合理的工资薪酬体系以及公平的奖励制度三方面是有效激励人才的重要因素。目前密云在有效激发人才活力方面有待改进（见图6）。

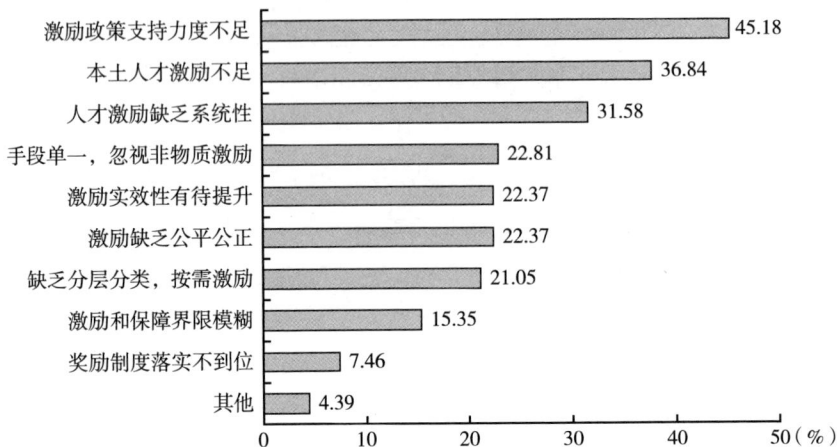

图6　密云区人才激励机制方面的问题

　　调查问卷显示，有45.18%的人才工作者认为，激励政策支持力度不足，没有发挥积极的作用。重视引进人才激励，对本土人才激励不足，重视高层次人才激励，其他方面人才缺失，重视物质激励，忽视非物质激励也是目前面临的主要困难。

（三）人才发展需要加速提质增量

　　高端人才较为稀缺。目前密云区还存在"高精尖"领军人才、优秀青年人才和复合型人才比较缺乏，人才竞争力不足等现实问题。引进高层次人才数量少，本土高层次人才不能满足全区经济社会发展和科技创新的需要。重点行业产业的"高精尖"人才缺口较大，拥有专业特长、实践经验的高学历、高职称人才成为各个产业的需求重点。党政人才、专业技术人才中研究生和大学学历所占比例偏低，截至2018年11月，密云区专业技术人才占比为15.65%[①]。此外，国际高端人才引进力度有待进一步加强。

　　[①]　数据由密云区人才工作领导小组办公室提供。

人才资源总量不足。密云区人才总量偏低，相对于其他区的人才数量，密云区还需要进一步扩大人才总量规模。如图7所示，密云区的人才总量仅占北京市人才总量的1.12%，在生态涵养区中，与平谷和怀柔也有一定的差距。与平原地区的顺义区、大兴区、昌平区、房山区等的差距逐渐拉大。

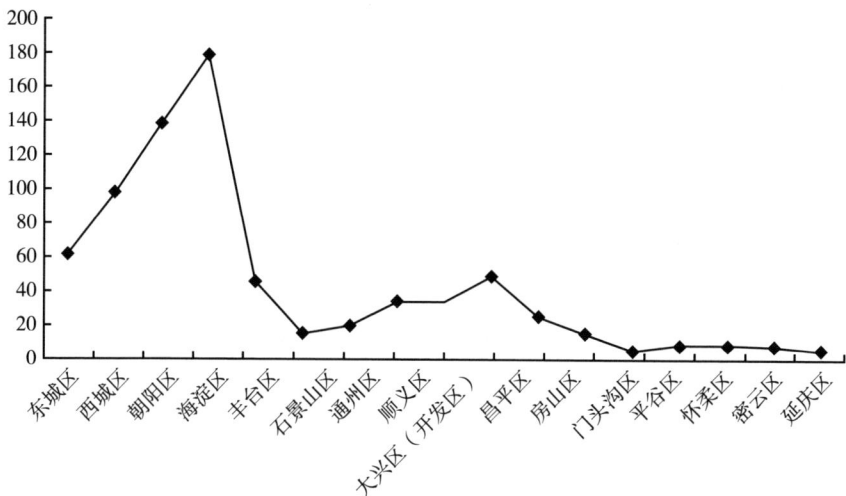

图7　2017年北京各区人才数量

数据来源：《北京地区人才资源统计报告（2017）》，北京市人力资源研究中心。

人才"虹吸效应"凸显。高层次人才具有稀缺性和流动性，目前密云区人才流失问题十分突出，特别是本地培养的高层次人才，城内六区对于他们的虹吸效应尤其明显。问卷调查发现，薪酬待遇不高、事业发展受限、才能难以发挥、城市配套服务水平低是密云区人才流失的主要原因。一是隐性外流。据不完全统计，近三年，密云区平均每年本科上线人数为1592人，而回密工作的本科毕业生仅有200人左右，年外流率在87%以上[①]；二是显性外流。受思想观念、薪酬待遇、发展预期等诸多因素影响，人才"留不住"现象较为突出。密云在一定程度上成为人才进入城区的跳板，一些引

---

① 数据由密云区人才工作领导小组办公室提供。

进的非密云生源毕业生在经过一个时期的工作适应，积累了一定的工作经验以后，纷纷转向城区就业，特别是具有中高级职称、本科以上学历的人才，先后共有 20 多位离开密云。通过调查问卷，发现共有 17% 的人才代表表示有近期离开密云工作生活的想法。

本土人才利用率低。激活本土人才的活力是区域人才发展的有效途径，生于斯或者长于斯，生活习惯、社交圈和情感惯性是本土人才的先天优势，同时还有教育、医疗、租房置房成本低的便利。通过调研发现，目前密云区本土人才的利用率还不高，本土人才回乡发展的渠道还需要进一步畅通，吸引本土人才返乡创新创业的方式还需要创新，本土人才的活力还有待激发，本土人才回流推进机制和本土人才表彰机制还有待突破。

（四）政府市场用人主体衔接不够

通过问卷分析发现，目前密云的人才工作存在缺乏专业性、行业性人才市场，政府管理职能缺位、错位、越位，岗位和编制管理模式缺乏创新、人才管理权力和责任清单不明确等问题。市场在人才资源配置中的决定性作用没有得到充分发挥，政府人才管理职能有待转变，用人主体自主权还没有充分体现，识才用才的社会氛围需要强化。目前密云的人力资源市场化程度不高，还未形成区域人才产业链条，人才导流作用还未充分发挥，产业和人才羊群效应没有显现，市场活力还需要进一步激发。同时政府人才治理模式有待创新，紧密贴合密云绿色发展的人才治理体系还不健全。

（五）人才创新创业生态有待优化

创新创业环境竞争力不足。目前密云区在打造营商环境上取得了一定的成效，在一定程度上带动了创新创业环境的改善，但创新创业环境整体竞争力不足。

本文利用问卷调查了创新创业人才对密云人才发展环境的重要度看法和满意度，比较二级指标重要度和满意度的差值可以得出密云人才发展环境需要改善的重要方向，将"重要度"分值减去"满意度"均值，如果差值为正数，说明当前人才发展环境与人才的要求尚有差距，差值越大则表示存在问题越突出，是今后必须着重加以改善的方面；如果差值为0或为负数，则显示密云人才发展环境基本符合人才发展的期望（见图8）。

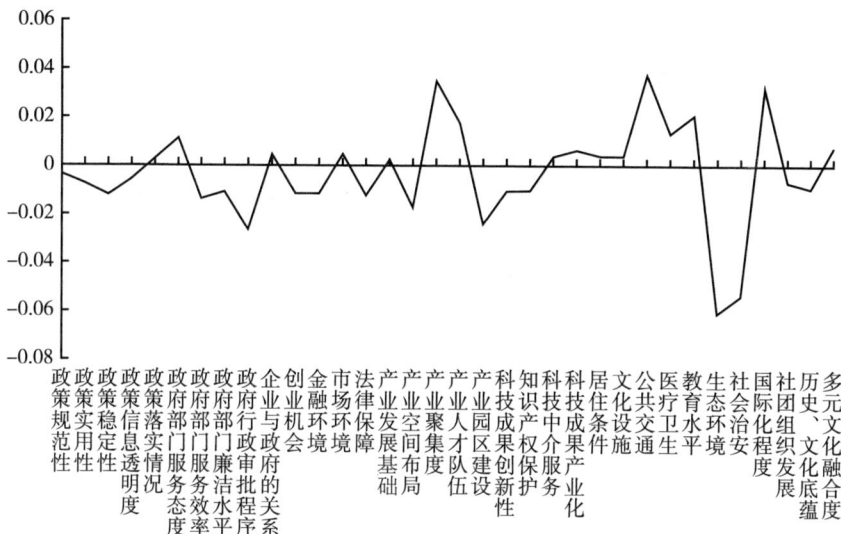

图8　密云区双创人才对发展环境重要度和满意度评价差值

观察二者之间差值可知，密云双创人才对各项指标的评价存在一定差异，公共交通（0.0380）、产业聚集度（0.0357）、国际化程度（0.0329）、教育水平（0.0210）、产业人才队伍（0.0180）、医疗卫生（0.0133）、政府部门服务态度（0.0117）、多元文化融合度（0.0082）、科技成果产业化（0.0065）、市场环境（0.0053）、企业与政府的关系（0.0051）、居住条件（0.0043）、文化设施（0.0039）、科技中介服务（0.0038）、政策落实情况（0.0032）、产业发展基础（0.0029）在各一级指标中的满意度评分明显低于重要程度评分，是密云未来应当着重改进之处。

据上述结果可计算出各项一级指标影响程度及满意度分值，如表1所示。

表1 密云区人才发展环境一级指标评价（5分制）

一级指标	重要度	满意度	差值
政策环境	3.87564	3.88078	−0.00514
政务环境	3.90032	3.9073	−0.00698
经济环境	3.84785	3.855425	−0.00758
产业环境	3.84254	3.83966	0.00288
科技环境	3.854425	3.857025	−0.0026
社会环境	3.877491	3.878473	−0.00098

通过观察并分析表1数据可知，双创人才认为政务环境、社会环境和政策环境对人才发展的重要度比较高，双创人才对政务环境满意度评价最高，相对来说科技环境、经济环境、产业环境满意度需提升。观察此间差值，可发现"产业环境"这一指标为正，为0.00288，说明较其他五项，密云区双创人才对此项指标的满意程度与其预想的影响程度之间仍存在差距，这是支撑人才发展需要进一步改进的重点。

（六）人才发展载体平台亟待完善

事业发展平台受限。目前密云区的经济发展水平还有待提升，密云区的GDP、从业人员在16个区中排名靠后，经济实力比较弱，在经济发展和产业集群方面与其他地区相比竞争力较弱，虽然营商环境有所改善，但是还需要一定时间发挥其带动作用，加之目前正处在产业升级转化的关键时期，高精尖产业优势还没有完全形成，产业对人才的集聚作用还没有发挥出来，产业带动人才、集聚人才助推产业发展的良性循环体系还不健全（见图9）。

双创服务平台缺乏。目前密云区的企业和高校、科研院所共建研发中心、公共实验室、技术中心等科研公共服务平台缺乏，在座谈的时候，有些高层次人才反映密云区目前在这样的科研平台共建方面扶持的力度较弱。大科学装置与企业科研团队也没有共享资源的平台和桥梁，技术研发平台、资源共享平台、技术转移服务平台的市场化和社会化程度比较低。此外密云区创业孵化器发挥的作用还不够明显，人才创业的成本较高，社会力量参与支持创新创业的力度

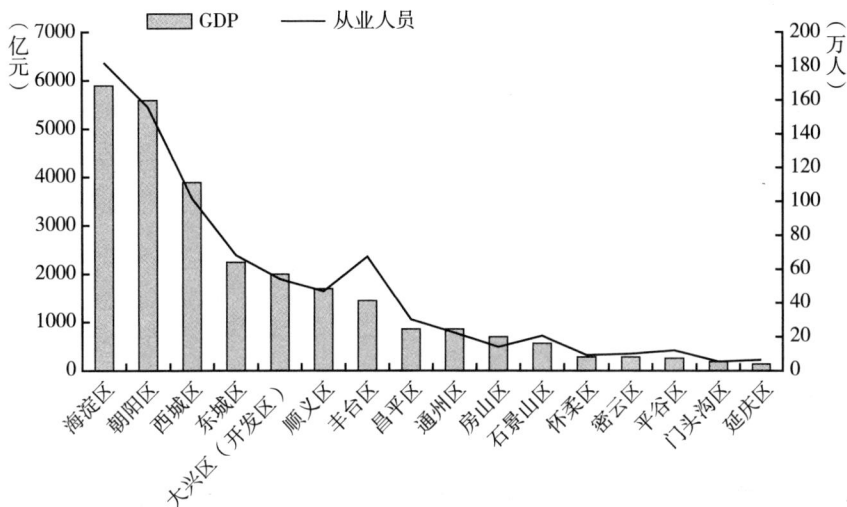

图9　2017年北京市各区GDP和从业人员数量

不够，行业领军企业、创业投资机构等参与众创空间的积极性有待提升。

国际交流平台单一。通过座谈，一些高层次人才反映目前密云区高层次人才参与国际交流合作的平台缺乏，渠道单一，在对创新人才的问卷中，有36.36%的创新人才认为对外交流的机会不多是创新中遇到的主要困难。此外密云区对引入高端人才峰会、国际学术论坛等品牌活动的支持力度有待加强，支持区内高层次人才参与国际交流的专项资金还不完善。

（七）人才服务保障水平需要提升

城市功能有待升级。在问卷中可以看出人才的幸福感和归属感比较强，生活环境和生态环境满意度也较高，但是对教育医疗和文化娱乐设施的满意度较低，对改善城市功能的需求强烈（见图10）。

人才服务需要进一步完善。一方面，在服务创新、引领创新方面作用发挥不足，仅限于提供廉租、免租办公场所，在政策扶持、金融服务方面主动作为不够。此外，主要集中在前端，对创新创业者中后期发展关注较少，全程化服务不足，使得许多人才在面临困境、失败时，缺乏政府后续承接。另一方面，人才服务项目涵盖内容不够全面，其中医疗休养、子女入学等优惠

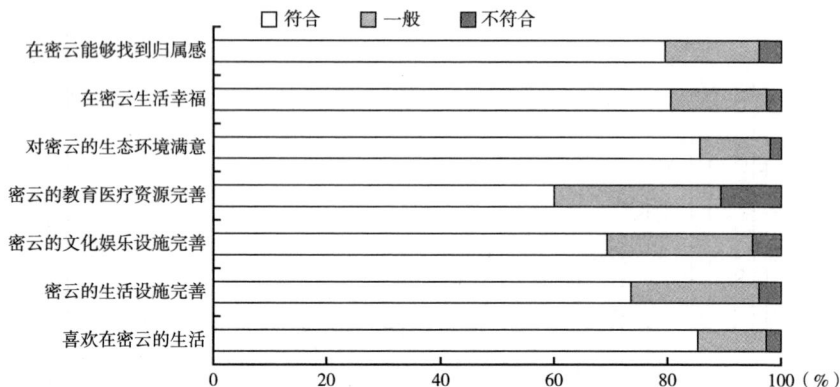

图10　创新人才对密云区生活环境的评价

项目描述不够具体，导致落实相关人才服务政策效率不高，这使得人才难以扎根密云、在密云安心发展。

四　积极筑巢引凤，助推人才集聚

（一）围绕区域发展功能定位，构筑具有特色的人才政策体系

1. 激活人才发展比较优势

激活密云区的生态环境、交通区位优势，以现有的优势条件塑造密云人才发展新优势。密云生态环境优美，水源保护区占全区面积的3/4，全区林木覆盖率达72.5%，空气中负氧离子含量高于市区40倍。要通过搭建平台、发展产业、打通渠道，大力提升密云的生态优势与人才集聚的契合度。积极利用密云独有的水库、森林、山脉等资源禀赋，为密云集聚高层次人才。随着2条高速公路、2条铁路、1条在建的京沈客运高速铁路、1条规划轻轨S6线的"2211"交通网格局完善，密云交通方面的短板将被补齐。要充分发挥交通优势对人才特别是对国际化的顶尖人才和领军人才的吸引作用，使人才加速融入首都半小时经济圈，强化密云在区域发展中的节点作用。

2. 完善本土人才返乡政策

从战略和全局的高度，准确把握新时代人才工作的要求，综合考虑人才

政策的系统性和持续性，强化政策合力，聚焦密云"人才＋"的发展思路，激活本土人才活力，构筑密云人才工作相对优势，科学构建具有区域竞争力的引才育才用才政策体系。发挥密云籍优秀人才视野开阔、知识丰富与家在密云、熟知密云、情系密云的独特优势，制定并实施密云籍优秀人才返乡创新创业计划和2019年密云区高校优秀学生实习计划。研究制定人才返乡创新创业奖励政策，探索建立与贡献度相对应的奖励体系，可根据情况帮助申请北京青年创业基金和创业投资引导基金、小额担保贷款和财政贴息、银行低息贷款等，吸引和支持本籍人才返乡创新创业。组建返乡创业联盟，聘请返乡创业成功人才为导师，为加入返乡创业行列的人士提供创业指导、政策咨询、典型示范、过程帮扶。

（二）紧抓各支人才队伍建设，形成人才虹吸的反磁力体系

1. 着力打造一支绿色经济人才队伍

聚集培养一批支撑绿色经济高质量发展的人才，以"一园三区"为基地，加快集聚顶尖人才、领军人才、科技创新人才和企业家人才等绿色经济人才，形成一支带动密云科技创新和产业结构优化升级的高层次人才队伍，推动绿色经济进入繁荣发展新阶段。聚焦生物医药大健康、智能制造、节能环保、新一代信息技术等高精尖产业，以引进高层次产业人才为重点，促进诺奖级科学家、两院院士，以及入选"千人计划""万人计划""海聚工程""高创计划""高聚工程"等的高层次人才集聚。

配合云谷－京津冀创新生态商务区建设需要，集聚国际一流的科技研究人才、企业领军人才和金融商务人才，支撑"云谷"建设成为智慧城市的典范。通过"高层次人才＋核心团队＋创新创业项目"模式，支持高层次人才创办工作站和经济实体，运用知识产权入股、项目合作、参股投资或跟进投资等方式，为科技领军人才提供定制化服务，建立项目落地、科技创新、创造效益情况的奖励支持机制。支持"一园三区"科技创新团队建设，创办"独角兽"企业，开展人才培养、技术攻关、成果转化等科技创新活动，提升自主创新能力，推动新技术、新产业、新业态快速成长。持续开展"科技领

军人才"评选工作，表彰在带动重点产业发展或满足社会公共服务需求方面做出重要业绩的科技领军人才，激发科技人才的创新创业活力。

3. 不断强化乡村振兴人才队伍素质

聚集培养一批能够发挥引领示范效应的高素质新型乡村振兴人才，建成一支以新型职业农民为主体包括科技人才、专业人才和本土人才的乡村振兴人才队伍，推动美丽乡村建设。聚焦精品农业、文旅休闲产业需求，主动对接国家高层次人才计划，特别是农业科研杰出人才计划和杰出青年农业科学家项目。通过引进乡村振兴高层次人才，进一步推进国家现代农业产业园和国家农业科技园区建设，加快相关产业融合发展，创新发展农旅结合、农科结合、农文结合新业态。

实施新型职业农民培育工程。以需求为导向，支持农民通过"半农半读"等弹性学制参加中高等农业职业教育和精准技能培训。积极引进培养一批引领乡村振兴的领军人才；引进和培养一批能够扎根农村、指导农户运用先进技术和以市场为导向进行生产的实用人才；与重点高校、高等职业院校和知名学者等合作共建"乡村振兴学院"，对农村实用人才、旅游人才、新型职业农民等进行系统化培训。

4. 大力支持优秀青年人才队伍发展

加快集聚青年优秀人才。大力支持各类用人主体引进一批40岁以下拥有自主知识产权，且具有一定影响力和发展潜力的杰出青年，引导和鼓励创新创业优秀青年人才向密云主导产业集聚。积极促进青年人才对接顶尖人才、高层次人才资源，充分发挥顶尖人才、领军人才对青年人才的引领示范作用。集聚培养一批具有成长潜力、支撑密云未来发展的优秀青年人才，建成一支具有创新精神和创业素质的青年人才队伍，为密云区经济社会发展提供后备力量。

加大对青年人才的培养、使用和选拔力度。深入推进"优选计划"，引进一批硕士研究生以上学历应届毕业生进入行政事业单位，注重灵活用才。充分利用北京市杰出青年科学基金项目和"卓青计划"，培养密云杰出青年。设立青年人才工作站，提供思想引领、实习就业、创业培训、资源对接、标杆推广等全过程扶持。

大力支持优秀青年创新创业。支持青年人才参加科技攻关、产学研合作、高端学术交流。组织开展青年人才创新创业活动，运用政策性金融工具扶持培养创新创业青年团队，定向资助、跟踪培养创新创业青年团队。明确青年人才品牌项目，以项目带动青年人才培养。

5. 统筹社会事业专项人才队伍开发

推动教育、卫生、文化、体育、社会治理等领域领军人才的引进和培养，聚集培养一批名师、名校长、医疗专家、文化名家、艺术大师、技能工匠、社工人才和体育人才等，形成一支德才兼备、素质优良的专项人才队伍，有效解决密云人才结构性问题，推进密云社会事业繁荣发展。

着力打造区域名校长、名教师队伍，重点支持建设名师、名校长工作室。加大卫生人才引进培养力度，在医疗体系的薄弱环节，支持培养特色医疗人才团队和卫生专业技术骨干人才。积极引进培养哲学社会科学、新闻出版、文化艺术、文化经营管理等领域的高层次人才，打造文化人才涵养基地。加强全区社会工作人才综合素质提升，加快增加初级及以上水平社工师数量。依托潮河湿地公园马拉松赛道、南山滑雪小镇建设，引进高层次体育专业人才，提高密云生态马拉松、国际台球公开赛、北京市青少年滑雪联赛等大型赛事举办水平。

（三）积极搭建人才发展载体，为引才用才留才提供支撑

1. 强化人才集聚产业平台

当前，密云正在积极构建"一园（三区）、三带、多点"的产业布局，着力打造以休闲旅游健康养生和都市型现代农业为重点的绿色高端产业，产业结构转型升级任务重、挑战多，比历史上任何时期都更加渴求人才，筑牢"一园三区"集聚人才产业发展平台十分重要。围绕生态涵养区功能定位，以医药健康、智能制造、节能环保、新一代信息技术等产业为主导，发挥高精尖产业平台对高层次人才的集聚作用，推动经济高质量发展。

加快推进云谷－京津冀创新生态产业园建设，以未来网络、绿色金融、创

意设计、中高端商业服务业为导向，加快培养急需紧缺的专业人才队伍。加快发展密云特色的高端生态产业，以"十百千万"工程为牵引，大力发展精品农业、文旅休闲两大基础产业，整合各类资源，推动文旅、农旅深度融合，发展全域旅游。加快推进蜜蜂产业提质增效，加快完善科技引领农业发展、农产品品牌、农产品绿色安全和农产品销售四大体系建设；继续发挥古北水镇等大项目作用，鼓励引导建设精品乡村酒店和精品民俗院落；以精品赛事活动为牵引大力发展幸福产业，抓住北京冬奥会契机，大力发展冰雪运动和体育休闲产业，将生态、时尚、体育等元素有机融合，加快建设时尚体育小镇。

2. 积极搭建创新创业平台

积极推进与朝阳区的结对协作，深化建立企业总部办公在朝阳、配套研发和生产在密云的协同发展模式。搭建集产学研合作、科技成果转化、农文旅产业融合、创业孵化加速、投融资对接、生态社区等于一体的双创中心，大力吸引孵化机构、科创载体、创新创业社团等双创服务机构快速入驻，为不同阶段人才提供定制化的双创服务。鼓励高层次人才、世界500强企业、国内外知名高校、科研院所来密云建立新型产业技术研究院、院士（科学家、专家）工作站（室）、博士后科研工作（流动）站、创新实践基地等。

3. 不断建设人才交流平台

利用密云的生态优势，聚焦高水平国际学术会议、专业论坛、高端引智活动、培训活动等，对永久性落地或者给密云带来重大经济社会效益的活动，给予重点支持。鼓励行业协会建立密云高层次人才联谊机构，为高层次人才聚会联谊、沟通交流、学习提高、共谋发展提供交流的平台，支持企业、产业联盟、新型研发机构、人才协会发起的技术研讨和创新交流活动。鼓励各类人才参加国内外学术交流、创新创业大赛、科技论坛等，支持高层次人才参加国内、国外短期研修和学术交流活动。

（四）促进人才政策细化落实，推动市人才部署落地生根

1. 内容细化，过程科学规范

要细化出台政策的任务分工，认真对照分工安排，结合人才工作领

导小组成员单位职能职责，研究出台配套措施和实施细则，让好政策直抵人才和企业，以创新促精简，转变服务理念，解决"最后一公里"问题。坚持开门立规的原则，以召开专题座谈会等形式征询专家学者、海内外各级各类人才、各部门人才工作者等相关主体的意见，经过充分调研推出人才政策，条款细化，建立一套具有指导性的申报机制，及时出台指导性的政策运用流程，确保人才和企业能够"读得懂、用得上"，增强政策的获得感。

2. 大力宣传，营造良好氛围

定期召开密云区人才工作领导小组会议，及时研究发布人才政策、聘请专家顾问、表彰优秀人才，增强各类优秀人才的荣誉感和归属感。将密云区出台的综合性政策、创新创业政策、人才发展金融政策等进行系统的梳理，编制成册，并且通过多种渠道、多种方式加大向当地企业与人才的宣传推广力度，以真正促进人才政策的运用。依托密云融媒体中心，建立人才工作联动宣传机制，宣传人才工作实绩，讲好创新创业人才故事。聘请引才特使，对引才贡献突出者授予"密云人才伯乐"称号。设立密云人才日、人才主题公园、人才展览馆等，在全社会营造尊才、重才、爱才、惜才的良好氛围。

（五）汇聚全链条全方位服务，形成特色的人才发展生态

1. 分层次多渠道保障人才住房

结合密云区公共租赁住房、共有产权住房等政策规定，进一步优化服务保障人才发展的住房支持政策，优化人才住房扶持方式，以配租公共租赁住房为主，建立人才住房封闭流转机制。建立分层保障机制，按照尽力而为、量力而行的原则，为各层次人才提供对应的安居服务。积极根据密云区建设条件、人才结构、实际需求、职住平衡等因素综合确定人才住房项目，通过市场租赁、新增筹建、园区配建、改建修缮、收购社会存量住房、调剂已有公共租赁住房等方式，统筹管理与各类高层次人才需求相匹配的安居住房。

2. 为人才提供优质的金融服务

鼓励天使投资、风险投资、商业银行等金融机构在密云提供人才融资产品与服务，建立"人才投""人才贷""人才保""人才险"联动支持机制，为高层次人才提供引导投资、人才担保、人才经营贷、人才消费贷和人才信用卡等一揽子金融服务。对符合密云生态涵养区功能定位、发展前景良好、呈爆发式增长的创业企业量身定制金融激励计划。

3. 积极提供密云特有人才服务

充分利用密云水库、潮白河、云蒙山、雾灵山等资源禀赋，积极为高层次人才提供联谊交流、休闲度假、体育锻炼、健康疗养等服务。为高层次人才子女入学建立畅通的渠道。探索建立"家庭医生健康管理 + 专科医生便捷服务"模式，为高层次人才及配偶配备家庭健康顾问，提供专业的健康管理和咨询；开通就医便捷通道，定期组织健康体检。

4. 打造智能人才服务云平台

建立智能化信息平台，提供集人才政策、人才服务、人才工程项目、人才资源需求导向、人才交流互动于一体的"人才云"线上服务。重点搭建人才创新创业服务板块，促进信息共享、联动服务。培养一批人才服务专员，在企业注册、政策信息、财税金融、法律维权、人才交流等方面给予帮助。根据人才紧缺指数，定期汇编和更新《密云专项领域急需紧缺人才目录》，建立急需紧缺人才预警机制和社会发布机制。

参考文献

［1］《潘临珠在密云区第二届经济发展暨优化营商环境大会上的讲话》，2018 年 9 月 29 日。

［2］《潘临珠在中共北京市密云区委二届九次全会上的报告》，2019 年 7 月 25 日。

［3］《2019 年密云区政府工作报告》，2019 年 1 月 15 日。

［4］吴江：《用新体制新机制释放人才活力》，《人民论坛》2017 年第 15 期。

［5］《陶庆华：浅谈人才在"新电商 + 农业科技创新"发展中的重要作用》，小康杂

志社百家号，http：//baijiahao. baidu. com/s？ id = 1648148307843455840&wfr = spider&for = pc。

［6］姚修杰、陶庆华：《发达国家如何培养新型职业农民》，《中国人才》2018 年第 6 期。

［7］余仲华：《人才战略规划的评价标准与主要问题探析》，《人才资源开发》2011 年 4 月。

［8］《燕山明珠　密云水库》，《北京农业》2014 年 8 月。

专 家 篇

Report on Specialist

B.16
全球高被引科学家结构分析及
对我国的启示

赵宁 范巍*

摘 要: 本文以科睿唯安公司 2018 年发布的全球"高被引科学家"
榜单为依据,分析全球、中国以及北京市入选"高被引科
学家"榜单人员的结构特征,并从领域分布、绘制高端人
才地图以及开展专项调查三个方面提出了精准引进人才的
政策措施。

关键词: 高被引科学家 结构分布 精准引才

---

* 赵宁,中国人事科学研究院企业人事管理研究室助理研究员;范巍,中国人事科学研究院企
业人事管理研究室主任,研究员。

从 2014 年开始，科睿唯安公司①每年发布全球"高被引科学家"② 榜单，旨在遴选全球自然科学和社会科学领域最具影响力的研究人员。2018 年发布的该名单共包含 6078 位③"高被引科学家"，包括 21 个自然科学和社会科学领域内 4058 位"高被引科学家"，以及 2020 位在多个领域有杰出表现的"高被引科学家"。本分析报告的数据来源于科睿唯安 InCites 平台的基本科学指标数据库（ESI）④，摘取 2014～2018 年五年间中国（包括港澳台）的高被引科学家数据，完善了部分高被引科学家的履历信息，并进行二次编码分析。

一 全球高被引科学家的分布

本部分内容以 2018 年数据为基础，部分分析涵盖 2014～2018 年总体数据。分别从高被引科学家领域分布、地区分布、所在机构分布三个方面进行分析。

（一）全球高被引科学家领域分布

根据每个领域的人数规模，2014～2018 年成果被高度引用的研究人员在不同领域呈不均匀分布。表 1 统计了每个领域和新的跨领域类别中的研究人员数量。

---

① 科睿唯安作为全球领先的专业信息服务提供商，致力于为全球客户提供值得信赖的数据与分析，洞悉科技前沿，加快创新步伐。
② "高被引科学家"，指在一定时期内，如某一位科学家所发表的论文在全球范围内被引用的频次很高，这个科学家就被称为"高被引科学家"。一般来讲，"高被引科学家"所发表的成果具有很强的原创性、颠覆性，他们是战略科技人才的主要代表。
③ 由于 1 名"高被引科学家"可能同时入选多个领域，故本数据实际单位应为"人次"。
④ 基本科学指标数据库（ESI）是由世界著名的学术信息出版机构美国科技信息所（ISI）于 2001 年推出的衡量科学研究绩效、跟踪科学发展趋势的基本分析评价工具，是基于科睿唯安公司（原汤森路透知识产权与科技事业部）旗下 Web of Science（SCIE/SSCI）所收录的全球 12000 多种学术期刊的 1000 多万条文献记录而建立的计量分析数据库，ESI 已成为当今世界范围内普遍用以评价高校、学术机构、国家/地区国际学术水平及影响力的重要工具之一。

表1 2014～2018年全球高被引科学家研究领域分布

领域	高被引科学家数量（人次）				
	2018年	2017年	2016年	2015年	2014年
农业科学	158	156	377	375	402
生物学与生物化学	254	212	126	108	117
化学	261	215	70	71	95
临床医学	497	389	132	128	112
计算机科学	96	152	203	225	195
经济与商业学	96	93	216	205	198
工程学	204	176	145	157	187
环境学/生态学	185	160	147	132	137
地球科学	184	141	149	148	159
免疫学	146	138	125	110	87
材料科学	208	150	152	130	147
数学	90	96	106	99	99
微生物学	148	106	103	99	114
分子生物学与遗传学	249	204	186	198	201
神经科学与行为学	197	187	167	148	129
药理学与毒理学	161	134	138	128	133
物理学	211	194	110	119	144
植物学与动物科学	223	207	208	172	176
精神病学/心理学	157	138	134	110	100
社会科学	211	188	170	165	177
空间科学	122	102	102	99	106
小计	4058	3538	3266	3126	3215
跨领域	2020	—	—	—	—
合计	6078	3538	3266	3126	3215

（二）全球高被引科学家地区分布

2018年数据分析结果表明，美国"高被引科学家"数量遥遥领先，高达2639人次，占全部的43.4%。相比而言，2006～2016年Web of Science收录的所有论文中，美国作者或美国合著者的占比为27.6%。排名第二的是英国，达546人次，占比9.0%。中国内地紧随其后，达482人次，占比

7.9%（另外，中国香港入榜 51 人次，中国澳门 5 人次，合计达 538 人次，接近英国的人次）。其后有 100 人次或以上入选的国家/地区有德国（356 人次）、澳大利亚（245 人次）、荷兰（189 人次）、加拿大（166 人次）、法国（157 人次）、瑞士（133 人次）和西班牙（115 人次）。

表 2　2018 年高被引科学家全球入选地区排名

排名	国家/地区	高被引科学家数量（人次）	高被引科学家占比（%）
1	美国	2639	43.4
2	英国	546	9.0
3	中国内地	482	7.9
4	德国	356	5.9
5	澳大利亚	245	4.0
6	荷兰	189	3.1
7	加拿大	166	2.7
8	法国	157	2.6
9	瑞士	133	2.2
10	西班牙	115	1.9

"高被引科学家"来自 60 多个地区，但其中 82.7% 来自 10 个国家，而排列前五名的国家总人次占到了 70.2%，这是非常惊人的顶尖人才集中度。自 2014 年以来，来自新加坡、中国内地和澳大利亚这三个地区的高被引研究人员数量和所占百分比显著增加。

2014 年到 2018 年，据统计，来自新加坡的"高被引科学家"增长了 135.3%；中国内地的"高被引科学家"增长了 126.2%；澳大利亚增长率排列第三，为 112.5%。相比之下，日本在 ESI 领域的"高被引科学家"数量下降了 34.7%，即使包括跨领域研究人员在内，全国"高被引科学家"数量也呈绝对下降趋势。

（三）全球高被引科学家所在机构分布

在科研机构中，哈佛大学依旧高居"高被引科学家"数量榜首，为

186 人次。其他排名靠前的大学依次是斯坦福大学（100 人次）、加州大学
伯克利分校（64 人次）、牛津大学（59 人次）、剑桥大学（53 人次）、华
盛顿大学圣路易斯分校（51 人次）、加州大学洛杉矶分校（47 人次）、加
州大学圣地亚哥分校（47 人次）、麻省理工学院（45 人次）、宾夕法尼亚
大学（44 人次）和杜克大学（44 人次）。加州大学所有校区的入选总数是
所有组织或系统中最多的，清华大学（26 人次）是我国唯一出现在榜单中
的高校。在政府和其他类型的研究组织中，美国国立卫生研究院（包括所
有个体研究所）排名第一，"高被引科学家"有 148 人次。其次是中国科
学院（99 人次）、马克斯·普朗克协会（76 人次）、布洛德研究所（44 人
次）、国家过敏症和传染病研究所（39 人次）、布列根和妇女医院（38 人
次）。

表 3　2018 年高被引科学家全球科研机构排名

所在机构	国家/地区	人次	所在机构	国家/地区	人次
哈佛大学	美国	186	爱丁堡大学	英国	36
美国国立卫生研究院	美国	148	西北大学	美国	36
斯坦福大学	美国	100	康奈尔大学	美国	35
中国科学院	中国	99	北卡罗来纳大学	美国	34
马克斯·普朗克协会	德国	76	鹿特丹伊拉斯谟大学	荷兰	34
加州大学伯克利分校	美国	64	不列颠哥伦比亚大学	加拿大	33
牛津大学	英国	59	墨尔本大学	澳大利亚	33
剑桥大学	英国	53	梅奥诊所	美国	32
华盛顿大学圣路易斯分校	美国	51	耶鲁大学	美国	31
加州大学洛杉矶分校	美国	47	沙特国王大学	沙特阿拉伯	29
加州大学圣地亚哥分校	美国	47	伦敦帝国理工学院	英国	29
麻省理工学院	美国	45	欧洲生物信息研究所	英国	29
布洛德研究所	美国	44	多伦多大学	加拿大	28
宾夕法尼亚大学	美国	44	昆士兰大学	澳大利亚	28
杜克大学	美国	44	哥本哈根大学	丹麦	28
阿卜杜勒·阿齐兹国王大学	沙特阿拉伯	43	新加坡国立大学	新加坡	28

所在机构	国家/地区	人次	所在机构	国家/地区	人次
华盛顿大学	美国	42	加州大学旧金山分校	美国	28
约翰·霍普金斯大学	美国	41	科罗拉多州立大学	美国	28
伦敦大学学院	英国	41	瑞士联邦理工大学	瑞士	27
南洋科技大学	新加坡	40	阿姆斯特丹自由大学	荷兰	26
国家过敏症和传染病研究所	美国	39	清华大学	中国	26
哥伦比亚大学	美国	39	纪念斯隆-凯特琳癌症中心	美国	26
布列根和妇女医院	美国	38	加利福尼亚理工学院	美国	25
密歇根大学	美国	37	马里兰大学	美国	25

二 中国高被引科学家入选情况

（一）总量和专业领域分布

2014～2018 年中国入选高被引科学家的总人数 720 名，入选总人次为 1311 人次。每年分布如表 4 所示。

表 4 2014～2018 年中国入选高被引科学家总量和专业领域分布

年份	入选总人数	专业领域入选情况		入选总人次
		专业领域数量	入选人数	
2018 年	441	入选 1 个专业领域	404	404
		入选 2 个专业领域	33	66
		入选 3 个专业领域	4	12
		合计		482
2017 年	209	入选 1 个专业领域	182	182
		入选 2 个专业领域	25	50
		入选 3 个专业领域	1	3
		入选 4 个专业领域	1	4
		合计		239

年份	入选总人数	专业领域入选情况		入选总人次
		专业领域数量	入选人数	
2016 年	160	入选 1 个专业领域	140	140
		入选 2 个专业领域	18	36
		入选 3 个专业领域	2	6
		合计		182
2015 年	126	入选 1 个专业领域	110	110
		入选 2 个专业领域	14	28
		入选 3 个专业领域	2	6
		合计		144
2014 年	115	入选 1 个专业领域	96	96
		入选 2 个专业领域	19	38
		合计		134

注：历年入选总人数为 1051 名，剔除重复，实际为 720 人。

（二）ESI 研究领域对照国际前沿领域分布

全球高被引名单 21 个自然科学和社会科学领域中，中国入选多个领域，在精神病学/心理学领域等少数领域未有涉猎。如果按照目前国际公认的前沿领域来加以对照，各领域入选人员情况如表 5 所示。

表 5　ESI 研究领域对照国际前沿领域的高被引科学家分布

序号	国际前沿领域	ESI 研究领域	入选数量（人）
1	前沿基础交叉学科	数学	88
		物理学	
2	新一代信息技术	计算机科学	54
3	先进材料	化学	176
		材料科学	
4	海洋、空间与地球开发	地球科学	22
		空间科学	
5	农业与粮食安全	农业科学	32
		植物学与动物科学	
6	资源生态与环境	环境学/生态学	5

续表

序号	国际前沿领域	ESI研究领域	入选数量（人）
7	现代医学与前沿	生物学与生物化学	52
		临床医学	
		微生物学	
		分子生物学与遗传学	
		神经科学与行为学	
		药理学与毒理学	
		免疫学	
8	先进装备与智能制造	工程学	92
9	新型能源	—	0
10	智慧城市与数字社会	—	0

注：9位高被引科学家隶属经济与商业学、社会科学、精神病学/心理学等领域，没有进入国际前沿领域范围，190位高被引科学家为跨领域专业，不参与国际前沿领域对照。

（三）高被引科学家归属地分布

数据分析显示，中国高被引科学家覆盖全国26个省、自治区、直辖市（包括港澳台地区），其中，高被引科学家最集中的五个地区分别为：北京，196人，占比27.2%；香港，87人，占比12.1%；台湾，66人，占比9.2%；上海，54人，占比7.5%；江苏，51人，占比7.1%。中国的高被引科学家主要集中在发达地区，其次是高校、科研院所比较集中的地区，西部地区明显偏弱。青海、西藏、宁夏、内蒙古、广西、河北、河南等地还没有出现高被引科学家（见表6）。

表6　中国高被引科学家归属地分布

归属地	高被引科学家数量(人)	占比(%)
北京	196	27.20
香港	87	12.10
台湾	66	9.20
上海	54	7.50
江苏	51	7.10
四川	28	3.90

续表

归属地	高被引科学家数量（人）	占比（%）
湖北	27	3.80
辽宁	27	3.85
广东	26	3.60
浙江	25	3.50
吉林	19	2.60
黑龙江	19	2.60
福建	18	2.50
湖南	15	2.10
天津	12	1.70
陕西	11	1.50
安徽	10	1.40
山东	8	1.10
澳门	6	0.80
江西	4	0.60
甘肃	4	0.60
重庆	2	0.30
云南	2	0.30
贵州	1	0.10
新疆	1	0.10
山西	1	0.10
总计	720	100

（四）高被引科学家发展情况分析

本部分所采用的高被引科学家发展情况的数据均来自互联网上官方发布的履历信息，未能确认是官方发布的履历信息，则本研究未采用。

1. 性别分布

通过履历分析发现，中国的高被引科学家男性明显多于女性；在647个有效样本中，男性599人，女性48人，女性占比为7.4%（见表7）。

表7 2014～2018全国高被引科学家性别分布

	有效样本	男性	女性	女性占比
数量	647个	599个	48个	7.4%

2. 博导硕导情况分布

通过履历分析发现，中国的高被引科学家中，博士生导师和硕士生导师占比很高，均达到90%以上（见表8）。

表8　2014～2018年全国高被引科学家博导硕导情况分布

	有效样本	数量	占比
博导	547个	513个	93.8%
硕导	450个	423个	94%

3. 学历情况分布

考虑到履历结构不一致，本部分每一项数据单独计算样本量，且本部分数据不包含港澳台地区。中国高被引科学家本科和硕士大部分毕业于985/211高校；到了博士和博士后阶段，毕业于国外高校的比例逐渐增大。整体看一般高校和985/211高校毕业的高被引科学家随着学历的增高数量呈明显下降趋势；国外高校毕业的高被引科学家随着学历的增高数量呈明显上升趋势。由此可见，到了博士、博士后阶段接受国外高校培养的高被引科学家越来越多（见表9）。

表9　2014～2018年全国高被引科学家学历情况分布

	一般高校			985/211高校			国外高校		
	样本(个)	数量(个)	占比(%)	样本(个)	数量(个)	占比(%)	样本(个)	数量(个)	占比(%)
本科	500	93	18.6	488	349	79.9	500	47	9.4
硕士	464	30	64.7	437	317	72.5	464	94	20.3
博士	568	7	1.2	538	324	60.2	569	216	38
博士后	402	1	0.2	391	78	19.9	402	215	53.5

4. 海外访学及海外工作情况分布

通过履历分析发现，大部分高被引科学家都有海外访学和海外工作经历，占比分别为60.4%和79.6%（见表10）。

表 10   2014～2018 年全国高被引科学家海外访学及海外工作情况分布

	有效样本(个)	数量(个)	占比(%)
海外访学经历	369	223	60.4
海外工作经历	466	371	79.6

5. 职称情况分布

通过履历分析发现，大部分高被引科学家都有正高职称，拥有正高职称的占 95%（见表 11）。

表 11   2014～2018 年全国高被引科学家职称情况分布

	有效样本(个)	正高(个)	副高(个)	中级(个)
数量	603	573	25	5
占比(%)	—	95	4.15	0.83

6. 获得职称年龄分布

通过履历分析发现，我国高被引科学家获得副高职称时平均年龄接近 32 岁，但是大多数人在 30 岁时就获得副高职称；获得正高职称时平均年龄为 36.18 岁，但是大多数人在 34 岁时就获得正高职称。考虑我国现行职称制度规定副高到正高至少需要 5 年时间，这表明绝大多数人在副高到正高的职业发展过程中得到了破格的机会，方便其日后更加心无旁骛地从事科研工作（见表 12）。

表 12   2014～2018 年全国高被引科学家职称情况分布

单位：岁

	获得副高时年龄	获得正高时年龄
平均数	31.99	36.18
中位数	31	35
众数	30	34

三 北京地区高被引科学家入选情况

（一）总量和专业领域分布

2014～2018年北京地区入选高被引科学家的总人数为196名，入选总人次417次。每年分布如表13所示。

表13 北京地区高被引科学家总量和专业领域分布

年份	入选总人数	专业领域入选情况		入选总人次
		专业领域数量	入选人数	
2018年	152	入选1个专业领域	139	139
		入选2个专业领域	13	26
		合计		165
2017年	79	入选1个专业领域	67	67
		入选2个专业领域	12	24
		合计		91
2016年	55	入选1个专业领域	47	47
		入选2个专业领域	8	16
		合计		63
2015年	40	入选1个专业领域	34	34
		入选2个专业领域	6	12
		合计		46
2014年	48	入选1个专业领域	44	44
		入选2个专业领域	4	8
		合计		52

注：历年入选总人数中存在重复计数。剔除重复部分，实际入选196人。

（二）北京地区ESI研究领域对照国际前沿领域分布

全球高被引名单的21个自然科学和社会科学领域中，北京入选16个领域，精神病学/心理学、空间科学、社会科学、经济与商业学、环境学/生态学等领域未有涉猎。16个入选领域对照国际前沿领域的人选情况如表14所示。

表 14　ESI 研究领域对照国际前沿领域的高被引科学家分布

序号	参考目录所在领域	ESI 研究领域	入选数量（人）
1	前沿基础交叉学科	数学	29
		物理学	
2	新一代信息技术	计算机科学	5
3	先进材料	化学	55
		材料科学	
4	海洋、空间与地球开发	地球科学	10
5	农业与粮食安全	农业科学	10
		植物学与动物科学	
6	现代医学与前沿	生物学与生物化学	15
		临床医学	
		微生物学	
		分子生物学与遗传学	
		神经科学与行为学	
		药理学与毒理学	
		免疫学	
7	先进装备与智能制造	工程学	17
8	资源生态与环境	—	0
9	新型能源	—	0
10	智慧城市与数字社会	—	0

注：55 位高被引科学家为跨领域专业，不参与国际前沿领域对照。

（三）北京地区高被引科学家所在机构分布

数据分析显示，2014 ~ 2018 年北京高被引科学家覆盖 26 个单位，其中，高被引科学家最集中的三个单位分别为：中国科学院，76 人；清华大学，34 人；北京大学，20 人；三个单位占据了高被引科学家的半壁江山，累计占比超过 60%（见表 15）。

（四）北京高被引科学家发展情况分析

1. 性别

通过履历分析发现，北京的高被引科学家男性明显多于女性；在 182 个有效样本中，男性 169 人，女性 13 人，女性占比为 7.1%（见表 16）。

表 15　2014～2018 年北京地区高被引科学家所在单位分布

所在机构	高被引科学家数量（人）	占比（%）
清华大学	34	17.89
北京大学	20	10.53
中国科学技术大学	8	4.21
中国科学院大学	7	3.68
北京师范大学	6	3.16
北京理工大学	6	3.16
北京航空航天大学	5	2.63
北京化工大学	2	1.05
北京科技大学	2	1.05
中国地质大学	2	1.05
中国农业大学	2	1.05
中国石油大学	2	1.05
北京工业大学	1	0.53
北京交通大学	1	0.53
北京林业大学	1	0.53
北京邮电大学	1	0.53
华北电力大学	1	0.53
中国科学院	76	40.00
北京基因组研究所	2	1.05
国家纳米科技中心	3	1.58
中国农业科学院	2	1.05
中国地质科学院	2	1.05
北京生命科学研究所	1	0.53
北京计算科学研究中心	1	0.53
计算机网络信息中心	1	0.53
奇虎 360 科技有限公司	1	0.53
合计	190	

注：有 6 名科学家隶属双重单位，第一单位不在北京，故不在本表中。

表 16　北京地区高被引科学家性别分布

	有效样本（个）	男性	女性
数量	182 个	169 个	13 个
占比	—	92.9%	7.1%

2. 博导硕导分布

通过履历分析发现，北京的高被引科学家中，博士生导师和硕士生导师占比很高，均达到90%以上（见表17）。

表17 北京地区高被引科学家博导硕导分布

	有效样本	数量	占比
博导	161 个	153 个	95.03%
硕导	125 个	116 个	92.8%

3. 学历情况分布

考虑到履历结构不一致，本部分每一项数据单独计算样本量，北京高被引科学家本科和硕士大部分毕业于985/211高校；到了博士和博士后阶段，毕业于国外高校的比例逐渐增大。整体看一般高校和985/211高校毕业的高被引科学家随着学历的增高数量呈明显下降趋势；国外高校毕业的高被引科学家随着学历的增高数量呈明显上升趋势。由此可见，到了博士、博士后阶段接受国外高校培养的高被引科学家越来越多（见表18）。

表18 北京地区高被引科学家学历情况分布

	一般高校			985/211 高校			国外高校		
	样本(个)	数量(个)	占比(%)	样本(个)	数量(个)	占比(%)	样本(个)	数量(个)	占比(%)
本科	148	27	18.2	148	119	80.4	148	2	1.4
硕士	132	7	5.3	132	107	81.1	132	21	15.9
博士	163	3	1.8	163	110	67.5	163	54	33.1
博士后	128	2	1.6	128	34	26.6	128	76	59.4

4. 海外访学及海外工作情况分布

通过履历分析发现，大部分北京地区高被引科学家都有海外访学和海外工作经历，占比分别为66.7%和84.2%（见表19）。

5. 职称情况分布

通过履历分析发现，大部分高被引科学家都有正高职称，拥有正高职称的占93.1%（见表20）。

表19 北京地区高被引科学家海外访学及海外工作情况分布

	有效样本(个)	数量(个)	占比(%)
海外访学经历	105	70	66.7
海外工作经历	139	117	84.2

表20 北京地区高被引科学家职称情况分布

	有效样本	正高	副高	中级
数量	173	161	11	1
占比(%)	—	93.1	6.4	0.6

6. 获得职称年龄分布

通过履历分析发现，北京地区高被引科学家获得副高职称时平均年龄为33.3岁，但是大多数人在30岁时就获得副高职称；获得正高职称时平均年龄为36.97岁，但是大多数人在35岁时就获得正高职称。与全国基本情况相比，北京地区获得副高职称和正高职称的平均年龄都要高于全国基本情况1岁左右（见表21）。

表21 北京地区高被引科学家获得职称时年龄分布

	获得副高时年龄	获得正高时年龄
有效样本	46个	74个
平均数	33.3岁	36.97岁
中位数	33岁	35岁
众数	30岁	35岁

四 "高被引科学家"学科发展及成长规律特点

1. 现代医学与前沿领域"高被引科学家"受关注度高

从 2014~2018 年全球 ESI 领域入选科学家的数量变化趋势看，除极个别领域略有下降外，其他领域均呈上升趋势，特别是与现代医学与前沿领域相关的临床医学（343.8%）、生物学与生物化学（117%）领域上升幅度较大。

2. 国际化视野成为"高被引科学家"的必要条件

分析 2014~2018 年我国"高被引科学家"学历结构发现，我国高被引科学家本科及研究生毕业院校普遍为 985/211 高校。到了博士和博士后阶段，毕业于国外高校的比例逐渐增大，其中本硕博和博士后来自 985/211 高校的比例分别为 79.9%、72.5%、60.2% 和 19.9%。整体看一般高校和 985/211 高校毕业的"高被引科学家"随着学历的增高数量呈明显下降趋势；国外知名高校毕业的"高被引科学家"随着学历的增高数量呈明显上升趋势，到了博士、博士后阶段接受国外知名高校培养的"高被引科学家"越来越多，分别达到 38% 和 53.5%。同时，具有海外访学和海外工作经历的高被引科学家比例很高，后者接近 80%。由此可见，具有海外访学和海外工作经历已成为"高被引科学家"的必要条件。

3. 职称破格是"高被引科学家"的普遍现象

通过数据采集，分析 2014~2018 年我国"高被引科学家"职称获得年龄时发现，我国高被引科学家获得副高职称时平均年龄接近 32 岁，但是大多数人[①]在 30 岁时就获得副高职称；获得正高职称时平均年龄为 36.18 岁，但是大多数人在 34 岁时就获得正高职称。考虑我国现行职称制度规定副高到正高至少需要 5 年时间，这表明绝大多数人在副高到正高的职业发展过程

---

① 我们分别分析了职称获得年龄的平均数、众数和中位数，发现平均数和众数之间有 2 年左右的差异。

中得到了破格的机会，这种破格给了其更加心无旁骛地从事科研工作的时间和空间。

五　实现精准引才用才的几点建议

1. 对标 ESI 领域，扩大引才范围

全球"高被引科学家"名单涉及 21 个自然科学和社会科学领域，对照国际前沿领域的具体内容，经济与商业学、社会科学、精神病学/心理学没有进入国际前沿领域范围。在 2014～2018 年的 ESI 领域入选人员中，精神病学/心理学和社会科学方面均处于上升趋势，进一步说明全球对该领域科学家关注度持续上升。

建议对标 ESI 领域，扩大国际前沿领域认定范围。增加对经济与商业学、社会科学、精神病学/心理学领域的科学家的关注和引进。

2. 制作全球人才地图，实现精准引才

全球"高被引科学家"分布无论在国家还是机构方面，都具有相当的集中性。82.7% 来自 10 个国家，排名前五位的占到 70.2%，人数最多的哈佛大学在国家排名中竟然能排到第七名，无不说明这一点。面对全球汹涌澎湃、暗流涌动的科技竞争，"高被引科学家"名单的意义不仅体现在科研上，更体现在国与国之间的直接竞争和长远发展上。人才是战略资源，"高被引科学家"就是战略资源。因此我国当前和未来相当一段时间在人才引进和使用上必须重点关注他们。

3. 开展专项调查，实现精准用才

我国"高被引科学家"分布在 26 个省、自治区和直辖市（含港澳台），其中，"高被引科学家"最集中的五个地区分别为北京、香港、台湾、上海、江苏。盘活和用好这一部分人才尤为重要。在这一点上，北京走在了全国前面。北京市为用好战略科技人才，采取不同方式在全市建立了 9 家新兴研发机构（科委，法人实体）和 22 家高精尖中心（教委，非法人），以 5 年为一周期，每年给予 5000 万元到 2 个亿的资金支持，对战略科学家及其核心团队赋能赋权解放思想，破除各种体制机制障碍，充分下放各种权力，如在研究方向、经费使用、人员聘用、职称评定、机构设置和科研成果使用、处置、收益方面赋予相关机构充分的自主权和决定权，对国际学术交流开辟审批、护照、签证一体化绿色通道等，使人才能够更加心无旁骛地开展研究。

建议对国内"高被引科学家"展开专项调查，摸清底数和发展状况。形成全国、各地区、各领域"高被引科学家"人才地图，对接各地实际需求，给予配套支持，破除各种障碍，实现精准用才。

参考文献

［1］Clarivate Analytics：Highly Cited Researchers 2018，https：//hcr. clarivate. com/.

B.17
新中国成立以来海外人才引进政策的
历史沿革

刘相波　谢秋实[*]

摘　要： 新中国成立 70 年来，我国始终高度重视人才队伍建设工作，对优秀的海外人才的引进，更是经历了从零散到体系、从单一到多元的历史沿革进程，对深化改革、扩大开放起到了积极的作用。本文以新中国成立以来海外引智政策的发展历程为依据，系统地总结了各阶段政策措施的主要特点，并以此为基础对我国海外引智政策的发展提出了展望。

关键词： 新中国　海外引智　历史沿革　政策特点　政策展望

习近平总书记在党的十九大报告中指出："人才是实现民族振兴、赢得国际竞争主动的战略资源。"海外人才是我国高素质人才队伍的重要组成部分，是社会主义现代化建设进程中不可或缺的战略资源。吸引、培育海外人才对迅速缩短我国在部分学科与西方发达国家间的差距，突破技术瓶颈，加速实现经济、政治、社会、文化、科技等各个领域现代化，保持国际领先地位，有着重要意义。

国家兴盛，人才为本。新中国成立以来，我国始终高度重视对以海归人才、国际专家为主的海外人才的队伍建设。在 70 年的实践中，我国的海外人

---

* 刘相波，中国人民大学劳动人事学院副教授；谢秋实，中国人民大学劳动人事学院本科生。

才引进政策先后经历了"探索"、"布局"、"发展"、"成熟"及"跨越"5 个阶段。梳理政策变革的发展脉络、把握各阶段人才引进工作的特点、反思政策实践的历史经验有助于我国在国际人才竞争日趋激烈的新阶段争夺发展新机遇，打造"聚天下英才而用之"的良好局面。

一 海外人才引进政策的探索阶段

（一）探索阶段

新中国成立初期，国际形势错综复杂，以美国为首的西方资本主义世界对我国的海外人才引进工作展开了大规模封锁。特别是 1950 年后，随着美方提出的对华"禁运"提案的通过，西方资本主义世界在高度限制对我国战略物资输出的基础上，进一步收紧了对申请回国的华人专家学者的限制。美方甚至通过加强监视、没收护照、禁止出境等一系列极端方式，限制海外华人人才归国；台湾当局积极配合帝国主义的全面封锁，对大陆的人才引进工作进行百般干扰。

面对西方国家的人才封锁与台湾地区的阻挠，我党制定了一系列人才引进方案，积极争取海外华侨华人高端人才并吸引国际有志人士投身社会主义建设，以解决新中国成立初期人才匮乏、科技落后的现实问题。为更好地解决海外留学生归国后的工作、生活及政治宣传问题，1949 年 12 月 13 日，政务院文化教育委员会成立了"办理留学生回国事务委员会"，并在教育部高教司下设"四处"，专门统筹归国留学生的接待事宜。

1951 年 2 月，周恩来总理审批了"年内至少争取 1000 人回国，重点放在美国"的方针，大力推进面向海外华侨华人的引才工作。据不完全统计，从 1949 年 8 月至 1951 年 12 月，共 1144 位海外学子在党和国家的号召下回国发展，为新中国的建设做出巨大贡献。[①] 朝鲜战争爆发后，中美关系逐步

---

① 该数据为统计期间注册登记的留学生归国数量，不含未登记的归国学子。参见李滔主编《中华留学教育史录（1949 年以后）》，高等教育出版社，2000。

恶化，众多海外华侨华人的回国行动受到了重重阻挠。对此，我国政府积极通过国际平台发声，抗议美国对中国留学生的无端扣押与压迫威胁。在1954年的日内瓦会议上，中国代表团就美方扣押中国留学生的问题向国际社会提起诉讼。迫于国际舆论的压力，美方于次年撤回禁令，允许华人留学生归国，并不再公开阻拦。1955年后，留美学生归国数量出现一个小高潮。

20世纪五六十年代，我国对国际专家的引进基本以苏联、东欧部分社会主义国家的专家为主，是以政府的结盟关系为基础的合作行为，但同时也开始根据我国生产建设的实际需要，有计划地聘请部分来自资本主义国家的专家，增进世界对中国的了解。在这个时期，我国专门设立了"中苏友谊纪念章"以鼓励来华建设的国际专家，并确立了"以我为主，按需聘请"的人才引进方针。在方针的指导下，中苏双方共同开展了一百余项重点建设项目，特别是在重工业、金融、计划经济、交通运输业等方面，苏联专家在运用专业知识解决实际问题的同时，也帮助中方培养了许多新型专业人才，双方共同探索并建立了计划经济体制下的专家管理规章制度。但由于这种交流合作机制是以政治为基础的，而非民间广泛的商业合作行为，故随着六十年代中苏关系逐步恶化，苏联撤走全部专家后，我国国际专家的引进活动基本停滞。

从六十年代末至改革开放前期，受国内外特殊政治环境的影响，我国的海外引才工作陷入了停滞状态，海外华侨华人与国际专家的引进工作均受到严重影响。部分在华的国际专家也被列入"文革"造反名单，国际专家的管理机构几乎全部被撤销。虽然这一局面在"文革"后期有所纠正，但在这一特殊的历史时期，海外人才对我国的生产建设发挥的作用十分有限。

总体而言，从新中国成立初期到改革开放前期，我国的海外人才引进政策处于探索阶段。在这一阶段，我国主要依靠政府的号召力及党和国家所布置的周密工作来争取海外华人人才回国，通过外交关系来吸引国外专家赴华工作，尚未出台具体的、系统的人才引进政策。

（二）布局阶段

改革开放初期，面对国内教育落后、人才奇缺、对外交流阻断的现状，我国的社会主义现代化建设急需大量优质的海外人才。1983年邓小平同志发表题为"利用外国智力和扩大对外开放"的重要讲话，并提议成立中央领导小组，统一规划、组织"海外引智"工作。自此，我国的海外人才引进工作进入了全面布局、高速推进的新阶段。

在这一阶段，我国主要从三方面展开政策布局：其一是战略布局。1983年后，我国相继出台了《关于引进国外智力以利四化建设的决定》（以下简称《决定》）、《关于引进国外人才工作的暂行规定》，充分肯定了"海外引智"对改革开放的重要意义，并将其确立为改革开放进程中必须长期坚持的基本政策之一。《决定》将引才重点放在了华侨及华人华裔上，在突出强调引进海外华人人才的同时有计划地引入一批外国高层次人才。通过成立"中国留学服务中心"、恢复"欧美同学会"等一系列举措，打通了推进海外人才引进工作的官方及民间渠道，为后续工作的开展奠定了良好的基础。其二是理念布局。国内方面，重点是肃清"文革"期间形成的关于科技、文化、人才等方面的错误理念，形成尊重知识、尊重科技、尊重人才的良好风气；国际方面，重点是解放思想，拓宽思路，进一步放宽对海外高层次人才的限制。特别是在公费留学与自费留学的渠道相继畅通后，海外留学生群体不断扩大，国家也陆续开展了吸引国际留学生赴华交流、学习的活动。吸引人才、留住人才需依靠更包容、更开放的培养态度。对此，我国主要奉行"来去自由"的基本方针，即对出国留学的海外学子采取支持的态度，并鼓励他们回国发展，对海外专家也并不限制其工作时间与工作长度，并为他们访华期间的生活、工作提供帮助。其三是模式布局。针对改革开放初期，我国科技竞争力不强、人才队伍落后、人才吸引力有限的现实情况，我国主要采取了利用有限资源、集中聘请海外专家的人才吸引模式。对愿意来华工作的海外专家，为其提供生活、工作上的便捷与较国际水平更高的待遇补贴。但受限于有限的经费条件，这一阶段引进的海外人才主要集中在部分重点领域、分布在少数主要城市，海外人才规模并不足以满足我国科学、经济的全面发展需要。

1978 年至 1991 年是我国海外人才引进进程的布局阶段。这一阶段的人才引进政策随着改革开放的深入而逐渐规范。通过在"战略""理念""模式"三方面展开布局，我国的人才引进政策不断充实、人才培养态度更加开放、人才引进效果日益明显，为日后引才工作的深入推进奠定了良好基础。

（三）发展阶段

20 世纪八十年代末九十年代初，我国出现了大批留学生滞留海外，海外人才回流数量减少的情况。面对新形势，我国的人才引进工作也出现了一定的停滞与反复。对高质量人才的大量需求与人才回流数量有限、国内专家老龄化严重①的现实矛盾成为制约我国改革开放持续深入推进的瓶颈。加快培育、吸引一批一流的青年学术人才成为我国这一阶段人才工作的当务之急。

为解决人才难题，我国先后推出了诸多人才引进计划，在一定程度上缓解了人才缺口。1994 年，为培养跨世纪的青年学科带头人，利用有限资源为重点人才提供经费支持，"国家杰出青年科学基金计划""百人计划"两项重点人才计划先后实施。随着引才工作的深入开展，其覆盖范围也逐渐从少数国内优秀学者扩展到"国外杰出人才"、"海外知名学者"和"国内百人计划"三类。为吸引更多的海外留学生回国工作、生活，教育部于 1996 年制定并推出了"春晖计划"，鼓励留学生通过短期回国工作的方式，为解决我国经济社会发展当中的重点问题做出贡献。1998 年 8 月，"长江学者奖励计划"正式落地，对入选的特聘教授、讲座教授授予"长江学者"称号，并给予丰厚的奖励津贴。"长江学者奖励计划"呈现出鲜明的"海外引才"

---

① 20 世纪 90 年代初期，中科院研究员的平均年龄超过 50 岁，高等院校正教授平均年龄近 60 岁，我国面临着严重的人才老龄化问题。

特点。截至 2004 年底,① 该计划中从海外聘请的特聘教授达到 175 人,讲座教授则全部从海外聘请。

与此同时,我国的人才引进体系也得到了进一步的丰富和完善。领导机构纵向上以国家外国专家局为主体,协调各单位的人才引进工作,横向上具体的用人单位也拥有了更灵活的引才权力;访问交流、学术研讨、合作办学、创业就业等交流渠道也日渐畅通;人才引进对象也逐渐涵盖了科学研究、企业管理、职业技术、教育培训等各个维度。

此外,我国相关领域的立法实践取得了重要突破。其一是对知识产权的保护。关于专利权、著作权的立法在全国人大相继通过,国务院也制定了相应的实施条例;其二是对科技成果所实现价值的保护。《中华人民共和国科学技术进步法》与《中华人民共和国促进科技成果转化法》在九十年代相继颁布,对规范科技成果转化活动、保护科技成果产生的科学和经济价值起到了重要作用。

在这一阶段,我国拓宽了人才引进的方式和手段,总体实现了三个"转变",即从资助项目向资助人才转变,从注重具体措施向建立完整的引才体系转变,从注重培育人才的个人资质向注重保护人才的智力成果转变。该阶段中,我国的海外人才引进政策在转变中取得了新发展、新成就,为新世纪的人才储备奠定了一定基础。

(四)成熟阶段

21 世纪初,我国的经济社会发展面临着复杂而深刻的变化。成功加入WTO 既带来了发展的新机遇,又带来了新挑战。在加速融入世界经济的进程中,我国的人才流失问题也愈加突出。与此同时,新世纪的社会主义现代化建设更是离不开大量优质人才。避免人才流失、加速人才回流成为在这一阶段中亟待解决的关键问题。

2002 年,中共中央、国务院出台了《2002～2005 年全国人才队伍建设

---

① 2004 年,我国教育部对"长江学者奖励计划"进行了调整,加大了引才力度。

规划纲要》，首次提出"人才强国战略"，明确提出"开发利用国际国内两个人才市场、两种人才资源"，并着力改善留学生归国服务，优化海外高端人才赴华工作的政策环境及法律法规。为更有针对性地引进、留住人才，2005 年 3 月，人事部、教育部、科学技术部和财政部联合印发了《关于在留学人才引进工作中界定海外高层次留学人才的指导意见》，提出界定海外高层次留学人才的主要原则及选拔条件，明确强调了海外高层次留学人才对我国经济社会建设的重要意义。2007 年，"人才强国战略"作为我国三大基本战略之一，写入了中国共产党党章，标志着我国的人才工作进入了全面发展、深入推进的新阶段。

2008 年后，为抢抓全球金融危机所带来的人才加速流动机遇，加速人才回流趋势，我国启动了"海外高层次人才引进计划"（以下简称"千人计划"）。"千人计划"将引才重点聚焦于海外尖端人才，提出在 5 至 10 年内，吸引一批能够带动我国重点学科建设、引领世界科技发展的海外人才归国服务。统计数据显示，"千人计划"在三年内引进的正教授级别的海外人才数量超过 1978 年至 2008 年 30 年内引进数量的总和。截至 2012 年 7 月，"千人计划"已累计引才 2200 余位，提前完成既定引才任务。①

在国家"千人计划"的带动下，各省、区、市也积极制定地方引才政策，着力增强当地人才吸引力。2009 年，北京市制定了《关于实施北京海外人才聚集工程的意见》，提出用 5~10 年时间，汇聚一批优秀的战略科学家、科学领军人才，将北京打造成亚洲地区的创新创业基地与人才之都；2010 年，深圳经济特区出台了"孔雀计划"，以战略性新兴产业为引才重点方向，对项目入选的海外高层次人才、科研团队给予丰厚的奖励补贴，并对人才落户、项目启动、成果转化等提供丰厚的政策优惠；江苏省推出了"双创计划"，围绕省内新兴产业、重大项目，面向全球引进创新创业人才、团队，并优先推荐申报国家"千人计划"。浙江、湖北等省份也相继推出省

---

① 《"千人计划"海外引才规模内容机制均突破》，人民网，http://edu.people.cn/n/2012/0809/c1053-18701814.html。

内"千人计划""百人计划"。这些政策与国家政策互为补充、相得益彰，共同组成了我国层次丰富、渠道多元、协调推进的引才格局，带动了当地人才事业的迅速发展，推动了我国重点领域、学科的建设，对我国整体海外引才事业有着重要影响。

2002年至2012年是我国海外人才引进政策的成熟阶段。这一阶段，"人才强国战略"上升为国家基本战略之一，为我国的引才工作提供了理论依据与思想指导；"千人计划"作为全球顶尖的人才引进方案，充分体现了我国广纳贤才的决心和毅力，是我国海外引智工作中的重要举措；各地相继出台的地方引才方案同国家级引才计划共同构成了我国海外引智政策的主体成分，形成了层次丰富、相互协调的引才格局，标志着我国海外人才引进政策走向成熟阶段。

（五）跨越阶段

十八大以来，党中央高度重视人才引进工作，习近平总书记指出："要以更加开放的视野引进和集聚人才，加快集聚一批站在行业科技前沿、具有国际视野的领军人才。"在党中央的领导下、地方各级政府的合力推进下，我国的海外人才引进工作进入新时代，取得了重大突破，主要体现在以下方面。

一是国际人才引进政策的"开放化"。首先是人才入境政策的开放化。2013年7月，国务院常务会议审议通过了《中华人民共和国外国人入境出境管理条例》，在普通签证项下增设人才签证，为海外人才的出入境开通了绿色通道。2018年3月，我国开始全面实施《外国人才签证制度实施办法》，为国家经济、科技发展急需的外籍人士提供更为宽松、优惠的签证办法。其次是吸引人才居留的开放化。2012年9月，国家25部门联合下发了《外国人在中国永久居留享有相关待遇的办法》，明确了持有我国永久居留证的外籍人员的基本权利和义务，进一步保障、丰富了其合法权益和各项待遇。[①] 2016年2

---

① 《外国人在中国永久居留享有相关待遇的办法》（人社部发〔2012〕53号），中央人民政府网站，http：//www. gov. cn/zwgk/2012－12/12/content_ 2288640. htm。

月，中共中央办公厅、国务院办公厅印发了《关于加强外国人永久居留服务管理的意见》，提出建立人才签证与永久居留衔接机制，探索以市场为导向的人才永久居留申请标准，进一步完善对永久居留的外籍人士的服务管理机制。

二是海归人才引进政策的"体系化"。近年来，海归人才的吸引政策从政策优惠拓展到丰富的政策体系，尤其是针对高层次海归人才的税收保险、家庭安置、子女入学、创新创业等问题出台了相应的优惠措施。为进一步鼓励留学回国人员创新创业，激发创业热情，2015年人力资源和社会保障部下发了《关于做好留学回国人员自主创业工作有关问题的通知》，明确提出在国外接受高等教育并获得本科以上学历的留学回国人员可在创业指导、税费减免、工商登记等各项服务中享受优惠待遇。持续优化的海归人才政策引进体系在解决高层次海归人才回国就业、生活问题的同时，更为其创新创业提供了政策便利和保障。

积极的引才举措、优越的政策环境、巨大的市场潜力吸引了大批海外人才赴华发展，带动了海外留学生的"归国热"。2018年，各类留学回国人员总数为51.94万人，较2017年增长8%。[①] 当前我国出国留学与留学回国人数比已从2011年的1.824∶1回落到2018年的1.274∶1，并呈现人才加速回流的良好趋势，我国正从世界上最大的人才流出国逐步转变为全球主要的人才流入国。

三是各地海外引智工作取得新突破。北京市以优化生活环境为着力点，提出"类海外"的建设理念，在医疗、文化、教育等各方面提供与海外对标的顶尖资源，建设国际顶尖人才聚集区。上海市先后推出了人才政策"20条""30条"，围绕"向用人主体放权，为人才松绑"的要求，探索永久居留转化衔接机制，推动将外籍高层次人才工作团队成员纳入直接申办永久居留证范围。天津市积极探索人才评价方法，瞄准海外领军人才，推进国

---

① 《2018年度我国出国留学人员情况统计》，教育部网站，http：//www.moe.gov.cn/jyb_xwfb/gzdt_gzdt/s5987/201903/t20190327_375704.html。

际化人才特区的建设。广州市出台了《广州人才绿卡制度》，为持有"人才绿卡"的国际人才提供住房、购车及子女入学等方面的政策优惠。此外，深圳、苏州、合肥等地也积极规划建设海外人才离岸创新创业基地，利用海外的研发实体，结合国内的市场需求，加速产品与技术的引进进程。

党的十八大以来，以习近平同志为核心的党中央将人才资源放在经济社会发展的突出位置，紧紧把握住重大产业变革与人才加速流动所带来的历史机遇，推动了我国海外引智事业的蓬勃发展。迈入新时代，我国明确了以市场为主导的引智新方向，各地的试点工作也取得了新突破。更加开放、包容的政策体系为广大海外人才提供了更为优越的成长环境，更带动了大批留学生的归国发展，标志着我国的海外引智政策实现了新跨越。

二 海外人才引进政策的回顾与展望

在七十年的政策实践中，我国的海外引智工作先后经历了"探索"、"布局"、"发展"、"成熟"及"跨越"5个阶段，取得了一系列历史性成就：一是建立了成熟的引才体系。"千人计划""百人计划""长江学者奖励计划"等引才方针为人才引进提供了政策引领，各地相继推出的地方引才计划为总体体系提供了重要补充，海外引智的改革试点取得了一系列积极成果，为全国范围的引才改革提供了宝贵经验。二是解决了留住人才的难题。在积极"引才"的同时，我国的政策措施也逐渐向"留才"倾斜。除解决来华工作人士的家庭安置、子女入学等生活问题外，我国对智力成果的保护力度不断加大，深入推进知识产权的立法实践，努力营造尊重知识的良好风气。三是形成了积极的引才趋势。各地纷纷推出引才政策，以更加主动的态度加入全球引才的竞争当中。所引进的人才对带动当地科技进步、解决重点难题、突破核心技术起到重要作用，也客观上激发了各地的引才热情，推动了我国引才事业的发展。四是打造了优良的人才队伍。海外人才引进工作开展以来，钱学森、邓稼先、杨振宁、丘成桐、施一公、潘建伟等一批海外一流人才积极响应中央政策，投身我国的科技事业当中，对社会主义现代化建设做出了突出贡献；法国物理学家阿尔伯特·费尔、英国医学科学院院士尼克·莱蒙等一批国际一流科技人才积极赴华开展科研活动，填补了关键领域的技术空白；大批优秀团队进行了大量创业项目探索，带动了市场经济的蓬勃发展。

回顾过去，成绩是斐然的，成就是有目共睹的，展望未来，任重而道远。我国当前的海外引才政策仍存在着一些问题与不足，主要表现为以下几个方面。

一是区域性人才分布的失衡问题。"北上广深"及东部沿海地区经济较为发达、实验设备较为先进、一流院校集中，在海外引才方面有着明显优势，绝大多数海外人才首选这些地方开展创新、创业项目，人才集聚过程中"马太效应"明显。而中西部地区基础设施建设较为落后，人才严重匮乏。虽然我国海外引才政策已着重向中西部地区倾斜，[①] 但其引才问题尚未有效解决，同时本地人才流失也愈加突出，进一步加剧了人才的失衡。

二是学科性人才分布的失衡问题。当前我国引进的海外人才主要集中在应用性学科，理论性学科人数较少，自然科学、社会科学领域人数更少。魏立才等研究发现，前五批"千人计划"青年项目引进的海外人才主要为新兴学科的专家学者；入选第十四批"千人计划"青年项目的609名学者中，工程科学和信息科学领域的学者约占三分之一。人才引进过程中存在着学科分布失衡问题，现行引才方式对在短时间内发展重点学科、突破技术瓶颈、加速成果转化有着积极作用，但基础性学科的相对薄弱客观上限制了我国高端科技领域的持续发展。

三是人才引进过程中的市场主体作用仍不突出。十八大后，多地开展了以市场为导向的引才探索工作。但总体而言，我国当前的引才工作仍是以政府为主导，依赖政府的资源配置能力。相较于统一性，人才工作更需要一定的灵活性、自主性与时效性。政府主导的引才工作对于集中力量带动重点学

---

① 2018年9月，教育部印发的《"长江学者奖励计划"管理办法》提出："鼓励东部地区优秀人才到中西部、东北地区高校应聘，东部地区高校不得招聘中西部、东北地区高校人选。"

科、重点区域发展具有明显的优势，但也在一定程度上限制了企业、科研机构等市场主体的引才作用。实现人才资源配置的合理化，充分激发市场的创新潜力，还需进一步激发市场在人才配置过程中的主体作用。

四是引才过程存在政策重叠问题。现阶段我国各引才政策在引才对象、引才方向、优惠措施等方面存在着一定的重叠。特别是大多数政策主要围绕候选人的学历、年龄、科研成果等进行选拔，并未对"重复申报"问题进行限定。部分申请人同时入选多项计划，享受多项政策优惠，但忙于交付后期成果，疲于应付，科研质量并不高。此外，多地出现的过度提高人才奖励标准的现象，在一定程度上也助长了功利主义的蔓延。

五是引才方式仍需丰富。随着引才力度的不断加大，我国为高端人才提供的薪酬奖励、福利待遇已经达到国际水准，但对人才的吸引力同欧美发达国家相比仍有差距。差距主要源于两方面：一是学术研究前景不够清晰。我国目前主要采用聘用的方式吸引海外人才赴华研究，缺乏吸引国际人才长期从事科学研究工作的发展平台。随着科研项目完成或者聘用期满，部分国际学者也同时结束了在我国的科研工作；二是国际交流合作不够深入。我国部分领域的人才队伍建设同世界先进团队相比有些滞后，学术领域的合作水平仍有待提高，我国目前的人才引进政策相对忽视了国际引才竞争中"软实力"的提升。

当前全球人才格局正经历着一系列复杂而深刻的变化，继续深入推进海外引才工作，是时代发展的必然要求。迈入新时代，我国的海外引才政策改革方向可概括为以下四点。

一是统筹布局，精准引才。既要统筹区域性的人才分布问题，进一步加大对中西部地区的政策倾斜力度，补齐中西部地区的人才缺口，又要统筹各学科的全面发展，兼顾传统学科与新兴学科、自然科学与社会科学，丰富人才的专业结构；既要统筹中央及地方的引才工作，避免政策重叠而造成的资源浪费现象，又要统筹各地发展的实际需要，鼓励针对地区特色产业精准引才，避免引才工作的恶性竞争。

二是巩固体系，深化改革。全面深化改革，一是需要积极发挥市场的主体作用，赋予市场更多的引智自主权，激发企业、科研机构的引才热情；二是需要拓宽引才方式，在提供更为开放的政策措施、更为全面的服务保障的同时，还需大力增强引才工作的"软实力"；三是要在重视引才、留才的同时，探索如何使人才效用最大化，在解决各领域重难点问题的基础上，注重发挥人才的示范效应，吸纳人才培育的有益经验，带动我国整体人才队伍的建设。

三是把握趋势，顺时而变。近十年来，国际人才流动速度加快，我国正面临着直接和世界各国争夺高端人才的竞争局面。面对人才全球化趋势，我国需进一步加强对全球主要国家引才工作中的新举措、新经验的研究，确保我国引才政策顺应时代趋势，做到"顺时而变"。此外，我国还需进一步把握国际引才动态，敏锐捕捉、分析各国引才过程中出现的新难题、新办法，为我国新时代的引才工作提供借鉴。

四是全球站位，引领未来。牢固树立全球引才的大局意识，特别是进一步加强对国际人才的引进工作。除更主动的政策宣传外，各有关部门还需在人才流动机制及科学研究氛围方面下足功夫，深入推进同国际一流机构的战略合作，提升我国科研队伍的国际话语权，并为人才营造更为自由的学术环境。由关注引进国际优秀科研人才向鼓励引进国际优秀科研团队转变，由鼓励引进国际优秀科研人才向留住国际优秀科研团队转变，带动人才聚集化，形成人才"磁场"，真正实现"把各方面人才更好使用起来，聚天下英才而用之"的目标。

参考文献

［1］毕良干：《新中国初期积极争取海外华人人才归国服务》，《国际人才交流》2010 年第 8 期。

［2］杜红亮：《新中国成立以来中国海外科技人才政策演变历史探析》，《中国科技论坛》2012 年第 3 期。

［3］郭勇：《有关离岸创新创业基地若干问题的思考》，《江南论坛》2017 年第 2 期。

［4］ 李滔主编《中华留学教育史录（1949 年以后）》，高等教育出版社，2000。

［5］ 刘国福：《引进外国人才政策：严峻形势、重大挑战和未来发展》，《国家行政学院学报》2018 年第 4 期。

［6］《"千人计划"海外人才规模内容机制均突破》，人民网，http：//edu. people. com. cn/n/2012/0809/c1053 - 18701814. html。

［7］ 宋全成：《论欧洲国家的技术移民政策》，《山东大学学报（哲学社会科学版）》2012 年第 3 期。

［8］ 王延涛：《我国海外人才引进体系研究》，《现代管理科学》2018 年第 12 期。

［9］ 魏立才、赵炬明：《"青年千人计划"政策考察与建议——基于对第一至五批"青年千人计划"入选者信息的分析》，《清华大学教育研究》2014 年第 5 期。

［10］ 杨婷婷：《优化我国海外人才引进政策的研究》，《管理观察》2017 年第 3 期。

［11］ 易丽丽：《发达国家人才吸引政策新趋势及启示》，《国家行政学院学报》2016 年第 7 期。

［12］ 张健：《习近平关于人才工作的新思想新观点新要求》，《人民论坛》2017 年第 15 期。

［13］ 张建国：《我国引智机构的历史沿革和变化特点》，《国际人才交流》2008 年第 9 期。

［14］ 张相林：《长江学者和创新团队发展计划存在的问题与对策探析》，《中国人力资源开发》2008 年第 2 期。

［15］ 周建华：《发达国家吸引海外高层次人才的主要做法》，《中国人才》2011 年第 1 期。

［16］ 中共中央办公厅、国务院办公厅：《2002～2005 年全国人才队伍建设规划纲要》，2002。

［17］ 中华人民共和国教育部：《2018 年度我国出国留学人员情况统计》，教育部网站，http：//www. moe. gov. cn/jyb_ xwfb/gzdt_ gzdt/s5987/201903/t20190327_ 375704. html。

［18］ 中华人民共和国教育部：《关于实施"长江学者奖励计划"有关事宜的通知》，教育部网站，http：//www. moe. gov. cn/srcsite/A04/s7051/199807/t19980713_ 162233. html。

［19］ 中华人民共和国教育部：《中共教育部党组关于印发〈"长江学者奖励计划"管理办法〉的通知》，教育部网站，http：//www. moe. gov. cn/srcsite/A04/s8132/201809/t20180921_ 349638. html。

［20］ 中华人民共和国人力资源和社会保障部：《外国人在中国永久居留享有相关待遇的办法》，中央人民政府网站，http：//www. gov. cn/zwgk/2012 - 12/12/content_ 2288640. htm。

附　　录

Appendix

B.18
2019年北京人才工作大事记

1月

8日　2018年度国家科学技术奖励大会在人民大会堂举行。本次大会上，北京主持完成的69项成果获奖，含一等奖6项、二等奖63项。其中，中国科学院院士、清华大学副校长薛其坤主持完成的"量子反常霍尔效应的实验发现"获唯一的国家自然科学奖一等奖，这是自2016年以来北京第三次斩获该奖项。

14日　第三届首都院士专家新春联谊活动在京举办。近300名院士和各领域专家代表参加。

17日　朝阳区外籍人才一站式政务服务工作站揭牌成立。服务工作站由朝阳区委区政府设立，委托北京外企人力资源服务有限公司（FESCO）为企业外籍高层次人才提供全方位、专业化、定制化的服务。

25日　"人才京郊行"十周年总结暨第十一批动员部署会召开。本批选派工作充分考虑京郊经济社会发展迫切需求，聚焦首都"四个中心"城市战略定位和冬奥会筹办、城市副中心建设等大事要事，共选派 86 名人才赴京郊挂职。

2月

14 日 全市组织部长会议召开。会议传达全国组织部长会议精神，总结 2018 年全市组织工作，部署 2019 年重点任务。市委常委、组织部部长魏小东出席并讲话。

18 日 北京国家新一代人工智能创新发展试验区正式成立。这是我国首个国家新一代人工智能创新发展试验区，标志着北京在大力发展人工智能产业领域又迈出了新的步伐。

3月

1 日 北京市科学技术奖励大会召开。市委书记蔡奇，市委副书记、市长陈吉宁等为科技工作者颁奖。212 项成果荣获 2018 年度北京市科学技术奖，包括一等奖 24 项、二等奖 58 项、三等奖 130 项。

23 日至 26 日 第 39 届北京青少年科技创新大赛举行。共有 30 万名青少年参加本届大赛。

4月

2 日 京津冀人才一体化发展部际协调小组第四次会议在北京召开，审议了《2019 年京津冀人才一体化发展工作要点》等文件，通报了《2019 年京津冀人才智力引进活动方案》，通武廊三地签署了《通武廊人力资源服务企业联盟合作协议》。北京市委常委、组织部部长魏小东，天津市委常委、组织部部长喻云林，河北省委常委、组织部部长梁田庚，中央组织部人才工作局有关负责同志出席并讲话。

9日　互联网域名系统国家地方联合工程研究中心在怀柔科学城揭牌成立。该中心致力于打造全球领先的互联网基础资源创新中心，是我国在域名领域批准成立的唯一一家国家级工程研究中心。

12日　中关村国际青年创业平台在中关村大街正式揭幕成立。该平台由中关村管委会和海淀区政府共建，首批有来自美国、瑞典、俄罗斯、韩国等国的10家创业团队入驻。

18日　市人才工作领导小组2019年第一次会议召开。会议传达中央人才工作协调小组有关会议精神，审议市人才工作领导小组2018年工作报告和2019年工作要点，听取相关单位关于全市重点人才项目进展情况汇报。市委常委、组织部部长、市人才工作领导小组组长魏小东，市委常委、教育工委书记、市人才工作领导小组副组长王宁，副市长、市人才工作领导小组副组长卢彦出席会议。

21日　北京生物结构前沿研究中心成立。该中心由北京市科委组织成立，以引领性基础理论创新、颠覆性先进技术创新和战略性重大成果创新为总体目标，以汇集和培养顶尖创新人才为动力，以深入探索具有中国特色的新型人才培养和科研创新体制机制为使命。

23日　2018年北京市享受政府特贴人员座谈会召开。共计102名专家获得政府特殊津贴表彰。

5月

24日　市政府新闻办公室、市科委联合召开"基础研究、应用基础研究重大创新成果"新闻发布会。2018年，北京全社会研究与试验发展（R&D）经费占地区生产总值（GDP）比重居全国之首；基础研究经费占R&D经费的比重约15%。

26日　怀柔科学城创新小镇正式成立。创新小镇旨在搭建人才与创业之间的桥梁纽带，打通技术到产品的"最后一公里"。中国科学院大学创新创业示范基地、北京海创产业技术研究院、优客工场、中关村信息谷等首批科技服务机构签约入驻。

26 日 首届北京人才宣传周开幕。宣传周以"北尚贤才、京彩有你"为主题，通过组织研讨会、政策宣讲进园区等多项活动，充分展示新时代首都人才工作的生动实践，引导广大人才助推首都高质量发展。

28 日 北京市第十五届哲学社会科学优秀成果奖揭晓。共有 208 项优秀成果获奖，北京大学厉以宁教授的《改革开放以来的中国经济：1978 – 2018》等 4 项成果获特等奖，清华大学陈来教授《中华优秀文化的传承与发展》等 41 项成果获一等奖，中国人民大学方福前教授《寻找供给侧结构性改革的理论源头》等 163 项获二等奖。

29 日 北京人才文化教育基地揭牌仪式在大兴举办。70 余位市区领导、专家人才代表和人才工作者参加。

29 日 "2019 金融街论坛年会——金融人才发展分论坛"在京举办。此次活动由北京市人民政府主办，北京市地方金融监督管理局、北京市西城区人民政府承办，以"培育集聚优秀杰出金融人才，推动金融业高水平开放、高质量发展"为主题，重点介绍北京金融街建设发展及人才集聚情况，彰显首都金融人才高地的发展特色。

31 日 "人才引领首都高质量发展圆桌对话"举办。此次活动由北京市人才工作领导小组办公室与中国人民大学劳动人事学院共同主办，邀请国内外专家建言献策，推动首都人才工作高质量发展。

6月

4 日至 6 日 "2019 年京津冀人才工作者培训班"在京举办。京津冀三地人才工作领导小组成员单位有关处室负责同志，北京市、天津市所辖区、河北省各市党委组织部分负责同志和人才工作科负责同志，三地党委组织部人才工作处工作人员参加培训。

13 日至 18 日 第 19 届海外侨界高层次人才为国服务活动在丰台区举

办。美国、英国、澳大利亚、日本等 12 个国家的 74 位专家学者组成的专家团参加活动，带来了涉及信息技术、生物医药、新材料、人工智能、金融等众多领域的 71 个科研成果和项目。

17 日至 21 日 2019 年北京市高层次人才国情研修班举办。本次研修班旨在弘扬爱国奋斗精神，帮助人才更加深入地了解党情国情市情，促进交流合作，拓展事业平台。科技、教育、医疗、文化等领域 80 名高层次人才参加。

26 日至 30 日 2019 年"首都专家拉萨行"活动组织开展。选派 8 名科技金融、网络安全、生态环境、农业农机、工程担保等领域专家前往拉萨开展智力援助。

29 日 怀柔科学城两个国家重大科技基础设施——高能同步辐射光源和多模态跨尺度生物医学成像设施同时启动建设。

7月

1 日至 5 日 2019 年全市人才工作者培训班暨生态涵养区专题举办。市人才工作领导小组成员单位联络处相关同志，各区委组织部人才科室负责同志，生态涵养区人才总量较大的系统、街道（乡镇）或园区人才工作部门负责同志，湖北省十堰市和河南省南阳市部分人才工作者，共 123 名学员参加了学习。

1 日至 5 日 2019 年澳门公务员来京交流活动启动。围绕"绩效治理"主题，澳门公务员交流团与市公务员局、市生态环境局、市市场监管局、市第一中级人民法院、首都经贸大学、通州区委组织部、朝阳区税务局等部门和单位进行了交流研讨。

22 日 市人力资源和社会保障局印发《北京市深化技工院校教师职称制度改革实施办法》。这是北京深化职称制度改革以来，分系列出台的首个改革办法。办法面向全市技师学院、高级技工学校、技工学校和技工教育教研机构的教师，启动技工院校教师职称制度改革，分类评价技工院校教师，畅通企业双师型人才和高技能人才申报通道，完善评价程序，并加强监管保障。

26 日 首届新国门高层次青年人才峰会在大兴举办。会上正式揭牌"高层次青年人才之家"，助力人才体系建设，打造"高精尖"产业结构。

8月

2 日 市政府新闻办公室联合市科委举行《北京市科学技术奖励办法》新闻发布会。该奖励办法在奖项设置、提名方式等多个方面进行改革，进一步构建了导向明确、科学规范的科技奖励体系。

5 日至 11 日 "北京院士专家十堰行"活动组织开展。付小兵等 4 名院士及 29 名专家对接当地生物医药、智能装备、节能环保等产业，开展智力对口协作。

17 日 第八届中国国际纳米科学技术会议在京召开。全球 40 多个国家和地区 2500 余名从事纳米科技研究的院士、专家、青年学者及企业精英参会。

17 日 第 14 届中国留学人员创新创业论坛暨欧美同学会北京论坛举行。论坛由欧美同学会主办，全球化智库承办，国内外知名企业界、创投界、学术界等近 50 位创新创业精英和专家、学者围绕"新中国成立七十周年——新时代留学人员发展的机遇与挑战"主题深入研讨，近 800 位留学人员和海归共襄盛会。

18 日 市教委印发《北京促进人工智能与教育融合发展行动计划》，提出北京市人工智能教育三个阶段的发展目标，并明确了在基础教育、职业教育和高等教育阶段的主要任务。

20 日 市人才工作领导小组 2019 年第二次会议召开。市委常委、组织部部长、市人才工作领导小组组长魏小东同志出席并讲话。

26 日至 31 日 2019 年京津冀高层次人才联合休假活动在内蒙古呼伦贝尔市举行。来自教育、医疗、宣传文化、农业、创新创业等领域的 44 名高层次人才到呼伦贝尔市参加休假。

28 日 第二十二届京台科技论坛在北京经济技术开发区开幕。共有百余名两岸人才代表和业内专家学者出席。

9月

17 日至 19 日 "院士专家市情考察系列活动"在延庆举办。来自生命科学、医疗卫生、信息雷达、市政工程、环境保护等多个领域的 7 名院士及团队成员，围绕"两山"理论创新实践、长城文化带建设、京郊农业产业和生态旅游发展进行了考察。

20 日 "中关村工业互联网产业园"战略合作框架协议签约会召开。石景山区政府与中关村发展集团签署了"中关村工业互联网产业园"战略合作框架协议。双方将围绕搭建"1 中心 + 1 联盟 + 1 基金 + 1 基地 + 3 平台"的创新服务体系展开深层次合作。

10月

9 日 《北京市职业技能提升行动实施方案（2019 – 2021）》出台。重点围绕企业职工和重点群体开展技能提升培训和就业创业培训，着力提升劳动者素质和技能水平，推动首都高质量发展。

14 日 市人力资源和社会保障局、市科委联合发文，正式增设技术经纪专业职称。今年年底前，北京市将启动首次技术经纪专业职称评价工作，明年上半年将评出首批正高级、副高级、中级和初级职称的技术转移转化人才。

15 日 全球院士顺义交流对接活动举行。此次活动由市人才工作局、顺义区人民政府主办，北京环球英才交流促进会协办，邀请 17 名海外院士参加，专业领域涉及新材料、电子信息、生物医药、智能制造等。

16 日至 18 日 "2019 年京津冀高层次人才国情研修班"在天津举办。来自京津冀三地科技、教育、医疗、文化、政法、新兴产业等领域的专家学者、企业家代表以及三地组织部门人才工作者共60余人参加了研修。

17日 "2019中关村论坛"开幕式举行。论坛创办于2007年，旨在促进国内外科技界、产业界沟通交流与创新合作，迄今已举办十届。"2019中关村论坛"主题为"前沿科技与未来产业"，国内外业界嘉宾约1200人参会。

22日 北京市表彰有突出贡献人才和创新创业留学人员。包括"科学技术管理人才"49名、"高技能人才"29名、"农村实用人才"10名，"留学人员创新创业特别贡献奖"12名。

25日 "技术转移南南合作中心"正式挂牌。"技术转移南南合作中心"是中国—加纳/中国—赞比亚可再生能源技术转移合作项目的重要成果，是落实《科技部与联合国开发计划署谅解备忘录》的具体举措。

29日 市人才工作局召开会议，向新入选的北京学者和青年北京学者颁发证书和工作室标牌。其中，青年北京学者为首次选拔，共17人入选。

31日 "2019京津冀冰上项目专业技能人才发展研讨会暨展示活动"在京举行。活动主要聚焦北京2022年冬奥会冰上专业技能人才短缺现状，探讨突破冰上技能人才培养瓶颈，推动京津冀冰上专业技能人才发展。

11月

15日 "北京国际人才发展研讨会"举行。研讨会由北京人才发展战略研究院、北京外企服务集团共同举办，邀请专家学者进行演讲讨论，分享国际先进城市人才竞争力的经验做法，交流宣传北京人才发展最新成果，研究提升北京城市人才竞争力的措施建议。

11月21日 "2019世界5G大会"在北京经济技术开发区开幕。这是全球第一个以推动5G产业为主题的国际性大会，中共中央政治局委员、北京市委书记蔡奇，国务委员王勇，科学技术部部长王志刚，工业和信息化部部长苗圩出席并致辞。

11月22日 中国科学院、中国工程院公布2019年院士增选结果。经此次增选，中国科学院共有 833 名院士，北京地区有 433 人，占比为 52.0%；中国工程院共有 924 名院士，北京地区有 397 名，占比为 43.0%。其中，我市新当选院士 3 名，分别为：首都医科大学副校长、教授王松灵当选中国科学院院士，北京积水潭医院院长、教授田伟，芯创智（北京）微电子有限公司董事长、研究员吴汉明当选中国工程院院士。截至目前，我市市属院士增至 19 名。

12月

12 月 13 日至 14 日　"2020（第十六届）中国人力资源管理新年报告会暨中国人才发展高峰论坛"举行。本次报告会由市人才工作领导小组办公室和中国人民大学劳动人事学院共同举办，以"人才治理现代化"为主题，邀请市人才工作领导小组成员单位及各区人才工作领导小组相关人员、部分企业负责人、中国人民大学师生等共计 600 余人参会。

B.19

2019年北京人才发展重要政策文件目录

1. 《关于精准支持中关村国家自主创新示范区重大前沿项目与创新平台建设的若干措施》（中科园发〔2019〕11号），中关村科技园区管理委员会，3月1日。

2. 《关于印发〈北京市教师教育振兴行动计划实施办法（2018－2022年）〉的通知》（京教人〔2019〕5号），北京市教育委员会、北京市发展和改革委员会、北京市财政局、北京市人力资源和社会保障局、中共北京市委机构编制委员会办公室，3月11日。

3 《北京市教育委员会关于卓越教师培养计划2.0的实施意见》（京教人〔2019〕6号），北京市教育委员会，3月29日。

4. 《关于印发〈中关村国家自主创新示范区提升创新能力优化创新环境支持资金管理办法〉的通知》（中科园发〔2019〕21号），中关村科技园区管理委员会，4月18日。

5. 《关于印发〈中关村国家自主创新示范区优化创业服务促进人才发展支持资金管理办法〉的通知》（中科园发〔2019〕20号），中关村科技园区管理委员会，4月15日。

6. 《中关村科技园区管理委员会　北京市知识产权局关于印发〈中关村国家自主创新示范区知识产权行动方案（2019－2021）〉的通知》，中关村科技园区管理委员会、北京市知识产权局，4月18日。

7. 《北京市人力资源和社会保障局关于建立北京市专业技术人员职业资格与职称对应关系的通知》（京人社事业发〔2019〕87号），北京市人力资源和社会保障局，6月4日。

8. 《北京市人力资源和社会保障局关于印发〈北京市深化技工院校教

师职称制度改革实施办法〉的通知》（京人社事业发〔2019〕103号），北京市人力资源和社会保障局，6月27日。

9.《关于印发〈中关村科技服务平台建设管理办法（试行）〉的通知》（中科园发〔2019〕31号），中关村科技园区管理委员会，7月8日。

10.《北京市科学技术奖励办法》（北京市人民政府第287号令），北京市人民政府，7月18日。

11.《关于印发〈北京市高级社会工作师评价实施办法〉的通知》（京人社事业发〔2019〕134号），北京市人力资源和社会保障局、中共北京市委社会工作委员会、北京市民政局，8月29日。

12.《关于印发〈中关村国家自主创新示范区高精尖产业协同创新平台建设管理办法（试行）〉的通知》（中科园发〔2019〕42号），中关村科技园区管理委员会，9月18日。

13.《北京市人民政府办公厅关于印发〈北京市职业技能提升行动实施方案（2019–2021年）〉的通知》（京政办发〔2019〕18号），北京市人民政府办公厅，9月27日。

14.《北京市工程技术系列（技术经纪）专业技术资格评价试行办法》（京人社事业发〔2019〕139号），北京市人力资源和社会保障局、北京市科学技术委员会，9月30日。

15.《关于新时代深化科技体制改革　加快推进全国科技创新中心建设的若干政策措施》（"科创三十条"）（京政发〔2019〕18号），北京市人民政府，11月15日。

部分文件：

北京市科学技术奖励办法

北京市人民政府令

第 287 号

《北京市科学技术奖励办法》已经2019年7月9日市人民政府第40次常务会议审议通过，现予公布，自2019年8月18日起施行。

市长　陈吉宁

2019 年 7 月 18 日

第一条　为了奖励在本市科学技术进步活动中作出突出贡献的个人和组织，调动科学技术工作者的积极性和创造性，推动实施创新驱动发展战略，加快建设具有全球影响力的全国科技创新中心，根据《国家科学技术奖励条例》等有关规定，结合本市实际，制定本办法。

第二条　市人民政府设立北京市科学技术奖（以下简称市科学技术奖），用于奖励在本市科学技术进步活动中作出突出贡献的个人和组织。

市科学技术奖包括以下奖项：

（一）突出贡献中关村奖；

（二）杰出青年中关村奖；

（三）国际合作中关村奖；

（四）自然科学奖；

（五）技术发明奖；

（六）科学技术进步奖。

第三条　本市科学技术奖励贯彻尊重劳动、尊重知识、尊重人才、尊重创造的方针。

市科学技术奖的评审工作坚持公开、公平、公正的原则。

第四条　市科学技术行政部门主管本市科学技术奖励工作，负责市科学技术奖的组织实施，对社会力量开展科学技术奖励活动进行指导、服务和监督。

第五条 市人民政府设立市科学技术奖励委员会（以下简称奖励委员会）。奖励委员会聘请有关方面的专家组成若干评审委员会以及监督委员会，负责市科学技术奖的评审和监督工作。奖励委员会的组成人员由市科学技术行政部门提出，报市人民政府批准。

奖励委员会的日常工作由市科学技术奖励工作办公室（以下简称市奖励办）承担。

第六条 突出贡献中关村奖旨在奖励在科学研究中取得重大发现，推动科学发展和社会进步，或者在关键核心技术研发中取得重大突破，创造巨大经济社会效益或者生态环境效益的个人。

杰出青年中关村奖旨在奖励在科学研究中取得重要发现，推动相关学科发展，或者在关键核心技术研发中取得创新性突破，推动科技成果转化和产业化的不超过 40 周岁的个人。

国际合作中关村奖旨在奖励同本市个人和组织开展国际科学技术交流合作，提升本市科技创新国际化水平和全球影响力的外国人。

自然科学奖旨在奖励在基础研究和应用基础研究中阐明自然现象、特征和规律，做出重大科学发现的个人和组织。

技术发明奖旨在奖励运用科学技术知识在产品、工艺、材料、器件及其系统等研究开发中做出重大技术发明的个人和组织。

科学技术进步奖旨在奖励完成和应用推广创新性科技成果，为推动科技进步和经济社会发展作出突出贡献的个人和组织。

第七条 下列科技成果不属于市科学技术奖的奖励范围：

（一）涉及国家安全事项，不宜公开的成果；

（二）存在知识产权归属及完成单位、完成人争议的成果；

（三）依法应当取得而未取得有关行政许可的成果；

（四）已经获得或者当年度被提名为国家科学技术奖或者其他省、自治区、直辖市科学技术奖的成果。

第八条 突出贡献中关村奖、杰出青年中关村奖、国际合作中关村奖不分等级。自然科学奖、技术发明奖、科学技术进步奖各分为一等奖、二等奖两个等级；对做出特别重大科学发现，突破关键核心技术，产生特别重大经济社会效益或者生态环境效益的，可以授予特等奖。

市科学技术奖的奖励数量按照市政府有关规定执行。

第九条 市科学技术奖每年评审一次。市科学技术奖奖金数额由市科学技术行政部门会同市财政部门规定，奖励经费由市财政列支。

第十条 市科学技术奖实行提名制度，候选者由下列个人和组织提名：

（一）国家最高科学技术奖获奖者、中国科学院院士、中国工程院院士、突出贡献中关村奖获奖者；

（二）市人民政府有关部门、直属机构，区人民政府；

（三）符合本市提名资格规定的学会、行业协会及其他组织。

提名应当符合提名规则，提名者应当对提名材料的真实性、准确性负责，并在提名、评审、异议处理等工作中履行相应义务。

第十一条 市奖励办对市科学技术奖的提名材料进行形式审查。符合规定的受理条件的，予以受理；不符合规定的受理条件的，不予受理并说明理由。

第十二条 对予以受理的市科学技术奖的候选者，由相应的评审委员会按照下列程序进行评审：

（一）突出贡献中关村奖、杰出青年中关村奖、国际合作中关村奖评审委员会按照评审规则和标准评审，并将评审结果报奖励委员会审定；

（二）自然科学奖评审委员会、技术发明奖和科学技术进步奖评审委员会设立若干专业评审组，按照评审规则和标准进行初审。各评审委员会对初审结果进行评审，并将评审结果报奖励委员会审定。专业评审组专家从评审专家库中随机抽取产生。

市科学技术行政部门建立覆盖各学科、各领域的评审专家库，并适时更新。

第十三条 监督委员会对提名、评审、异议处理等工作进行监督，并向奖励委员会提交监督报告。

第十四条 奖励委员会根据评审结果和监督报告对获奖者及奖励等级进行审定，并将审定结果报市人民政府批准。

第十五条 市科学技术奖由市人民政府颁发证书、奖章和奖金。

第十六条 市奖励办开展和组织评审工作，应当按照规定向社会公示受理、初审、评审结果等信息。个人和组织对公示信息有异议的，可以在相应的公示期内以实名方式提出。

市奖励办按照异议处理规则和程序对异议进行调查处理，提出处理建议，并按照程序提交相应的评审委员会和奖励委员会。

第十七条 本市鼓励社会力量设立科学技术奖项，开展科学技术奖励活动。

社会力量开展科学技术奖励活动，应当遵守法律、法规、规章和国家有关规定，坚持诚信、公益、公开的原则，不得在奖励活动中收取任何费用；所设奖项不得危害国家安全，不得违背社会公德和科学伦理。

第十八条 候选者、获奖者、提名者、评审专家有下列行为的，按照下列规定处理：

（一）候选者在评审过程中有弄虚作假、贿赂等影响评审公正性行为的，由市科学技术行政部门取消其当年度候选者资格；

（二）获奖者剽窃、侵占他人科技成果，弄虚作假或者以其他不正当手段骗取市科学技术奖的，由市科学技术行政部门报经市人民政府批准撤销奖励，追缴奖金；

（三）提名者提供虚假材料，协助他人骗取市科学技术奖的，由市科学技术行政部门取消其当年度提名资格；

（四）评审专家有弄虚作假、徇私舞弊、泄露有关秘密等违反评审纪律行为的，由市科学技术行政部门责令停止参与当年度评审工作。

有前款规定行为的，根据情节轻重，一至五年内不得参与市科学技术奖励活动，并由市科学技术行政部门记入科研诚信记录，按照规定共享到本市公共信用信息服务平台，由有关部门依法实施信用联合惩戒。

第十九条 社会力量开展科学技术奖励活动违反本办法第十七条规定的，由市科学技术行政部门予以公开曝光，记入诚信记录，并按照规定共享到本市公共信用信息服务平台，由有关部门依法实施信用联合惩戒；违反有关法律、法规的，由相关部门依法处理。

第二十条 市科学技术行政部门的工作人员在科学技术奖励活动中不履行、不当履行或者违法履行职责的，依法给予处分；构成犯罪的，依法追究刑事责任。

第二十一条 市科学技术奖评审的具体资格、条件、标准、程序、规则等由市科学技术行政部门组织制定，并向社会公开。

第二十二条 本办法自 2019 年 8 月 18 日起施行。

北京市人民政府印发《关于新时代深化科技体制改革加快推进全国科技创新中心建设的若干政策措施》的通知

京政发〔2019〕18号

各区人民政府，市政府各委、办、局，各市属机构：

现将《关于新时代深化科技体制改革加快推进全国科技创新中心建设的若干政策措施》印发给你们，请结合实际认真贯彻落实。

北京市人民政府

2019 年 10 月 16 日

关于新时代深化科技体制改革 加快推进全国科技创新中心建设的若干政策措施

为深入贯彻习近平新时代中国特色社会主义思想和党的十九大精神，全面落实习近平总书记对北京重要讲话精神，坚持全球视野、扩大开放，以更大的勇气通过制度创新驱动科技创新，为我国建设世界科技强国和北京建设具有全球影响力的科技创新中心提供有力支撑，制定以下政策措施。

一 加强科技创新统筹

1. 主动承接国家重大科技任务

面向世界科技前沿、面向经济主战场、面向国家重大需求，超前规划布局基础研究、应用基础研究及国际前沿技术研究，加快推动在国家亟需的战略性领域取得重大突破，打造世界知名科学中心。加强基础设施和公共服务配套，全力保障国家实验室在京布局。设立科学研究基金，加快建设北京怀柔综合性国家科学中心。积极承建国家重大科技基础设施、国家科技创新基地，深入对接国家科技创新 2030 – 重大项目、重点研发计划，推动更多重大任务在京落地。加强部市会商、市区联动，优先保障重大科技项目建设所需土地、空间等基础条件。支持新型研发机构、高等学校、科研机构、科技领军企业突破"卡脖子"技术，推动产业链上下游开展战略协作和联合攻关，着力打造竞争新优势。

2. 完善科技创新中心建设统筹制度

充分发挥北京推进科技创新中心建设办公室统筹协调作用，建立与中关村国家自主创新示范区部际协调小组联动工作机制，协调推进科技创新中心建设中的战略规划制定、重点任务布局、先行先试改革等跨层级、跨领域重大事项。统筹建立全市推进科技创新中心建设领导协调机制，加强重要政策协同，抓好重点任务落实。

3. 创新"三城一区"管理体制机制

根据中关村科学城、怀柔科学城、未来科学城、北京经济技术开发区（"三城一区"）功能定位和发展特点，按照权责利统一的原则，分区域、分步骤依法推进审批权限赋权和下放。将北京经济技术开发区试点的企业投资项目承诺制推广至"三城一区"。建立健全"三城一区"统计监测制度。鼓励"三城一区"创新选人用人机制和人员管理方式，支持以政府购买服务等方式，引进专业化、市场化、国际化第三方服务机构，为高层次人才引进、重大科技成果对接、产业项目落地等提供专业服务。

4. 加大科技创新投入力度

持续提高市区两级财政科学技术经费投入水平。切实加大财政资金对基础研究的稳定支持力度。落实研发费用加计扣除等政策，采取政府引导、税收杠杆等方式，鼓励企业、社会组织等通过共建新型研发机构、联合资助、公益捐赠等方式加大基础研究投入。推动建立与国家自然科学基金委共同出资、共同组织国家重大基础研究任务的新机制。

5. 完善科技创新决策咨询机制

成立由科技、产业、投资等领域高层次专家组成的本市科技创新决策咨询委员会，在重大战略规划与改革政策制定、科技基础设施与科研项目布局等方面提供决策咨询。创新常态化的政企对接机制，在制定重大规划计划和开展重大科研攻关时，充分征求行业组织、企业意见。通过政府购买服务等方式，引导首都高端智库、国际咨询机构参与科技创新决策咨询。

二 深化人才体制机制改革

6. 优化人才培养与评价机制

鼓励高等学校在人工智能、集成电路、云计算、转化医学与精准医学等领域设置新兴学科，加强高精尖产业高技能人才及专业管理人才培养。加强优秀青年科技人才培养，扩大本市自然科学基金、博士后计划等的资助面，加大资助力度。根据不同类型科研活动特点，分类健全人才评价标准。创新职称评价方式，推行代表作评价制度，将项目成果、研究报告、专著译著、工程方案、技术标准规范等纳入代表作范围。推动医疗卫生机构和医学科技人才评价机制改革，将临床试验和科技成果转化纳入医疗卫生机构绩效考核和人员职称评审体系。推动高等学校、科研机构及高水平医疗卫生机构职称自主评审权限下放。畅通技术转移转化人才职业发展通道，推行技术经纪等职称专业评价。

7. 创新编制使用和薪酬管理机制

按照"动态调整、周转使用"的原则，推进科研事业单位编制全市统筹调剂使用，进一步扩大科研事业单位在核定编制内的选人用人自主权。对市属高等学校、科研机构、医疗卫生机构等事业单位中符合条件的全时全职承担重大战略任务的高层次人才，允许采取年薪制、协议工资制、项目工资制等灵活多样的分配形式，所需支出不受本单位工资总额和绩效工资总量限制。

8. 提高科研人员因公出国(境)和来访便利性

优化科研人员因公出国审查、审批、备案等工作流程，压缩审批时间，争取适当延长审查批件有效期限。为战略科技人才及其核心团队国际学术交流开辟审批护照签证一体化服务通道。科研人员（包括"双肩挑"科研人员）出国执行学术交流合作任务，单位和个人的出国批次数、组团人数、在外停留天数可根据实际需要合理安排。受聘在京短期工作的外国专家生活费等资助经费标准，可由局级及以上聘用单位按照有关规定研究确定。

9. 优化外籍人才引进及服务保障

进一步完善境外高层次人才收入政策。对符合条件的外籍高层次人才和急需紧缺人才，可按照外国人才（A 类）办理工作许可和工作居留许可，分别在 7 个工作日内办结。获得中国永久居留权的高层次外籍人才达到法定退休年龄，养老保险缴费年限不满 15 年的，可以延长缴费至满 15 年，并按规定享受养老保险待遇。引进的外籍人才如不能享受社会保险待遇，允许高等学校、局级及以上科研机构为其购买任期内商业养老保险和商业医疗保险。畅通工作机制，积极为引进的高层次人才提供子女入学等服务。在"三城一区"等区域建立外籍人才一站式综合服务平台。在全市推广朝阳、顺义服务业扩大开放综合试点示范区外籍人才出入境管理改革措施。

三　构建高精尖经济结构

10. 促进重点产业发展

深入抓好"10＋3"高精尖产业政策落实，建立绿色审批通道，提高产

373

业项目落地建设效率。推行产业用地弹性年期出让、土地租金年租制，合理控制高精尖产业用地成本。在符合规划和用途管制前提下，允许经依法登记的农村集体经营性建设用地用于建设科技孵化、科技成果转化和产业落地空间。积极推进大兴、房山、顺义、昌平、通州等区和北京经济技术开发区标准厂房建设工作，为智能制造、医药健康等高精尖产业发展创造有利条件。

11. 提升重点产业市场准入便利化水平

创新适合新技术、新产品、新业态、新模式发展的监管机制，对处于研发阶段、缺乏成熟标准或暂不完全适应既有监管体系的新兴技术和产业，实行包容审慎监管。积极申请建设北京医疗器械服务站、人类遗传资源行政审批服务站，开展国际多中心临床试验等试点。积极推动"人工智能＋云＋健康"等创新技术、产品和服务在卫生健康领域开展示范应用与推广。建设面向人工智能产业发展的公共数据库、检验测试标准及服务平台，支持通用软件和技术平台的开源开放，加快完善面向行业应用的服务体系。建立产业分类管理制度，重点支持高附加值、环境友好型的高端产品研发。

12. 加强科技成果转化制度保障

推动《北京市促进科技成果转化条例》立法，允许赋予科技人员职务科技成果所有权或长期使用权，明确科技成果完成人自主实施科技成果相关权利，简化科技成果转化有关资产管理程序，明确财政资金设立的应用类项目的科技成果转化要求，规范担任领导职务的科技人员获得奖励报酬的方式和条件，建立科技成果转化活动中勤勉尽责制度。

13. 改革科技成果转化管理机制

建立适应技术类无形资产特点的资产管理制度，对国有技术类无形资产与其他类型国有资产实行差异化管理。允许高等学校、局级及以上科研机构和高水平医疗卫生机构委托国有资产管理公司，代表本单位统一开展科技成果转化活动。高等学校、科研机构、高水平医疗卫生机构及其所属的具有法人资格单位担任领导职务的科技人员，是科技成果主要完成人或者对科技成果转化做出重要贡献的，可按照国家有关规定获得奖励报酬，并实行公开公示制度。

四 深化科研管理改革

14. 统筹优化科技计划(专项、基金等)布局

加快构建覆盖科技创新全过程的本市财政资金统筹机制,加强对科研类市级科技计划（专项、基金等）的优化整合。建立科技计划（专项、基金等）管理联席会议制度,对全市科技计划（专项、基金等）设置、实施方案、经费概算、管理级次和模式等进行统筹指导。对接国家重大科技任务布局,建立接续支持机制,促进项目形成的科技成果在京转化。

15. 完善科研项目管理机制

简化科研项目申报流程和材料,推行项目材料网上报送和"材料一次报送"制度,强化项目管理信息开放共享,实现一表多用。针对关键节点实行"里程碑"式管理,减少科研项目实施周期内的各类评估、检查、抽查、审计等活动；严格依照任务书开展综合绩效评价；对实施周期3年以下的项目一般不开展过程检查。实行科研项目绩效分类评价,根据需要引入国际评估。建立相关部门为高等学校和科研机构分担责任机制,对自由探索和颠覆性技术创新活动中已履行勤勉尽责义务,但因技术路线选择失误导致难以完成预定目标的单位和项目负责人予以免责。加强科研诚信建设,营造良好学术风气。

16. 扩大科研项目经费使用自主权

在财政科研项目总预算不变的情况下,除设备费与间接费用原则上不予调增外,其他科目的使用和调整全部下放至项目承担单位；设备费如需调增,由承担单位据实核准,验收（结题）时向项目主管部门备案。高等学校、科研机构、医疗卫生机构依法依规制定的横向项目经费管理办法,可作为评估、检查、审计等的依据。

17. 加大科研项目经费激励力度

选取对试验设备依赖程度低的智力密集型市级财政科研项目作为试点,间接费用核定比例不超过直接费用扣除设备费的30%,基础研究领域中数

学、物理类科研项目的间接费用核定比例不超过直接费用扣除设备费的60%。间接费用中的绩效支出不设比例限制，纳入工资总额统计范围，不受本单位绩效工资总量限制。

18. 开展科研项目经费包干制试点

在基础研究领域选择部分科研成效显著、科研信用较好的高等学校、科研机构、医疗卫生机构，开展市级财政科研项目经费包干制试点，项目负责人可根据科研活动的实际需要自主决定使用项目经费，且不设科目比例限制。对实行包干制管理的财政科研项目经费使用实行负面清单管理。

19. 完善科技创新监督检查机制

对科研项目和科研活动的审计和财务检查要尊重科研规律，建立信息共享、结果共用、问题整改问责共同落实等工作机制。设有内部审计机构的局级及以上行政事业单位，经备案，其出具的科研项目审计报告可作为验收依据。审计机关在科研项目审计中，应当有效利用内部审计力量和成果，对内部审计发现且已经纠正的问题不再在审计报告中反映。审计机关在审计工作中要坚持客观求实，充分尊重科学研究灵感瞬间性、方式随意性、路径不确定性的特点，实事求是地反映问题，客观审慎地作出审计处理和提出审计建议。

20. 放宽科研仪器设备采购标准

简化科研仪器设备采购流程，对科研急需的设备和耗材，采用特事特办、随到随办的采购机制，可不进行招投标程序，缩短采购周期；对独家代理或生产的仪器设备，按程序确定采取单一来源采购等方式增强采购灵活性和便利性。简化科研仪器设备变更政府采购方式审批流程，对符合功能要求、技术参数标准的仪器设备，可一次性集中提出申请，由主管预算单位归集后向市财政部门申报。

21. 鼓励科研机构机制创新

进一步深化科研事业单位体制改革。推动科研机构制定章程，完善内部治理结构，建立高效运行机制。主管部门对章程赋予科研机构管理权限的事务不得干预。支持建设一批世界一流新型研发机构，赋予其在人员聘用、职称评审、经费使用、运营管理等方面的自主权，实行财政科技资金负面清单管理。鼓励新型研发机构与高等学校联合培养研究生。

五 优化创新创业生态

22. 完善科技型国有企业创新激励机制

扩大市属科技型国有企业员工持股实施范围，激发核心技术骨干的积极性和创造性。鼓励市属国有企业引进市场化、专业化创新服务机构运营管理，推动存量产业空间转型发展。支持中央企业在京设立具有独立法人资格的研发中心，鼓励开展市场化改革。

23. 完善创新创业服务机制

支持符合首都城市战略定位的科技型企业根据市场需求和经营需要在各区之间合理流动，推进工商税务登记迁移一体化办理，市市场监管、税务和行业主管部门可直接为其办理相关登记、备案手续。完善高新技术企业培育库制度，加强对入库企业的服务和支持。健全科技型企业"一企一策"服务机制，实施世界级领军企业培育计划。支持技术研发、概念验证、工业设计、测试检验、中试熟化、规模化试生产等公共科技服务平台建设，为中小企业提供专业化服务。加强生命科学、人工智能、集成电路、5G等领域专业化孵化器建设，开展项目深度孵化。发挥北京市科技创新基金引导作用，探索设立孵化接力基金，专门投资孵化器自有基金退出投资的优质项目。

24. 强化知识产权创造、保护和运用

强化知识产权保护，加大惩罚性赔偿力度，提高侵权成本。充分发挥中国（北京）知识产权保护中心、中国（中关村）知识产权保护中心作用，围绕新一代信息技术、高端装备制造、医药健康、新材料等产业建立知识产权快速协同保护机制。大力支持科技型企业进行海外知识产权布局和技术并购。完善企业知识产权海外维权援助机制，支持服务机构开展目标市场知识产权调查、预警、制定应对策略等服务。加大对高精尖产业的发明专利和海外知识产权获权的资助力度。发挥北京市科技创新基金引导作用，支持设立

高价值专利培育收储投资子基金，建立重点领域专利池。

25. 统筹推进应用场景建设

聚焦人工智能、5G、区块链、大数据、云计算、北斗导航与位置服务、生命科学、前沿材料、新能源、机器人等重点领域搭建应用场景。建立市级层面应用场景建设统筹联席会议制度，完善前置咨询评议、供需对接机制，定期发布应用场景项目清单，建设一批应用场景示范区（或试验区）。对经过市场检验的应用场景创新成果，包括首台（套）重大技术装备，通过首购、订购等方式予以支持。

26. 完善创新创业金融服务

发挥政府引导基金作用，吸引社会资本投资原始创新、成果转化、高精尖产业，形成覆盖种子期投资、天使投资、风险投资、并购基金的基金系。对于投资早期"硬科技"的引导基金，建立子基金注册绿色通道，引导更多知名优秀投资机构在京开展业务。针对科技型企业的信用状况和发展阶段，试行银行信贷业务的差异化风险补偿机制。利用风险补偿、贷款贴息等手段，提升科技型企业首次融资成功率。依托本市企业信用信息公示系统，构建全市统一的科技企业信用数据支持平台和综合信用评价体系，整合相关企业经营及外源融资数据，向金融机构开放。探索设立专业化的科技保险机构。推动完善知识产权保险体系，按照政府引导、市场主导的原则，建立财政支持的知识产权保险风险补偿和保费补贴机制。支持科技租赁公司开展"租赁＋投资""租赁＋保理"等创新业务。

27. 提升科研条件通关便利化水平

简化本市创制性新药临床试验所需进口样品通关程序，允许以临床试验（项目）或年度为单位发放批件，每次进口只需备案即可。对于符合条件的科技型企业暂时进口的非必检的研发测试车辆，根据测试需要，允许暂时进口期限延长至 2 年。

28. 深化京津冀协同创新

充分发挥国家自主创新示范区、自由贸易试验区、北京市服务业扩大开放综合试点、国家高新技术产业开发区及国家级经济技术开发区等相关政策作用，进一步加强政策互动，推动京津冀协同创新。加强京津冀科技计划合作，支持各类创新主体跨区域开展创新活动。推进高新技术企业资质在京津冀互认。依托首都科技条件平台等公共服务平台，推进仪器设备、科技成果、科技信息资源共享共用。完善科技创新券使用机制，推进科技创新券在京津冀互通互认。打造京津冀临床试验协同网络，积极推动涉及人的生物医学研究伦理审查结果在京津冀实现机构间互认。深化医疗器械注册人制度试点，允许本市医疗器械注册人委托津冀地区企业生产，共同建设医药健康产业基地。实施京津冀智能制造协同创新计划，促进津冀产业升级。

29. 深化京港澳科技合作

完善京港澳科技合作机制，促进人才、技术、资本、信息等创新要素跨境流动。加强与港澳地区人才交流合作，建立青年科学家沟通交流平台，鼓励港澳地区科学家参与北京国际学术交流季等活动，支持京港澳创新主体联合开展研发和成果转化。依托北京市科技创新基金，加强与港澳地区机构合作，充分发挥港澳金融优势，链接国际高端创新资源。

30. 进一步提升开放合作水平

办好中关村论坛，打造成为具有国际影响力的集科学技术交流和成果展示、发布、交易于一体的综合性平台。积极对接国际大科学计划项目，推动重大科技基础设施向全球开放共享。支持高等学校、科研机构、企业在国际创新人才密集区及"一带一路"沿线国家和地区设立离岸科技孵化基地，与海外机构共建一批高水平联合实验室和研发中心。积极争取国际科技组织、联盟或其分支机构落户北京。支持跨国公司研发中心在京发展，对外资全球研发中心和具有独立法人资格的研发中心，给予跨国公司地区总部同等政策支持。

Abstract

Annual Report on Development of Beijing's Talent (2019) is edited by Beijing Human Resource Research Center and Beijing Talents Development Strategy Research Institute for the purpose of comprehensively presenting and summarizing the a certain period. The report comprises five parts: General Report, Report on Industry, Report on District, Report on specialist and Appendix.

General Report summarizes the basic situation of talent development in Beijing, discusses the level of competitiveness of Beijing's talents at home and abroad, and makes recommendations for improving the competitiveness of Beijing's talents.

Report on Industry, Report on District, Report on specialist and Invited Report have collected reports on talents development in some key industries, districts and experts in Beijing. They in combination aim to display practical exploration, work achievements and strategies by related departments, districts, experts and scholars from a multi-perspective.

Appendix has collected significant events and important documents on talent development in Beijing in 2019, enabling the readers to acquire a comprehensive understanding on the general strategy of development in Beijing during the concerning period.

Contents

I General Report

Abstract: This report first analyzes the level of talent development in Beijing and shows the scale, quality, structure and contribution of talents. Secondly, it studies the level of talent competitiveness of Beijing, and examines the orientation of Beijing talent competitiveness from 119 global cities and 31 China's cities. The results show that Beijing's talent competitiveness ranks 58 in the world, ranking at the middle level, ranking first in China and the leading level. Finally, from the six aspects of establishing business contact mechanism, proactively providing objective data, building talent brand, introducing talent support policy, introducing international organization, and creating talent environment, the report puts forward some policy recommendations to improve the competitiveness of Beijing city talents.

Keywords: Talent Development Level; Talent Competitiveness; Talent Development Environment

II Report on Industry

B. 2 Research on the Supply and Demand of Social Work
Professionals in Beijing

*Research group composed of Social Work Committee of Beijing Municipal
Committee of the CPC and China Youth University of Political Studies / 037*

Abstract: Social work professionals are an important part of our country's talent team. Beijing has always been in a leading position on the specialization, professionalization and localization of social work in China, including the continuous optimization of the development environment of social work professionals, the continuous expansion of the talent platform, the continuous expansion of the talent team, and the continuous improvement of the talent quality. This report was closely combined with the actual social work career development in Beijing, and explored the development status of social work professionals in Beijing through in-deep interview and talk. On this basis, the report analyzed the contradiction between supply and demand of social work professionals in Beijing and its causes, and explored ways to solve the contradiction between supply and demand, and put forward some countermeasures to strengthen the construction of social work talent team in Beijing.

Keywords: Beijing Social Work Professionals; Problems of Supply and Demand

B. 3 Study on the Reform and Practice of Building an Institution of
Talent System with International Competitiveness in
Zhongguancun Model District

Group of Zhongguancun Management Committee / 059

Abstract: Zhongguancun (ZGC) is China's first national-level talent management reform pilot district. President Xi Jinping pointed out that talents are the foundation of innovation. Talents are the essential of innovation-driven strategy. Whoever having first-class innovative talents has the advantage and can lead the technological innovation. At present, in ZGC district, a group of high-level innovative and entrepreneurial talents gathered there, including more than 800, 000 college students, nearly 300, 000 graduates with master's degree or above, more than 50, 000 overseas students, foreigners, talents from Hong Kong, Macao and Taiwan, and more than 10, 000 angel investors. This report is divided into five parts: The first part is the status quo of ZGC talent work; The second is the implementation effectiveness of ZGC talent district policy; The third is the status of construction of ZGC multi-level talent support system; The fourth is the construction of ZGC talent service platform; The fifth is the currently situations, challenges and related recommendations.

Keywords: Zhongguancun; High-level Talents; Technological Innovation; Globalization

B. 4 Study on the Innovation of Commendation and Incentive Mechanism Among Scientific and Technological Workers in Beijing

Group of Beijing Science and Technology Association / 086

Abstract: The commendation and reward of scientific and technological workers are important measures to stimulate the enthusiasm of technologists. It is also an important mean to lead the whole society to respect and advocate innovation. In recent years, with the increasing attention to scientific and technological innovation by the state, a relatively complete system of commendation and reward for scientific and technological workers has been established from the central to the local governments. The scientific and technological workers can get more incentives. At the national level, a situation has been formed in which the "National Science and Technology Awards are refined, and provincial and ministerial awards and social forces are set up in a healthy and orderly manner". In Beijing, at the end of 2018, there were a total of 147 commendation awards at the municipal level, 38 in the name of the municipal party committee and municipal government, and 109 in the name of municipal authorities. Among them, there are 11 scientific and technological awards projects commended by the municipal party committee and municipal government. In addition, various social organizations, units, foundations have also set up some awards. These awards have played a significant role in stimulating the creative enthusiasm of researchers in Beijing. At the same time, however, issues such as repeated awards, wrong evaluation mechanisms, and insufficient influence of the awards are increasingly exposed, which limits the full play of the rewards. To encourage the construction of the National Science and Technology Innovation Center, effectively improve the fairness, pertinence and co-ordination of this work, it is important to accurately and objectively understand the current status and problems of Beijing's scientific and technological commendation and reward work.

Keywords: Beijing Scientific and Technological Workers; Awards; Institutional Innovation

B. 5   Study on the Construction of Talents in Capital Science and Technology Service Industry

Group of Beijing Human Resources Research Center / 104

Abstract: Focusing on the status quo of the talents in capital science and technology service industry and based on the requirements of talent development in line with the capital's "four centers" strategy, this study analyzed some problems in the development in this industry. Focusing on the scale, structure and development status of the talents in technological area and the key talents, by analyzing the data, this study summarized the characteristics of talents in the capital science and technology service industry. The study put forward a "3 −5 −3 −6" model and targeted policies and suggestions such as policies, networking, construction mechanisms, re-training, strong incentives, and standards, which provide strong support for the capital's scientific and technological innovation.

Keywords: Science and Technology Service Industry; Achievement Transforming; Talents

B. 6 Research on the Coordinated Development of Regional Economy and Talents in Beijing

Group of Beijing Foreign Enterprise Human

Resources Service Co. , Ltd. / 124

Abstract: The coordinated development strategy of Beijing, Tianjin and Hebei is currently a major strategy for China's regional development. As the core city of the above-mentioned cities, Beijing make process and complement with other two cities in their advantages. In the process of regional joint development, Beijing has also promote itself considerablely. For the region, the development of the regional economy will inevitably bring about the gathering of talents, at the same time, talents and their matching system is one of the important factors to support the sustainable development of the regional economy. It is of great significance for the regional development to make clear coordination mechanism between the regional economy and the regional talents. Therefore, this paper focuses on the key issue, analyzs the internal mechanism of the coordinated development of Beijing regional economy and talents, and puts forward countermeasures and suggestions on the implementation methods of the coordinated development of Beijing regional economy and talents in the future, so as to provid intellectual support for the development of the capital.

Keywords: Regional Economy; Talent Development; Talent Strategy; Coordinated Development

B. 7　Status Quo and Demand Forecast of Talents in Artificial

Intelligence Industry in Beijing

Group of Zhongguancun Innovation Institute / 140

Abstract：At present, artificial intelligence has became the core driving force for a new round of scientific and technological revolution and industrial transformation. As a technology-intensive industry, scientific and technological talents have a crucial impact on industrial development. As one of the most intensive areas of artificial intelligence enterprises in the world and the highland of artificial intelligence development in the country, Beijing has a large scale of artificial intelligence industry and a high demand for talents. Its strategic significance is significant. This topic analyzes and predicts the status of artificial intelligence talents in Beijing. This article tries to Clear the characteristics and competence of artificial intelligence talents, standardize the definition scope of research subjects; understand the status quo and direction of industrial development, clarify the environment for talents' industrial development needs; and grasp the quantity and quality of existing talents; The demand and supply situation of artificial intelligence industry talents are analyzed, the demand gap is predicted, and policy recommendations for promoting talent development are given.

Keywords：Beijing; Artificial Intelligence; Industrial Talent

Ⅲ　Report on District

B. 8　Research on the Development Strategy of Traditional Chinese

Medicine Talents in Dongcheng District

Group of Dongcheng District Committee Organization Department / 186

Abstract：The talents of TCM（traditional Chinese medicine）are the foundation and guarantee of the development of traditional Chinese medicine, and also the first resource of the inheritance and innovation of traditional Chinese medicine cause. DongCheng District is one of the first experimental areas for the comprehensive reform of the development of traditional Chinese medicine. In the past ten years, remarkable achievements have been made in the development of TCM talents. With the continuous promotion and optimization of the training of TCM talents, a large number of top TCM professionals and technical talents emerged. For example, Professor Tu Youyou, the outstanding talents of Dongcheng District, Nobel Prize winner, and the winner of the highest national science and technology award, Professor Chai Songyan, Professor Lv Renhe and Professor Sun Guangrong, the national masters of traditional Chinese medicine, Professor Wang Yongyan, Professor Huang Luqi, academician of Chinese Academy of engineering, and Professor Tian Jinzhou, a Yangtze River scholar, are all localized in DongCheng, leading the development of traditional Chinese medicine. In the future, DongCheng District Health Committee will further optimize the environment, carry out Yanjing medical school research, constantly innovate the talents development policy, and strive to make Dongcheng District a world-class highland for the innovation and development of traditional Chinese medicine talents.

Keywords: TCM Talents; Medical Talents; Innovation and Development of Talents

B. 9 Research on the Current Situation and Development of Talents in Xicheng District

Group of Xicheng District Committee Organization Department / 196

Abstract: Ever since the 13th Five-Year Plan, with the goal of building up a favorable district for talent development, the Xicheng District of Beijing has been sticking to the strategy of " strengthening the district through talents " by continuously optimizing its talent development environment and improving the efficiency of talents. Facing up to the new circumstances, missions and requirements, Xicheng District is in urgent need to conduct in-depth analysis on its talent development progress, to understand the new demands for talents brought by industrial development and urban governance, and to further explore talent development paths. Accordingly, first, this study, from the perspectives of talent team structure, high-level talents, talents of key sectors, and the demands for talents, analyzes the talent team building status in Xicheng District. Second, this study summarizes the experience and methodologies of Xicheng District in terms of implementing the talent-first strategy, continuously optimizing talent development environment, and urging the implementation of talent management. Third, this study analyzes the situation and main problems of the talent development in Xicheng District. Fourth, based on local development achievements and combined with the focus of talent management and future development demands, this study proposes several targeted policy recommendations from the perspectives of attracting and gathering talents vigorously, improving the quality of talent training programs comprehensively, actively advancing the reform and innovation in systems and mechanisms, optimizing talent development environment, and enhancing political guidance, and thereby helps build up a new pattern of talent management with the characteristics of Xicheng District.

Keywords: Talent Team Building; Talent Development Demands; Innovation in Talent Management

B. 10 Chaoyang's Exploration of and Thought on Strengthening Political Guidance to and Political Absorption of Talents

Group of Chaoyang District Committee Organization Department / 223

Abstract: Strengthening political guidance to and political absorption of talents is of great significance to pooling patriotic outstanding talents in the new era. Chaoyang has absorbed talents from around the country to build a talent highland, and kept strengthening political guidance to and political absorption of talents through measures such as carrying out theme education, serving major national strategies, giving play to talents' advantages and strengthening contact service. In view of realistic problems such as inaccurate service, narrow coverage and lack of recognition existing in political guidance to and political absorption of talents, we should focus on key groups, improve work level, enrich the connotation of political guidance, and optimize the work mechanism, to bring talents together into the great struggle of the Party and people.

Keywords: Political Guidance; Political Absorption; Patriotic; High-level Talents

B. 11　Research and Practice on the Development of Innovative Talent in Fangshan District in the New Era

Group of Fangshan District Committee

Organization Department / 236

Abstract: Recently, Fangshan District has studied Xi Jinping's reports on talent work deeply, adhering to the principle of "Party should in charge of the talents", and firmly established the strategic role of talent leading development. By introducing talent projects such as "induction projects" and "excellent projects", Fangshan District has concentrated a number of innovative entrepreneurial talents and teams who provide a strong talent guarantee and intellectual support for regional economic and social development. This paper illustrates details from three aspects. At first, it introduces the practices and effects of Fangshan District in terms of talent concentration, analyzing the main characteristics of innovative talent at this stage. Then this paper clarifies the related needs of innovative talent for policies and services. Finally, the research team put forward suggestions and countermeasures for optimizing the environment for attracting innovative talent in four aspects from the reality of Fangshan District.

Keywords: Innovative Talents; Policy System; Development Environment

B. 12　Study on the Construction of International Talents Community in Beijing Sub-center

Group of Tongzhou District Committee Organization Department / 247

Abstract: Tongzhou city sub-center is an important area in Beijing. The key to build this city sub-center as an international harmonious and livable model district is to build an internationally competitive development environment, attracting a group of talents to promote the quality of the sub-center. Building an international talents' community is an important carrier of optimizing the international talents development environment of the sub-centers. Based on the planning and development reality of the sub-center, this paper firstly investigates both international renowned community construction model and the report on international talents development environment and then scientifically constructs the international talents community construction index system. To build an international talents community with characteristics of the times and sub-centers, this paper puts forward four aspects as 1) build a world-class innovative entrepreneurial ecosystem; 2) create international competitiveness to attract talents; 3) create a livable living environment that is in line with international standards; and 4) comprehensively improve the level of international talents services.

Keywords: Beijing Sub-center; International Talents; International Talents' Community

B. 13 Thoughts on Improving the Ability of Public Service in Shunyi International Talents' Community

Group of Shunyi District Committee Organization Department / 260

Abstract: Construction of the capital international talents' community is an important measure for the Beijing municipal government to gather talents according to the "four centers" strategy. In April 2019, Shunyi District fell within the second round pilot projects for constructing the international talents' community in Beijing. Shunyi District, aiming at the core concept of "Home in Shunyi", helps to build International Talent Community from four aspects, including building a comfortable and warm-hearted livable project, building a warm and dynamic sports system, making propaganda strategies from international perspectives and improving the family-friendly policy of attracting people.

Keywords: Shunyi International Talents' Community; International Talents; Family Life

B. 14 Research on Daxing District Talent Work Supporting the Development of Airport Economic Zone

Group of Daxing District Committee Organization Department / 276

Abstract: Beijing Daxing International Airport, a new source of power for national development, was officially opened on September 25, 2019. How to strengthen the service support role of talent work, promote the construction of the airport economic zone, and bring high-quality development of the surrounding areas is an important issue. This report summarizes the practical experience of Daxing District's talent service to support the development of the airport economic zone in recent years, and analyzes the problems and deficiencies in the work, puts forward the suggestions for the future talent work. The research results show that the number and quality of high-level talents in Daxing District are constantly improving, the solution to the Four- Important-problem is obvious, the role of talents in leading the development of the industry is becoming more and more obvious, and the reserve work of young talents is ahead of schedule. However, there is still needs to further improvement, like the number of high-level talents reserve, regional carrying capacity of talents, development environment of talents, talent policy, and methods of talents introduction. At the end of the report, it put forward some thoughts and suggestions on strengthening the top-level design of talent work, exploring the efficient use of global talent resources, and strengthening the construction of regional talent teams, which will help to make the airport economic zone become the Beijing's leading and world-class high-level talents gathering area, scientific and technological achievements transformation zones and cultural exchange clusters.

Keywords: Talent Resources; Beijing Daxing; Airport; Airport Economic Zone; Innovation & Entrepreneurship

B. 15 Leading the high quality development of Miyun with talents to build a model area of Xi Jinping's thoughts on ecological civilization

Group of Miyun District Committee Organization Department / 293

Abstract: Miyun District has in recent years actively implemented the development concept of "clear waters and green mountains are mountains of gold and silver", taken the initiative to integrate itself into the construction of the "four centers" in Beijing. It is now creating a new development situation and stepping onto a new starting point for development by vigorously promoting green development. It is developing by innovation, benefiting from green, and building brands with services. In order to better grasp the important strategic opportunities for development, and to give full play to the supporting role of high-level talents in the high quality development of Miyun, the District is scientifically planning its talent work all-over the region in order to provide intellectual support for building a model area of Xi Jinping's thoughts on ecological civilization. This research firstly analyzes the talent policies launched by selected cities at the same district level, summarizes the characteristics of talent work in the ecological conservation areas, and proposes that Miyun should build anti-magnetic talent development system relative to "siphon effect" in the central urban area together with the construction of the national ecological civilization pilot demonstration area. Secondly, it summarizes the major methods of Miyun talent work in the aspects of upgrading of talent policies, building of platform carriers, construction of talent teams and improvement on the service of Miyun talents. Then it analyzes the problems in Miyun's talent development. Finally, combined with the compilation of the talent gathering plan of the Miyun District, it put forward the talent development strategy of the District with policy-making recommendations.

Keywords: Talents Leading Strategy; Talents Development Suggestions of Miyun; Business Environment

Ⅳ Report on Specialist

B. 16 Structural Analysis of Highly Cited Scientists in the World
and Its Enlightenment to China   *Zhao ning, Fan wei* / 322

Abstract: This article is based on the list of global "highly cited scientists" published by Clarivate Analytics in 2018. It is selected from the global, China and Beijing as the structural characteristics of the "highly cited scientists" list. According to these characteristics, the policy measures for the precise introduction of talents are proposed from three aspects: domain distribution, drawing high-end talent maps and conducting special investigations.

Keywords: Highly Cited Scientists; Structural Distribution; Precision Introduction

B. 17　The historical evolution of overseas talent introduction
policy after the founding of New China

Liu Xiangbo, *Xie Qiushi* / 341

Abstract: Since the founding of the People's Republic of China 70 years ago, China has always attached great importance to the construction of the talent teams. The introduction of outstanding overseas talents has experienced the historical evolution from fragmentation to system and from single to plural. It has played a positive role. Based on the development history of overseas China's introduction of intelligence policy, this paper systematically summarizes the main features of policy measures at various stages, and based on this, puts forward the prospect of the development of China's overseas intelligence policy.

Keywords: New China; Overseas Intelligence; Historical Evolution; Policy Characteristics; Policy Outlook

✦ 皮书起源 ✦

"皮书"起源于十七、十八世纪的英国,主要指官方或社会组织正式发表的重要文件或报告,多以"白皮书"命名。在中国,"皮书"这一概念被社会广泛接受,并被成功运作、发展成为一种全新的出版形态,则源于中国社会科学院社会科学文献出版社。

✦ 皮书定义 ✦

皮书是对中国与世界发展状况和热点问题进行年度监测,以专业的角度、专家的视野和实证研究方法,针对某一领域或区域现状与发展态势展开分析和预测,具备原创性、实证性、专业性、连续性、前沿性、时效性等特点的公开出版物,由一系列权威研究报告组成。

✦ 皮书作者 ✦

皮书系列的作者以中国社会科学院、著名高校、地方社会科学院的研究人员为主,多为国内一流研究机构的权威专家学者,他们的看法和观点代表了学界对中国与世界的现实和未来最高水平的解读与分析。

✦ 皮书荣誉 ✦

皮书系列已成为社会科学文献出版社的著名图书品牌和中国社会科学院的知名学术品牌。2016年,皮书系列正式列入"十三五"国家重点出版规划项目;2013~2019年,重点皮书列入中国社会科学院承担的国家哲学社会科学创新工程项目;2019年,64种院外皮书使用"中国社会科学院创新工程学术出版项目"标识。

中国皮书网

（网址：www.pishu.cn）

发布皮书研创资讯，传播皮书精彩内容
引领皮书出版潮流，打造皮书服务平台

栏目设置

关于皮书：何谓皮书、皮书分类、皮书大事记、皮书荣誉、
皮书出版第一人、皮书编辑部

最新资讯：通知公告、新闻动态、媒体聚焦、网站专题、视频直播、下载专区

皮书研创：皮书规范、皮书选题、皮书出版、皮书研究、研创团队

皮书评奖评价：指标体系、皮书评价、皮书评奖

互动专区：皮书说、社科数托邦、皮书微博、留言板

所获荣誉

2008 年、2011 年，中国皮书网均在全国新闻出版业网站荣誉评选中获得"最具商业价值网站"称号；

2012 年，获得"出版业网站百强"称号。

网库合一

2014 年，中国皮书网与皮书数据库端口合一，实现资源共享。

权威报告·一手数据·特色资源

皮书数据库
ANNUAL REPORT(YEARBOOK)
DATABASE

当代中国经济与社会发展高端智库平台

所获荣誉

- 2016年，入选"'十三五'国家重点电子出版物出版规划骨干工程"
- 2015年，荣获"搜索中国正能量 点赞2015""创新中国科技创新奖"
- 2013年，荣获"中国出版政府奖·网络出版物奖"提名奖
- 连续多年荣获中国数字出版博览会"数字出版·优秀品牌"奖

成为会员

　　通过网址www.pishu.com.cn访问皮书数据库网站或下载皮书数据库APP，进行手机号码验证或邮箱验证即可成为皮书数据库会员。

会员福利

- 已注册用户购书后可免费获赠100元皮书数据库充值卡。刮开充值卡涂层获取充值密码，登录并进入"会员中心"—"在线充值"—"充值卡充值"，充值成功即可购买和查看数据库内容。
- 会员福利最终解释权归社会科学文献出版社所有。

数据库服务热线：400-008-6695
数据库服务QQ：2475522410
数据库服务邮箱：database@ssap.cn
图书销售热线：010-59367070/7028
图书服务QQ：1265056568
图书服务邮箱：duzhe@ssap.cn

社会科学文献出版社　皮书系列
SOCIAL SCIENCES ACADEMIC PRESS (CHINA)
卡号：333184835473
密码：

S 基本子库
SUB DATABASE

中国社会发展数据库（下设 12 个子库）

全面整合国内外中国社会发展研究成果，汇聚独家统计数据、深度分析报告，涉及社会、人口、政治、教育、法律等 12 个领域，为了解中国社会发展动态、跟踪社会核心热点、分析社会发展趋势提供一站式资源搜索和数据分析与挖掘服务。

中国经济发展数据库（下设 12 个子库）

基于"皮书系列"中涉及中国经济发展的研究资料构建，内容涵盖宏观经济、农业经济、工业经济、产业经济等 12 个重点经济领域，为实时掌控经济运行态势、把握经济发展规律、洞察经济形势、进行经济决策提供参考和依据。

中国行业发展数据库（下设 17 个子库）

以中国国民经济行业分类为依据，覆盖金融业、旅游、医疗卫生、交通运输、能源矿产等 100 多个行业，跟踪分析国民经济相关行业市场运行状况和政策导向，汇集行业发展前沿资讯，为投资、从业及各种经济决策提供理论基础和实践指导。

中国区域发展数据库（下设 6 个子库）

对中国特定区域内的经济、社会、文化等领域现状与发展情况进行深度分析和预测，研究层级至县及县以下行政区，涉及地区、区域经济体、城市、农村等不同维度。为地方经济社会宏观态势研究、发展经验研究、案例分析提供数据服务。

中国文化传媒数据库（下设 18 个子库）

汇聚文化传媒领域专家观点、热点资讯，梳理国内外中国文化发展相关学术研究成果、一手统计数据，涵盖文化产业、新闻传播、电影娱乐、文学艺术、群众文化等 18 个重点研究领域。为文化传媒研究提供相关数据、研究报告和综合分析服务。

世界经济与国际关系数据库（下设 6 个子库）

立足"皮书系列"世界经济、国际关系相关学术资源，整合世界经济、国际政治、世界文化与科技、全球性问题、国际组织与国际法、区域研究 6 大领域研究成果，为世界经济与国际关系研究提供全方位数据分析，为决策和形势研判提供参考。

法律声明

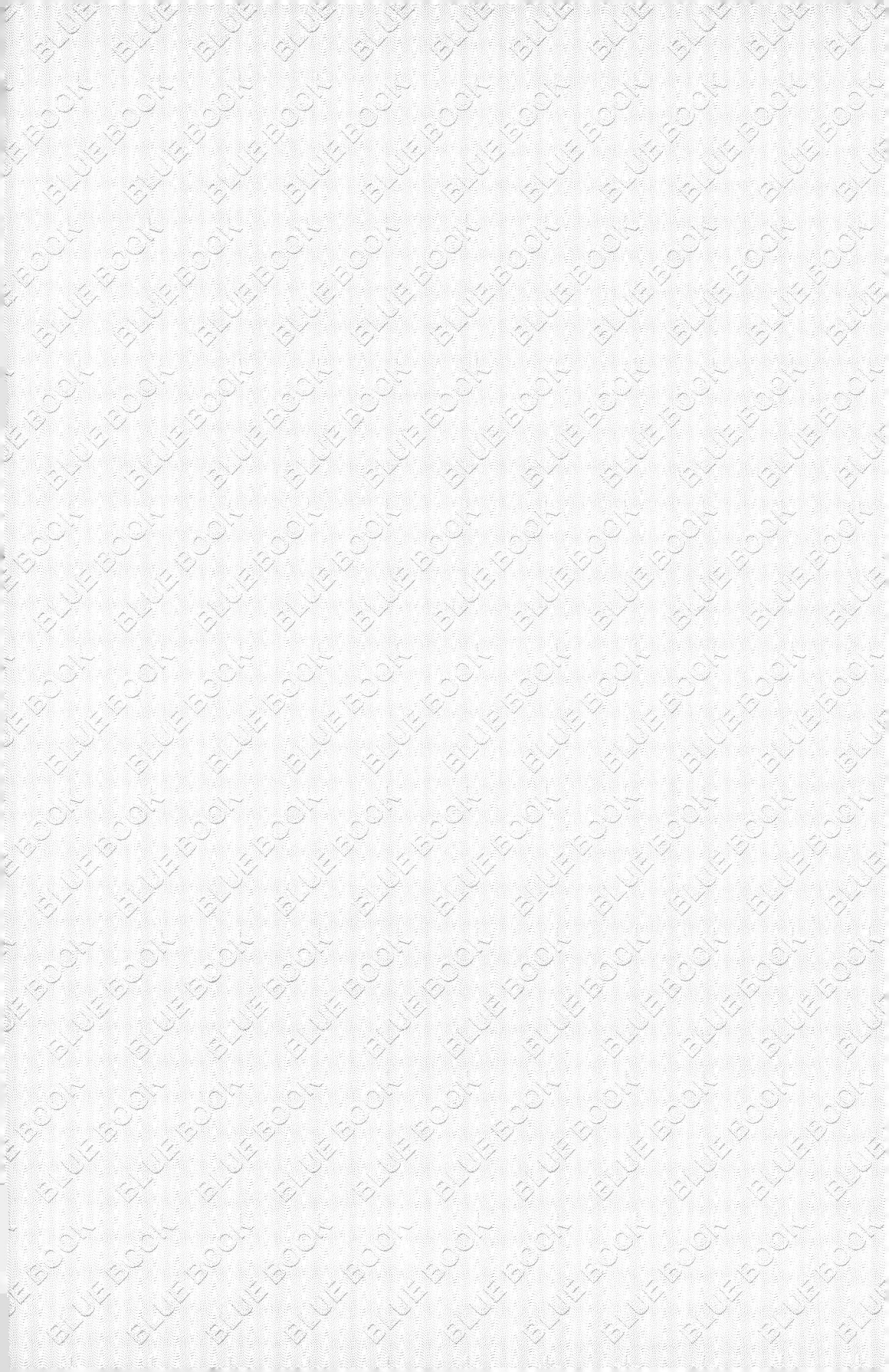